Usipeti
GERMANI
Tencteri
Sugambri
Ubi
Vangioni
Nemeti
Menapi
Mosa
Eburoni
Schelda
ATUATUCA
Atrebati
Nervi
Sabi
Atuatuci
BELGI
Foresta delle Ardenne
Viromandui
Remi
BIBRAX
NOVIODUNO
Assona
Suessioni
Meldi
Treviri
Mediomatrici
Mosella
Triboci
Reno
Senoni
AGEDINCO
Leuci
VOSGI
Lingoni
ALESIA
MAGETOBRIGA
VESONZIONE
Mandubi
Sequani
Rauraci
BIBRATTE
Edui
Elvezi
DACEZIA
CAVILLONO
Dubi
GIURA
Tigurini
L. Lemano
Seduni
Elavere
Arari
Ambarri
OTTODURO
Veragri
Arverni
Segusiavi
ALPI
S
GERGOVIA
Vellavi
VIENNA
Allobrogi
Gabali
CEVENNE
Rodano
Elvi
Voconzi
Caturigi
Arecomici
M

OMNIBUS

Franco Forte

L'ALBA DI CESARE

Il romanzo del De bello gallico

MONDADORI

www.franco-forte.it

mondadori.it

L'alba di Cesare
di Franco Forte
Collezione Omnibus

ISBN 978-88-04-79043-3

Edizione pubblicata in accordo con Piergiorgio Nicolazzini Literary Agency (PNLA)
I edizione settembre 2024

L'ALBA DI CESARE

Ad Antonella,
che mi sta accanto
anche quando non ci sono

Avvertenza

Per quanto alcuni fatti narrati in questo romanzo sembrino parto della fantasia, sono tutti episodi veri, vissuti e raccontati in prima persona da Gaio Giulio Cesare.

Come spesso si dice, non è affatto raro che la realtà superi la più vivace immaginazione. Basta leggere questa epica impresa di conquista per rendersene conto.

L'esercito di Gaio Giulio Cesare

Luogotenenti, legati e comandanti

Aulo IRZIO legato
Decimo Giunio BRUTO comandante della flotta
Furio LAVIENO comandante della scorta di Cesare
Gaio ARPINIO cavaliere
Gaio Caninio REBILO legato
Gaio FABIO legato
Gaio Regino ANTISTIO legato
Gaio TREBAZIO pupillo di Cicerone
Gaio TREBONIO legato
Gaio Volcacio TULLO ufficiale
Lucio Aurunculeio COTTA legato
Lucio Calpurnio PISONE CESONINO suocero di Cesare
Lucio Cornelio BALBO *praefectus fabrum*
Lucio Giulio Cesare legato, cugino di Cesare
Lucio Minucio BASILO legato
Lucio Munazio PLANCO legato
Lucio Roscio FABATO legato, prefetto monetario
Marco ANTONIO legato
Marco Calpurnio BIBULO legato
Marco SILANO luogotenente
Publio Sulpicio RUFO legato
Publio VATINIO legato
Quinto CICERONE legato, fratello minore del celebre oratore
Quinto Fufio CALENO legato
Quinto PEDIO legato, nipote di Cesare
Quinto Titurio SABINO legato
Servio Sulpicio GALBA luogotenente
Tito LABIENO luogotenente
Tito SESTIO luogotenente

Altri ufficiali e funzionari

Gaio Valerio PROCILLO funzionario gallo-romano
Gaio VOLUSENO QUADRATO tribuno militare
Marco Licinio CRASSO questore, figlio del triumviro M. Licinio Crasso
Marco MEZIO funzionario romano in Gallia
Marco Sempronio RUTILO ufficiale attendente di Labieno
Marco TREBIO GALLO ambasciatore
Publio CLODIO tribuno della plebe
Publio CONSIDIO comandante degli esploratori
Publio Licinio CRASSO prefetto equestre, figlio del triumviro M. Licinio Crasso
Quinto ATRIO ufficiale
Quinto LABERIO DURO tribuno militare
Tito SILLIO tribuno
Tito TETRASIDIO ambasciatore
Quinto Azio VARO prefetto equestre
Quinto VELANIO ambasciatore

Centurioni

Gaio CRASTINO centurione primipilo
Lucio FABIO centurione dell'Ottava legione
Lucio VORENO centurione
Marco PETRONIO centurione dell'Ottava legione
Publio Sestio BIBACULO centurione primipilo della Dodicesima legione
Quinto LUCANIO centurione primipilo
Tito PULLONE centurione
Tito BALVENZIO centurione

I capi dei Galli e dei Germani

AMBIORIGE re degli Eburoni
ARIOVISTO re dei Germani in Gallia
BODUOGNATO capo dei Nervi
CASSIVELLAUNO principe britanno
CINGETORIGE nobile dei Treviri
COMMIO capo degli Atrebati
CRITOGNATO nobile degli Arverni
DIVICIACO nobile degli Edui
DIVICONE capo degli Elvezi
DUMNORIGE re degli Edui
EPOREDORIGE capo degli Edui
GALBA capo dei Suessioni
INDUZIOMARO capo dei Treviri
LISCO vergobreto degli Edui
LITAVICCO nobile degli Edui
ORGETORIGE nobile elvezio
VERCASSIVELLAUNO principe arverno
VERCINGETORIGE capo degli Arverni
VIRIDOMARO comandante della cavalleria degli Edui

Proemio

1

Roma
Campo fuori dalle mura
58 a.C., marzo

Gaio Giulio Cesare era convinto che fossero le comodità a rendere gli uomini superiori alle bestie. E, naturalmente, alcuni uomini superiori ad altri della propria specie.

Per questo, anche quando era accampato non si privava di suppellettili che potessero contribuire al suo conforto: la tenda di comando era arredata in modo sobrio ma funzionale, così che l'occhio non dovesse scontrarsi con una munificenza impropria e al contempo non mancasse nulla perché lui potesse sentirsi a suo agio, come in uno dei suoi palazzi romani.

Mentre si guardava intorno sorseggiando il suo vino preferito, una varietà di Falerno irrobustita con acqua di mare e resina, comprese che ben pochi fra coloro che aveva voluto con sé in quel momento se ne rendevano conto.

Sedevano sugli sgabelli di legno senza accorgersi che la seduta era imbottita con penne d'oca e rivestita di pelle conciata con una lavorazione molto particolare, che eliminava quasi ogni odore e la rendeva morbida al tatto. E i boccali da cui trangugiavano il vino non erano di bronzo, ma d'argento battuto, scaldato e piallato fino a renderlo liscio come la lama di una spada e poi lavorato nelle forme che piacevano a lui, che aveva visto sulle più ricche tavole dell'Illiria o durante i sontuosi banchetti in Asia Minore. Per non parlare del tavolo su cui erano state distese le mappe e i documenti di cui stavano discutendo, che aveva fatto realizzare in prezioso legno di cedro, con le gambe a forma di zampe di leone e decorato sul profilo con intarsi di bronzo dorato. Una vera meraviglia, ma nessuno di quegli sciocchi se ne accorgeva.

Sorrise per la sensazione di superiorità che quei pensieri gli trasmettevano, e nascondendo le labbra nel boccale tornò a concentrarsi sull'animata discussione che stava infervorando gli animi dei presenti. Soprattutto Marco Calpurnio Bibulo e Publio Vatinio, che pure erano stati suoi formidabili alleati quando erano riusciti a imporre al Senato la *lex Vatinia*, che gli aveva concesso il proconsolato nell'Illirico e nella Gallia Cisalpina per cinque anni, insieme al comando di ben tre legioni. Quando poi si era aggiunta la Gallia Narbonense, e anche i senatori più ostili erano stati costretti a concedergli un'indennità fissa, ma soprattutto la possibilità di nominare personalmente i suoi luogotenenti, in modo autonomo rispetto alle volontà dei senatori, Bibulo e Vatinio gli si erano stretti intorno, pronti a intervenire qualora fossero scoppiate proteste fuori dal Senato.

Ma nulla di ciò era accaduto, anche se lui, per prudenza, si era accampato fuori Roma con un centinaio di uomini della sua scorta, in attesa che gli animi si placassero e sfumassero le congetture su quanto sarebbe stato pronto a fare con l'esercito che presto avrebbe avuto sotto il suo comando.

«È Cicerone il problema» insistette Bibulo con voce vibrante, come se si trovasse davanti al Senato a dover rendere conto del suo operato come console di Roma. Aveva sbattuto la coppa sul tavolo, e alcuni schizzi di vino erano caduti sulle preziose pergamene che descrivevano il mondo oltre le Alpi. Un mondo ostile e poco conosciuto, che celava tesori inimmaginabili.

Su cui presto metterò le mani, pensò Cesare con un senso di eccitazione.

«Quel bastardo è un osso duro, non sarà facile azzittirlo» commentò Clodio.

«Allora eliminiamolo» intervenne Cesare troncando la discussione.

Si voltarono tutti verso di lui, anche sua moglie Calpurnia, che seguiva la scena sdraiata languidamente su un triclinio rivestito di porpora. Cesare aveva voluto che fosse presente alla discussione, e non di rado le lanciava sguardi eloquenti, ricevendo in risposta espressioni che confermavano il suo pensiero, oppure dissentivano, in quel modo grazioso eppure deciso che lei aveva per fargli capire quanto dovesse fare attenzione ai suoi interlocutori, che lui di solito tendeva a sottovalutare.

Questa volta, però, Calpurnia non mostrò alcuna emozione alle sue parole. Al contrario, Lucio Cornelio Balbo con la sua consueta foga balzò in piedi e portò la mano all'elsa della spada che gli pendeva sul fianco.

«Dammi l'incarico, Cesare, e lo eseguirò oggi stesso!» dichiarò il cavaliere iberico battendosi il braccio sulla lorica, con gli occhi che fiammeggiavano.

Cesare restò ad ammirarlo per un po', soddisfatto che Calpurnia non si fosse tirata indietro quando lui aveva portato quel giovane esuberante nel loro talamo. Era piaciuto a entrambi, ma sapeva che Balbo covava una passione esagerata per lui, forse persino pericolosa. Per questo aveva deciso che non avrebbe partecipato alla sua missione in Gallia e sarebbe rimasto a Roma ad affiancare Calpurnia nella gestione dei loro affari. Di lui poteva fidarsi, anche se quella decisione probabilmente lo avrebbe addolorato e umiliato.

«Te ne occuperai tu» disse rivolto a Clodio. Il tribuno della plebe se ne stava ritto in silenzio in un angolo della grande tenda, quasi volesse mantenere le distanze dalle persone di alto rango che lo circondavano. Ma Cesare lo aveva visto stringere le mascelle un paio di volte e trattenersi dal portare la mano alla spada, quando Balbo si era offerto di occuparsi di Cicerone. «Ma non come intende Balbo. Cicerone va esiliato.»

«E come credi di fare?» intervenne il propretore Labieno, fissandolo con quello sguardo enigmatico che non di rado aveva il potere di inquietarlo. «Cicerone ha amicizie potenti in tutta Roma.»

«Lo so» annuì Cesare. «E io gli chiederò di partire con me per la Gallia, come mio legato.»

Un mormorio di sorpresa si diffuse nella tenda.

«Cesare, non credo...» mormorò Calpurnia, intervenendo per la prima volta nella discussione.

Lui la interruppe alzando una mano, poi svuotò con un ultimo sorso il boccale e infine precisò, rivolto a tutti: «Gli offrirò l'incarico, ma naturalmente lui rifiuterà. Come potrebbe accettare di diventare mio legato, visto che è stato uno dei più accaniti oppositori della *lex Vatinia*? Lui e Catone hanno compreso il vero significato di quella legge: togliere potere al Senato, lasciando che un proconsole potesse nominare i suoi luogotenenti senza il controllo, seppure a distanza, del Senato stesso».

Lucio Calpurnio Pisone Cesonino, il padre di Calpurnia, si alzò stancamente dal suo sgabello e sollevò entrambe le mani per chiedere di poter intervenire. Cesare gli fece un cenno di assenso, e l'uomo si protese verso di lui.

«Grazie a te ora sono console, e so bene che le forze in campo sono molteplici e difficili da governare» esordì con voce bassa e profonda. «Eppure, credo che Cicerone sia solo un piccolo problema, risolvibile in poco tempo.»

«E come?» domandò Calpurnia.

Il padre la fissò con sufficienza, poi rispose tornando a rivolgersi a Cesare: «Tu hai il popolo con te. E un tribuno della plebe che ha molto più potere di quanto sarebbe consentito». I suoi occhi erano rimasti fissi in quelli di Cesare, ma con una mano il console aveva indicato Clodio. «Lui può far emanare una legge che ci consenta di esiliare Cicerone da Roma come soggetto pericoloso.»

«Che tipo di legge?» gli chiese Cesare, suo malgrado incuriosito. I rapporti con quel vecchio non erano facili, soprattutto da quando lui gli aveva portato via la figlia, però sapeva che gli sarebbe stato estremamente prezioso a Roma, durante la sua assenza.

«Qualcosa di retroattivo, che punisca chiunque abbia fatto condannare a morte dei cittadini romani senza il giudizio del popolo. E mi pare che per questo Cicerone possa essere messo a morte, non solo esiliato.»

«Ma noi saremo generosi» sogghignò Clodio.

«Esatto» confermò il console. «Accusiamo Cicerone per le condanne fatte eseguire durante la congiura di Catilina, e vedrete che il popolo ci appoggerà. A quel punto ne chiederemo l'esilio.»

Nessuno ebbe da obiettare, e Cesare si batté una mano su una coscia. «Ottima proposta» concordò. «Ma resta un altro problema.»

«Quale?» gli chiese Bibulo.

«Con una legge del genere anch'io potrei essere accusato e condannato, durante la mia assenza da Roma. Il Senato potrebbe approfittarne.»

«Immagino che tu abbia già pensato a come risolvere la questione» intervenne Clodio, che aveva una discreta abilità nel leggere le espressioni del suo viso e interpretare i suoi pensieri.

Cesare sorrise. «Ricordi la *lex Memmia*? Dovrai fare in modo che il popolo la riporti in auge.»

«Di che si tratta?» chiese Calpurnia, sollevandosi su un gomito. Nel movimento una spallina della veste le scivolò giù, scoprendo buona parte del seno, ma lei sembrò non farci caso; al contrario di molti dei presenti, che non riuscirono a staccarle gli occhi di dosso.

«Nessun romano che si trovi fuori Roma al servizio della Repubblica può essere processato» intervenne Pisone Cesonino, che fra tutti era il giurista più esperto. «La ricordo bene, e mi pare perfetta per coprirti le spalle.»

Cesare sospirò, rinfrancato da quella discussione costruttiva.

«Molto bene, allora mi pare che sia tutto» disse, alzandosi e stirandosi la schiena.

«E Crasso e Pompeo?» mormorò il suocero rifacendosi sotto. «Sono loro quelli che più mi preoccupano. Durante la tua assenza...»

«Siamo un triumvirato» gli ricordò Cesare. «Questo lo sanno tutti. E lo sanno anche loro due. Se uno dei tre affonda, si trascinerà dietro anche gli altri.»

Pisone Cesonino lo scrutò poco convinto, fece per replicare, poi richiuse la bocca e scosse la testa.

«Se lo dici tu...» mormorò.

Cesare ebbe l'impulso di ribattere, ma poi restò in silenzio. Lui per primo non si fidava di Crasso e Pompeo, ma in quel momento non poteva fare a meno dell'appoggio dei due uomini più potenti di Roma. Di sicuro più potenti di lui, allo stato attuale delle cose. Ecco perché aveva bisogno di andare in Gallia, approfittando della follia messa in atto dagli Elvezi. Avrebbe combattuto i Galli appellandosi alle richieste di aiuto provenienti dagli alleati di Roma, e non si sarebbe fatto scrupolo di conquistare terre e popoli da assoggettare all'Urbe per accrescere le sue ricchezze, la sua potenza militare e il suo prestigio. Non c'era altro modo, se non voleva rischiare di soccombere alle altre due teste dell'Idra che avevano costituito.

«Ora guardiamo le carte» disse, deciso a rimandare la questione a quando avesse avuto le idee più chiare. Per il momento doveva pensare soltanto a come muoversi una volta raggiunta la Gallia in fermento, che aspettava solo lui per poter essere finalmente sottomessa a Roma.

2

Roma
Campo fuori dalle mura
58 a.C., marzo

«Ecco, Cesare, come puoi vedere questa è la Gallia» disse Labieno allargando le mani sulla grande mappa che due servi avevano srotolato sul tavolo. La pergamena era un po' rovinata sui bordi, dove era stata inchiodata a due aste di legno, ma era accurata, con particolari che mostravano quasi tutti i rilievi più importanti di quella vasta regione densa di popoli e ricca di risorse.

«A quando risale questa mappa?» chiese a Labieno, che sarebbe stato il suo secondo in comando nell'impresa che stavano preparando.

«Le ultime annotazioni risalgono al tempo di Cassio» rispose il propretore, e Cesare trattenne un moto di rabbia. Il solo ricordo di quella sconfitta, nonostante fossero passati quasi cinquant'anni, bruciava ancora dentro di lui e in tutta Roma. L'esercito del console Gaio Cassio Longino, dopo aver sconfitto i Volci, era stato quasi annientato dai Tigurini in Aquitania, e i sopravvissuti costretti all'umiliazione del giogo. Una sconfitta e uno smacco per Roma che non erano ancora stati vendicati, e che lui non era disposto a dimenticare.

«Da allora è stato difficile avere notizie precise dalla Gallia, ma non credo che le cose siano cambiate molto» continuò Labieno.

Cesare sospirò e tornò a concentrarsi sui segni vergati con il carbone sulla pergamena.

«Cosa sappiamo, dunque?» chiese, cercando di farsi un'idea chiara di ciò che lo aspettava. Aveva un'occasione unica da cogliere, e non voleva sprecarla. Quando gli Elvezi avevano deciso di migrare in massa, spostandosi dai loro territori minacciati dai Germani per invadere le valli fertili della Gallia e appropriarsene con la forza, lui aveva capito che gli dèi erano intervenuti in suo favore per offrirgli l'opportunità, all'inizio del suo mandato come proconsole della Gallia Cisalpina e Narbonense, di dare avvio a una campagna di guerra: se fosse riuscito a conquistare quelle terre nel nome di Roma, questo gli avrebbe portato onori, ricchezze e il favore di tutto il popolo.

Ma doveva fare attenzione a come muoversi, perché gli Elvezi, gli Edui, gli Arverni e le decine di altre tribù che si scontravano fra loro ogni giorno erano popoli allenati alla guerra e non temevano certo il confronto con le legioni di Roma.

Come prima mossa, dunque, aveva bisogno di conoscere il territorio in cui presto si sarebbe diretto, facendo muovere l'esercito a tappe forzate.

«La Gallia è divisa in tre parti» spiegò Labieno, mentre gli altri si avvicinavano disponendosi intorno al tavolo. «È un territorio molto vasto, con grandi pianure e rilievi ovunque. Ci sono moltissime popolazioni diverse, ma grosso modo possiamo riunirle in tre grandi gruppi. A nord i Belgi, al centro i Galli, che tra di loro si definiscono Celti, e a sud gli Aquitani.»

«E gli Elvezi?» chiese Vatinio. «Non sono loro il problema?»

Labieno batté un dito su una zona della mappa che tratteggiava il profilo delle Alpi. «Sono qui, a nord degli Allobrogi. Hanno deciso di lasciare i loro territori impervi per invadere le pianure dei Sequani, ma è complicato per loro muoversi verso ovest.» Fece scivolare il dito. «La catena del monte Giura e il corso del Rodano formano una barriera naturale. Bastano pochi uomini per difendere i valichi e i guadi sul fiume.»

«E dunque da dove vorrebbero passare?» si intromise Bibulo.

Labieno indicò un punto della mappa, su cui il tratteggio indicava che si trattava della Provincia romana. «Da qui» rispose. «Nel territorio degli Allobrogi il Rodano è più agevole da guadare, e gli Elvezi possono arrivarci attraversando il ponte di Ginevra. Sono accampati nelle valli adiacenti al ponte da diversi giorni ormai, secondo gli esploratori.»

«Ordiniamo agli Allobrogi di respingerli e di farli tornare nelle loro case» intervenne Clodio.

Labieno scosse la testa. «Impossibile. Prima di tutto gli Elvezi sono molto più forti e temibili degli Allobrogi. Se ci fosse uno scontro, vincerebbero facilmente.»

«E poi cos'altro?» volle sapere Cesare, che aveva compreso dalla smorfia di Labieno che la questione era ben più complessa.

Il propretore mosse la mano su tutto il territorio degli Elvezi.

«Per evitare ripensamenti e defezioni, i capi degli Elvezi hanno fatto bruciare tutte le loro città e i villaggi, oltre alle scorte alimentari e al bestiame rimasti dopo avere accantonato il necessario per la migrazione. Anche i campi hanno fatto la stessa fine. Non c'è niente a cui possano tornare.»

Cesare annuì lentamente. «Sono dei disperati, quindi saranno disposti a tutto pur di garantirsi un futuro.»

«Non vorrai concedere loro il passaggio attraverso la nostra Provincia» disse Pisone Cesonino con l'accenno di una smorfia.

«Tutt'altro» rispose Cesare. «Ma sarà proprio questa situazione a darci la possibilità di rifiutare ogni aiuto agli Elvezi e intervenire a fianco degli alleati di Roma.»

«Vuoi muovere guerra agli Elvezi?» chiese Bibulo, fissandolo corrucciato.

«Naturalmente» confermò lui trattenendo un sorriso. «Poi ne approfitteremo per muovere guerra a tutta la Gallia, per conquistarla da est a ovest e da nord a sud in nome della tranquillità di Roma e della gloria del nostro popolo.»

Scese il silenzio. Cesare sapeva che probabilmente solo Labieno aveva compreso le sue reali intenzioni: approfittare di quell'innesco per lasciar diffondere le fiamme della guerra ovunque gli fosse stato possibile arrivare con le sue legioni. E conquistarsi la gloria di cui aveva bisogno per tornare a Roma in trionfo.

Parte prima

3

Ginevra
58 a.C., aprile

Quando riprese i sensi, Cesare era in un bagno di sudore. Non perché avesse fatto uno sforzo eccessivo, né a causa del caldo, visto che in quelle regioni del Nord il tempo era sempre rigido, anche in primavera. Aveva avuto un altro dei suoi attacchi.

Si rialzò tenendosi la testa, che doveva aver sbattuto per terra quando era svenuto, e si guardò attorno, mentre pian piano i ricordi tornavano a suscitare immagini nella sua mente.

Sta per arrivare la delegazione degli Elvezi, pensò con apprensione.

Quando aveva avuto sentore dell'arrivo di un attacco di quel male oscuro che gli toglieva le forze e lo riduceva a una creatura priva di volontà, che perdeva i sensi e si sporcava di bava mista a sangue che gli usciva dalla bocca, aveva congedato i suoi servi e gli attendenti ed era rimasto solo nella tenda eretta a pochi passi dal lago Lemano, dove era dispiegato l'accampamento. Si era seduto sul suo giaciglio, ma durante le convulsioni doveva essere caduto, ed era rotolato fino al punto in cui alcuni grandi bauli conservavano le sue loriche da guerra.

Passò una mano sul gomito sinistro, che gli doleva, e con una certa fatica si tirò su. Era rigido e indolenzito, e aveva la tunica sporca di bava e sangue. Si tastò con la lingua le guance, e scoprì di essersele morsicate con forza.

«Sarmete!» chiamò, andando a versarsi una coppa di vino.

Il servo si catapultò dentro all'istante. Come sempre presidiava l'ingresso della tenda con il compito di impedire che qualcuno entrasse e lo vedesse alle prese con la malattia che di tanto in tanto gli dava tormento, e di intervenire, se la crisi fosse stata peggiore del solito e lui avesse rischiato di ferirsi seriamente.

Una volta gli era accaduto di risvegliarsi e accorgersi che un pugnale gli si era conficcato nel fianco, quando contorcendosi ci era rotolato sopra. Questa volta, per fortuna, sembrava che non gli fosse successo nulla di grave.

«Stanno per arrivare gli Elvezi» gli ricordò Sarmete andando a prendere una tunica pulita, un panno e la bacinella con l'acqua.

Bevendo il vino, Cesare si sedette su uno sgabello e si passò una mano fra i capelli, che erano sempre più radi. Immaginò che la causa della calvizie fosse quella malattia, ma non perse tempo a commiserarsi o a infuriarsi con gli dèi: sapeva che il solo modo per tenere a bada il male oscuro, che i sapienti chiamavano epilessia, era allenare il corpo, sfibrarlo e costringerlo a restare sempre in tensione, per non dare ai muscoli e alla sua carne la possibilità di rilassarsi e cadere preda di tremori e convulsioni.

Mentre il servo di origini greche lo lavava e lo rivestiva, comprese di essersi rimesso del tutto e di essere pronto ad affrontare quel primo passo che lo avrebbe portato nelle lande di un'avventura straordinaria, di cui aveva disegnato a mente le tappe principali. La prima riguardava il modo in cui sfruttare a suo beneficio la follia messa in atto dagli Elvezi, che non avevano idea di quanto Roma fosse loro superiore.

«Fai venire Labieno» ordinò al servo, che terminò di legargli in vita la tunica e corse via.

Labieno, che Cesare considerava il suo braccio destro in quella spedizione in Gallia, pur sapendolo profondamente legato a Pompeo, entrò poco dopo, con indosso la lorica da battaglia e la mano stretta sulla daga che portava al fianco.

«Hai le informazioni che ti avevo chiesto?» volle sapere, senza dargli la possibilità di soffermarsi sul suo aspetto e fare domande inopportune.

«Sì, Cesare» annuì Labieno. «Gli informatori sono stati molto esaurienti, anche perché li abbiamo letteralmente ricoperti d'oro. Ora sappiamo perché gli Elvezi sono qui. E perché non possiamo fidarci di loro.»

Cesare bevve un altro sorso di vino e fece segno a Labieno di servirsi, ma il legato scosse la testa e restando in piedi cominciò a relazionarlo su quanto aveva scoperto.

«Ha avuto tutto inizio con una congiura di alcuni nobili elvezi, capeggiati da Orgetorige. Avido di potere, pensava di scatenare il suo popolo per conquistare l'intera Gallia, diventandone il re.»

Cesare si trattenne dal sorridere. Evidentemente anche altri avevano avuto la sua stessa idea... per quanto non con gli orizzonti di potere che si aprivano davanti a lui.

«Che fine ha fatto questo Orgetorige?» chiese.

Il legato si strinse nelle spalle. «Qualcuno l'ha tradito, ma solo dopo che aveva convinto il suo popolo ad abbandonare le loro terre e muoversi verso altri territori da conquistare con la forza.»

«Che cosa gli hanno fatto? Gli hanno tagliato la testa? Squartato con i cavalli?»

«Bruciato» rispose Labieno. «Le loro leggi prevedono il rogo, per i traditori.»

«Ma se Orgetorige è stato scoperto, perché gli Elvezi si sono mossi comunque?»

Questa volta Labieno andò a versarsi una coppa di vino. Bevve un sorso, poi si asciugò la bocca con un braccio.

«Sono un popolo di guerrieri, bramano la guerra, la conquista» rispose. «Le loro terre sono troppo anguste, e la pressione dei Germani da nord li ha costretti a spostarsi altrove.»

Cesare si alzò e si stirò la schiena. «Se la pensavano come Orgetorige, perché ucciderlo? Non era un abile condottiero?»

Labieno si strinse nelle spalle. «Non lo so, questo non mi è stato riferito. Fatto sta che dopo due anni di preparativi, accumulando scorte di cibo, bestie da soma e da pascolo, armi e carriaggi, si sono sentiti pronti per la migrazione. Hanno bruciato tutto quello che dovevano lasciarsi indietro per non cadere nella tentazione di ritornare, come ti ho già riferito a Roma.»

«Mossa sciocca ma di grande portata» commentò Cesare. «Io avrei tenuto aperta la possibilità di tornare nelle mie terre, se le cose fossero andate male.»

«Non è nella loro natura pensare alla disfatta» spiegò Labieno. «E se a qualcuno fosse venuta questa idea, non c'era modo migliore per dissuaderlo che farsi terra bruciata alle spalle.»

«Così adesso sono in marcia» annuì Cesare, avvertendo un moto di rispetto per quel popolo fiero e combattivo.

«E non sono soli» disse Labieno a sorpresa.

«Che cosa intendi?»

«Orgetorige era abile a tessere alleanze e a convincere altri regnanti a unirsi ai suoi sogni di gloria. Mi hanno fatto dei nomi, ma non li ricordo. Fatto sta che ha portato dalla loro parte anche popoli come i Latobrigi, i Verbigeni, i Rauraci, i Tulingi, i Boi e diversi altri. Per questo hanno un esercito da non sottovalutare.»

«Io non sottovaluto mai nessuno» disse Cesare, parlando più a se stesso che al suo legato. Poi tornò a fissarlo. «Il ponte è stato abbattuto?»

«Sì, come hai ordinato. Ma non credo basterà. Ci servono più uomini, se vogliamo impedire agli Elvezi di passare nei territori degli Allobrogi. Guaderanno il Rodano anche senza quel ponte.»

«Quanti sono? Abbiamo delle stime?»

Labieno fece una smorfia. «Ho raccolto pareri contrastanti, ma non credo meno di trecentocinquantamila. Di cui quasi centomila combattenti.»

Cesare si fermò per qualche istante a riflettere. Doveva avere le idee chiare, prima di incontrare gli emissari degli Elvezi.

«Fai arruolare tutti gli ausiliari che riesci, e manda legati in tutti i territori di nostra giurisdizione. Devono mettere insieme almeno due legioni.»

«Ci sono quelle di stanza ad Aquileia» gli ricordò Labieno. «Dobbiamo prendere tempo per capire la situazione e quante ne possiamo spostare.»

Cesare si passò la lingua sui denti, cercando il punto in cui uno degli incisivi si era scheggiato durante l'ultima delle sessioni di allenamento a cui si costringeva ogni mattina. Il centurione con cui si era confrontato non si era fatto scrupolo a dimostrargli quanto gli fosse superiore nell'arte del combattimento corpo a corpo, e prima di chiedergli di fermarsi lui aveva cercato di tenergli testa, ricevendo diversi colpi al corpo e al collo, portati con abbastanza forza da ucciderlo, se avessero combattuto con delle vere armi, anziché con quelle per l'addestramento. In ogni caso gli erano rimasti diversi lividi, una spiacevole sensazione di inadeguatezza e quel dente scheggiato.

«Non ha più senso tenerle laggiù, l'Illirico è sedato e dei Sedui a nord non si hanno notizie. La priorità, adesso, riguarda gli Elvezi.» E tutto ciò che ne consegue, completò dentro di sé. Tornò a fissare Labieno. «Le fortificazioni che ho chiesto?»

«Abbiamo dato inizio ai lavori» rispose il legato. «La massicciata sarà alta sedici piedi, e il fossato lungo sedici miglia. Impedirà agli Elvezi di passare, se non ci attaccano prima del previsto. Serve almeno una seconda legione.»

«Molto bene» si congratulò Cesare dandogli una pacca sulla spalla. «Adesso vai, e fai condurre qui gli ambasciatori di quella gente. Cercherò di capire quanto sono malleabili... o se invece saremo costretti a intervenire in altro modo.»

A scortare i due ambasciatori degli Elvezi c'erano alcuni fra i legionari più imponenti dell'esercito al comando di Publio Licinio Crasso, figlio del triumviro Marco, che Cesare aveva voluto con sé in quell'impresa per un duplice scopo: era un abile cavaliere, perciò lo aveva nominato prefetto equestre per guidare la cavalleria, ma soprattutto la sua presenza avrebbe tenuto il padre in continua apprensione, se mai gli fosse venuta l'idea di tentare qualche mossa a tradimento durante la sua assenza da Roma.

Accanto a Crasso c'era un ometto vestito con abiti da contadino, che Cesare immaginò essere l'interprete scelto per il colloquio. Si augurò che fossero stati tutti perquisiti a dovere, perché l'aspetto dei due elvezi non era per nulla rassicurante.

Forse per questo si credono invincibili, pensò scrutandoli in silenzio. *Per la loro stazza, e per quell'aria di altezzosa superiorità che ostentano anche adesso, al mio cospetto. Al cospetto di Roma.*

Il pensiero contribuì a far crescere in lui un senso di irritazione.

«Lasciateli in piedi» ordinò andando a sedersi sul suo sgabello. Un modo per rendere meno appariscente la differenza di altezza fra lui e quei due giganti vestiti di pelli e con le capigliature lunghe, legate in stretti codini che arrivavano fino alle natiche.

Entrambi avevano baffi annodati tre dita sotto la mascella con anelli di ferro e cordini di cuoio. Avevano al collo un numero incredibile di monili, a foggia di diversi animali, alcuni riconoscibili, altri meno. Sotto i lunghi mantelli, per quello che poteva vedere, indossavano pantaloni a losanghe colorate che arrivavano fino ai polpacci e calzari di cuoio cuciti per racchiudere tutto il piede.

«I loro nomi sono Nammeio e Veruclezio» gli spiegò Crasso portandosi a metà strada tra lui e gli elvezi, come se, nel caso fossero riusciti a liberarsi dai legionari che li scortavano, fosse pronto a fargli scudo con il proprio corpo.

«Molto bene» annuì Cesare, facendo cenno all'interprete di avvicinarsi. L'omino si mosse tenendo la testa bassa e gli occhi rivolti a terra. Era a piedi nudi, e gli stracci che indossava puzzavano di pelli conciate male e di sudore. «Porgigli i miei saluti» gli disse, guardando direttamente i due ambasciatori «e spiega che sono felice di avere l'opportunità di confrontarmi con il loro popolo, le cui gesta sono ben note a Roma.»

L'interprete esitò, sollevò appena la testa e si leccò le labbra, poi parlò in una lingua oscura, fatta di accenti gutturali. Nulla a che vedere con l'eleganza musicale del latino, pensò Cesare.

Dopo che l'omino ebbe riferito le sue parole, uno dei due elvezi parlò senza staccare gli occhi duri, scuri come pietra lavica, dai suoi.

«Il suo nome è Nammeio, potente Cesare, e ti ringrazia per quanto hai detto» tradusse l'interprete. «Sono qui in rappresentanza del loro popolo e vorrebbero sottoporti una richiesta.»

Cesare approvò con un cenno della testa e fece segno all'elvezio di continuare.

Tenuto d'occhio da Crasso e dai legionari, Nammeio riprese a parlare con voce profonda, gesticolando con le mani. La sua espressione era decisa, quasi sprezzante, in contrasto con le parole che gli uscivano di bocca. I movimenti delle braccia allargarono un po' il mantello che indossava, e Cesare vide che portava una specie di tunica con gli orli rivoltati, e sopra una cotta di maglia fine, con borchie e cinghie trasversali che, immaginò, consentivano di indossarla e toglierla in fretta. Dai segni che poteva scorgere sulla cotta, non era un indumento di rappresentanza, tutt'altro. Con quella addosso Nammeio ci aveva combattuto.

«Gli Elvezi saranno costretti ad attraversare i territori degli Allobrogi, un popolo che, dopo essere stato sconfitto più volte in battaglia, si è lasciato assoggettare da Roma per avere protezione» tradusse l'interprete, distraendolo dalle sue considerazioni.

Nammeio fece una pausa, e Cesare ne approfittò per bere un sorso di vino. Non ne offrì ai suoi ospiti, perché fosse chiaro che quella non era una chiacchierata amichevole.

«Potente Cesare» riprese a tradurre l'omino, sempre più a disagio, «i nobili Nammeio e Veruclezio garantiscono che nessuno sarà in grado di fermare il loro popolo quando attraverserà il Rodano, ma chiedono comunque il permesso di passare sui territori della Provincia di Roma, garantendo che non saranno commessi abusi, né devastazioni. Passeranno il più velocemente possibile, evitando il contatto con le popolazioni e i villaggi locali. Chi fra loro non rispetterà questa promessa sarà messo al rogo, prima ancora che Roma possa accorgersi di quanto accaduto.»

Maledetto bugiardo, pensò Cesare, restando impassibile. Sapeva cos'avevano fatto quei cani al tempo delle guerre cimbriche, quando avevano annientato la legione di Lucio Cassio Longino. E qualche anno dopo avevano massacrato la sua gente in altre battaglie grazie a imboscate degne dei peggiori codardi. Se non fosse stato per l'intervento di Gaio Marino, quella vile genia avrebbe conquistato l'intera Gallia Narbonense, e lui non aveva nessuna intenzione di dimenticare quell'oltraggio. Il passato pesava sulla coscienza degli uomini anche dopo secoli, e Roma non era disposta a dimenticare l'umiliazione subita da quel popolo.

Io non sono disposto a dimenticare! si disse.

Cercando di mantenersi calmo, si rivolse all'interprete chiedendogli di tradurre le sue parole.

«Non ho dubbi che il valoroso popolo degli Elvezi manterrà la parola, qualora dovessi concedere l'attraversamento dei territori sotto la giurisdizione di Roma» mentì, ben sapendo che anche quei due codardi stavano pensando che gli avrebbero fatto volentieri assaggiare il ferro delle loro spade. «Ma non è una concessione da poco, anche perché coinvolge diversi popoli che ci hanno fatto richieste molto precise, ai quali dovrò dare risposte e rassicurazioni.»

Si fermò un attimo, dando il tempo all'interprete di ragliare la sua traduzione, poi sollevò le mani e riprese con aria cordiale, sfoggiando addirittura un mezzo sorriso: «Comunica loro che farò il possibile per convincere i nostri alleati, ma chiedo un po' di pazienza, perché dovrò recarmi a incontrare molti popoli e le trattative per assicurare loro le necessarie garanzie richiederanno diversi giorni».

Tacque e restò a fissare prima Nammeio poi Veruclezio, cercando di cogliere dalle loro espressioni se avessero intuito la sua menzogna. In realtà lui aveva bisogno di tempo per mettere insieme un esercito abbastanza forte da poterli contrastare, ed erigere sistemi di difesa che avrebbero compensato l'inferiorità numerica in cui si sarebbero trovati, in caso di scontro.

Ma uno dei miei legionari vale dieci di voi, pidocchiosi bastardi, si ritrovò a pensare. *E ve ne accorgerete presto.*

Gli elvezi tacquero per un po', poi a sorpresa fu Veruclezio a parlare, dopo aver azzittito il suo compagno con un gesto secco della mano, a dimostrazione che fra i due era lui a comandare.

«Aspetteremo quanto sarà necessario» rispose con voce ruvida come quella del compagno, ma scandendo le parole in un buon latino. «Poi ci muoveremo, qualunque sarà la vostra decisione.»

Cesare sostenne il suo sguardo per un po', poi fece cenno a Crasso di scortarli fuori.

«Alle idi di aprile!» gli urlò dietro quando furono di spalle. «Non prima di allora.»

L'interprete tradusse, ma nessuno si fermò per commentare.

4

Ginevra
58 a.C., aprile

Quando raggiunsero a dorso di cavallo il terrapieno su cui era stata eretta la torre di avvistamento più vicina al *castrum*, Cesare balzò a terra e fece segno a Labieno di seguirlo.

«Voi restate qui» ordinò a Crasso e agli altri uomini della scorta.

Nessuno ebbe da obiettare, e mentre Crasso dava gli ordini disponendo i suoi cavalieri in un perimetro di sicurezza, lui si arrampicò fino in cima alla torre, seguito con agilità da Labieno.

Loro due avevano la stessa età, ma Cesare aveva l'impressione che Labieno cercasse di apparire più giovane: non solo per il modo di acconciarsi i capelli, che erano più lunghi e folti dei suoi, ma anche per l'impegno con cui lo vedeva ogni giorno, all'alba, intento a esercitarsi con la spada insieme ai suoi attendenti, come se cercasse di mantenere tonico il corpo per dimostrare la stessa forza e agilità dei legionari più giovani.

Anche Cesare non si tirava mai indietro, quando era il momento di esercitare i muscoli, ma il suo corpo gracile sembrava refrattario a tutti gli sforzi, e la muscolatura, anziché definirsi, si asciugava sempre di più, dandogli l'impressione, ogni giorno che passava, che gli abiti gli cascassero addosso. Persino la lorica color rosso sangue che gli era stata donata da Calpurnia poco prima della partenza, e che gli aderiva come una seconda pelle, adesso quando cavalcava gli ballonzolava addosso, e questo lo faceva innervosire.

«Da quassù si vede tutto?» chiese cercando di trattenere l'astio che provava, non tanto nei confronti di Labieno, che faceva un vezzo di quella che avrebbe dovuto essere la virtù di ogni guerriero, quanto verso se stesso e quel corpo che perdeva i capelli e non riusciva ad acquisire muscolatura quasi fosse in disaccordo con la sua mente, che lui sentiva invece forte e scaltra, pronta ad avere il sopravvento su chiunque altro.

Se il cuore racchiude la passione, gli aveva detto una volta Cicerone, *la mente conserva il vero patrimonio di ogni uomo: l'intelligenza. Quella che ci ha resi superiori a qualsiasi altra creatura vivente.*

Mentre scrutava oltre il parapetto di legno rinforzato da alcuni scudi posti verso l'esterno, si disse che l'intelligenza era cosa per pochi. E non la si poteva allenare con la spada.

«Meno di quanto vorrei» sentì Labieno rispondere. «Forse avremmo fatto meglio a raggiungere la terza collina, laggiù a ovest. È in posizione migliore, e da lì si riesce a vedere quasi tutto il complesso delle fortificazioni.»

Cesare rivolse lo sguardo verso il punto indicato dal luogotenente, ma tornò quasi subito a scrutare davanti a sé, là dove fervevano i lavori di scavo dei fossati e di innalzamento delle palizzate.

«Compenserai con le tue spiegazioni quello che non vedrò» disse, dandogli una pacca sulla spalla. Non era un gesto di amicizia o di cameratismo, e nemmeno la volontà di avvertire la consistenza dei muscoli di Labieno; era solo un modo per nascondere la smorfia di insofferenza che gli tirava le labbra.

Quell'uomo gli era stato prezioso, e quando era tribuno della plebe gli era stato d'aiuto per raggiungere la carica di pontefice massimo, ma adesso lo scopo che perseguiva era chiaro: il suo *cursus honorum* era di stampo militare, e mostrarsi austero e sicuro di sé al suo fianco era un modo per affascinare gli uomini al suo comando, e forse intere legioni.

Noi due siamo troppo simili, amico mio, pensò Cesare. *E questo potrebbe diventare un problema.*

Prese un respiro e si impose di tornare ad ascoltare ciò che Labieno gli stava dicendo.

«... più di tremila uomini radunati negli ultimi giorni, che stanno contribuendo a terminare i lavori e andranno poi a costituire le guarnigioni dei fortilizi disseminati lungo tutto il perimetro.»

Cesare si concentrò su ciò che riusciva a distinguere dall'alto della torre.

«Quanto è lungo quel fossato?» chiese puntando il dito verso gli scavi, che sembravano ormai a buon punto. Labieno era stato molto efficiente, doveva ammetterlo, considerato il poco tempo a disposizione per erigere quei sistemi di difesa che andavano dal monte Giura fino al Rodano, e da lì al lago Lemano: il percorso che gli Elvezi avrebbero voluto compiere nella loro folle migrazione.

«Quando sarà terminato si estenderà per diciannove miglia» rispose il luogotenente, senza alcun accenno di compiacimento nella voce. «E sarà guardato a vista da cinquanta torri disposte sui maggiori rilievi, oltre che da una palizzata alta sedici piedi.» Gli lanciò una rapida occhiata, che Cesare finse di non vedere. «Come avevi ordinato» concluse.

Labieno era uno dei pochi che non lo ossequiava con inutili titoli roboanti o che non cercava di entrare nelle sue grazie chiamandolo per nome, e di questo doveva essergli grato. Lui diffidava di chi spendeva troppe energie per farsi benvolere, e lo irritavano le cariche politiche o militari, come se fossero sufficienti a marchiare il carattere, le capacità, il valore di un uomo. Chiamava commilitoni i suoi legionari, perché era pronto a scendere in battaglia al loro fianco in qualsiasi momento, e non tollerava che ci fossero distinzioni di classe, quando si impugnava una spada. Con i suoi ufficiali non voleva essere da meno, anche se con loro era importante dare un peso alle gerarchie e lavorarli ai fianchi perché dessero il meglio di sé per eccellere, in competizione gli uni con gli altri.

Eppure Labieno sembrava immune a tutto ciò: era questo, forse più ogni altra cosa, a irritarlo.

«Molto bene» approvò, dando un colpo con la mano alla balaustra di legno. «Domani gli ambasciatori degli Elvezi saranno qui, voglio che vedano quello che abbiamo fatto in così poco tempo.»

«Oh, lo vedranno» commentò Labieno aprendo quello che a Cesare parve un mezzo sorriso di soddisfazione.

Un primo, inaspettato segno di debolezza, notò compiaciuto.

Davanti a sé aveva due tavolette rivestite da uno spesso strato di cera, come piacevano a lui. Lo stilo di legno riusciva a scavare in maniera nitida le lettere su quel materiale, e Cesare si compiaceva della cura con cui riusciva ad allineare in modo quasi perfetto le parole che andava componendo.

«Perché due nello stesso momento, mio signore?» gli chiese lo schiavo Liturio, arrivato da qualche giorno per assisterlo.

Aveva già scacciato due liberti che erano stati sorpresi a rubare, e per quanto chiedesse che gli venissero messe a disposizione delle donne, se possibile di stirpe gallica, ancora non erano riusciti a trovarne di abbastanza fidate da poterle inserire tra la servitù che si affaccendava nella grande tenda pretoria del *castrum*, dove lui aveva preso alloggio. Poi finalmente era arrivato Liturio, sequano di origini, e le cose erano migliorate: Cesare apprezzava l'efficienza e la riservatezza di quel giovane dallo sguardo sveglio, la mascella volitiva e il corpo proporzionato. Da quello che gli era stato riferito, Liturio, prima di essere ridotto in schiavitù, aveva un nome diverso, impronunciabile nella lingua latina. Un tempo guerriero e maniscalco, i suoi muscoli erano ben forgiati dalle attività in cui si era dedicato fin da ragazzino. Cesare non si faceva scrupolo nell'osservarlo con piacere, quando si lavava nudo nell'angolo che gli era stato riservato, e non di rado aveva immaginato di portarselo fra le coltri, magari quando qualcuno gli avesse finalmente trovato una donna gallica che non fosse pronta ad accoltellarlo in qualsiasi momento. Da troppo tempo si negava i piaceri della carne, soprattutto quelli a cui si era abituato con la sorprendente Calpurnia, che sembrava avere compreso dal primo giorno i suoi desideri e le sue fantasie e non si faceva scrupolo di riempire il loro letto con schiavi o schiave, a seconda del capriccio del momento.

«La prima tavoletta mi serve per scrivere in originale il messaggio che ho in mente» rispose al giovane che lo scrutava interessato, con una piccola ruga scavata nella fronte. Forse si stava prendendo troppe libertà, ma in fondo gli faceva piacere scambiare due chiacchiere con lui, di tanto in tanto: Liturio aveva già avuto modo di dimostrare un'intelligenza ben superiore a quella che poteva essere attribuita a uno schiavo, a un soldato o a un maniscalco.

«E la seconda?»

Cesare sorrise. «Conterrà il messaggio oscuro che sarà consegnato alle mie staffette perché lo portino a Roma.»

«In che senso *oscuro*?»

Lui osservò divertito il suo schiavo. Era davvero interessato, non era semplice curiosità, la sua, né desiderio di compiacerlo.

«Tu sai scrivere?» gli chiese. «Sai leggere?»

«Poco» rispose il sequano, e questo bastò a sorprenderlo.

«Anche il latino?»

Lo schiavo scosse piano la testa. «No, mio signore. Nessuno me l'ha insegnato.»

Cesare sorrise, anche se non gli credeva. Sapeva che non doveva fidarsi di nessuno, men che meno di uno schiavo arrivato all'improvviso non si sapeva da dove, che si dimostrava capace di entrare nelle sue grazie e addirittura in grado di confrontarsi con lui su un piano ben più alto di quello che di solito regolava i suoi rapporti con la servitù.

«Guarda» disse, decidendo di provare a dargli fiducia. «Avvicinati che ti spiego.»

Liturio esitò solo un istante, poi si affrettò ad affiancarlo. Dato che era piuttosto alto, dovette curvarsi per poter osservare meglio.

«Vedi questa parola che ho inciso?» gli chiese Cesare. «Ha un significato ben preciso, significa "messaggio".» In realtà aveva indicato la parola "caro", ma voleva giocare un po' prima di rimettere Liturio al suo posto.

«Come ho detto, mio signore, non leggo il latino» mormorò il sequano.

«Certo, ma per capire quello che sto facendo in realtà non serve.» Affiancò la seconda tavoletta alla prima e incise una nuova parola, componendola secondo il metodo che lui stesso aveva escogitato per poter comunicare con i suoi referenti a Roma senza che nessuno potesse comprendere quello che scriveva. «Ora qui ricopio la stessa parola, lettera dopo lettera. Vedi?»

Liturio si piegò ancora di più per osservare meglio, poi scosse la testa.

«Ma sono diverse» obiettò. «Non sono la stessa parola.»

Cesare rise. «Molto acuto, amico mio. Eppure, ti posso assicurare che lo sono.»

«Ma com'è possibile?» chiese lo schiavo, sorpreso.

«Si tratta di un codice» spiegò lui. «Ogni lettera incisa nella seconda tavoletta corrisponde a una avanti di tre posizioni nell'alfabeto latino. Se si leggono spostandole tutte indietro di tre, si compongono le parole che vedi nella prima tavoletta.»

Liturio restò a osservare per un po' le due tavolette con la bocca aperta per lo stupore, poi si raddrizzò piano.

«Credo di avere capito» disse. «Un sistema davvero ingegnoso. È impossibile per chiunque capire cosa c'è scritto, se non si conosce il trucco. E chi lo conosce...»

«Può farlo agevolmente» concluse per lui Cesare. «Bene, vedo che hai compreso. Adesso per cortesia lasciami lavorare. Dopo questa tavoletta dovrò scriverne altre.»

Lo schiavo si ritirò nell'ombra della grande tenda, e lui riprese a incidere parole con lo stilo di legno. La missiva era per Balbo, l'unico a conoscenza della chiave per risolvere il codice di lettura dei suoi messaggi... a parte il giovane Liturio, naturalmente, che ora aveva una bella responsabilità sulle spalle.

Questa notte avrò bisogno di soddisfarmi, pensò Cesare senza smettere di scrivere le istruzioni per Balbo, *ma domani... dovrò trovare un altro schiavo.* Guardò Liturio, affaccendato in chissà quali incombenze. *Un po' meno impiccione di te.*

La tavoletta che aveva scritto per gli ambasciatori elvezi era stata fatta a pezzi. A riportargliela fu uno dei legati che lui stesso aveva incaricato, Quinto Titurio Sabino, che poteva contare su un interprete capace di comprendere buona parte delle lingue galliche, un certo Gneo Pompeo che nulla aveva da spartire con il celebre triumviro.

«Non starò a chiederti come hanno reagito» sorrise Cesare indicando i cocci della tavoletta d'argilla che Sabino teneva in mano.

«Non hanno nemmeno voluto leggerla, erano infuriati perché tu non ti sei presentato.»

Cesare fissò il suo legato, che lo aveva raggiunto nella tenda pretoria accompagnato da Gneo Pompeo e dai due attendenti che portava sempre con sé, il cavaliere Gaio Arpinio e l'ispanico Quinto Giunio, il quale non apriva mai bocca e si muoveva come se fosse una specie di guardia del corpo di Sabino.

«Avete provato a leggergliela voi?» chiese fissandoli tutti e quattro a turno. «L'ho scritta in latino, dubito che quella gente conosca la nostra lingua.»

Sabino fece un mezzo passo avanti, come a mettere bene in chiaro che era a lui che doveva rivolgersi.

«Gneo lo ha fatto, o almeno ci ha provato, quando si sono rifiutati di prendere la tavoletta» spiegò. «Ma gliel'hanno strappata di mano e l'hanno ridotta così.»

Cesare sorrise dentro di sé. Era andata proprio come si era aspettato: quella missiva – che aveva scritto apposta in latino, perché non ci fossero dubbi sul fatto che erano quei barbari a doversi prostrare di fronte a Roma, non certo lui a doversi far capire da loro – non sarebbe mai stata consegnata ai capi degli Elvezi. Aveva previsto che l'interprete non sarebbe riuscito a leggere più di poche righe, e che gli ambasciatori si sarebbero subito infuriati. Per questo aveva condensato all'inizio del testo il suo pensiero, in cui ribadiva l'impossibilità di concedere il permesso di attraversare una Provincia romana a chiunque, senza il consenso delle popolazioni alleate o sotto la protezione di Roma.

Poche righe mirate, che evidentemente avevano sortito l'effetto desiderato.

«Forse dovresti mandare una delegazione dai loro capi» fece Sabino con aria preoccupata. «Devono comprendere le nostre ragioni, altrimenti...»

«Altrimenti cosa?» lo interruppe Cesare.

Sabino lo guardò sorpreso, poi rispose allargando le braccia: «Potrebbero attaccare, cercare di passare con la forza! Sono troppi per pensare di fermarli, e...».

«Vedremo» lo zittì Cesare, che stava cominciando a irritarsi. Sabino non gli era mai piaciuto, ma non immaginava che fosse un pavido. «Adesso torna con i tuoi a lavorare sulle fortificazioni. Devono essere pronte il prima possibile, proprio nell'eventualità che gli Elvezi cerchino di forzare il blocco.»

«Ma non riusciremo mai a fermarli!» esclamò il legato con aria sconcertata.

Cesare si protese verso di lui e strinse gli occhi. «Di questo lascia che sia Labieno a occuparsene.»

Sul volto scavato di Sabino lo sconcerto divenne timore.

«Che cosa intendi dire?» chiese. «Tu dove sarai?»

«A radunare legioni» lo liquidò Cesare con un moto di fastidio. «Adesso andate. Devo prepararmi per raggiungere Aquileia.»

Sabino scambiò delle occhiate con i suoi sodali, ma non accennò ad andarsene.

«Intendi portare qui le tre legioni di stanza laggiù?»

Cesare attese un istante prima di rispondere, cercando di tenere a bada l'irritazione. Non era tenuto a dare spiegazioni a quel codardo, ma in quel momento sarebbe stato solo deleterio far serpeggiare il dubbio e la paura fra gli uomini. Soprattutto fra i suoi ufficiali.

«È quello che farò» si decise a confermare alla fine. «E arruolerò almeno altre due legioni, da affiancare a quelle di Aquileia. Da tempo Labieno ha mandato reclutatori, e ormai siamo a buon punto.»

Sabino sembrò riacquistare colore. «Cinque legioni...» mormorò.

«Esatto» concluse Cesare. «Adesso lasciatemi solo.»

Sabino restò a fissarlo ancora per un momento, poi salutò battendosi il braccio sul petto e si allontanò, seguito dai suoi.

Ora il legato avrebbe fatto circolare quella notizia fra gli ufficiali e i legionari: per loro sarebbe stato più facile farsi forza e resistere a un eventuale tentativo degli Elvezi di spezzare il blocco, in attesa che lui fosse di ritorno con cinque legioni a rinforzo.

D'altra parte, era certo che Labieno sarebbe riuscito a tenere testa a quei barbari sfruttando le fortificazioni che avevano allestito in tempi incredibilmente brevi. A quel punto gli Elvezi avrebbero dovuto trovare un altro passaggio, e lui sapeva dalle spie che aveva disseminato in tutta la Gallia che i Sequani avrebbero potuto concedere loro il transito per raggiungere il territorio dei Santoni e dei Tolosani, da razziare e mettere a ferro e fuoco.

E se questo fosse accaduto, doveva essere pronto a intervenire subito in difesa dei popoli appartenenti alla Provincia romana.

Era il pretesto che gli sarebbe servito per dare inizio alla guerra.

5

Aquileia
58 a.C., maggio

Cesare stava sorseggiando il robusto vino locale, il *pucinum*, che gli era stato assicurato avesse facoltà digestive e rigeneranti, quando arrivarono due messaggeri inviati da Labieno. Li vide entrare nelle terme in cui stava riposando insieme ad alcune schiave fatte arrivare dalle città di Solona e Tergeste, che nell'acqua piacevolmente calda lo massaggiavano sulle spalle, sul petto, sulla schiena e sulle cosce, contribuendo a rilassare i suoi muscoli affaticati.

«Spogliatevi» disse loro prima che potessero aprire bocca. «Fate le abluzioni, lasciate i vestiti nell'*apodyterium* e raggiungetemi qui. Avrete bisogno di recuperare le forze, dopo la cavalcata che avete fatto.»

I due si scambiarono un'occhiata perplessa, ma prima che potessero aprire bocca Cesare fece un cenno a Furio Lavieno, il comandante delle sue guardie personali che li aveva accompagnati da lui, e questi li trascinò via.

Tornarono poco dopo, imbarazzati e accaldati, e Cesare ne approfittò per studiarli con interesse: erano magri, il corpo scolpito e i muscoli modellati dagli addestramenti e dalle cavalcate. Soprattutto uno di loro, quello che sembrava il più giovane, lo impressionò favorevolmente: aveva una barbetta folta che adesso, lavata dalla polvere e dalla sporcizia, risultava di un colore nero lucido, quasi brillante, così come la matassa di peli sul pube, che non cercava di nascondere con le mani.

«Entrate» li spronò, vedendo che se ne stavano immobili sul

bordo della grande vasca del calidario. «Le mie schiave vi aiuteranno a rilassarvi, mentre mi riferite il messaggio di Labieno.»

Sotto lo sguardo severo di Furio, che sembrava pronto a tagliare loro la gola alla prima mossa falsa, entrarono nell'acqua riscaldata che sollevava vapori e sedettero sui gradini alla sinistra di Cesare.

«Occupatevi di loro» ordinò Cesare alle schiave, che non parvero dispiaciute dall'idea di doversi prendere cura di quei giovani corpi, più vicini alla loro età di quanto lo fosse lui, che ormai aveva superato i quarantadue anni. «E dategli del vino.»

Aspettò che i due si trovassero più a loro agio, fra le attenzioni delle belle schiave e il *pucinum* che un servo versava senza parsimonia, poi si avvicinò al giovane che aveva solleticato il suo interesse e gli appoggiò una mano sulla spalla.

«Allora, cos'avete da comunicarmi?» gli chiese, sentendolo sobbalzare per la sorpresa. Alcune gocce di vino caddero nell'acqua, e le schiave emisero risolini mentre Lavieno si avvicinava, forse messo in allarme dall'eccessiva vicinanza fra lui e il giovane.

«Ecco, mio signore, io...» balbettò il ragazzo, con le guance imporporate dal vino, dalla presenza di quelle ragazze nude, dal calore dell'acqua e, di sicuro, dal fatto di essere seduto accanto a Gaio Giulio Cesare in persona, suo comandante supremo.

«Tranquillo, non è un interrogatorio» gli disse ridendo. «Considerami un compagno d'armi, più che il tuo comandante. Ricorda che stiamo compiendo insieme la stessa impresa: accrescere la gloria di Roma e dei figli dell'Urbe.»

Parole un po' retoriche e forzate, se ne rendeva conto, ma quei due non avrebbero colto il velato sarcasmo con cui le aveva pronunciate. Sapeva che la campagna che stava per iniziare in Gallia non era per la gloria di Roma o dei suoi abitanti, ma per lui solo. Per Gaio Giulio Cesare.

«Mio signore, se vuoi posso iniziare io...» disse l'altro messaggero, che portava i capelli lunghi e annodati sulla schiena in un codino, alla maniera dei Cimbri. Non aveva il fisico tonico del compagno, ma sembrava più padrone di sé e provvisto di una certa proprietà di linguaggio.

«Certo» lo esortò Cesare, «dimmi tutto.»

L'uomo si assestò meglio sul gradino di pietra e si sporse verso di lui, allontanando con una mano una delle schiave che stava cercando di massaggiargli il petto.

«Abbiamo ricevuto degli aggiornamenti importanti dalle spie infiltrate fra i Sequani, e Labieno ci ha mandato a riferire.»

«Molto bene» concordò Cesare. «Prima però ditemi com'è la situazione alle fortificazioni.»

I due si scambiarono una veloce occhiata, poi il più anziano rispose: «Per tre giorni e tre notti di seguito gli Elvezi hanno cercato di attraversare il Rodano, guadandolo nei punti accessibili o su grandi zattere».

«Hanno anche legato insieme barche di diverso tipo per caricarci sopra gli animali e le vettovaglie» intervenne con inaspettata energia l'altro.

«Ma noi li abbiamo respinti senza troppa difficoltà» riprese il primo. «Le palizzate hanno retto e le torri di avvistamento ci hanno consentito di intervenire ovunque si aprisse una situazione critica.»

Cesare continuò ad annuire, pienamente soddisfatto di ciò che sentiva. Poteva dire di tutto di Labieno, e non essere del tutto sicuro di quanto gli fosse fedele, ma certo la sua abilità di comando era fuori discussione. Era il solo a cui si sentiva di affidare l'esercito, in sua assenza.

«I combattimenti continuano ancora?» chiese ai due.

«No, mio signore» rispose il più anziano. «A un certo punto gli Elvezi si sono ritirati, e non era uno stratagemma per cercare di stanarci dalle nostre posizioni.»

«No» rise Cesare, «non sanno nemmeno che cosa significhi pianificare una tattica. Quelli sanno soltanto attaccare a testa bassa.»

Risero per un po' tutti insieme, bevendo altro vino, poi Cesare guardò il messaggero più giovane.

«Tu come ti chiami?» gli chiese.

«Mario Avero» rispose quello, arrossendo fino alla radice dei capelli.

«E tu?» chiese rivolto all'altro.

«Sarote, mio signore. Sono di origini cimbriche.»

Cesare annuì, complimentandosi con se stesso per aver colto quel particolare.

«Dunque cosa riferiscono le spie fra i Sequani?» tornò a incalzarli, perché voleva avere la panoramica completa su quanto stava succedendo.

«Ricordi il re degli Edui, Dumnorige?» rispose Sarote. «Abbiamo saputo che ha condotto una trattativa con i Sequani perché concedessero il passaggio degli Elvezi sul loro territorio.»

«Dumnorige ha sposato la figlia di Orgetorige, il condottiero degli Elvezi che prima di morire aveva dato avvio alla loro migrazione» aggiunse Avero con sorprendente eloquio. Era ancora rosso in viso, ma adesso sembrava più sicuro di sé e a suo agio, nei vapori del calidario.

«Che accordi hanno preso?» li esortò a continuare.

«Hanno fatto uno scambio di ostaggi, per avere rassicurazioni da entrambe le parti» disse Sarote.

«Naturalmente» comprese Cesare. «Così gli Elvezi non potranno devastare i territori dei Sequani e questi ultimi non ostacoleranno la loro migrazione.»

«Proprio così!» esclamò il giovane Avero, sotto i primi influssi del forte vino di Aquileia.

«Il problema, mio signore, è dove sono diretti» proseguì Sarote, più pacato. «È per questo che Labieno ci ha mandato a riferire.»

Cesare lo fissò accigliato. «Vai avanti» ordinò.

Sarote si passò la lingua sulle labbra. «Il corridoio approntato dai Sequani, se quello che riferiscono le nostre spie è corretto, li porterà in territori sotto la giurisdizione di Roma.»

«I Tolosani e i Santoni» annuì Cesare, divertito dalle espressioni sorprese dei due. «Lo avevo immaginato. Per questo mi sono trattenuto qui con le legioni. Non faremo ritorno da Labieno, ma raggiungeremo i nostri alleati con tutto l'esercito.»

I due restarono in silenzio per un po', accigliati, poi Sarote chiese: «Cosa dobbiamo riferire a Labieno?».

«Che resti a presidiare le fortificazioni. Nessuno deve passare. Io condurrò l'esercito verso la Gallia Transalpina, dove immagino troveremo popolazioni ostili ad attenderci, come i Graioceli, i Caturigi e...» si voltò a guardare Lavieno.

«I Ceutroni» gli ricordò questi, senza abbandonare la sua posa rigida con la mano sull'elsa della spada.

«Esatto» annuì Cesare. «Ma non credo che sarà un problema sbaragliarli, non con cinque legioni al mio comando.» Fece una pausa, divertito dall'aria sempre più sorpresa dei due messaggeri, poi continuò: «A quel punto raggiungeremo prima i territori dei Voconzi, dove cercheremo di approvvigionarci dopo i valichi alpini, quindi saremo dagli Allobrogi, pronti a varcare i confini della Provincia oltre il Rodano ed entrare nel regno dei Segusiavi».

«Ma intanto gli Elvezi...» provò a dire Avero, che appariva frastornato.

«Immagino che razzieranno le valli fertili degli Ebui, e poi quelle degli Ambarri e degli stessi Allobrogi. Tutte popolazioni che potranno fare ben poco, prima del nostro arrivo.»

«Ma non potremmo muovere la legione al comando di Labieno?» protestò Sarote. «Siamo molto più vicini e potremmo intervenire subito, evitando che...»

«No» lo interruppe Cesare. «Abbiamo già subito troppe disfatte, in quei territori, per rischiare di essere messi ancora in ridicolo. Labieno non ha abbastanza uomini. L'unica speranza sono le mie legioni, e sarà mio compito portare soccorso a chiunque si rivolgerà a me per chiedere aiuto.»

Quello che non poteva spiegare ai due ragazzi era che solo così, lasciando che gli Elvezi portassero morte, scompiglio e distruzione fra i Galli, lui avrebbe avuto la possibilità di varcare i confini della Provincia romana ed entrare con l'esercito in quei vasti regni ancora tutti da esplorare... e da conquistare. Gli serviva il pretesto, e finalmente tutto sembrava procedere nel modo giusto. Se a Roma erano in tanti a opporsi a lui e a preoccuparsi per quello che stava succedendo, ben presto, non appena avesse trionfato in una prima, grande battaglia, le cose sarebbero cambiate, e tutta l'Urbe lo avrebbe sostenuto.

Il suo intento era far dimenticare i successi militari di Pompeo e oscurare le grandi ricchezze di Crasso per imporsi come nuovo nome sulla bocca di tutti i romani, così da bilanciare il triumvirato e, se possibile, farlo pendere dalla sua parte. Aveva un debito enorme nei confronti di Crasso, che lo aveva sostenuto alle elezioni consolari, e doveva ripagarlo. E Pompeo splendeva come il più possente dei conquistatori. Non era bastato dargli in moglie sua figlia Giulia, di trent'anni più giovane di lui, per rinsaldare i loro rapporti. Solo la guerra, con una campagna di conquista che facesse rifulgere di nuovo le aquile romane su popolazioni considerate temibili e invincibili come quelle galliche, avrebbe potuto portargli risultati concreti, capaci di cancellare il divario con i due triumviri.

Rinfrancato, si alzò in piedi e uscì dalla vasca.

«Voi restate pure» disse ai due giovani. «Divertitevi con queste magnifiche ragazze. Domani andrete a riferire a Labieno.»

Senza aspettare risposta fece un cenno a Furio e si diresse verso l'*apodyterium* per prendere la tunica e i calzari.

«Questa notte fai venire da me la ragazza con i capelli rossi» disse al suo attendente quando furono abbastanza lontani perché nessuno potesse sentirli. «E il ragazzo con la barba curata. Hai capito quale?»

Lavieno si limitò ad annuire.

6

Fiume Arari
Territorio dei Tigurini
58 a.C., giugno

Quel fiume era così placido che l'acqua pareva immobile; se non si faceva attenzione, era persino difficile capire in quale direzione scorresse: a volte sembrava seguire il normale corso dei fiumi, altre invece sembrava quasi fluire dalla parte opposta, creando una sensazione di straniamento. Però, osservando bene, si capiva che quel corso d'acqua non aveva nulla di straordinario. Era solo gonfio di acque placide che parevano quasi ristagnare. Nonostante ciò, era molto profondo, e per gli Elvezi non era stato facile attraversarlo. Lo avevano fatto su zattere e su barche legate insieme, com'era loro consuetudine, ma ci avevano messo settimane a traghettare sull'altra sponda tre quarti del loro esercito, oltre a quasi tutte le salmerie e gli animali che portavano con sé in grande quantità.

Cesare aveva aspettato che la retroguardia restasse sguarnita il più possibile prima di ordinare l'attacco, e la battaglia era stata rapida, cruenta e totalmente a loro favore.

«I nostri carpentieri sono stati molto efficienti» constatò Vatinio in piedi alla sua destra, intento a contemplare il ponte costruito sul fiume.

«Immagino le facce degli Elvezi» ridacchiò Lucio Munazio Planco. L'amico lo aveva raggiunto solo pochi giorni prima da Roma, offrendosi di restare al suo fianco. Cesare aveva apprezzato il gesto e lo aveva nominato suo legato e attendente di campo. «Ci hanno messo settimane a guadare il fiume, e stando ai resoconti degli esploratori hanno perso uomini, animali e carriaggi. Noi in un solo giorno abbiamo eretto quella meraviglia!»

«Questa è Roma» commentò Cesare. «Le nostre imprese fanno comprendere a chi osa sfidarci con chi hanno a che fare.»

«Oh, lo capiranno di sicuro» approvò Vatinio. «Quando ci vedranno arrivare crederanno a qualche atto di stregoneria, non certo all'abilità dei nostri legionari. E questo li spaventerà a morte.»

«Quanti uomini riusciremo a far passare?» chiese Cesare.

«Abbiamo cinque legioni» rispose Planco. «Dubito che riusciranno a passare tutte, prima di ingaggiare battaglia.»

«Mandate avanti le più addestrate.»

«L'Ottava e la Nona» suggerì Vatinio. «Quelle di stanza ad Aquileia. Le altre le abbiamo arruolate in fretta, non reggerebbero l'impatto contro gli Elvezi, anche perché ci superano di cinque a uno, se non di più.»

«Una legione deve restare con i bagagli» continuò Cesare. «Non devono esserci di impedimento, e devono comunque rimanere al sicuro.»

«Tuo cugino Lucio sta provvedendo a far arrivare approvvigionamenti dall'Italia, non è così?» gli chiese Labieno.

Cesare lo fissò in tralice. «Non possiamo contare sull'aiuto di nessuno, in questo momento. Teniamo al sicuro le nostre cose e facciamo combattere gli uomini senza il pensiero dei rifornimenti. Ce ne occuperemo in seguito, grazie agli alleati in Gallia.»

Per un attimo ci fu silenzio, mentre tutti rimuginavano su quelle parole, poi Cesare fece un cenno a Vatinio per dirgli di procedere come aveva suggerito, quindi si voltò e si diresse verso la tenda pretoria che aveva fatto erigere poco distante, in una posizione sopraelevata.

Gli altri lo seguirono, e durante il tragitto si accodarono altri ufficiali di rango, come il prefetto monetario Fabato, Crasso, Caleno, Cotta e Sabino, per quanto quest'ultimo sembrasse contrariato e maldisposto come sempre. Aveva bisogno di tutti loro per un consulto, prima dell'incontro con l'ambasciatore degli Elvezi.

«Quanti uomini abbiamo perso?» chiese Cesare non appena furono tutti dentro, disposti intorno al grande tavolo su cui aveva fatto predisporre le mappe di quella regione, il plago conosciuto come Tigurino, che in passato era stato testimone della terribile disfatta patita dal console Lucio Cassio Longino.

E non solo lui... ricordò con amarezza e una sensazione di rabbia che non si era ancora placata, nonostante fosse riuscito a vendicare quell'offesa. Perché non certo per sua decisione, ma per un colpo del fato, la prima battaglia con gli Elvezi era avvenuta proprio nei territori che avevano conosciuto la disfatta di Lucio Cassio, e in cui era morto anche Lucio Pisone, con cui adesso vantava una parentela attraverso Calpurnia, ucciso dai Tigurini in una battaglia che aveva umiliato tutta Roma.

«Noi meno di duecento» rispose Vatinio. «Ma gli Elvezi saranno stati diecimila.»

Cesare si adombrò. «Troppo pochi. Non basta per lavare l'onta subita dalle nostre legioni.»

Lo guardarono tutti accigliati, e lui andò a versarsi una coppa di vino senza accennare a offrirlo agli altri.

«Roma deve sapere che il giogo in cui sono stati costretti i nostri legionari è stato vendicato fino all'ultimo uomo» disse. Bevve un lungo sorso, poi si voltò a guardare i suoi generali. «Chi ha condotto l'attacco? Intendo la prima ondata, quella che ha permesso di arginare il nemico prima che si disperdesse. È stata una manovra intelligente, io non avrei saputo fare meglio.»

Vi fu un attimo di silenzio, poi Cotta fece un passo avanti e si batté il braccio sul petto. «L'onore è stato mio, Cesare» disse avvampando in volto.

Cesare annuì piano, poi allargò un sorriso e indicò la caraffa che i servi tenevano sempre piena. «Servitevi da bere» ordinò. «Dobbiamo festeggiare.»

«Non so se abbiamo vendicato il console Lucio Cassio» intervenne Sabino, «ma l'eco di questa prima vittoria arriverà fino a Roma.»

Cesare lo fissò mentre beveva un sorso di vino. Poi si pulì la bocca con il dorso della mano e disse in tono grave: «Ci vorrà ben altro per vendicare Lucio Cassio, Pisone e tutti i loro uomini. Però possiamo celebrare il fatto che la prima sconfitta degli Elvezi sia avvenuta proprio nei territori in cui è stato versato il sangue romano».

«E questo è solo l'inizio» intervenne Planco mentre aspettava il suo turno per riempirsi la coppa. «Anche se gli Elvezi non vanno sottovalutati.»

«Sono l'ultimo che intende farlo» lo rassicurò Cesare. «Per questo vi ho riuniti.» Scostò gli occhi da quelli di Planco e si rivolse a tutti: «Ho in mente una strategia ben precisa, che intendo perseguire con l'aiuto di tutti voi».

Quanti anni poteva avere quell'uomo? Fremendo per la rabbia, Cesare cercò di studiare a fondo l'ambasciatore degli Elvezi.

Quando gli era stato detto che sarebbe venuto Divicone in persona, che aveva combattuto nella fatidica battaglia che aveva portato alla disfatta di Roma, ne era rimasto molto sorpreso.

«È un gesto di spregio!» aveva tuonato Sabino, e per una volta Cesare si era sentito d'accordo con lui.

«Com'è possibile che sia ancora vivo?» aveva chiesto Vatinio al legionario che era arrivato a comunicare i nomi degli ambasciatori.

Quando l'uomo aveva spiegato che alla testa degli Elvezi c'era Divicone, erano tutti sobbalzati per la sorpresa.

«Forse è un suo parente, o qualcuno con lo stesso nome» aveva provato a immaginare Crasso.

«È molto vecchio» era intervenuto il legionario, e quelle parole avevano zittito tutti.

Cesare aveva deciso di non fare congetture e aveva chiesto al giovane soldato di condurre al suo cospetto la delegazione degli Elvezi. Poi si era rivolto ai suoi generali.

«Lasciatemi solo con loro. Appostatevi dietro la tenda, state in silenzio e ascoltate, ma non fategli capire che ci siete.»

Qualcuno aveva provato a contestare la sua decisione, ma Cesare li aveva fatti tacere sollevando la mano. Poi, senza dare ulteriori spiegazioni, si era rivolto direttamente a Crasso: «Quanta cavalleria abbiamo? Siete riusciti a reclutare abbastanza cavalieri?».

Crasso aveva annuito sicuro. «Gli Edui e diverse tribù loro alleate ci hanno dato gli uomini e i cavalli che ci servono» confermò. «Avevi chiesto almeno tremila cavalieri, ma siamo arrivati a quasi quattromila.»

«Molto bene» si era congratulato Cesare. «Allora vai da loro, preparali al combattimento e schierali dietro le colline a est, in modo che nessuno riesca a vederli.»

«Sarà fatto!» aveva garantito il prefetto equestre schizzando fuori dalla tenda.

A quel punto Cesare aveva ordinato a tutti di uscire ed era rimasto in attesa della delegazione degli Elvezi, ma soprattutto dell'uomo che si faceva chiamare Divicone.

Adesso che l'aveva davanti, non aveva più dubbi. Sapeva che il condottiero elvezio che aveva contribuito alla disfatta di Lucio Cassio quarantanove anni prima poteva essere ancora vivo, e se a quel tempo era abbastanza giovane, adesso era plausibile che avesse l'età di quell'uomo dalle spalle curve ma dallo sguardo severo che procedeva alla testa della delegazione del suo popolo.

Divicone... Quel maledetto era ancora vivo, e arrivava sprezzante a conferire con lui, nonostante il passo claudicante, i capelli bianchi sottili come ragnatele e il viso attraversato dai solchi profondi della vecchiaia.

«Benvenuti» li accolse Cesare in latino, senza alzarsi dalla sella curule su cui era seduto, dietro il grande tavolo su cui era solito far disporre le mappe dei territori cui si trovavano. Aveva accanto a sé la brocca con il vino, ma aveva fatto portare via dai servi tutte le coppe... tranne la sua.

Scortati dai legionari al comando di Lavieno, gli elvezi si disposero a semicerchio davanti a lui, lasciando nel mezzo, un passo più avanti di tutti, il vecchio Divicone. Nessuno aveva tradotto le sue parole, e Cesare non vedeva nessuno che avrebbe potuto fare da interprete, così immaginò che quegli uomini conoscessero la sua lingua.

«Questa non è una visita di cortesia» esordì con voce gracchiante Divicone, in un latino pieno di ruggine ma comprensibile. «E noi non siamo qui per mendicare... *romano*.»

Se il vecchio voleva fargli capire subito come la pensava, ci era riuscito, pensò Cesare con rabbia. Con uno sforzo cercò di trattenersi, bevve un sorso di vino per prendere tempo, poi indicò l'elvezio.

«Molto bene» gli disse. «Allora fammi capire perché siete qui. Che cosa volete da me. Da Roma.»

Calcò su quelle ultime parole, perché fosse chiaro che tutto ciò di cui avrebbero parlato sarebbe stato riferito in Senato e tutta l'Urbe avrebbe reagito a un atto di provocazione.

Divicone restò per un attimo in silenzio, sostenendo lo sguardo indagatore di Cesare, poi si curvò leggermente verso di lui e in un latino più fluido e comprensibile disse: «È molto semplice. Evitiamo lo scontro, salviamo vite e portiamo la pace in queste terre. In cambio chiediamo solo di poterci stabilire da qualche parte». Si raddrizzò leggermente e allargò le braccia, fissandolo con una strana smorfia, quasi di derisione, come se lui per primo ritenesse ridicolo quello che stava proponendo. «Scegli pure tu i nostri nuovi pascoli, romano. Indicaci dove credi sia meglio insediarci, e noi lo faremo senza razziare e senza uccidere.» Fece una breve pausa, poi si raddrizzò del tutto e all'improvviso apparve meno vecchio. «Altrimenti, se continuerete a starci addosso e a incalzarci con le vostre armate, saremo costretti a ripetere ciò che è già avvenuto in passato, e che forse avete dimenticato.» Adesso la smorfia di derisione era diventata un monito carico di minaccia. «Il valore degli Elvezi dovrebbe essere noto ai vostri legionari» riprese, lanciando un'occhiata divertita agli altri membri della sua delegazione. «D'altra parte, che cosa pensate di avere ottenuto con quella schermaglia contro la nostra retroguardia? Erano pochi uomini impegnati nell'attraversamento del fiume, e li avete attaccati alle spalle. Il nostro esercito non è potuto intervenire, e questo vi ha dato agio di mostrare i muscoli.» Fece il gesto di gonfiare il bicipite. «I possenti muscoli di Roma!» Ridacchiò insieme agli altri elvezi, poi vedendo che Cesare restava impassibile continuò, digrignando i denti: «Un grande successo, una vera impresa da raccontare a Roma, visto che il valore della vostra gente non va più in là di questo: imboscate e attacchi alle spalle». Lo puntò con un dito, stringendo gli occhi in due fessure piene di livore. «Non metterci alla prova, romano, perché la prossima volta saremo preparati e assaggerai il sapore del nostro ferro e della nostra rabbia.» Poi distese come per magia i tratti del viso. «Non credo sia salutare per un condottiero romano tornare in patria cadavere, o trascinandosi dietro ciò che resta del proprio esercito sconfitto. Perché è questo che succederà, come già è accaduto in passato.» Allargò un ghigno. «E io posso confermarlo, visto che c'ero.»

Finalmente Divicone tacque, e Cesare restò a fissarlo senza muovere un solo muscolo della faccia, anche se dentro aveva così tanta rabbia e tanto fuoco che avrebbe potuto eruttare lava bollente e uccidere quei cani a morsi, strappando loro la giugulare per mettersi poi a ululare alla luna.

A fatica riuscì a ricomporsi e a riacquistare la calma necessaria per portare a termine quanto aveva pianificato. Aveva previsto che cosa avrebbe detto Divicone, ed era felice che quello stolto avesse seguito il copione da lui preparato.

Prima di prendere la parola bevve un lungo sorso di vino, senza staccare gli occhi dal vecchio che una volta era stato un guerriero, un comandante che aveva inflitto una sconfitta dolorosa a Roma, ma adesso era solo carne avariata che non aveva più alcun diritto di vivere.

«Se anche riuscissi a dimenticare l'affronto subito da parte della vostra gente, che ha portato la vergogna nell'Urbe» disse con voce pacata, più tranquilla di quanto aveva sperato, «come credi sia possibile ignorare le offese che state arrecando contro tutti coloro in cui vi imbattete?» Appoggiò la coppa sul tavolo e si alzò piano, tenendo entrambe le mani sul ripiano di legno di ciliegio. «Avete cercato di attraversare con la forza una Provincia romana» riprese con più impeto, «avete massacrato, stuprato e razziato i territori degli Edui, degli Allobrogi, degli Ambarri e di chissà quanti altri.» Mentre sosteneva lo sguardo sprezzante e sempre più cupo di Divicone, si allungò verso di lui, caricando la voce come sapeva fare quando doveva sovrastare il suo interlocutore. «Gli dèi immortali si fanno gioco dei superbi in questo modo: prima gli fanno credere di poter ottenere facili vittorie, concedendo favori e impunità a coloro che in realtà intendono punire. Poi preparano il terreno per la disfatta definitiva, che sarà totale e senza appello.»

«E sareste voi gli dèi che ci porteranno alla rovina?» sghignazzò Divicone cercando sostegno dai suoi compagni, che però seguivano cupi la discussione.

Cesare si raddrizzò e prese ancora la coppa con il vino. Bevve piano, a piccoli sorsi, sapendo che questo avrebbe fatto innervosire ancora di più gli elvezi, poi si pulì la bocca con il dorso della mano e riprese con voce più morbida, conciliante, come aveva visto fare fin troppe volte a Cicerone, quando voleva blandire i suoi avversari prima di finirli con un ultimo colpo inaspettato.

«Roma sa essere generosa, anche nei confronti degli arroganti e di chi non conosce la reale forza del suo avversario.»

Tacque, e restò ad attendere una reazione da parte di Divicone, che adesso pareva confuso.

«Di che cosa parli, romano?» chiese questi dopo un po', quando vide che anche i suoi compagni sembravano avere capito ben poco di ciò che lui aveva detto. «Quale sarebbe la tua generosità?»

Cesare allargò un mezzo sorriso. «Accetterò la vostra offerta di pace, e stabilirò insieme ai nostri alleati un luogo in cui potrete insediarvi.» Prima di dare il tempo allo stupore di farsi strada sul volto del vecchio, sollevò un dito e continuò: «Tutto a determinate condizioni, naturalmente».

«Quali?» gracchiò Divicone, che adesso assomigliava più a un vecchio corvo pieno di livore e di sospetto, piuttosto che al grande guerriero che aveva inflitto una sconfitta a Roma.

«Ci consegnerete ostaggi, e in numero tale da garantirmi che rispetterete la parola data» spiegò Cesare cercando di mostrarsi sincero. «E naturalmente indennizzerete di Allobrogi, gli Edui e tutti i nostri alleati che hanno subito danni da parte vostra, secondo un arbitrato che accetterete fin d'ora, e che non vi sarà consentito mettere in discussione.»

Tacque e restò in attesa della scontata reazione di Divicone, quella che gli avrebbe consentito di procedere, con l'avvallo degli dèi, del Senato e della sua stessa coscienza, all'annientamento di quel popolo maledetto.

«Noi non consegniamo ostaggi!» sbottò il vecchio, indignato, e Cesare quasi scoppiò a ridere. Era stato più facile di quanto avesse previsto. «Fin dal tempo dei nostri antenati siamo noi a esigerli, e facciamo bottino e stupriamo le donne dei nostri nemici! Voi romani potrete fare ben poco per sovvertire questo diritto, visto che vi abbiamo già annientato una volta!»

Aveva sputato le ultime parole con un'energia sorprendente, e Cesare ebbe quasi l'impulso di battere le mani come se si trovasse a teatro, di fronte a una magnifica rappresentazione con attori di talento.

«Molto bene» disse, tornando a sedersi. «Allora non c'è altro da aggiungere. Se entro domani non riceverò conferma della vostra accettazione dei termini per la pace...»

«Questa non è pace, è una resa incondizionata!» ringhiò Divicone infuriato e fece per muoversi verso di lui, ma venne bloccato da Lavieno.

«Lascialo» ordinò Cesare, facendo segno ai legionari della scorta di riporre le spade. «Lasciateli andare tutti.»

Dopodiché si disinteressò degli elvezi e prese a studiare una pergamena arrotolata fra due bastoni decorati, facendo comprendere ai suoi interlocutori che il tempo delle parole era finito.

Ora non restava che la guerra.

7

Territorio degli Edui
58 a.C., luglio

Finalmente una buona notizia!, pensò Cesare mentre si dirigeva verso la periferia occidentale dell'accampamento, circondato dagli uomini della scorta guidati da Furio Lavieno.

«Con chi è arrivato?» gli chiese senza guardarlo, intento a scrutare tra la polvere sollevata dai cavalli e dai legionari giunti a ritmo sostenuto.

«Con tutta la Decima» rispose Furio. «Le staffette hanno riferito che ha lasciato gli ausiliari arruolati in questi mesi nei fortilizi sul Rodano. Quando si è sentito sicuro, dopo averli sottoposti a un duro addestramento, ha preso la Decima e ci ha raggiunti.»

Cesare annuì tra sé, immergendosi nel caos e nelle nuvole di polvere. Salutò diversi tribuni militari e centurioni che, riconoscendolo, gli erano andati subito incontro, poi finalmente scorse Labieno che stava confabulando con alcuni dei suoi attendenti. Lo raggiunse facendo segno a Furio di restare indietro con le altre guardie.

Quando lo affiancò, vide che Labieno era ricoperto di polvere dalla testa ai piedi. Un po' come tutti i legionari della Decima, che si erano seduti o sdraiati a terra per riprendere fiato.

«Vedo che li hai spremuti per bene» gli disse dandogli una pacca sulla spalla.

«I tuoi ordini erano chiari» rispose il legato facendo un cenno ai suoi uomini perché si allontanassero. «Abbiamo corso senza sosta, e grazie all'addestramento degli ultimi mesi siamo arrivati anche prima del previsto.»

Cesare si guardò intorno. «Questi ragazzi sono in gamba.»

«Com'è la situazione?» gli chiese Labieno, poco propenso a indulgere nei convenevoli.

«Vieni» lo spronò Cesare afferrandolo per un braccio e trascinandolo con sé. «Prima ti dai una rinfrescata e recuperi un po' di forze, poi ci riuniamo con gli altri e ti spieghiamo quello che sta succedendo. Sappi comunque che la tua presenza e la loro» aggiunse indicando tutt'intorno «sono particolarmente gradite.»

«Il che non significa niente di buono» grugnì Labieno. «Convoca tutti subito, non ho bisogno di rinfrescarmi.»

«Ci siamo lasciati prendere dalla frenesia» confessò Crasso scuotendo la testa. «I giovani cavalieri galli non sono ancora disciplinati a sufficienza, non riescono a tenere a freno il loro impeto.»

«Gli Elvezi erano solo cinquecento» sbuffò Planco con aria truce. «Cinquecento contro quattromila! E vi siete fatti respingere.»

Crasso non ribatté, preferendo restare immobile sotto lo sguardo degli ufficiali riuniti nella tenda di comando.

Cesare si slacciò la lorica, che gli pesava addosso, e con un sospiro di sollievo se ne liberò. Mentre Sarmete accorreva per portarla via, sedette su uno sgabello e si passò una mano fra i capelli.

«Se vengono a saperlo a Roma ci copriranno di ridicolo» intervenne Servio Sulpicio Galba, che non riusciva a evitare di scrutare Crasso come se fosse sul punto di passarlo a fil di spada.

Cesare sospirò e fece segno ai servi di versare il vino agli ospiti. Lui aveva già la sua coppa in mano, anche se ancora non vi aveva attinto. Avvertiva uno strano sapore in bocca, quello della rabbia misto alla costernazione, e voleva tenerlo ancora un po' tra lingua e palato, per non dimenticare che come comandante supremo non poteva fare sconti a nessuno.

Eppure non se la sentiva di biasimare Crasso per quello che era successo. Quando, cinque giorni prima, gli ausiliari galli che avevano arruolato in gran numero, ma che ancora non erano riusciti a addestrare secondo le regole che lui aveva imposto, si erano messi all'inseguimento della retroguardia nemica, non avrebbe immaginato una simile disfatta, ma ormai era tardi per recriminare.

«Gli Elvezi conoscono bene il temperamento dei Galli» intervenne Labieno, stranamente calmo. Quel riepilogo di ciò che era accaduto era stato fatto per lui, eppure sembrava poco interessato a conoscere ciò che era successo quando la cavalleria di Crasso si era scontrata con quella nemica. «Li avranno istigati a inseguirli, e poi li avranno fatti cadere in qualche trappola.»

Nessuno ebbe da obiettare e Cesare si alzò, avvicinandosi a Crasso. «È chiaro che bisogna intensificare l'addestramento» disse, confermandogli in questo modo che non aveva nessuna intenzione di destituirlo dalla carica di prefetto equestre: leggeva quella domanda implicita nello sguardo di Crasso e degli altri ufficiali, e non voleva ci fossero dubbi. «Intanto siamo riusciti a contenerli e a costringerli ad assestarsi in posizioni difensive, rinunciando ai saccheggi e alle razzie.»

«Ora che facciamo?» chiese Galba con aria torva. Fra tutti sembrava il più scandalizzato e il meno propenso a perdonare Crasso. «Ci limitiamo a stargli dietro per evitare che facciano danni? Non li attacchiamo?»

«Sono dieci volte più numerosi di noi» gli ricordò Planco. «Dobbiamo essere prudenti.»

Galba sputò per terra, ma si trattenne dal ribattere. Era furioso, e Cesare in qualche modo lo capiva: nessuna sconfitta può essere digerita da un vero comandante romano, e per quanto gli scontri con gli Elvezi avessero portato fino a quel momento solo a una situazione di stallo, l'importante era addestrare gli uomini, prendere posizione, arruolare quanti più ausiliari galli possibile e prepararsi per lo scontro. Che sarebbe avvenuto solo quando combattere sarebbe stata più un'opportunità che una costrizione.

Avvertendo su di sé gli occhi di tutti, Cesare si rivolse a Fabato: «Qual è la situazione dei rifornimenti? Siamo ancora in difficoltà?».

«Sì, e non credo che si risolverà a breve» rispose il prefetto monetario. «Chiediamo ogni giorno agli Edui il grano che avevano promesso di consegnarci, ma quei maledetti prendono tempo, danno la colpa al tempo, al freddo che ha danneggiato i raccolti, alle incursioni degli Elvezi. Dannati bugiardi...»

«Perché dovrebbero mentire?» chiese Labieno. «Siamo qui perché hanno invocato il nostro aiuto, ed è grazie a noi se gli Elvezi non stanno facendo strage del loro popolo.»

«Questa gente non ragiona come noi» sbuffò Crasso. «L'ho visto con gli ausiliari che abbiamo arruolato: pensano ciascuno per sé, e ritengono disonorevole ritirarsi di fronte al nemico o mettersi al servizio di altri. Abbiamo defezioni ogni giorno, che rischiano di superare in numero quelli che riusciamo ad arruolare.»

«Avete problemi anche con il foraggiamento?» gli domandò Cesare.

«Biada, erba... non c'è più niente da dare agli animali. Siamo costretti a portarli lontano, rischiando di cadere in imboscate ogni giorno.»

«La colpa è degli Edui» sibilò Galba, livido di rabbia. «Dovremmo lasciare che gli Elvezi li spazzino via. Ma se riuscissero a fare un po' di resistenza e a indebolirli, per noi sarebbe più facile incalzarli e costringerli a tornarsene da dove sono venuti.»

Cesare osservò Galba con un misto di divertimento e fastidio. Quell'idiota non aveva capito nulla. Forse nemmeno immaginava i suoi veri scopi: non aveva alcuna intenzione di impiegare le legioni per costringere gli Elvezi a tornarsene nelle loro terre o per restituire la pace agli Edui e alle altre tribù galliche. Avrebbe sfruttato il magnifico pretesto che gli era stato offerto per annientare una volta per sempre il pericolo degli Elvezi, vendicare l'onta subita cinquant'anni prima e annettere a Roma quanti più territori possibile della Gallia Celtica. Forse gli Edui erano meno sciocchi di quanto aveva creduto, e si erano resi conto delle sue vere ragioni: per questo esitavano a rifornirli del grano e del foraggio di cui avevano bisogno.

«Che cosa ne è stato delle provviste che hai fatto arrivare sul fiume Arari?» si risolse a chiedere a Fabato, ignorando Galba: che si macerasse pure nella sua sciocca rabbia.

«Le navi sono ancora là» rispose il prefetto monetario. «Ma

ci siamo allontanati troppo per poterci rifornire con sicurezza. Dovremmo distrarre molte truppe, o magari lasciare che gli Elvezi procedano per la loro strada, mentre noi...»

«No» lo interruppe Cesare, deciso. «Staremo con il fiato sul collo di quei bastardi, non gli daremo la possibilità di credere di poter fare ciò che vogliono.»

«Stiamo mantenendo una distanza di non più di cinque o sei miglia dalla loro retroguardia» confermò Crasso.

«E così dovremo restare» approvò Cesare. «Ci sposteremo con loro e terremo la nostra avanguardia pronta allo scontro, ma senza mai ingaggiare per primi.»

«Nel frattempo come facciamo con i rifornimenti?» chiese Galba. «Più ci allontaniamo dal fiume più sarà difficile sostentare gli uomini e gli animali.»

Cesare restò a fissarlo per un po', poi bevve il suo primo sorso di vino, se lo passò in bocca per togliere quel sapore acre che si era fatto troppo intenso e disse, rivolto a Labieno: «Convoca i capi delle tribù galliche. Li voglio tutti qui. Non i loro ambasciatori, ma chi comanda».

Labieno si batté il braccio sul petto e uscì dalla tenda senza aggiungere una parola, lasciando dietro di sé una nuvola di polvere.

Cesare svuotò la coppa di vino ignorando i commenti e i borbottii degli altri, poi fece segno a Sarmete di riportargli la lorica. Era giunto il momento di fare sul serio.

«Perché Roma dovrebbe sacrificare i suoi uomini per voi, se il vostro popolo non solo non si dimostra pronto al sacrificio, ma addirittura ci osteggia? Che cosa dovrebbe convincerci a restare per garantirvi il nostro aiuto?»

Cesare aveva lasciato che fosse Labieno ad affrontare i capi delle tribù barbare. Non erano molti, ma la loro stazza era tale da riempire la piccola tenda di comando.

Davanti a tutti, due uomini che sembravano raccogliere il consenso e il rispetto dei loro pari, e che fino a quel momento erano stati i soli a parlare, per quanto solo per addurre sciocche scuse alle loro manchevolezze.

Scrutandoli mentre Labieno li incalzava con la sua innata protervia, aveva compreso che in realtà c'era qualcosa che li inquietava, qualcosa che nascondevano dietro discorsi raffazzonati e poco credibili, che consentivano al legato di metterli sempre più in difficoltà.

Quando alla fine i due, che rispondevano ai nomi di Diviciaco e Lisco, avevano provato ad assicurare per l'ennesima volta che la loro gente stava accumulando il grano che presto avrebbero fatto arrivare all'accampamento romano, Labieno li aveva azzittiti con quelle ultime parole, che pretendevano una risposta chiara, priva di ombre.

Dopo che l'interprete ebbe tradotto, Diviciaco e Lisco si scambiarono una veloce occhiata piena di preoccupazione, poi il secondo dei due, che gli era stato presentato come il vergobreto degli Edui, una sorta di supremo magistrato, fece mezzo passo avanti e rispose ignorando Labieno e rivolgendosi direttamente a Cesare, come se avesse ben chiaro che tutto il colloquio era stato orchestrato affinché procedesse nella direzione stabilita dal comandante supremo.

«Ti chiedo perdono, Cesare, per quello che mi costringi a rivelarti, e che finora ho taciuto solo perché tengo al bene del mio popolo.» Aveva parlato in un latino masticato fra i denti neri che gli orlavano le gengive, ma Cesare era riuscito a capirlo e con un cenno della testa gli fece segno di proseguire, mentre l'interprete traduceva per gli altri edui.

«Ci sono fra noi... uomini influenti, che hanno una grande considerazione fra il popolo. Non sono capitribù, né magistrati, ma hanno combattuto da grandi guerrieri e hanno versato il sangue per la nostra gente, e ora godono della sua considerazione.»

«E cosa avrebbero a che fare, costoro, con i viveri che dovete consegnarci?» lo interpellò Labieno, anche se Lisco sembrava essersi dimenticato di lui.

«Fanno circolare voci» rispose il vergobreto continuando a fissare Cesare, consapevole che sarebbe stato lui a decretare la loro sorte. «Intimidiscono la popolazione, la convincono a non ascoltarci, a disertare i raduni durante i quali viene raccolto il grano per i vostri soldati.»

Labieno fece per intervenire ancora, ma Cesare lo fermò sollevando una mano. Poi si rivolse a Lisco, che sotto l'aspetto dimesso covava un'anima dura e coriacea che stava emergendo piano piano, parola dopo parola.

«Quali sono i loro argomenti?» gli chiese. «Come li convincono ad ascoltarli, a disobbedire ai vostri ordini?»

Lisco prese un lungo respiro, si voltò a scrutare i volti duri degli altri capitribù, poi si decise a parlare.

«Molti di loro si sono sempre opposti alla richiesta di aiuto che ti abbiamo fatto avere» rivelò con voce piena, decisa, che dimostrava un certo coraggio. «Ritengono che, non potendo noi assoggettare tutta la Gallia, sarebbe meglio restare sotto il comando degli Elvezi, visto il loro valore, piuttosto che dei romani.»

«Credono che, una volta sopraffatti i vostri nemici» intervenne Diviciaco, dopo che l'interprete ebbe tradotto le parole di Lisco, «voi non esiterete a toglierci ogni libertà, sottomettendoci per poi dare il via alla conquista di tutta la Gallia.»

Cesare si trattene a fatica dal sorridere. Quegli stolti non immaginavano quanto fossero nel giusto, ma non poteva certo dirglielo. Né elogiarli per il loro acume, visto che li stavano raggirando.

«Anche voi lo credete?» chiese cercando di mostrarsi contrariato, persino sorpreso.

Lisco sollevò entrambe le mani. «Ti stiamo riferendo ciò che sappiamo. Questa è la spiegazione del perché qualcuno ci sta osteggiando e la raccolta del grano procede a rilento.»

«Ma non si tratta solo di questo, vero?» lo spronò Cesare, divertito dall'imbarazzo che vedeva sui volti di quegli uomini duri, abituati più alla guerra che al compromesso.

Ci fu un altro scambio di occhiate fra Lisco e Diviciaco, e quando quest'ultimo strinse i denti con forza, gonfiando i muscoli della mascella, Cesare capì che erano arrivati a un punto di svolta. Si concentrò su Lisco, che sembrava più propenso a svelare i retroscena di ciò che stava accadendo.

«Se non mi dite la verità dovrò agire di conseguenza.»

Lisco deglutì rumorosamente, colto di sorpresa da quella minaccia, e si affrettò a rispondere: «Sappiamo che i traditori sono in contatto con gli Elvezi. Stanno passando loro informazioni: sui nostri preparativi, sulle raccolte di cibo e sui vostri spostamenti».

Diviciaco diede una spallata a Lisco e lo fece da parte.

«Questo non possiamo dirlo con certezza, sono solo illazioni» affermò, tradotto velocemente dall'interprete. «Stiamo cercando di comprendere meglio quello che sta succedendo, e nel frattempo stiamo raccogliendo il grano che vi serve. Chiediamo solo qualche giorno in più per risolvere la questione.»

Cesare restò a osservarlo per un po', senza nascondere i dubbi che lo attraversavano. Poi colse un cenno da parte di Lisco, e capì come agire.

«D'accordo» disse conciliante. «Propendo a credervi, e dunque vi ringrazio per quello che farete. È importante che i rifornimenti arrivino il prima possibile. Ora andate e spiegate alla vostra gente che noi siamo qui solo per proteggerli, senza altre finalità.»

Diviciaco aspettò la traduzione, quindi annuì grugnendo qualcosa di incomprensibile e si girò per uscire dalla tenda insieme agli altri capitribù.

«Vergobreto, posso parlarti di un problema giuridico che mi assilla?» chiese Cesare rivolto a Lisco, che prontamente si fermò e fece segno agli altri edui che li avrebbe raggiunti. Diviciaco gli lanciò un'occhiataccia, ma non si fermò a fare domande.

Una volta soli, a parte Labieno che aveva fatto scivolare impercettibilmente la mano sull'elsa della spada, Cesare versò una coppa di vino per Lisco e gli fece segno di accomodarsi su uno sgabello accanto a lui.

«Tu volevi dirmi qualcosa, vero?» chiese, andando subito al dunque.

Lisco accettò la coppa, bevve un sorso di vino poi annuì.

«Non potevo farlo davanti a Diviciaco.»

«Lo immaginavo» sorrise Cesare. «Ma ora siamo solo io e te. Puoi dirmi tutto.»

E così, ancora una volta, Dumnorige faceva il doppio gioco e cercava di approfittare della situazione. In fondo Cesare lo capiva: anche lui, al suo posto, avrebbe cercato di opporsi a Roma, con la speranza di aggregare attorno a sé le tribù della Gallia, e magari diventarne re.

Quando Lisco gli aveva spiegato come stava agendo quel vecchio guerriero indomito – che da una parte era aggregato al loro esercito come comandante di una compagnia di cavalieri ausiliari, e dall'altra investiva le sue rendite per mostrarsi generoso con il suo popolo, oltre ad avere stretto alleanze di sangue con gli Elvezi, i Biturigi e diverse altre importanti tribù –, Cesare non aveva potuto fare a meno di trattenere un sorriso di ammirazione. Non aveva alcuna considerazione per gli umili e per gli inetti, per coloro che abbassavano la testa e obbedivano agli ordini; preferiva di gran lunga uomini con il suo temperamento, disposti a lottare e a mettere in gioco la propria vita pur di competere per il predominio. Era con costoro che ambiva a scontrarsi, a disputare l'eterna lotta per il potere: quale onore ci sarebbe stato a sconfiggere i più deboli?

D'altra parte, il tradimento, quando concertato in modo subdolo e intelligente, proprio come stava facendo Dumnorige, era troppo pericoloso per considerarlo con benevolenza. Avrebbe dovuto intervenire al più presto e stroncare quella pianta infestante che stava mettendo radici nel suo stesso esercito.

«Perché tu o Diviciaco non lo avete contrastato?» aveva chiesto a Lisco prima di congedarlo. «Dumnorige si è appropriato con l'inganno della gestione dei dazi e delle rendite, ed è chiaro che sta sfruttando le sue ricchezze e l'influenza che ha sul popolo per mettervi in cattiva luce e prendere il sopravvento.»

Lisco aveva scosso piano la testa. «Si circonda di un piccolo esercito personale, tutti temibili guerrieri disposti a dare la vita per lui.»

«Sono cavalieri?» aveva chiesto Cesare.

Lisco aveva esitato un attimo, prima di rispondergli. «Sì, sono gli stessi che per primi hanno abbandonato lo scontro con gli Elvezi, qualche giorno fa, mettendo in difficoltà i vostri uomini.»

A queste parole Cesare fu pervaso da sensazioni contrastanti: forse ancora qualche oncia di ammirazione nei confronti di Dumnorige, soprattutto per la sua astuzia che si era fatta beffe dei suoi comandanti e di lui stesso; ma ancor più una rabbia spessa e definita verso l'uomo che aveva gettato l'onta della sconfitta sulla sua cavalleria, costringendolo a prendere una decisione drastica, in anticipo sui suoi piani, che avrebbe forse reso palesi le sue reali intenzioni.

Ma era chiaro a cosa mirasse Dumnorige, e lui non poteva permettere che le sue manovre portassero a dei risultati.

«Quell'uomo è molto astuto» lo aveva messo in guardia Lisco, prima di lasciarlo. «Ha fatto sposare la madre con un nobile della tribù dei Biturigi, e lui stesso è sposato con una donna elvetica. Ha poi stretto legami di sangue con altre tribù attraverso matrimoni combinati con una sua sorella per parte di madre e altre parenti. È chiaro che propende per gli Elvezi e che trarrebbe giovamento da una vostra sconfitta: lo metterebbe in luce e gli darebbe la possibilità di conquistare un regno, aggregando tribù oggi in disaccordo fra di loro.»

«Ma Diviciaco è suo fratello» aveva protestato Cesare. «Non si rende conto di ciò che sta rischiando? La sua devozione e la sua lealtà verso Roma mi sembravano sincere.»

«Ed è così!» aveva garantito Lisco con foga. «Ma l'ambizione di Dumnorige è sfrenata, e niente riuscirà a fermarlo.»

Detto questo aveva abbassato il capo ed era uscito in silenzio dalla tenda di comando.

Cesare lo aveva lasciato andare, consapevole che non sarebbe stato possibile strappargli altre informazioni. D'altra parte, ormai la colpevolezza di Dumnorige era accertata. Avrebbe dovuto agire in fretta, anche se questo avrebbe significato compromettere i rapporti con buona parte dei Galli loro alleati, con il rischio di trasformarli in nemici.

C'era un solo modo per risolvere la situazione, mantenendo il fragile equilibrio che gli avrebbe consentito di portare avanti quella guerra come aveva pianificato: anziché mettere in catene Dumnorige e accusarlo di tradimento, usare l'astuzia.

«Furio!» chiamò a gran voce, e il comandante delle guardie si precipitò all'istante nella tenda. «Fai venire Procillo. Possiamo fidarci di lui, vero?»

Lavieno lo fissò accigliato. «È un funzionario della Gallia Romana e so che ha contatti d'affari con molti capitribù, però...» rispose.

«Allora è l'uomo che fa per noi» lo interruppe Cesare. «Voglio che metta alcuni dei suoi alle costole di Dumnorige. Gente che non lo insospettisca e che lo tenga d'occhio. Devono riferirmi tutti i suoi spostamenti, con chi si incontra, con chi scambia anche solo una parola.»

«Sarà fatto» confermò Lavieno battendosi il braccio sul petto.

«Raccogli tutte le informazioni e riferisci solo a me» lo congedò Cesare.

Quella notte Cesare uscì dalla tenda e si mischiò con alcuni legionari scelti da Lavieno. Erano tutti ricoperti dai mantelli, con i cappucci sollevati, e nessuno avrebbe potuto riconoscerlo mentre attraversava l'accampamento, diretto vero il boschetto dove era atteso da un altro gruppo di uomini. Camminavano a passo veloce, scansando i pochi che ancora si attardavano all'esterno delle tende, a chiacchierare e probabilmente a vantarsi delle loro imprese con le prostitute che arrivavano da ogni parte della Gallia.

Cesare riconobbe un paio di tribuni che ispezionavano l'accampamento nei giri di ronda, ma riuscì a passare oltre, mentre altri legionari addestrati da Lavieno distraevano i tribuni con questioni urgenti da risolvere, distogliendoli dalla curiosità per quel gruppo di persone con i cappucci calati sulla testa che si dirigevano verso la periferia sud degli acquartieramenti. Quando raggiunsero il boschetto, Cesare fece segno agli uomini della scorta di fermarsi, e mentre quelli si disponevano a protezione del suo incontro segreto, lui raggiunse i tre che lo stavano aspettando.

«Grazie per essere qui» li salutò, stringendo a tutti gli avambracci con energia. «Avete ragionato su quanto vi ho chiesto?»

Uno dei tre, il più alto e robusto, abbassò il cappuccio e annuì con aria grave.

«Sì, Cesare» garantì Crastino, che l'anno prima era stato centurione primipilo della Decima legione, e che lui aveva fatto richiamare per averlo ancora al suo fianco, seppure con un incarico diverso. «Ho selezionato io stesso gli uomini, e sono pronti a iniziare l'addestramento.»

«Nessuno deve venirlo a sapere» mise in chiaro Cesare rivolgendosi ai suoi interlocutori.

«Me ne occuperò personalmente» lo rassicurò Crasso. «Non voglio trovarmi di nuovo nei guai per colpa di quei maledetti Galli.»

«Non sarà facile trasformare dei legionari in cavalieri» commentò il terzo uomo, senza abbassare il cappuccio. Anche così, nell'oscurità che gli nascondeva i lineamenti, Cesare riuscì a scorgere la cicatrice che solcava il volto di Quinto Azio Varo, uno dei suoi cavalieri più esperti.

«Lo so, ma confido nelle vostre capacità» li blandì, anche se sapeva che non ce ne sarebbe stato bisogno. Quegli uomini sarebbero stati disposti a morire per lui, senza che fosse necessario chiedere loro una prova di sacrificio. «È importante che nessuno venga a sapere di quello che state facendo.»

«Se anche qualcuno se ne accorgesse, dubito che capirebbero» sghignazzò Crastino. «Non si sono mai visti dei legionari addestrarsi a combattere a cavallo.»

«Hai davvero intenzione di farli diventare cavalieri?» gli chiese Varo.

Cesare prese un lungo respiro. Era abituato a dare ordini, non spiegazioni su quello che la sua mente in continuo fermento gli suggeriva di fare. Poi decise di rispondere in sincerità, rivelando le sue preoccupazioni: «La cavalleria è un supporto importante per le nostre legioni, ma non possiamo fidarci degli ausiliari galli, e i cavalieri romani sono troppo pochi».

Vide Crasso annuire e proseguì: «Addestrerete uomini fidati della Decima perché possano svolgere il ruolo di cavalieri, se necessario».

Notò Crastino fare una smorfia.

«Cos'è che non ti convince?» lo sollecitò.

«Be'... i nostri uomini sono dei semplici legionari» rispose il centurione. «Non hanno le risorse per acquistare e mantenere un cavallo. Gli ausiliari galli sono tutti di discendenza nobile o comunque provvisti del denaro per...»

«Pagherò io per i loro cavalli e per il foraggio di cui avranno bisogno» lo interruppe Cesare, consapevole del problema. «So bene che non possiamo trasformare un legionario in cavaliere dall'oggi al domani. Ma ho bisogno di questo supporto da parte di uomini fidati, e ho già assegnato i fondi necessari a coprire tutte le spese.»

«Ti costerà un patrimonio...» provò a ribattere Crastino, ma Cesare lo fermò posandogli un braccio sulle spalle.

«Vedrai che troveremo qui in Gallia le risorse che mi serviranno. E non solo per questo.»

Si guardarono tutti in silenzio, poi Crastino scoppiò a ridere e Varo abbandonò il cipiglio che gli aveva gonfiato la cicatrice sul volto.

«Bene, vedo che avete capito» annuì Cesare soddisfatto. «Allora procediamo come convenuto, mantenendo il massimo riserbo. Nessuno deve sapere quello che stiamo facendo, a parte i diretti interessati.»

«Perché tutta questa segretezza?» gli chiese Crastino. «Non sarebbe meglio che si sapesse? Così anche gli ausiliari galli dovrebbero dimostrare il loro valore, capendo di non essere più indispensabili.»

«In effetti se avessimo iniziato prima» aggiunse Crasso «forse non avremmo subito la disfatta da parte degli Elvezi. I Galli si sono ritirati e...»

«Quella manovra è stata concordata con il nemico» rivelò Cesare. «C'è Dumnorige dietro a tutto questo.»

«Allora mettiamolo in catene!» proruppe Varo. «E con lui tutti i Galli traditori.»

Cesare cercò di mostrarsi paziente. «Non possiamo ancora agire contro Dumnorige. Non senza prove evidenti da portare agli Edui e alle altre tribù alleate. Quell'uomo ha intessuto una rete di contatti molto efficace, ed è amato dal popolo. Ha agito con astuzia, e se non vogliamo peggiorare le cose dobbiamo batterlo proprio sul suo campo.»

«Quindi lo teniamo d'occhio e nel frattempo addestriamo dei legionari a cavalcare come gli ausiliari galli» riassunse Crasso. «In questo modo potremmo avere una risorsa nuova a nostra disposizione, che potrebbe venirci utile.»

«Esatto» concordò Cesare, felice di constatare che il prefetto aveva compreso. Scoccò un'occhiata a Varo e a Crastino, poi aggiunse: «Nessuno potrà mai immaginare che dei legionari romani siano in grado di combattere a cavallo. Saranno la nostra falange segreta, da sfruttare a tempo debito».

«Chi si occuperà di Dumnorige?» chiese Varo.

«Lo stanno facendo gli uomini di Lavieno» rispose Cesare. «Coordinatevi con lui. E lo ripeto ancora: nessun altro deve sapere di questa storia.»

I tre si batterono all'unisono il braccio sul petto, e lui si voltò per raggiungere la sua scorta.

Adesso doveva capire come agire, e soprattutto come prendere tempo mentre i suoi piani andavano lentamente concretizzandosi.

8

Bibratte
Territorio degli Edui
58 a.C., luglio

«Perché non hai attaccato?» Labieno lo affrontò a muso duro. Stringeva i pugni, aveva la mascella serrata per la rabbia e le vene sul collo tese come cordoni. «Le mie legioni erano sulla collina alle spalle del nemico. Eravamo in posizione di forza!»

Cesare restò a fissarlo, indeciso su come reagire a quell'atto di insubordinazione. Labieno aveva il diritto di contestare le sue decisioni e di proporre un'alternativa alle tattiche da mettere in campo nel corso di una battaglia, ma restava pur sempre un suo sottoposto, e doveva imparare a contenere la rabbia quando era al suo cospetto. Soprattutto alla presenza degli altri ufficiali.

«Considio ha riferito che il colle era in mano agli Elvezi» si fece avanti Planco. «Quello stolto si è lasciato ingannare e ha ritirato la cavalleria ausiliaria.»

«E alcuni traditori hanno avvertito il nemico» aggiunse Cotta. «Erano preparati, anche se a voi non lo davano a vedere.»

Labieno restò a fissare per un po' i due, poi sputò per terra. «Eravamo comunque in posizione privilegiata. Con un attacco su più fronti li avremmo spazzati via.»

«E poi?» chiese Cesare, cercando di restare calmo. Non si era ancora fatto un parere preciso su Labieno, e forse quella era l'occasione per far emergere gli aspetti ancora poco chiari del carattere del suo luogotenente. Sapeva che era un ottimo comandante, uno stratega esperto e benvoluto dai suoi uomini, ma forse sostenuto dalla tipica arroganza di chi crede di conoscere meglio degli altri l'arte della guerra. E lui non era certo disposto a farsi mettere i piedi in testa, che si trattasse di Labieno o di chiunque altro. «Se avessimo combattuto, nonostante il vantaggio tattico della tua posizione, lo scontro sarebbe stato incerto» continuò tenendo gli occhi fissi in quelli del luogotenente per coglierne ogni sfumatura d'espressione. «Siamo troppo inferiori di numero, e il nostro campo pullula di traditori.»

«E di incapaci» sbuffò Galba.

Cesare lo ignorò e continuò a parlare restando di fronte a Labieno, con la schiena dritta per sovrastarlo di mezzo palmo.

«A due giorni da qui c'è Bibratte, una delle città più grandi della regione, e i nostri uomini, e gli animali, hanno bisogno di cibo. Ci dirigeremo laggiù e lo faremo lasciando intendere agli Elvezi che temiamo uno scontro e preferiamo assestarci sulle colline intorno alla città.»

Labieno strinse appena le palpebre. «Dunque è per questo che hai deciso di non attaccare? Per dare agli Elvezi l'impressione che siamo dei codardi?»

Cesare allargò un mezzo sorriso. «Ancora non hai capito come sono i Galli, vero? Smaniano per la gloria in combattimento, e si esaltano quando pensano di essere superiori.» Fece un segno a Considio, che si avvicinò incerto. «Spiega quello che hai visto» gli ordinò.

«C'è un colle, non lontano da Bibratte, che offre copertura alle spalle e digrada sui fianchi, fino a una foresta che circonda una piccola valle. Se gli Elvezi, come credo, ci affronteranno da quella parte...»

«Stai dicendo che la ritirata di Considio era una messa in scena?» lo interruppe Galba con aria sorpresa.

«Così come la fuga dei traditori per avvertire gli Elvezi dei nostri spostamenti» confermò Furio Lavieno, affiancando Cesare come se volesse sostenerlo non solo a parole, ma anche con la spada.

«Perché non siamo stati avvertiti?» chiese Galba, rosso in viso. «Io...»

«Era essenziale che gli Elvezi credessero di avere a che fare con dei codardi, pronti a fuggire e arroccarsi in posizioni difensive» spiegò Cesare, che riteneva giunto il momento di rivelare i suoi piani. «Li costringeremo ad ammassarsi in quella valle, e li attenderemo con le legioni schierate sui rilievi.»

«Ma perché spingerci fino a Bibratte?» chiese Labieno, non ancora convinto.

«Per diversi motivi» rispose Cesare, che aveva già considerato tutte le possibilità. «Prima di tutto perché là troveremo i rifornimenti di cui abbiamo bisogno, e questo spingerà gli Elvezi a farsi sotto, pensando di impedirci di mettere le mani sul cibo e sul foraggio.»

«Però dalla città potrebbero arrivare rinforzi e...»

«È quello che mi auguro» lo interruppe. «Sono sicuro che dalla nostra posizione di vantaggio riusciremo ad avere la meglio su quei barbari, e quando avremo vinto nessuno potrà più impedirci di entrare in città e prendere quello che ci spetta.» Allargò uno sguardo circolare a comprendere tutti gli ufficiali. «Non si tratterà solo di difenderci e garantire agli Edui la protezione che hanno chiesto. Sarà il primo passo per imporre il dominio di Roma su nuovi territori di conquista e fare bottino. A partire dalla città di Bibratte.»

Vi furono mormorii ed esclamazioni di sorpresa, ma nessuno replicò alle sue parole.

Cesare tornò a concentrarsi su Labieno e vide che l'espressione del suo luogotenente si era ammorbidita. Quell'uomo non era uno sciocco, aveva capito il reale significato delle sue parole. Non avrebbe mai rinunciato all'idea di un trionfo celebrato nell'Urbe, quando avessero fatto ritorno da quella spedizione. Da vincitori, naturalmente.

Come aveva previsto, gli Elvezi avevano reagito subito alle loro manovre di avvicinamento a Bibratte, e si erano fatti sotto con i cavalieri più audaci per incalzare la retroguardia dell'esercito e spingerli al combattimento.

Tenendo fede a quanto pianificato, Cesare aveva fatto muovere la cavalleria ausiliaria per contenere gli affondi del nemico, mentre i tribuni e i centurioni si occupavano di disporre le legioni come aveva ordinato.

La sera prima si era intrattenuto fino a notte fonda insieme ai suoi luogotenenti per studiare le mappe disegnate dagli esploratori e decidere come schierare l'esercito sui rilievi in modo da avere un vantaggio tattico non indifferente, in grado, a suo giudizio, di equilibrare il divario tra le forze in campo. Gli Elvezi erano più numerosi ma disordinati e fin troppo impetuosi: quando si fossero resi conto della capacità delle sue legioni di reggere il loro slancio e reagire compatte, sarebbe stato troppo tardi.

«È tutto pronto» arrivò ad avvertirlo Labieno, che indossava la vecchia lorica da combattimento da cui non si separava mai. Era tutta segnata dai colpi ricevuti, a dimostrazione che quell'uomo non si tirava indietro quando arrivava il momento di impugnare la spada.

Cesare si voltò a scrutare la collina dalla posizione privilegiata in cui si trovava. Aveva fatto disporre le salmerie e gli oggetti personali dei legionari sul punto più alto del rilievo, lasciando che fossero le truppe più esperte a circondarli in un ultimo baluardo di difesa: sapeva che rassicurare gli uomini sul fatto che i loro averi non sarebbero caduti tanto facilmente nelle mani del nemico era un fattore importante perché si concentrassero sulla battaglia.

Il dispiegamento delle legioni era ancora in atto, mentre ai piedi della collina le avanguardie degli Elvezi spingevano per cercare dei punti di affondo in cui penetrare con la loro assurda foga, come se un manipolo di cavalieri potesse arrecare danno ai loro schieramenti.

«Si stanno disponendo a falange» gli disse Labieno indicando con il braccio teso. Anche se non ci vedeva più come un tempo, Cesare scrutò verso il punto in cui il nemico aveva ammassato le sue forze, e comprese che tutto stava procedendo come previsto.

«Hai fatto schierare gli uomini come ho chiesto?» chiese al suo luogotenente, anche se non aveva alcun motivo di dubitarne. Ma voleva provocarlo, far emergere il suo reale umore dopo lo scontro che avevano avuto il giorno prima.

«La collina è presidiata da quattro legioni di veterani» rispose Labieno, imperturbabile. Non dava l'impressione di avere colto la provocazione. «La Settima, l'Ottava, la Nona e la Decima, come hai chiesto.»

«Molto bene» annuì Cesare, scrutando le insegne delle legioni a mano a mano che Labieno le elencava.

«Sulla sommità hanno preso posizione quelle arruolate in Gallia Cisalpina, l'Undicesima e la Dodicesima, insieme a tutte le truppe ausiliarie.»

«Cosa riferiscono gli esploratori sugli Elvezi? Dove hanno ammassato i carriaggi?»

«Li hanno lasciati indietro, insieme a quella parte del loro popolo che non combatterà» rispose Labieno. «Proprio come avevi previsto, non ci sono truppe schierate in difesa, solo donne, vecchi e bambini.»

Cesare prese un lungo respiro, mentre avvertiva nell'aria un forte odore di terra smossa, di sudore, cuoio e mille altri afrori che provenivano dagli uomini e dai cavalli pronti al combattimento. Sapeva che le sue legioni erano inferiori numericamente, ma contava sull'addestramento degli uomini, soprattutto dei veterani, e sulla capacità dei centurioni di governarli come se fossero un unico, possente legionario. Approfittando della posizione sopraelevata rispetto ai nemici avrebbero potuto dapprima bloccarne lo slancio, poi incalzarli fino a ingaggiarli con manovre di aggiramento che la loro goffa falange non sarebbe stata in grado di respingere.

«Ci siamo» sibilò dilatando le narici e scendendo da cavallo, subito imitato da Labieno. Fece un segno ai servi, e questi accorsero per prendere i cavalli e portarli via, insieme a quelli di tutti gli ufficiali che lo circondavano. Poi estrasse la spada e diede ordine a ciascuno dei suoi luogotenenti di raggiungere le rispettive posizioni e dare avvio alla battaglia.

Da parte sua si dispose accanto al primipilo della Decima, a ridosso delle prime linee per poter incitare gli uomini durante l'attacco, ma abbastanza lontano da poter intervenire con i suoi legionari più fidati solo nel caso in cui lo scontro si fosse dimostrato più difficile del previsto.

«Avanti!» urlò, quando vide arrivare di corsa la marea umana che componeva la falange nemica. «Per Roma!»

«Per Roma!» esplosero all'unisono i legionari intorno a lui, facendo correre quel grido, accompagnato dal battere delle spade contro gli scudi, lungo tutto il rilievo della collina.

«Per Cesare!» si levò una voce, e ben presto quel richiamo si propagò come un'onda inarrestabile, diffondendosi prima fra i soldati della Decima, poi raggiungendo le altre legioni.

Cesare strinse la spada. Se un uomo doveva morire, quello era il solo modo in cui valesse la pena farlo.

La battaglia era durata molto più a lungo di quanto avesse immaginato.

Gli Elvezi erano combattenti feroci e pieni di coraggio, al punto da rasentare la follia, e loro erano riusciti ad averne ragione solo grazie alla compattezza delle legioni, alla capacità dei comandanti di reagire con velocità alle situazioni di pericolo, e soprattutto allo stimolo costante, continuo, che Cesare, Labieno e gli altri legati distribuiti su tutto il fronte di combattimento erano riusciti a infondere tra gli uomini.

In un primo momento le cose si erano messe bene per le avanguardie dell'esercito romano, grazie al lancio dei giavellotti a punta morbida che si erano conficcati negli scudi degli Elvezi e poi, ripiegandosi, avevano impedito loro i movimenti e li avevano fatti infuriare, costringendoli a liberarsene per potersi muovere più agevolmente, seppure privi di protezione. La Settima e l'Ottava legione ne avevano approfittato per incalzare il nemico e respingerlo nella valle ai piedi della collina, seminando morti e provocando profonde ferite nei combattenti privi di scudo, che faticavano a superare le formazioni compatte dei legionari che si muovevano come un solo uomo, tenendosi al riparo dei grandi scudi e affondando le spade tra uno spiraglio e l'altro per colpire i corpi seminudi dei barbari.

Gli Elvezi avevano continuato a combattere nonostante le ferite profonde che versavano sangue, fino a quando non crollavano a terra stremati, spesso quasi dissanguati. E passo dopo passo, affondo dopo affondo, restando uniti e coesi sotto i richiami feroci dei centurioni, i legionari erano riusciti a far retrocedere il nemico, costringendolo a ripiegare verso una collina che sorgeva a un miglio di distanza, sulla sommità della quale si erano radunati tutti i carriaggi e le salmerie del loro popolo.

Cesare aveva trattenuto a stento l'esultanza, convinto di essere già riuscito a compiere l'impresa di annientare un esercito dieci volte più numeroso del loro, quando c'erano stati dei movimenti nella retroguardia nemica, e due ali di guerrieri con gli stendardi dei Boi e dei Tulingi si erano allargate e avevano compiuto una manovra a tenaglia che aveva aggredito le legioni sui fianchi, costringendole a interrompere l'assalto per predisporre uno schieramento difensivo.

I centurioni avevano ripetuto gli ordini gridati dai tribuni, e mentre la Settima e l'Ottava si predisponevano in due linee per tenere testa agli Elvezi che si erano attestati sulle pendici della collina, la Nona e la Decima erano state costrette a disimpegnarsi per accorrere sui fianchi e arginare l'impeto dei Boi e dei Tulingi, che avevano rischiato di penetrare a fondo e spezzare in due la formazione romana.

Cesare aveva urlato a Labieno di tenere pronte le forze ausiliarie nelle retrovie, e aveva fatto convergere i veliti, la fanteria leggera dei mercenari aggregati all'esercito, perché fossero di supporto nell'arginare la spinta degli oltre quindicimila nemici che avevano compiuto l'accerchiamento. I frombolieri delle Baleari, gli arcieri cretesi e i lanciatori di giavellotto numidi avevano dato un supporto fondamentale alle legioni mentre si assestavano nelle nuove posizioni di rincalzo, e la lotta era continuata inarrestabile fino a tarda notte, costringendoli ad avanzare un passo alla volta fino alla sommità della collina protetta dagli Elvezi, che si erano stretti intorno ai carriaggi e si difendevano furiosamente, beneficiando della posizione sopraelevata per respingere gli attacchi organizzati dalle centurie romane.

Cesare era rimasto impressionato soprattutto da una tecnica usata dal nemico, che vedeva per la prima volta: dopo essersi barricati dietro i carri disposti come una sorta di barriera, gli Elvezi non si limitavano a scagliare frecce e giavellotti che piovevano sui legionari dall'alto; non appena gli scudi venivano sollevati ne approfittavano per allungare da sotto i carri lunghe aste appuntite che ferivano i soldati alle gambe, costringendoli ad abbandonare la formazione.

Solo quando aveva ordinato di disporre doppie file di legionari in modo che due soldati affiancati potessero posizionare gli scudi uno in alto e l'altro in basso per proteggersi dai proiettili e dagli affondi nemici, lo sbarramento degli Elvezi era stato finalmente abbattuto e le legioni erano tracimate nell'accampamento avversario, mettendo in fuga tutti coloro che riuscivano a correre e prendendo una moltitudine di prigionieri, oltre a tutte le salmerie e gli averi abbandonati nel campo messo a ferro e fuoco.

Adesso, mentre si cercava di prestare soccorso ai feriti e si recuperavano i caduti, Cesare fremeva per cercare di capire quando avrebbero potuto mettersi all'inseguimento del nemico, che secondo le staffette si stava dirigendo verso il territorio dei Lingoni, di cui non erano chiare le simpatie: se verso Roma o verso chiunque avrebbe potuto impedire alle sue legioni di affondare ancora di più in territorio gallico.

«Cesare, guarda chi abbiamo trovato!» lo riscosse una voce alle sue spalle.

Si voltò e vide arrivare Furio Lavieno insieme ad alcuni dei suoi uomini: trascinavano a forza una giovane donna con i piedi nudi e le vesti lacere, il viso impastato di polvere e sangue.

Cesare non la riconobbe, così la indicò con la spada, quando i legionari la gettarono a terra davanti a lui.

«Chi è?» chiese a Lavieno. Notò che la donna portava alla vita una cintura di cuoio impreziosita da borchie e da incisioni. Non era una popolana, forse una nobile oppure...

«C'è anche lui» lo riscosse Lavieno, mentre i legionari trascinavano un altro corpo e lo facevano crollare accanto a quello della giovane elvezia.

Cesare vide un ragazzino dai capelli biondi e i lineamenti fini, sporco di polvere e con il viso rigato dalle lacrime. Indossava anche lui un abito che lo distingueva dal popolo: con ogni evidenza apparteneva all'aristocrazia degli Elvezi.

«Chi sono?» chiese al suo luogotenente.

«Lei è una delle figlie di Orgetorige, e l'altro il nipote» rispose Lavieno con un ghigno di soddisfazione. «Si erano nascosti sotto un carro, e stavano cercando di fuggire quando li abbiamo presi.»

Cesare li osservò sorpreso. Orgetorige era il nobile che aveva dato avvio a tutto, instillando negli Elvezi l'idea che potessero diventare i padroni delle Gallie. Sapeva che una delle sue figlie era la sposa di Dumnorige, ma non poteva certo essere quella giovane che singhiozzava nella polvere: avrà avuto vent'anni, e il figlio sette o otto.

«Come fate a esserne certi?» chiese.

«Sono stati riconosciuti da diversi ausiliari galli» rispose Lavieno.

Cesare restò a fissare i due per un po', poi si accosciò davanti a loro.

«Capite la mia lingua?» domandò.

Il bambino non sollevò il viso e restò accucciato accanto alla madre, scosso dai singhiozzi. La donna invece lo fissava, con una smorfia di rabbia e frustrazione che le deformava i lineamenti, che dovevano essere molto più belli di quanto apparissero in quel momento.

«Se mi capite, allora sappiate che non vi farò del male» cercò di rassicurarli. «Non siamo dei barbari. Roma sa essere indulgente con chi si dimostra...»

Lo sputo lo centrò in piena fronte, e subito sentì colare la saliva sul naso. Si ripulì il viso con il braccio, poi tornò a guardare la figlia di Orgetorige, che sembrava pronta a sputargli ancora addosso.

«Quanti dei vostri sono fuggiti?» le chiese. «Sappiamo che sono diretti dai Lingoni, ma io manderò messaggeri da quella gente, e li metterò in guardia dal provare a dare aiuto al vostro popolo. Se lo faranno, li considererò alla stregua di ogni altro nemico, e li spazzerò via come ho già fatto con voi.»

«Sono più di duecentomila!» ringhiò la donna in un buon latino. Aveva cercato di lanciarsi contro di lui, ma due legionari l'avevano prontamente bloccata. «Appena si riorganizzeranno vi faranno a pezzi!»

Cesare restò a fissarla ancora per un po', poi si rialzò e si rivolse a Furio Lavieno: «Falli portare nella mia tenda. Teneteli legati ma rifocillateli, lavateli e pulitegli le ferite».

«E il nemico?» chiese Furio.

Cesare si guardò attorno. «Per il momento seguiamolo a distanza, con le staffette. Ci sono troppi feriti, dobbiamo occuparci di loro. Quando conosceremo la risposta dei Lingoni ai miei messaggi, capiremo come comportarci. Per ora ci fermiamo qui. Fai venire Labieno e Crasso, dobbiamo stabilire l'accampamento e le fortificazioni, mentre mandiamo uomini a Bibratte a prendere rifornimenti.»

«E i morti?» chiese Furio? «Li bruciamo o...»

«No, seppelliteli» ordinò Cesare. «Resteremo qui il tempo necessario per garantire loro la sepoltura che meritano. Hanno combattuto bene e sono morti con coraggio.»

Furio si batté un braccio sul petto e fece un cenno ai suoi uomini, che sollevarono di peso la figlia e il nipote di Orgetorige e li trascinarono via.

Cesare restò a guardarli per un po', poi si voltò e si diresse verso il punto in cui venivano radunati i feriti, dove i centurioni e i veterani più esperti, che già avevano avuto modo durante le precedenti battaglie di curare gli altri o se stessi, avrebbero potuto prendersi cura dei tanti che erano stati colpiti dalle armi avversarie, soprattutto alle gambe e ai piedi quando avevano cercato di spezzare l'ultima difesa intorno ai carriaggi degli Elvezi. Era quel genere di ferite che lo preoccupava di più, perché non consentiva agli uomini di camminare e dunque di mettersi all'inseguimento del nemico.

Eventualmente, pensò mentre raggiungeva i feriti, avrebbe fatto costruire un fortino e vi avrebbe lasciato tutti coloro che non erano in grado di riprendersi in fretta, con un piccolo contingente di ausiliari in loro difesa. Poi, quando fossero guariti, li avrebbero raggiunti ovunque si fossero diretti.

Perché di certo lui non aveva più intenzione di fermarsi, ora che aveva sbaragliato gli Elvezi.

9

Territorio degli Edui
58 a.C., luglio

Era stato costretto ad aspettare quattro giorni, più di quanto avesse voluto, prima di potersi mettere all'inseguimento di ciò che restava degli Elvezi. Ma non poteva abbandonare tutti quei feriti, soprattutto il centinaio di legionari della Decima che si erano battuti con grande onore, e che da soli avevano impedito al nemico di tracimare dai fianchi e portare il caos nelle loro formazioni.

Labieno si era lamentato più volte con lui, era persino arrivato a chiedergli di lasciarlo andare avanti con due legioni, ma Cesare lo aveva affrontato a muso duro e messo a tacere.

«Sono i nostri soldati» aveva sibilato mentre il luogotenente lo fissava a denti stretti, «i nostri commilitoni, e non li abbandonerò in questi territori ostili, vivi o morti che siano. Né lascerò che tu ti metta all'inseguimento degli Elvezi da solo. Lo sai quanti sono? Più di centomila.»

«I combattenti validi sono molti meno» aveva provato a protestare Labieno. «Ci sono donne, vecchi e bambini, e io...»

«Tu obbedirai ai miei ordini!» lo aveva interrotto Cesare con ferocia. Era stanco, sfiduciato per il tempo che stavano perdendo, ma anche deciso a non abbandonare migliaia di feriti solo per inseguire la gloria. E poi Labieno non vedeva la situazione nel suo insieme. A Cesare interessavano poco gli Elvezi, adesso che aveva dimostrato di poterli battere sul campo, anche con forze molto inferiori. A lui interessava iniziare una lenta ma inarrestabile conquista di tutte le Gallie, e l'unico modo per farlo era avere accanto a sé i suoi veterani, le truppe addestrate che sapevano muoversi come un solo uomo agli ordini dei tribuni e dei centurioni. Ogni legionario esperto che restava indietro era un problema che giorno dopo giorno si sarebbe fatto insormontabile per i suoi piani di espansione. E se non avessero dato degna sepoltura ai morti, il morale degli uomini sarebbe crollato, perché avrebbero pensato a quale sorte sarebbe toccata alle loro spoglie, quando fosse arrivato il loro turno.

Labieno era rimasto a fissarlo per un po' in silenzio, poi si era battuto il braccio sul petto e si era allontanato senza ribattere. Se non altro, Cesare sapeva che il suo luogotenente gli avrebbe obbedito.

Dopo che finalmente erano riusciti a ricostituire quasi per intero le legioni dei veterani, seppellito i morti in tre fosse comuni, ed erano partiti all'inseguimento degli Elvezi, lasciandosi alle spalle solo qualche centinaio di ausiliari e una decina di legionari più anziani che avevano bisogno di più tempo per riprendersi dalle ferite, era sicuro di avere agito per il meglio.

«Gli uomini sono tutti con te» gli aveva detto Furio Lavieno il giorno prima, mentre seguivano a tappe forzate le tracce lasciate dagli Elvezi. «Hai dimostrato di tenere a loro più che alle ambizioni di Labieno, e questo vale molto per loro.»

Cesare aveva annuito e aveva rivolto l'attenzione ai problemi a cui presto avrebbero dovuto fare fronte.

«Sono arrivate risposte dai Lingoni?» aveva chiesto a Lavieno.

«Hanno assicurato che non daranno alcun appoggio agli Elvezi» aveva replicato il comandante delle sue guardie personali. «Sanno quali conseguenze patirebbero, se lo facessero.»

Cesare aveva approvato soddisfatto, poi si era consultato con alcuni ufficiali che avevano ricevuto i rapporti degli esploratori. Tutto stava procedendo per il meglio. Ogni giorno guadagnavano sempre più terreno nei confronti degli Elvezi, che non avendo più niente con sé, a parte i vestiti che indossavano e le armi, erano costretti a fermarsi a razziare città e villaggi sul loro cammino per procurarsi di che vivere.

Alla fine aveva deciso di trasportare anche i bagagli dei legionari e degli ufficiali, facendo procedere le legioni in assetto da combattimento, pronte a fronteggiare imboscate o attacchi a sorpresa.

Davanti a tutti, oltre agli esploratori che battevano i territori circostanti, procedevano due ali di cavalleria, seguite dagli ausiliari muniti di archi, fionde e giavellotti, e provvisti di armature leggere. Subito dietro c'erano tre legioni, poi i bagagli e le salmerie, su carri tirati da muli da trasporto, quindi le altre legioni con una doppia ala di cavalleria a chiudere alla retroguardia. In quel modo garantivano massima protezione ai loro averi e tutta l'agilità necessaria per dispiegare le formazioni di difesa in caso di attacco.

Secondo le staffette ormai erano a poche miglia di distanza, e presto avrebbero raggiunto gli Elvezi.

Proprio mentre stava per dare gli ordini su come predisporre le legioni una volta a contatto con il nemico, altri esploratori erano arrivati a spron battuto.

«Abbiamo intercettato una delegazione degli Elvezi» aveva riferito Considio, il comandante dei ricognitori. «Chiedono di poter conferire con te.»

Cesare aveva posto le sue condizioni per l'incontro, tutto era stato preparato.

Mentre si dirigeva a cavallo verso il luogo stabilito, scortato da Lavieno e dai suoi uomini, ripensò a quello che aveva elaborato la sera prima con i generali, e poi durante la notte mentre si rigirava nel suo giaciglio, senza riuscire a prendere sonno. Le condizioni che avrebbe posto agli Elvezi sarebbero state stringenti, ma non tanto da spingerli a ribellarsi e continuare a combattere. Nel frattempo dovevano garantire la salvaguardia dei territori degli alleati, che presto avrebbero potuto fornirgli risorse, uomini e cavalli per le nuove spedizioni di conquista che aveva intenzione di compiere, spingendosi sempre più a fondo nella Gallia celtica. Aveva bisogno di loro, perché se anche suo cugino Lucio era pronto a inviare approvvigionamenti, ormai si erano addentrati troppo in quelle lande sconosciute per potervi fare affidamento.

Avrebbero dovuto cavarsela da soli: con le buone o con le cattive.

Quando arrivarono alla grande tenda con i teli sollevati perché si potesse vedere all'interno, Cesare si rese conto che non conosceva nessuno dei delegati inviati dagli Elvezi.

Arrestò il cavallo e si piegò verso Furio Lavieno, che aveva camminato accanto a lui insieme ai legionari della scorta. Poco più indietro c'erano Labieno e Crasso, anch'essi a cavallo, e alla retroguardia Planco e Considio, scortati da alcuni cavalieri galli delle truppe ausiliarie. Non aveva voluto nessun altro con sé, e forse erano già fin troppi, visto quanto era esigua la delegazione elvetica.

«Fai disporre gli uomini in modo che tengano d'occhio anche i nostri ausiliari» disse a Furio a bassa voce, in modo che nessuno potesse sentirlo.

L'altro si accigliò. «Non ti fidi di loro?» chiese.

«Io non mi fido di nessuno, dovresti saperlo.»

Prima che Furio potesse ribattere, scese da cavallo, si sistemò il mantello sulle spalle e si diresse a passo di marcia verso il luogo dell'incontro. Sapeva che si trattava di un momento importante, che se fosse riuscito a gestire come voleva avrebbe garantito una prospettiva ai suoi piani di espansione. Ma non poteva fidarsi di nessuno. Men che meno degli elvezi, che mentre si avvicinava lo scrutavano con sguardi truci.

Prima di entrare nella tenda già stipata di uomini, attese che i suoi ufficiali lo raggiungessero, poi allargando un sorriso benevolo raggiunse i posti che erano stati preparati per loro, rozzi sgabelli intagliati alla meno peggio e disposti in semicerchio davanti ai delegati elvezi, che lo accolsero senza alzarsi.

«Vi ringrazio di essere qui» disse loro prendendo posto al centro del semicerchio, proprio di fronte a un uomo alto e imponente, con la faccia coperta da tatuaggi tribali, che lo scrutava pieno di diffidenza. «Ma dev'essere subito chiara una cosa: io non discuterò con voi, non tratterò la resa, non ascolterò proposte di alcun genere. Vi spiegherò quali sono le mie condizioni perché il vostro popolo continui a esistere, e voi dovrete accettarle. Altrimenti vi annienteremo fino all'ultimo uomo, senza risparmiare donne, vecchi, infermi e bambini.»

Mentre Considio si preoccupava di tradurre le sue parole per gli elvezi, Cesare restò a guardarli con un sorriso sulle labbra, perfettamente a suo agio.

«Capiamo quello che ha detto» grugnì il gigante tatuato, sollevando una mano per zittire Considio.

«Molto bene» si congratulò Cesare. «Allora direi che possiamo cominciare.»

Fece un cenno a Labieno, che si alzò e parlò alla delegazione senza guardare nessuno in particolare. «I nostri esploratori ci hanno segnalato la fuga di alcune migliaia dei vostri uomini, questa notte. Si sono diretti a nord, verso il Reno e i territori dei Germani.» Tacque, e Cesare restò in attesa di una risposta, che però non venne da nessuno degli elvezi. «Abbiamo stimato circa seimila uomini, tutti guerrieri armati» continuò.

Gli elvezi si scambiarono occhiate in tralice, poi il bestione tatuato si alzò in piedi, dimostrando di essere alto quasi mezzo braccio più di Labieno, e soffiò qualcosa tra i denti nella sua lingua, prima di rispondere in latino.

«Appartengono alla tribù dei Verbigeni» rivelò, facendo uno sforzo evidente per contenere la rabbia. Ma se non aveva protestato dopo la premessa che Cesare aveva fatto, di certo era perché aveva capito che non avevano alcuna possibilità di replica, o di trattativa.

«Quanti erano?» lo incalzò Labieno.

«Settemila» rispose il gigante. «Ma non...»

«Li prenderemo» intervenne Cesare. «Manderò emissari per ordinare a tutti i popoli che li incontreranno di fermarli e catturarli, e restituirmeli nel minor tempo possibile. Tutti e settemila, o almeno quelli che sopravvivranno.» Fece una pausa senza abbandonare il suo sorriso gioviale, e si compiacque nel vedere il fremito che scuoteva non solo il colosso tatuato ma anche gli altri membri della delegazione elvetica. «Quando saranno al mio cospetto li tratterò come meritano: nemici che non sono degni della mia indulgenza, e di cui non posso fidarmi in alcun modo.»

Un brusio sconcertato si diffuse tra gli elvezi, e Cesare per azzittirli si alzò in piedi e cancellò ogni traccia di sorriso dal volto.

«Cercherò invece di fidarmi di voi, perché apprezzo il fatto che avete deciso di deporre le armi e arrendervi.»

Il brusio crebbe di intensità. Qualcuno si alzò in piedi ringhiando parole incomprensibili, ma il gigante tatuato abbaiò un ordine che esplose nella piccola tenda con la forza di un tuono, e tutti tacquero. A quel punto il colosso tornò a fissare Cesare negli occhi.

«Quali sono le tue condizioni?» chiese.

Lui ne sostenne per un po' lo sguardo duro, privo di qualsiasi segno di timore o di sottomissione, poi tornò a sedersi.

«Consegnateci tutte le armi, gli ostaggi che avete catturato e i disertori che vi hanno passato informazioni» scandì in modo che potessero comprendere le sue parole. «Dovrete radunarvi, suddividendovi nelle vostre tribù, o nei vostri clan, così che sia possibile contarvi e censirvi. Dopodiché...»

«Questo non serve» lo interruppe il gigante, voltandosi per fare un segno a uno dei suoi uomini. Un elvezio si alzò e consegnò un involto a Labieno. «Su queste tavole è segnato tutto.»

Il legato svolse il fagotto e consegnò a Cesare tre grosse tavole di legno con iscrizioni in caratteri greci.

«È il computo che ha fatto Seripane, il siracusano che si occupa della catalogazione dei nostri averi e del censimento delle persone.»

Cesare cominciò a leggere le tavole senza nascondere la sorpresa: non avrebbe mai immaginato che quei barbari conoscessero anche solo il termine "censimento". Invece... lì sopra sembrava esserci tutto quello che gli sarebbe servito per avere un'idea precisa degli Elvezi.

«Sono segnate tutte le tribù e il numero dei loro appartenenti, fin da quando siamo partiti dalle nostre terre» spiegò l'uomo che aveva consegnato le tavole. «Sono stati sottratti i morti e i dispersi, sono stati segnati i feriti e gli inabili, gli uomini d'arme, i vecchi e i bambini, oltre alle donne e...»

«Lì trovate tutto!» lo interruppe con rabbia il gigante tatuato. «Anche quanti di noi avete ucciso.»

Cesare si soffermò a leggere per un po', poi passò le tavole a Labieno e tornò a fissare il suo interlocutore principale, di cui ancora non conosceva il nome, ma che era chiaro fosse in grado di tenere a bada i suoi compagni.

«In quanti siete partiti?» gli chiese.

Il colosso lo fissò mordendosi un labbro, prima di decidersi a rispondere.

«Quasi trecentosettantamila.»

«E adesso, se non ho letto male, siete poco più di centomila.

Senza considerare i Verbigeni, che per quanto mi riguarda sono già morti, anche se ancora non lo sanno.»

Il brusio che si alzò dal semicerchio degli elvezi questa volta era più di timore che di sconcerto.

«È così» confermò il gigante.

Cesare annuì. «Molto bene. Allora vi ordino di tornare nelle terre che avete devastato prima di abbandonarle. Ricostruirete i villaggi, le città, le fattorie, e tornerete a coltivare i campi. Siete molti meno rispetto a quando siete partiti, perciò dovrebbero esserci sufficienti risorse a vostra disposizione.»

«Ma noi...» provò a protestare il gigante, mentre gemiti di costernazione si alzavano dai suoi compagni.

«Voi obbedirete e basta!» lo fece tacere Cesare. «Non possiamo permettere che le vostre terre risultino appetibili per i Germani stanziati a nord. Dovete tornare a prenderne possesso, e ci vivrete in pace, con tutto l'aiuto che Roma potrà fornirvi, senza ridurvi in schiavitù ma lasciandovi la libertà di gestire le vostre terre. Un'offerta che reputo più che generosa.»

Prima che il colosso o qualcuno degli altri elvezi potesse ribattere, Cesare si alzò e si allontanò, facendo segno a Labieno di seguirlo.

«Questa mattina una delegazione degli Edui mi ha fatto una richiesta» gli disse, mentre raggiungevano i cavalli.

«Di che si tratta?»

«Vogliono che una delle tribù degli Elvezi resti nei loro territori. I Boi. Si sono già accordati per concedere loro dei terreni da coltivare e farli diventare a tutti gli effetti membri del loro popolo.»

«E tu lo permetterai?» gli chiese il legato. «I Boi sono fra i guerrieri più valorosi degli Elvezi.»

«Proprio per questo accetterò» disse Cesare montando a cavallo. «Lasciamo che siano Elvezi, Tulingi e Latobrigi a rientrare nei loro territori. Priviamoli dei loro combattenti più validi, come i Boi, che saranno assimilati dagli Edui, e i Verbigeni, che annienteremo fino all'ultimo uomo. A quel punto, non solo non saranno più una minaccia, ma ci serviranno per frapporre una barriera fra noi e i Germani, che non cessano di premere ai confini.»

Prima che Labieno potesse aggiungere qualcosa, fece voltare il cavallo e si allontanò, seguito di corsa da Furio e dagli altri uomini della scorta.

Era andato tutto a meraviglia, proprio come aveva previsto.

Adesso avrebbe potuto riposarsi un po' e darsi il tempo di escogitare le prossime mosse. Forse sarebbe persino rientrato a Roma, se le condizioni si fossero dimostrate favorevoli.

Giusto per gustarsi un primo trionfo, quando le notizie delle sue imprese fossero giunte nell'Urbe.

Quando tornò nella tenda pretoria, Cesare si fece spogliare e lavare nella piccola tinozza che portava sempre con sé; poi, una volta indossata una tunica comoda e leggera, si diresse verso il giaciglio sistemato dietro un telone che separava la zona notte da quella adibita alle riunioni con i suoi ufficiali.

Quando ebbe scostato un lembo del pesante tendaggio, si bloccò per la sorpresa.

Il giaciglio che i servi avevano preparato, unendo alcuni sacchi pieni di paglia ricoperti da un telo di pelle e aggiungendo alcune coperte per renderlo più confortevole, non era vuoto.

«Cosa ci fate qui?» chiese portando istintivamente la mano al fianco, a cercare l'elsa della spada. Trovò solo la tunica, e si rese conto di essere disarmato.

«Tranquillo, Cesare, ci sono io» disse una voce dall'angolo opposto, dove una nicchia d'ombra impediva di scorgere chi avesse parlato.

«Furio!» esclamò Cesare, sentendo rifluire il sangue negli arti. «Mi spieghi che succede?»

Il comandante delle guardie fece un passo avanti ed entrò nei deboli barbagli di luce diffusi dalle lampade a olio che illuminavano quella zona della tenda.

«Sono stato io a implorarlo di ascoltarmi» disse la donna che sedeva sul giaciglio. Era la figlia di Orgetorige, e accanto a lei, a testa china, c'era il figlio, che indossava solo il subligacolo che gli cingeva i lombi.

«Ha detto che la sua proposta avrebbe potuto interessarti» aggiunse Lavieno. «E forse ha ragione.» Allargò un sorriso malizioso, che per un attimo sconcertò Cesare.

«Si può sapere che cosa vi è saltato in mente?» si decise a chiedere alla figlia di Orgetorige.

Solo in quel momento notò che indossava una tunica così leggera da sembrare trasparente, come se ad avvolgerla fosse solo un refolo di nebbia mattutina.

«Io vi lascio soli» disse Lavieno allontanandosi. «Li ho già controllati, non sono armati» spiegò passandogli accanto. «In ogni caso sono qui dietro, per qualunque evenienza.» Poi scostò un lembo della tenda e scomparve.

Rimasto solo con la donna e il bambino, Cesare si diresse verso il tavolo su cui Sarmete teneva sempre rifornita una brocca di vino e se ne versò una coppa.

«Le tue gesta sono arrivate fin qui da noi, Cesare» mormorò la figlia di Orgetorige, che adesso sembrava avere perso l'aggressività del loro primo incontro. «Sappiamo che ti piace conquistare le donne di Roma. E anche gli uomini.»

Cesare la fissò accigliato. «E dunque? Che cosa vorresti fare?»

In tutta risposta lei si sfilò la tunica dalla testa con un movimento così rapido e fluido da coglierlo di sorpresa.

«Sono stata istruita su come dare piacere agli uomini» rivelò. «E se ci risparmierai la vita...» A quel punto fece qualcosa che inorridì Cesare: tolse il subligacolo al figlio, lasciandolo nudo davanti a lui. «Possiamo essere tuoi, entrambi.»

Cesare scagliò lontano la coppa piena di vino e cercò ancora la spada. Probabilmente, se l'avesse trovata avrebbe tagliato la testa a quella donna con un solo colpo.

«Vattene!» gridò, mentre Lavieno accorreva con la daga sguainata. «Andatevene subito!»

Il capo delle guardie non fece domande, limitandosi ad afferrare la donna per un braccio e trascinarla via, mentre lei cominciava a singhiozzare tenendo per mano il figlio.

«È solo un bambino!» le gridò dietro Cesare, disgustato.

Rimasto solo, sentì di nuovo l'esigenza di bere, così afferrò la brocca del vino e bevve direttamente dal collo d'argilla.

Cosa sono disposti a fare, pur di sopravvivere?, si chiese mentre deglutiva con affanno. *O era tutto un trucco per distrarmi e uccidermi?*

Poi il ricordo del seno prosperoso di lei gli tornò alla mente, e con rabbia sentì l'erezione spingere la tunica.

Scagliò via anche la brocca e si lasciò cadere sul giaciglio.

«Sarmete!» gridò, e il servo accorse all'istante.

«Dimmi, Cesare.»

«Vai a cercare una prostituta» ordinò lui. «Una qualsiasi, ma con il seno generoso. E portala qui.»

Il servo corse via e Cesare chiuse gli occhi, cercando di non cedere alle vertigini.

Parte seconda

10

Territorio degli Edui
58 a.C., luglio

Il sudore colando gli incendiava gli occhi, ma Cesare non si preoccupò di detergerli, convinto che anche questo fosse uno stimolo per affrontare la fatica e superarla. Le gambe erano quasi allo stremo, ma non si sarebbe fermato finché non fossero giunti al punto previsto.

«Forza! Non manca molto!» sentì urlare alle sue spalle. Era Quinto Lucanio, il centurione primipilo della Settima legione, che non si era mai risparmiato nell'incitare gli uomini durante il tragitto.

Anche se il centurione si guardava bene dal rivolgersi a lui, che procedeva in testa alla colonna di legionari in marcia, Cesare sentiva che le urla di Quinto servivano a infondergli energie che non sapeva di possedere.

Quando aveva dato istruzioni circa l'equipaggiamento necessario per quella corsa di addestramento, i centurioni e i legionari si erano guardati pieni di sconcerto.

«Lo sapete perché l'esercito romano riesce a sconfiggere nemici ben più superiori di numero?» aveva urlato rivolto ai due manipoli che erano stati messi insieme da Lucanio e Crastino. Erano composti dai veterani della Decima e della Settima legione, gli uomini più duri e coriacei su cui poteva fare affidamento il suo esercito, con i quali aveva deciso di sottoporre se stesso a una sfida impossibile. La notte prima aveva avuto l'ennesimo attacco di epilessia, e se non fosse stato per Sarmete, che era accorso ad aiutarlo, probabilmente sarebbe morto soffocato nella propria bava, o si sarebbe morsicato la lingua fino a farla a pezzi.

Il solo modo che aveva per tenere a bada la malattia era sottoporsi ai duri allenamenti cui venivano costretti quotidianamente tutti i suoi legionari, guidandoli nelle lunghe marce, nelle corse e nei combattimenti con le armi zavorrate, per dimostrare loro che anche gli ufficiali e i comandanti dovevano temprare il proprio corpo, pronti a scendere in battaglia al loro fianco. Da quando aveva cominciato a mangiare con più moderazione e a tenere il fisico in continuo movimento, le convulsioni erano diminuite; non ancora scomparse, ma certo meno frequenti. Ecco perché adesso aveva bisogno di sfiancarsi, più di quanto avesse mai fatto prima: non poteva permettersi altre crisi.

«Perché ognuno di noi vale dieci di qualsiasi nemico!» aveva gridato uno dei legionari della Decima, rispondendo alla sua domanda.

Cesare aveva sorriso. «Proprio così. E uno dei motivi per cui siete così superiori è che fate esercizio. Continuo, senza interruzioni, mai fine a se stesso» aveva spiegato, mostrando l'equipaggiamento che aveva fatto preparare per tutti loro, e anche per sé. «Non è forse questo il significato di *esercito*? Da cosa credete che derivi la parola? Da *esercizio*!»

Mentre gli uomini ridevano aveva sollevato lo scudo di vimini formato da un graticcio molto solido, tanto da farlo pesare il doppio di uno scudo normale, e lo aveva mostrato ai legionari.

«Se ci esercitiamo a portarlo con noi durante l'addestramento con la spada, nelle corse e nelle marce, magari anche dormendoci insieme la notte, anziché con una di quelle ragazze galliche che vi piacciono tanto...» le risate erano diventate fragorose «quando arriverà il momento di sostenere un vero scudo, vi sembrerà così leggero che non solo non vi impaccerà durante il combattimento, ma lo manovrerete con un'abilità tale da sconcertare il nemico!»

Gli uomini avevano sollevato le spade inneggiando al suo nome, poi avevano raccolto gli scudi di vimini arrotondati come canestri.

«E non dimenticate le aste da lancio!» li aveva stimolati ancora Cesare, mostrando il suo bastone provvisto di fasce di ferro lungo tutta l'asta, che lo rendeva così pesante che aveva temuto di non riuscire a sollevarlo. Ma aveva fatto uno sforzo, e tutti si erano precipitati ad afferrare i propri per imitarlo in quella prova di forza.

«Non faremo una marcia» li aveva avvertiti chinandosi per prendere la grande bisaccia riempita con grosse pietre e provvista di cinghie per potersela caricare in spalla. «Vi costringerò a correre, e voglio proprio vedere chi riuscirà a starmi dietro!»

Detto questo si era calcato sul capo il pesante elmo di ferro da addestramento e si era diretto di corsa verso la pista, preventivamente verificata e tracciata dagli esploratori, che gli avrebbe consentito di portare gli uomini su un percorso accidentato, perfetto per sviluppare i muscoli delle gambe e abituarli al combattimento sui terreni sconnessi.

«Muovetevi, cani rognosi!» aveva sentito gridare Crastino alle sue spalle, subito seguito dall'abbaiare di Lucanio. «Andiamo a riprendere Cesare!»

Da quel momento aveva dovuto impegnarsi nello sforzo più terribile a cui si fosse mai sottoposto, spinto dall'orgoglio e dalla ferma determinazione ad arrivare in fondo davanti ai suoi uomini.

Adesso finalmente vedeva l'accampamento a meno di un miglio di distanza: forse avrebbe potuto farcela. Le cinghie di cuoio della bisaccia gli avevano scavato solchi doloranti nelle spalle, e l'asta di legno e ferro gli bruciava letteralmente in mano. Il sudore colava copioso da sotto l'elmo, ma erano soprattutto le gambe a preoccuparlo, perché avrebbero potuto cedere da un momento all'altro. Se fosse crollato nella polvere prima di raggiungere il campo... non sarebbe mai riuscito a perdonarselo.

«Forza che ci siamo!» ringhiò Lucanio alle sue spalle. Era provvisto di una forza che aveva del soprannaturale: Cesare lo aveva visto correre avanti e indietro, senza mai risparmiarsi, per dare sostegno agli uomini che si attardavano; alla fine avrebbe compiuto un tragitto molto più lungo rispetto a tutti loro.

Anche Crastino, che mille battaglie avevano temprato in un soldato fatto più di ferro che di carne, dopo qualche miglio aveva smesso di gridare ordini o di minacciare gli uomini che si lamentavano, risparmiando il fiato per quell'impresa che lo vedeva coinvolto al pari del suo comandante.

Quanti anni avrà?, si trovò a chiedersi Cesare. Probabilmente Crastino era il più anziano, fra tutti loro. E non di poco.

All'improvviso inciampò in un sasso che non aveva visto, barcollò in avanti e rischiò di cadere, ma piantando il bastone e facendo forza con le braccia riuscì a restare in piedi, senza interrompere la corsa.

«Guardate Cesare!» gridò Lucanio con voce potente. «Guardate il vostro comandante! Prendete esempio da lui, e quando morirete andrete ai Campi Elisi di corsa, dimostrando a tutti il vostro valore!»

Si alzarono diverse risate e imprecazioni, ma presto Cesare sentì avvicinarsi i passi dei legionari. Lo stimolo del centurione serviva a dare vigore a tutti: nessuno avrebbe mollato, fino alla fine. Lui per primo!

«Perché ti sottoponi a questa tortura?» gli chiese Sarmete mentre gli massaggiava una gamba con olio d'oliva. Ogni volta che le dita dello schiavo passavano sui muscoli, Cesare si tratteneva dal gridare e imprecare per il dolore. «Sei il comandante supremo, nessuno pretenderà mai che tu scenda in battaglia.»

Cesare buttò giù l'ennesimo sorso di vino e si trattenne dal rispondere con rabbia a Sarmete. Sapeva che lo schiavo gli era molto devoto, e se diceva qualcosa lo faceva solo perché teneva a lui e si preoccupava quando lo vedeva in difficoltà.

«È importante dare l'esempio» mormorò cercando di rilassarsi sotto le mani abili del servo. «Non importa se sei il comandante supremo, un tribuno militare, un centurione o un semplice legionario. Siamo tutti commilitoni, e dobbiamo poterci fidare gli uni degli altri. Solo così riusciremo a sbaragliare qualsiasi nemico.»

«Sei preoccupato per Ariovisto?» gli chiese Sarmete, dimostrandosi acuto come sempre.

Cesare sospirò. «Non sono preoccupato» rivelò, sapendo che di lui poteva fidarsi. «Sto valutando l'opportunità che ci è stata offerta.»

Le mani di Sarmete si fermarono. «Che cosa intendi? Quale opportunità?»

Cesare bevve un altro sorso di vino per nascondere il sorriso che gli era spuntato sulle labbra. Nemmeno il perspicace Sarmete, dunque, riusciva a vedere fino a dove si spingeva la sua mente in continuo fermento.

«Quanto hai capito dagli incontri che abbiamo avuto con i Galli nei giorni scorsi?» chiese, guardandolo con interesse. Forse quella conversazione gli sarebbe servita per fare il punto della situazione e capire come comportarsi dopo gli ultimi sviluppi.

Sarmete si strinse nelle spalle. «Ben poco» rispose. «Abbiamo dovuto servire il cibo e il vino, non ho potuto fermarmi ad ascoltare.»

«Ma qualcosa hai colto, giusto?» lo sollecitò Cesare, divertito. Era chiaro che quello scaltro servitore faceva ben più che coordinare il lavoro dei suoi schiavi.

«Be'... sì, certo» confessò Sarmete dopo un istante di esitazione, passando a medicargli le ferite sulle spalle e sul petto con un unguento che emanava un olezzo terrificante. «Non sono proprio stupido.»

«Questo non credo di averlo mai detto» ridacchiò Cesare. «Semmai, ti ho rimproverato di essere impertinente, e fin troppo scaltro per uno schiavo.»

Le dita di Sarmete premettero con un po' troppa forza su un'abrasione, facendolo sobbalzare.

«Se vuoi posso ritirarmi nella mia tana e restarmene buono come un cagnolino» sbuffò il servo con aria piccata.

«Piantala di fare il permaloso e dimmi cos'hai capito. Soprattutto nell'ultimo incontro, quello a cui hanno partecipato anche i Sequani.»

Gli ultimi giorni erano stati piuttosto intensi. Le delegazioni dei Galli si erano succedute a ritmo continuo, per portare ambasciate e soprattutto richieste di aiuto, mettendo in luce una situazione molto più complicata di quella che Cesare aveva immaginato prima di raggiungere quelle terre. Aveva colto al volo l'occasione che gli era stata fornita dagli Elvezi, ma i suoi propositi di tornare a Roma per godersi un po' di meritata gloria erano sfumati non appena i Galli avevano cominciato a mandare ambasciatori con doni e richieste di ogni tipo. Ma quello che più lo aveva sconcertato erano le complesse relazioni che intercorrevano fra le varie popolazioni della Gallia e i Germani, che si erano insediati a nord già da qualche anno, sotto il dominio di Ariovisto, della tribù dei Sedui. Era stato il Senato a dichiararlo re e amico del popolo romano, su proposta dello stesso Cesare nell'anno del suo consolato.

«Sì, forse l'ultimo incontro è stato il più interessante» ammise Sarmete. «Se non altro perché finalmente si è fatta un po' di chiarezza.»

«Chiarezza?» sbottò Cesare. «Quale chiarezza? Io fatico ancora a comprendere quello che ci è stato raccontato.»

Sarmete sospirò, e lui lo sollecitò a proseguire il massaggio dandogli un colpetto su una gamba.

«So solo che erano spaventati a morte» disse lo schiavo con aria improvvisamente corrucciata. «Sembravano delle femminucce prostrate ai tuoi piedi a implorare pietà.»

«Tranne i Sequani» gli ricordò Cesare. «Se ne sono rimasti in silenzio e a occhi bassi per tutto il tempo.»

«Almeno fino a quando Diviciaco non ha spiegato perché» annuì lo schiavo, che doveva aver ascoltato con attenzione i colloqui.

«Gli hai creduto?» volle sapere Cesare.

Sarmete si pulì le mani con un panno, poi tornò a prendere la piccola anfora con l'olio per i massaggi e si dedicò al suo ventre, facendo scivolare le dita intorno all'ombelico.

«Direi proprio di sì. I Sequani erano terrorizzati. La sola idea che Ariovisto potesse immaginare che erano qui a parlare con te li ha resti muti.»

«Se lo sono voluto» sbuffò Cesare, chiudendo gli occhi per godere del tocco rilassante dello schiavo. Era nudo, sdraiato sul giaciglio, e sapeva che se quelle dita fossero scese più in basso sarebbe stato difficile, per lui, trattenere l'erezione; ma Sarmete ci era abituato. Non lo avrebbe toccato, né lui lo avrebbe preteso; inoltre sapeva che lo schiavo non aveva alcun interesse per gli uomini. In generale Cesare preferiva giacere con le donne, ma quando trovava un uomo che gli dimostrava desiderio e sapeva intrigarlo, non si tirava indietro. Era per questo motivo che a Roma girava quella battuta carica di spregio nei suoi confronti: "Marito di tutte le mogli e moglie di tutti i mariti". Ma a lui non importava.

«Quello che non mi è chiaro» riprese Sarmete «è perché farti sapere solo adesso della situazione con Ariovisto e i Germani. Non potevano avvisare subito, prima ancora di dare inizio alla guerra con gli Elvezi?»

Questa volta Cesare non riuscì a trattenere una smorfia. «Non potevano farlo. Se avessi saputo come stavano le cose, mi sarei comportato diversamente.»

«Cioè?» indagò Sarmete.

«Anziché annientare gli Elvezi, avrei cercato di spingerli da un'altra parte.» Aprì gli occhi e guardò lo schiavo, che si era fermato, in attesa. «Magari verso i territori dei Sedui, per farli scontrare con i Germani e indebolirli entrambi.»

Per un attimo vi fu silenzio, mentre Sarmete rifletteva sulle sue parole. «In tal modo Edui e Sequani avrebbero patito le razzie e gli attacchi degli Elvezi» comprese alla fine.

«Esatto» annuì Cesare tornando a chiudere gli occhi. «Per questo hanno taciuto e solo ora vengono a implorare il nostro aiuto.»

Sarmete mormorò qualche parola incomprensibile, e lui capì che stava meditando, tutto preso dal desiderio di andare oltre le apparenze e comprendere i retroscena della situazione. Forse per distrazione le sue dita arrivarono a sfiorargli i lombi, e Cesare allungò una mano per bloccarlo.

«Credo che in questo momento avrei bisogno di un altro tipo di massaggio» gli disse, ammiccando verso l'erezione che cominciava a ergersi. Quando vide trasalire Sarmete, chiarì subito: «Non tu. Perché non fai arrivare una di quelle nuove schiave elvetiche? Potrà continuare lei a spalmarmi l'olio».

«Ma io...» provò a protestare lo schiavo.

«Tu puoi restare, così continueremo la nostra discussione.»

Sarmete fece un sospiro, poi si allontanò. Tornò quasi subito, trascinando con sé una giovinetta con i capelli del colore del grano maturo. Le parlò nella sua lingua, che Cesare non capiva, e le fece vedere come massaggiarlo con l'olio. La ragazza osservava in silenzio, e non reagì in alcun modo di fronte alla sua erezione, che adesso era al massimo del fulgore.

Quando cominciò a massaggiarlo sul ventre, dove Sarmete le aveva detto di partire, Cesare tornò a chiudere gli occhi, deciso ad assaporare il tocco di quelle dita delicate.

«C'è una cosa che non ho capito» riprese Sarmete portandosi dall'altra parte del giaciglio.

«Che cosa?»

«L'equilibrio dei poteri in queste terre. Fra gli Edui, i Sequani, i Germani e le mille altre tribù.»

«Lo so, è complicato» rise Cesare. «Vediamo se riesco a spiegarti. Così magari faccio ordine anche nella mia testa. Ricordi le parole di Diviciaco? La Gallia è suddivisa in due parti, una governata dagli Edui, l'altra sotto il controllo degli Arverni e, in parte, dei Sequani.»

«Sì, e sono stati proprio loro a chiedere aiuto ai Germani per cercare di prendere il sopravvento sugli Edui» confermò Sarmete. «Così...»

«Aspetta, fammi finire» lo interruppe Cesare, che mentre cercava di restare concentrato su quello che doveva dire era distratto dal tocco della schiava, che pur mantenendosi all'altezza dell'ombelico ogni tanto gli sfiorava il glande, e lui non riusciva a capire se lo faceva apposta o se quei tocchi fossero casuali. In ogni caso lo stuzzicavano piacevolmente e lo distraevano dal suo ragionamento. Se poi ci si metteva anche Sarmete...

«Per dare sostegno alla richiesta di aiuto di Arverni e Sequani, i Germani guidati da Ariovisto hanno varcato il Reno in quindicimila» riprese, mantenendo una parte della mente orientata sui movimenti sensuali delle mani della schiava. «Uomini feroci, barbari abituati a vivere in territori inospitali, che quando si sono trovati nelle terre fertili della Gallia si sono insediati nelle campagne e nei villaggi occupati con la scusa della guerra. E con il tempo hanno cominciato a chiamare altri del loro popolo, le famiglie, gli abili alla guerra e tutti coloro che potevano garantire la prosperità nei villaggi.» Scosse piano la testa, incredulo che quegli stolti dei Galli avessero concesso ad Ariovisto un'opportunità del genere. «Sempre più Germani hanno attraversato il Reno, fino a crescere a dismisura nei territori degli Arverni e dei Sequani.»

«Diviciaco ha parlato di oltre centoventimila Germani» confermò Sarmete, proprio mentre la mano della schiava sfiorava ancora Cesare nel punto più sensibile, facendolo irrigidire. Il tocco si allontanò di nuovo, e con un senso di frustrazione lui tornò a rivolgersi al suo schiavo, per non perdere il filo del discorso.

«I primi a risentire di questa piccola invasione da parte dei Germani sono stati gli Edui, che nonostante il loro coraggio e valore si sono scontrati più volte con quei barbari e ne sono usciti sconfitti. Prostrati dalle perdite e dalle devastazioni, hanno dovuto concedere più di quanto sia lecito per qualsiasi popolo sconfitto: hanno consegnato ostaggi ai Sequani, concesso terre agli Arverni e sono stati costretti a giurare di non chiedere mai aiuto a Roma.»

«Per questo non ti hanno detto nulla di Ariovisto!» esclamò Sarmete, comprendendo finalmente i risvolti cruciali della situazione.

«Proprio così» annuì Cesare mentre la schiava faceva scivolare le dita sui suoi fianchi e poi giù, sulle cosce ancora doloranti per la corsa. Era davvero brava, e stava riuscendo a rilassarlo ben più di quanto avesse fatto Sarmete.

«Però Diviciaco di questo ne ha parlato a Roma, con il Senato» continuò lo schiavo, del tutto preso dalla discussione. «Non è forse così? Perché nessuno gli ha dato ascolto?»

«È successo poco prima che decidessi di intervenire in Gallia» spiegò Cesare, «e dubito che qualcuno abbia compreso quello che stava succedendo. Io per primo. Abbiamo dichiarato Ariovisto re del suo popolo e amico di Roma, e non ci siamo preoccupati d'altro.»

«Dunque Diviciaco è stato astuto: ha approfittato dell'invasione da parte degli Elvezi per spingere Roma a intervenire, e adesso che siamo qui...»

«Possiamo occuparci di Ariovisto» confermò Cesare.

In quel momento Sarmete disse qualcosa nella lingua della schiava, e poco dopo le dita della ragazza si decisero a risalire. Passarono sull'inguine, sfiorarono delicatamente i testicoli, poi raggiunsero l'asta protesa, scivolandovi sopra grazie all'olio di cui erano ricoperte. Quando cominciarono a muoversi su e giù, con un ritmo lento ma ben cadenzato, Cesare comprese che la ragazzina, nonostante la giovane età, sapeva come procurare piacere a un uomo.

«E quindi» riprese mentre si godeva il tocco di quella mano, «adesso sono arrivati tutti a implorare il mio aiuto. Anche i Sequani, che alla fine sono coloro che più hanno patito la presenza dei Germani. Li hanno accolti nelle loro terre, e quelli se ne sono impossessati. Ora, almeno a sentire loro, stanno per arrivare altri ventiquattromila Arudi, e nessuno sa dove andranno a insediarsi.»

«Questo Ariovisto» volle sapere Sarmete «che uomo è? Tu l'hai conosciuto?»

«Non di persona. Però so...» Cesare fu costretto a interrompersi, quando avvertì salire il fuoco dai lombi. La ragazzina sembrò accorgersene e diede alcuni colpi ben assestati che lo costrinsero ad abbandonarsi a un orgasmo potente, facendogli contrarre in modo doloroso ogni singolo muscolo del corpo.

Quando alla fine si rilassò, sentì Sarmete ordinare qualcosa alla schiava e lei se ne andò in fretta. Poi fu lui stesso a prendere un panno per asciugargli il seme versato.

«Mi stavi dicendo di Ariovisto» riprese lo schiavo come se non fosse successo nulla.

Cesare trattenne una risata. «Hai ragione. Davvero un uomo barbaro e feroce, a sentire quello che dicono i Galli.»

«E tu ci credi?»

«Be', diciamo che è nel mio interesse farlo» ammiccò Cesare.

«Perché? Cosa vuoi dire?»

Sentendosi finalmente in pace, stanco ma rilassato, decise che era arrivato il momento di esporsi, non tanto con Sarmete, quanto con se stesso.

«Dobbiamo difendere la Gallia... *tutta* la Gallia, dai soprusi di Ariovisto e dei Germani. Nessuno può infierire contro gli alleati di Roma o contro i popoli che chiedono aiuto all'Urbe nel nome della pace e della stabilità dei confini con le nostre Province.»

«Dunque combatterai Ariovisto?» chiese Sarmete.

Cesare lo fissò direttamente negli occhi. «Se sconfiggeremo i Germani e li ricacceremo oltre il Reno, il trionfo che celebrerò a Roma non avrà eguali. E mi aprirà le porte verso terre di cui abbiamo solo sentito parlare, le cui ricchezze aspettano solo che noi le si raccolga.»

«Allora sarà guerra» mormorò Sarmete con aria molto preoccupata.

Cesare si sollevò e gettò i piedi giù dal giaciglio. «Intanto manderò un'ambasciata ad Ariovisto. Vediamo se mi darà il pretesto per farlo sprofondare nella polvere.»

«Quel bastardo arrogante!» sbottò Cesare scagliando via la tavoletta su cui era stato annotato, in caratteri greci, il messaggio di risposta di Ariovisto.

Labieno andò a raccoglierla e la depose sul tavolo al centro della tenda pretoria, insieme alle altre che già erano arrivate dal re dei Germani, tutte scritte in greco come atto di spregio verso di loro e ciò che rappresentavano.

Quando Cesare aveva fatto la prima mossa, inviando la sua ambasciata ad Ariovisto, era convinto che non sarebbe stato difficile convincere quell'uomo a cessare gli abusi nei confronti dei Galli e ad accogliere le sue richieste. Era stato lui a consegnargli lo *status* di amico dei romani, grazie all'intervento del Senato. Non sapeva nemmeno se era davvero un re: quella carica gli era stata attribuita in modo generico, perché nessuno sapeva esattamente come chiamarlo, ma Ariovisto se n'era subito impossessato e si era autoproclamato re dei Germani in quei territori. Si firmava così persino nelle tavolette che stava scambiando con lui, come se volesse mettere bene in chiaro il proprio ruolo.

Nonostante la certezza che tutto si sarebbe accomodato in fretta – ma con la segreta speranza di poter trovare la chiave per generare un futuro contrasto con quei barbari, non appena fossero riusciti a ricostituire le legioni e sfruttare i timori dei Galli per offrirsi di combattere in loro difesa –, Ariovisto aveva risposto con disprezzo alla sua prima missiva, quando Cesare gli aveva chiesto di scegliere un luogo a metà strada fra loro in cui incontrarsi per discutere di questioni politiche che riteneva importanti per entrambi. Di certo non gli avrebbe rivelato le sue preoccupazioni, o anticipato le sue intenzioni contro di lui: semplicemente voleva cercare di arginare le continue ondate migratorie di Germani da oltre il Reno, rassicurare i Galli – soprattutto i Sequani, i cui territori confinavano con quella parte del Rodano che delimitava la Provincia di Roma – e studiare da vicino l'uomo che aveva contribuito a far diventare re, ma che in realtà conosceva molto poco.

«Dobbiamo affrontarlo subito, prima che abbia troppi uomini» aveva cercato di convincerlo Labieno.

«Concordo» si era intromesso Planco. «Se lasciamo che Ariovisto conquisti la Gallia, poi potrebbe decidere di invadere la Provincia Narbonense, e magari...»

«Non glielo lasceremo fare» lo aveva interrotto Cesare. Non poteva spiegare ai suoi ufficiali i piani che già aveva elaborato, ma lo irritava vedere quanto fossero incapaci di andare oltre quello che succedeva giorno dopo giorno. «Né gli consentirò di annettere al suo ridicolo regno i territori degli Edui o di altre tribù galliche.»

«Allora perché incontrarlo?» aveva protestato Labieno.

«Perché non siamo ancora pronti!» era sbottato lui, incredulo che il suo luogotenente non capisse. «Li avete mai visti combattere, quei barbari? Perché credete che siano stati capaci di sottomettere così rapidamente i Galli? Sono forti, feroci, inarrestabili. Si vantano di non dormire mai al riparo di un tetto, e di essere pronti a scontrarsi con i nemici in qualsiasi momento. Prima di affrontarli dobbiamo addestrare i nostri legionari, renderli coriacei e capaci di muoversi come un solo uomo in ogni circostanza.»

A quel punto nessuno aveva osato ribattere, e Cesare aveva mandato la sua missiva ad Ariovisto, con le richieste che miravano a prendere tempo.

Ma la risposta del re barbaro era stata sprezzante: con parole dure, prive di cortesia, chiariva che se avesse voluto conferire con Cesare lo avrebbe raggiunto dove lui si trovava, ma se al contrario era Roma a voler conferire con lui, allora avrebbero dovuto raggiungerlo loro. Non c'era alcun luogo a metà strada in cui potersi incontrare. Tanto più che per farlo avrebbe dovuto muovere un esercito, e questo richiedeva le scorte necessarie di viveri, carriaggi e vettovagliamenti. In ogni caso, concludeva il re germanico con grande arroganza, non capiva quale potesse essere il ruolo dei romani in quei territori, da lui conquistati con il diritto delle armi.

In un primo momento Cesare era stato sul punto di dare ragione a Labieno e ordinare che le legioni venissero attrezzate per dirigersi verso i Germani e ingaggiare battaglia. Poi aveva cercato di calmarsi, aveva raggiunto Crastino e alcuni manipoli della Decima che si stavano addestrando e si era unito a loro, combattendo fino a sfiancarsi.

Solo a quel punto aveva elaborato la sua risposta ad Ariovisto, che aveva affidato a una seconda ambasceria.

I termini questa volta erano chiari e diretti, con la stessa durezza dimostrata dal re germanico: visto che si rifiutava di accogliere il suo invito a un colloquio per discutere di una questione d'interesse comune, se voleva continuare a restare amico del popolo romano, e *suo* amico, come rappresentante di Roma in quelle terre abitate da popoli considerati fratelli dell'Urbe, allora doveva soddisfare le sue richieste, che non ammettevano obiezioni. Prima di tutto avrebbe dovuto far cessare la migrazione di uomini da oltre le sponde del Reno, poi restituire tutti gli ostaggi degli Edui che aveva nelle sue mani e consentire ai Sequani di rilasciare quelli in loro custodia. Dopodiché avrebbe dovuto smettere di importunare gli Edui e i loro alleati.

Queste erano le condizioni che il Senato di Roma, per sua voce, riteneva indispensabili per continuare a considerare lui e il suo popolo amici dei romani. Se non avesse acconsentito, allora Cesare sarebbe stato libero di applicare il decreto emanato dai consoli Messala e Pisone, secondo il quale chiunque avesse aggredito gli alleati di Roma nelle Gallie avrebbe dovuto vedersela con chi rappresentava il governo della Provincia romana ai confini di quei territori. E lui era pronto a muovere le legioni, se fosse stato necessario.

Quando aveva scagliato via le tavolette scritte in greco fingendo più rabbia di quanta ne provasse, in realtà sapeva che era proprio ciò che si era augurato fin dall'inizio, per quanto forse era ancora un po' troppo presto per rispondere con la forza alla provocazione del re germanico.

«Che cosa dice quel cane?» gli chiese Galba avvicinandosi al tavolo su cui Labieno aveva posato le tavolette raccolte da terra.

«Leggile» ordinò Cesare rivolto a Sarmete, che lasciò la brocca con il vino che stava versando agli ufficiali e andò a prendere le tavole d'argilla. Le scrutò con attenzione per qualche istante, poi tradusse ad alta voce per tutti: «A Gaio Giulio Cesare, proconsole...».

«Non tutto» lo fermò Cesare. «Riassumi i punti principali.»

Sarmete annuì e si prese qualche momento per far scorrere gli occhi sui caratteri impressi nella cera, poi posò le tavolette e si rivolse agli ufficiali senza guardare nessuno in particolare.

«Ariovisto usa parole secche, dirette, senza alcun tentativo di conciliazione. Sostiene che sono i vincitori, per diritto di guerra, a imporre la loro volontà ai vinti. Proprio come Roma è abituata a fare da sempre. Ma qui, in Gallia, è lui il vincitore, dunque pretende di poter esercitare i suoi diritti senza che Roma interferisca.»

«Ma è una follia!» ringhiò Procillo. «Come pensa di...»

«Fallo continuare» lo fermò Cesare. «Lasciatelo finire, poi discuteremo il da farsi.»

Vi furono mormorii e grugniti disgustati, ma quando fece segno a Sarmete di proseguire, lo schiavo riprese da dove era stato interrotto, come se stesse recitando un discorso imparato a memoria.

«Gli Edui, secondo Ariovisto, hanno perso la guerra contro di lui, perciò sono da ritenere a tutti gli effetti suoi tributari. Se Cesare si oppone e interviene per conto loro, non fa altro che provocare un grave danno al regno di Ariovisto, sia economico che politico.»

Vi furono altre grida di protesta, e più di uno portò la mano alla spada, ma Cesare sollevò le braccia per imporre il silenzio e fece segno a Sarmete di continuare.

«In forza di ciò, Ariovisto non consegnerà gli ostaggi agli Edui, né imporrà ai Sequani di rilasciare i loro. E non impedirà alla libera gente della stirpe germanica di attraversare il Reno o qualsiasi altro fiume vorranno, perché non rientra nei suoi doveri. Infine, sostiene di non dover assicurare nulla a Cesare, riguardo le sue intenzioni verso gli Edui e le altre tribù della Gallia. E se dopo queste parole Roma deciderà di muovere guerra contro il suo regno, si accorgerà della forza e del valore dei Germani, un popolo fiero e possente addestrato alle armi e che certo non teme nessun esercito al mondo.»

Sarmete tacque, e la ridda di esclamazioni, grida di rabbia e improperi riempì la tenda con un frastuono assordante.

Cesare restò ad ascoltare impassibile, bevendo di tanto in tanto un sorso di vino. Poi quando finalmente le urla si placarono fece per prendere la parola e spiegare il piano che aveva ideato, ma proprio in quel momento Furio Lavieno spalancò l'ingresso della tenda ed entrò di corsa.

«Cesare!» gridò. «Sono arrivate ambasciate dagli Edui e dai Treviri. Riguardano i Germani!»

L'eccitazione si stava facendo largo non solo dentro di lui, ma anche nei suoi ufficiali, poteva vederlo dalla foga con cui discutevano.

Diversamente da loro, però, Cesare non era pieno di rabbia e di indignazione per le notizie che erano giunte; sentiva che tutti i piani che aveva elaborato stavano andando a compimento, e senza doversi sforzare troppo. Era come se Ariovisto, nel suo arrogante disprezzo, stesse seguendo le sue istruzioni per spingerlo alla guerra e portare le legioni in territori che altrimenti sarebbero rimasti nelle mani dei Galli e dei Germani. Li stava sottovalutando, senza capire che quello era il più grosso errore che tutti i nemici di Roma avevano compiuto da sempre.

«Dobbiamo fermarli!» si levò la voce stridula di Galba, rosso in viso.

«Mobilitiamo l'esercito e partiamo appena possibile!» gli fece eco Sabino, che non perdeva occasione per mettere in mostra la sua stupidità.

In un'altra situazione Cesare li avrebbe fatti tacere con un ringhio, per poi spiegare che ormai da diverso tempo forzava gli addestramenti degli uomini e la raccolta di provviste e armamenti in attesa di quella eventualità, ma non voleva rivelare troppo dei suoi piani. Credessero pure di essere i salvatori dei poveri Edui e dei Treviri, che avevano invocato a gran voce il loro intervento dopo che gli Arudi, arrivati in Gallia attraverso i corridoi lasciati liberi da Ariovisto, avevano cominciato a devastare le loro terre, e dopo che le staffette avevano segnalato che decine di migliaia di Svevi erano attestati sulle sponde del Reno, pronti ad attraversarlo agli ordini di due feroci generali che già avevano imperversato in Gallia, Nasua e Cimberio.

Quelle manovre, evidentemente orchestrate da Ariovisto per fare pressioni e reclutare guerrieri, potevano spaventare i Galli e indignare i suoi ufficiali, ma lui aveva già considerato quella possibilità. Sapeva di non dover attendere oltre per muovere le legioni: anche se erano in inferiorità numerica, in queste condizioni era sicuro che i suoi uomini avrebbero ottenuto la vittoria sul campo di battaglia. Ma se altri Germani fossero accorsi dalle lande sterminate oltre il Reno... prima di dare inizio alla guerra avrebbe dovuto reclutare altre legioni. E questo era improponibile.

«Raccogliamo tutte le risorse che riusciamo a recuperare, anche con l'aiuto dei Galli, e partiamo a tappe forzate» disse a un certo punto, sovrastando tutti i conciliaboli che lo circondavano. «Le legioni sono pronte, ho seguito personalmente l'addestramento degli uomini, e su questo non ho dubbi.»

«Dobbiamo arruolare più ausiliari» intervenne Labieno.

Cesare concordò con lui. «Anche cavalieri» aggiunse, facendo un cenno a Crasso. «Fate il possibile, ma non esitiamo e non perdiamo tempo. Entro qualche giorno dobbiamo essere pronti a partire. Semmai gli ausiliari si aggregheranno a noi lungo il cammino.»

Si levarono grida di approvazione e in tanti arrivarono a stringergli il braccio, giurando di essere pronti a combattere fino alla morte per lui. E per Roma, naturalmente.

Cesare assecondò tutti e li rassicurò che ci sarebbero state gloria e ricchezze da distribuire, dopo la vittoria.

Soprattutto per me, pensò.

Perché battere anche i Germani, dopo gli Elvezi, avrebbe significato celebrare la sua potenza e le sue capacità militari: tutti a Roma ne avrebbero parlato!

11

Vesonzione
Territorio degli Edui
58 a.C., agosto

La marcia era durata cinque giorni. I tribuni militari e i centurioni si erano superati nel riuscire a addestrare gli uomini, soprattutto quelli appartenenti alle legioni più recenti o agli ausiliari galli, che non erano certo esercitati come i veterani. In due occasioni avevano proseguito anche di notte, dopo una breve pausa per rifocillarsi e dormire un po', e questo aveva consentito loro di raggiungere Vesonzione, una roccaforte degli Edui dove gli esploratori avevano riferito fosse diretto Ariovisto, probabilmente per impossessarsi di cibo, armi e vettovaglie e reclutare a forza uomini da integrare nel suo esercito.

Adesso Cesare sapeva di essere in vantaggio rispetto al nemico, che secondo i ricognitori si trovava ancora piuttosto lontano, nel territorio dei Sequani.

«Dobbiamo impedirgli di prendere possesso di quella città» aveva dichiarato ai suoi ufficiali prima di partire per la marcia a tappe forzate. «È circondata quasi per intero dal fiume Dubi, e dove non passa il tracciato delle acque si innalza una montagna poderosa, che digrada su entrambi i lati del fiume.»

Aveva fatto un cenno a Considio, e il capo dei ricognitori aveva descritto quanto era stato riferito dalle staffette: «Gli Edui hanno costruito un muro di pietra che collega i versanti della montagna con la valle e il fiume, rendendo Vesonzione una roccaforte inespugnabile, se fosse presidiata da un esercito».

«Ma gli Edui non lasceranno che Ariovisto conquisti la città!» aveva protestato Galba.

«Come potrebbero resistere ai Germani?» lo aveva zittito Procillo. «Cesare ha ragione, dobbiamo arrivare per primi e prepararci allo scontro insieme agli Edui.»

Il consiglio di guerra era ancora riunito, per cercare di capire come muoversi per andare incontro all'esercito di Ariovisto.

«Serviranno almeno sei giorni di marcia» disse Considio indicando il percorso che avrebbero dovuto seguire per raggiungere il territorio dei Sequani. «Dobbiamo mantenerci vicino ai fiumi, l'acqua ci serve.»

«Spero che sei giorni bastino per risolvere i problemi che abbiamo con gli uomini» intervenne Labieno, con un cipiglio temporalesco sul volto.

Cesare lo fissò sorpreso. «Ti riferisci al grano? Gli Edui hanno detto che stanno cercando di...»

«No» lo interruppe Labieno, mentre tutti lo scrutavano in silenzio. «Non hai sentito le voci che circolano? Quello che sostengono gli Edui, i mercanti che arrivano dal Nord e i contadini, riguardo ai Germani?»

«Sono solo dicerie» ribatté Crasso con aria schifata. «Stupide leggende raccontate per strappare qualche moneta agli sciocchi che ci credono.»

Labieno storse la bocca e replicò in tono secco: «Sono ben altro che dicerie, e stanno avendo un pessimo effetto. Ho visto molti dei nostri terrorizzati al pensiero di doversi scontrare con i barbari, uomini che vengono descritti come possenti e immuni al dolore, capaci di continuare a combattere anche con profonde ferite, o mutilati».

«Ma sono sciocchezze!» protestò Considio.

«Questo lo so anch'io» lo liquidò Labieno. «Il problema è

che i primi a crederci sono i comandanti delle truppe ausiliarie. Sono con noi perché gliel'abbiamo chiesto, e perché i Galli devono dimostrare di appoggiarci, ma in realtà danno ascolto a tutto quello che sentono sui Germani di Ariovisto. Li considerano invincibili, e si rintanano nelle loro tende piangendo come femminucce per il terrore.»

«Non avrai fatto conto sui Galli, vero?» intervenne per la prima volta Vatinio. «Abbiamo le nostre legioni, uomini ben addestrati che non credono a certe fandonie.»

«Ne sei sicuro?» lo affrontò Labieno. Cercò qualcuno con lo sguardo, poi si soffermò su Crasso. «Tu cosa dici? Senza cavalleria ausiliaria come ce la caveremo? I Germani sono già molto più numerosi di noi, e l'unica arma davvero efficace a nostra disposizione è la cavalleria.» Scrutò tutti accigliato. «Cavalleria composta da ausiliari, che a quanto ho sentito sono pronti a levare le tende e fuggire, non appena arriverà l'ordine di muovere contro Ariovisto.»

«Ma questo è tradimento!» sbottò Planco.

«Non importa che cos'è» gli fece notare Labieno. «Non possiamo permetterci defezioni, men che meno fra la cavalleria.»

Si sollevò una ridda di grida e proteste, ma Cesare non ascoltava. Aveva avuto sentore di qualcosa, però non si era reso conto che la situazione fosse così grave. Labieno aveva ragione: il loro esercito era già in pesante inferiorità numerica, non potevano permettersi defezioni. E lui non aveva nessuna intenzione di difendersi da dietro le mura di Vesonzione: Ariovisto andava contrastato in campo aperto, per sconfiggerlo una volta per sempre.

«Radunate tutti!» gridò per far tacere le urla. «Voglio parlare con i centurioni e i tribuni militari. Fate venire anche i decurioni e tutti i comandanti degli ausiliari.»

Detto questo uscì dalla tenda ignorando le grida dei suoi ufficiali. Aveva bisogno di respirare aria fresca e di riordinare le idee prima di combattere quella battaglia. Una battaglia che doveva vincere contro la paura e la diffidenza dei suoi uomini prima che arrivasse il momento di incontrare Ariovisto.

I comandanti dei manipoli, delle centurie e delle legioni erano tutti schierati davanti a lui, rigidi in una posa di attesa e in gran parte di diffidenza, come poteva capire dalle smorfie di molti di loro. Soprattutto di quelli che non conosceva.

Adesso che li aveva tutti davanti, Cesare si rese conto che di molti, troppi non conosceva nemmeno i nomi. Eppure erano coloro che in battaglia prendevano i suoi ordini e li trasmettevano agli uomini. Non era possibile che non avesse pensato fin da subito a cercare un contatto con loro, per capire di che tempra fossero, di cosa avessero bisogno. Senza i tribuni militari e i centurioni, anche il generale più valente avrebbe perso la più semplice delle battaglie, e lui era stato uno sciocco a sottovalutare quell'aspetto. Si era concentrato soprattutto sulla Decima legione, perché erano gli uomini che conosceva meglio, che gli erano già stati fedeli e su cui poteva contare, ma non poteva pensare di sbaragliare Ariovisto solo con loro: aveva bisogno di tutti i suoi legionari e ausiliari, fino all'ultimo uomo.

«Grazie per essere qui» esordì tenendo alto il volume della voce, perché tutti potessero sentirlo. «Vi ho convocati perché siamo alla vigilia di un momento importante, che potrebbe garantire a Roma e a tutti noi gloria imperitura. Ma prima che vi spieghi quello che sta succedendo e come vorrei che ciascuno di voi si comportasse, lasciate che vi faccia le mie scuse.»

Un brusio sorpreso si diffuse nella folla, ma Cesare alzò le braccia per imporre il silenzio.

«Non sono stato il comandante che probabilmente avreste voluto, o anche solo immaginato» ammise, senza che ci fosse bisogno di fingere sconforto nella voce, perché quel sentimento era autentico dentro di lui. «La colpa è solo mia, perché avrei dovuto trascorrere più tempo con ciascuno di voi, conoscervi a fondo e farmi conoscere da voi. Come posso pretendere che i miei comandanti si fidino del loro generale, se non ci ho mai scambiato nemmeno una parola? Io non lo farei!»

Qualcuno sorrise, altri ammorbidirono le espressioni tese che avevano avuto all'inizio, ma tanti restavano diffidenti, e Cesare poteva capirli.

«Prometto che nei prossimi giorni cercherò di rimediare a questa mia manchevolezza. Siamo tutti commilitoni, e quando impugniamo la spada e ci lanciamo in battaglia le distinzioni di grado servono solo a evitare che si diffonda il caos, che ciascuno vada per la sua strada e combatta come se fosse da solo, non parte di un insieme. Proprio come hanno fatto gli Elvezi che abbiamo sconfitto. Ve li ricordate? Erano molto più numerosi di noi, ma non avevano disciplina, non avevano governo, e questo li ha portati alla disfatta.»

Fece un'altra pausa. In tanti adesso annuivano, e anche gli sguardi più truci si erano fatti pieni di curiosità: per quello che stava dicendo, forse, ma anche per il modo con cui si rivolgeva a loro, quasi da pari, non certo da proconsole di quelle terre.

«Quando ci saremo conosciuti meglio, capirete che il mio interesse è prima di tutto per voi, per la vostra incolumità ma anche per il vostro onore» riprese guardando soprattutto quelli che non conosceva. «Non c'è niente di più importante, per un uomo, per un soldato romano, dell'onore che conquista in battaglia. E io voglio celebrare con voi, a Roma, i trionfi che ci guadagneremo in queste terre ostili!»

Aveva parlato in crescendo, concludendo quasi con un grido e sollevando il pugno verso il cielo plumbeo. La risposta arrivò all'istante da gran parte dei convenuti: alzarono le braccia a loro volta, gridarono e inneggiarono al suo nome.

I pochi che erano rimasti fermi e in silenzio avevano comunque espressioni diverse sul volto, più di dubbio o di sorpresa che di ostilità.

Cesare annuì dentro di sé: in fondo ci voleva poco per governare quegli uomini semplici, abituati a combattere e a ricevere ordini. Ma non doveva sottovalutarli, o peggio, come aveva fatto fino a quel momento, ignorarli.

«Proprio per questo vi dico che non dovete temere nessuno. Perché noi siamo le legioni di Roma, ed è il resto del mondo che ci teme, non il contrario!» Altre grida si levarono, mentre i tribuni e i centurioni della Decima cercavano di incitare anche i più indecisi a lasciarsi andare, a seguire l'impeto del loro generale. «Ho sentito circolare voci secondo cui questi Germani sarebbero invincibili, dei colossi capaci di combattere anche senza un braccio o una gamba! Ma vi sembra possibile? Lasciate che siano i Galli a spaventarsi per queste dicerie, che cosa possono saperne di come si combatte? Senza di noi gli Elvezi li avrebbero annientati, e a sentire loro si trattava di un nemico formidabile, che nessuno era in grado di fermare.» Tacque e scrutò i suoi comandanti, che adesso per la gran parte sembravano pendere dalle sue labbra. «È forse accaduto questo? Ci siamo fatti spaventare o battere dai formidabili Elvezi? A me non sembra!»

Le grida adesso si alzarono più convinte, e Cesare comprese di essere riuscito a portare quasi tutti dalla sua parte. Restavano ancora pochi indecisi, e non li avrebbe lasciati in quello stato.

«I Germani sono più forti e brutali degli Elvezi, questo lo so anch'io» continuò, cercando di dare voce ai dubbi che dovevano ancora serpeggiare dentro molti di loro, «ma questo non deve spaventarci. Tutt'altro! Più forte è il nemico, più grande sarà il nostro trionfo! Proprio com'è accaduto ai nostri avi. Ricordate il generale Gaio Mario? Ha combattuto e vinto i Teutoni e i Cimbri, e quando ha celebrato il trionfo a Roma lo ha fatto circondato dai suoi uomini, dall'ufficiale più alto in grado fino all'ultimo degli ausiliari!»

Adesso faticava a farsi sentire, perché le acclamazioni lo sovrastavano, così fu costretto a chiedere ancora silenzio per concludere il discorso.

«D'altra parte non dobbiamo sottovalutare i Germani e il loro re, quell'Ariovisto che io stesso ho contribuito a elevare al rango di amico di Roma.» La smorfia di disprezzo che gli tirava le labbra era sincera, e loro lo avrebbero capito. «Non si è limitato a sconfiggere i Galli con la forza e la potenza delle sue armate, ma l'ha fatto innanzitutto con il calcolo e con l'astuzia.»

Un mormorio sorpreso si diffuse anche fra chi era ancora poco propenso a farsi prendere dall'entusiasmo per le sue parole.

«I Galli erano logorati da anni di guerre, e Ariovisto, quando ha passato il Reno, ha fatto accampare i suoi uomini per molti mesi, senza mai accettare lo scontro. Ha raccolto le forze, ha compiuto razzie e devastato le campagne, e quando ha capito che i Galli erano logorati nello spirito e nel fisico, ha mosso l'esercito e li ha sconfitti.» Con una certa enfasi sputò a terra. «Credete forse che potrà comportarsi così anche con noi? Che potrà prendere per sfinimento le legioni di Roma? Dovrà fare molto di più, se vorrà sopraffarci, perché noi non temiamo nessuno!»

Si fermò e restò a guardare l'entusiasmo che si diffondeva fra i tribuni, i centurioni e i decurioni, e comprese che sarebbero stati tutti con lui. Restava ancora una manciata di indecisi, uomini di scarso coraggio che probabilmente erano più succubi della paura che del valore delle armi, che poteva convincere in un solo modo.

«Questo è ciò che vi chiedo» riprese con rinnovata energia. «Abbiate fiducia nel vostro generale, combattete al mio fianco e dimostrate al mondo, a Roma, al Senato, che meritate il più grande trionfo che sia mai stato celebrato!» Nel boato che seguì, anziché sorridere e dare seguito alle invocazioni in suo nome, Cesare si accigliò e fissò un piccolo gruppo di centurioni che si teneva in disparte. Quando riprese a parlare non si rivolse direttamente a loro, ma lo sguardo che aveva fatto scorrere sarebbe stato perfettamente compreso, soprattutto adesso che stava per dare la stoccata finale: «Mi è stato detto che qualcuno di voi è preoccupato per gli approvvigionamenti, o del luogo in cui potrebbe svolgersi la battaglia contro i Germani. Sul serio pensate queste cose? Avete così poca fiducia nel vostro comandante da porvi questi dubbi? O piuttosto sono solo scuse dietro cui nascondete la vostra vigliaccheria?». Grida di rabbia si levarono insieme a pugni serrati e a qualche spada, ma Cesare continuò: «Il grano è già maturo nei campi, e ci sarà fornito presto dai Sequani, dai Lingoni e dai Leuci, secondo gli accordi che abbiamo preso. Quanto al campo di battaglia... lo scoprirete voi stessi, quando ci arriveremo, se sarà così penalizzante per le nostre legioni. In ogni caso, non credo alle voci infamanti che girano, secondo cui qualcuno di voi non accetterà di muovere le insegne, quando darò l'ordine». Tacque di nuovo, il volto carico di rabbia e indignazione, perché quelle voci gli erano state riferire da Lavieno e lui non aveva voluto crederci. «È arrivato il momento per tutti di capire» riprese con vigore, sputando quasi le parole. «Anticiperò la partenza delle legioni. Non sarà più fra qualche giorno, come avevo previsto, ma domani notte, durante il quarto turno di guardia. E verificherò allora se nei miei uomini, nelle mie legioni, nei miei commilitoni, prevarrà il senso dell'onore e del dovere, oppure la paura dei vigliacchi.»

Un vero boato scosse la terra sotto i suoi piedi, e Cesare comprese che era soprattutto di indignazione. Ma ancora non gli bastava, perché non vedeva tutti uniti dagli stessi sentimenti: c'era ancora chi titubava, e questo sarebbe stato fatale nel momento dello scontro con Ariovisto. Sentendosi colmare da una rabbia feroce sputò tutto d'un fiato la sua ultima minaccia, pronto ad attuarla senza esitazioni, se fosse stato necessario.

«Se nessuno vorrà seguirmi, perché la ragione che vi tiene rintanati nelle vostre tane è la paura, sappiate che partirò anche senza di voi! Terrò con me la sola Decima legione, del cui valore non dubito e non ho mai dubitato, e che elevo al rango di mia coorte pretoria! Andremo solo noi, e vi garantisco una cosa: vinceremo comunque!»

Questa volta non restò ad ascoltare le grida e le acclamazioni, né a capire quanto fosse riuscito a scuotere l'orgoglio di quei soldati. Sarebbero partiti l'indomani notte, e lui era pronto a confrontarsi con Ariovisto portando con sé solo gli uomini della Decima, se non avesse avuto tutte le garanzie che gli servivano sull'integrità e il valore degli altri comandanti.

Mentre si infilava nella tenda di comando, alle sue spalle la tempesta di voci divampò, ed ebbe la conferma che nessun codardo sarebbe riuscito a sopravvivere, in quel finimondo.

12

Territori dei Sequani
58 a.C., agosto

La marcia era durata sei giorni, e nessuno aveva osato tirarsi indietro. Anzi, da quello che gli era stato riferito, quei pochi che ancora covavano dubbi su di lui, o su come intendesse affrontare i Germani, avevano abbandonato ogni remora e adesso erano fra i suoi principali sostenitori, impegnati a incitare i propri uomini perché non li facessero sfigurare di fronte agli altri.

Quando erano entrati nel territorio dei Sequani, questi avevano fatto trovare sulla strada carri pieni di viveri, con la scusa che si trattava di iniziative di singoli contadini, ma non un solo uomo si era aggregato a loro, a dimostrazione di quanto fosse ferreo il giogo che Ariovisto era riuscito a stringere intorno a quella gente: aveva ostaggi, e minacciava di farne strage se i Sequani avessero osato unirsi alle forze di Roma. Così si erano limitati a fornire i viveri e il foraggio che Cesare aveva preteso e si erano rintanati di nuovo nei loro villaggi, in attesa di conoscere il proprio destino.

Secondo gli esploratori, i Germani si erano fermati e avevano allestito l'accampamento in una valle a sud del territorio dei Triboci, forse nel tentativo di reclutare nuove forze. Nel frattempo Ariovisto aveva mandato ambasciatori al suo campo, chiedendo di incontrarlo a metà strada, e Cesare doveva prendere una decisione.

«Non rispondere nemmeno!» sbottò Planco, infuriato. «Quel cane prima ha rifiutato di discutere con te, e adesso che sente il clangore delle nostre armi chiede di parlare?»

«Che provi ad attaccarci!» concordò Caleno, che come legato stava dimostrando più valore di quanto Cesare avesse immaginato. Durante la marcia di quei giorni aveva fatto da collegamento con i centurioni, senza mai dare segni di cedimento. «Da questa collina potremo respingerlo senza problemi.»

«Sarà costretto ad andarsene» aggiunse Cotta, «e da quel momento non potrà più mettere piede in Gallia. Potremmo creare delle installazioni permanenti, dei fortini con guarnigioni locali ben addestrate in grado di tenere a bada i Germani.»

Mentre la discussione si faceva serrata tra i suoi ufficiali, Cesare sospirò. Non avevano capito che lui desiderava lo scontro con Ariovisto. Confinarlo oltre il Reno non avrebbe risolto nulla, anzi avrebbe reso tutto più difficile. Soprattutto per ciò che riguardava i suoi piani di espansione nelle Gallie. Doveva affrontare adesso i Germani e sconfiggerli in modo che non fossero più un problema, ma diventassero un esempio per tutti.

«Andrò a parlare con lui» dichiarò riportando il silenzio. «Vediamo cos'ha da dirci. Poi decideremo il da farsi.»

«Ma Cesare...» provò a protestare Planco.

Lui lo ignorò, rivolgendosi a Considio: «Dov'è il luogo dell'incontro?».

Il capo degli esploratori distese sul tavolo una pergamena con la mappa tracciata dagli Edui.

«Qui» spiegò battendo un dito sul punto stabilito da Ariovisto. «A circa metà strada fra noi e i Germani. Si trova in una pianura ai piedi di una collina, che possiamo controllare agevolmente. Difficile fare imboscate. Ariovisto ha proposto l'incontro fra cinque giorni, al levare del sole.»

«Molto bene» annuì Cesare. «Rispondi che ci sarò.»

«Ha posto delle condizioni» rivelò Considio.

«Quel cane...» sibilò Planco.

«Quali sarebbero?» chiese Cesare.

«Ti chiede di raggiungerlo senza legionari, perché teme per la propria incolumità. Sia tu sia lui vi presenterete con pochi cavalieri come scorta, così che in caso di pericolo per entrambi possiate fuggire in fretta, senza ingaggiare battaglia.»

«Quell'uomo è un codardo!» sbottò Cotta.

«No» intervenne Crasso, «è astuto. Non capite? Sa che la nostra cavalleria è composta da ausiliari galli, che lui non solo non teme, ma su cui crede di poter esercitare la sua influenza. Se sono edui, ha ostaggi, altrimenti... con tutte le voci che ha fatto circolare, immaginerà che siano spaventati a morte.»

«Se le cose stanno così, allora è troppo pericoloso» intervenne Procillo. «Non dovresti andare, Cesare. Come funzionario di Roma in queste terre da parecchi anni conosco bene i Galli, e ti posso assicurare che non ci metterebbero un istante a cambiare stendardo e passare dalla parte di Ariovisto per chiuderti in trappola.»

Cesare lo guardò per un istante, poi si rivolse a Crasso: «A che punto è l'addestramento degli uomini della Decima con i cavalli?».

«Sono pronti» rispose senza esitazioni il prefetto equestre. «Sono quasi duecento.»

«Molto bene» disse Cesare, annuendo soddisfatto. «Allora ci cauteleremo a modo nostro contro le astuzie di Ariovisto.»

«Cosa intendi fare?» gli chiese Cotta.

«Scegli i migliori e falli vestire e armare come i tuoi ausiliari» ordinò rivolto a Crasso. «Mi accompagneranno loro. Ariovisto e i suoi dovranno credere che ho accettato di incontrarlo scortato solo da cavalieri galli.»

La pianura in cui si sarebbe svolto l'incontro era ampia, e quando ci arrivarono Ariovisto era già pronto a nord, con i suoi cavalieri schierati. Cesare diede il segnale convenuto ai suoi uomini e questi guadagnarono la sommità della collina che s'innalzava poco lontano, già battuta dagli esploratori.

Quando tutti i cavalieri furono allineati, Cesare si diresse verso il punto stabilito per l'incontro. Secondo le istruzioni di Ariovisto, anche i Germani avrebbero agito nello stesso modo.

Cesare trattenne un sorriso di scherno per quel verme che si credeva un re e un condottiero: aveva un esercito molto più numeroso del suo, una conoscenza del territorio superiore, eppure... temeva un'imboscata!

Meglio così, pensò mentre raggiungeva il re germano e i suoi già schierati, senza insegne e solo con le spade al fianco, com'era stato preteso. *Quando si teme il nemico, il suo numero ingigantisce come per magia.*

«Finalmente sei arrivato! È da un bel po' che ti aspetto» lo accolse Ariovisto con una smorfia sul viso, parlando in latino. Aveva i capelli lunghi, la barba incolta e un aspetto rozzo che facevano pensare a tutto tranne che a un re. Dalla sua aveva solo l'altezza, davvero imponente, seppure non quanto quella dei cavalieri che lo affiancavano, e che probabilmente erano stati scelti allo scopo di intimidire. Erano dei veri giganti, ma in combattimento sarebbero stati molto meno agili e rapidi dei suoi legionari, considerò Cesare, e la loro forza bruta non sarebbe bastata a salvarli dalle daghe romane.

«Mi scuso con te per il ritardo» disse conciliante, «ma non sono un abile cavaliere, e non è stato facile per me arrivare fin qui.»

Ariovisto lo fissò con un'espressione carica di sospetto, poi sembrò placarsi e si rilassò sul suo cavallo. Disse qualcosa nella sua lingua, e i cavalieri che erano con lui sghignazzarono.

«Avevi chiesto di parlare con me» riprese il re dei Germani con aria più spavalda, allargando le braccia. «Bene, sono qui. Ti ascolto.»

Cesare annuì. «Non starò a ripetere quello che già ti avevo scritto, cioè il fatto che se sei re, pur non avendo titolo per esserlo, e amico dei romani, è solo perché il Senato te l'ha concesso.» Ignorò la smorfia contrita del suo interlocutore e continuò con tono pacato: «D'altra parte anche gli Edui sono amici di Roma, il Senato ha emesso un gran numero di decreti in loro favore, e come ben sai non è nostra consuetudine voltare le spalle agli alleati. Sta a noi aiutare gli amici di Roma a mantenere la loro dignità, la loro influenza, i loro territori, il loro onore». Tacque per un istante, mentre Ariovisto lo fissava con gli occhi stretti in due fessure, poi quando vide che stava per ribattere proseguì, sollevando le mani: «Ma visto che anche tu sei amico di Roma, quella che già ti ho proposto e che qui rinnovo è la soluzione migliore per risolvere questa incresciosa contesa: restituisci gli ostaggi, lascia che i Sequani facciano altrettanto, rinuncia all'idea della guerra contro i Galli e, se proprio non puoi far tornare in patria i Germani che sono qui con te, almeno ferma quelli che cercano di attraversare il Reno».

Le sue parole restarono sospese nell'aria fra i due schieramenti, soffiate da una parte all'altra dalle froge dilatate dei cavalli, che sembravano percepire la tensione. Cesare non sapeva se gli altri cavalieri germani avessero capito il suo discorso, ma ne dubitava. Scrutavano il loro capo con sospetto, e sembravano quasi sul punto di sfoderare le spade e scagliarsi contro di loro.

Ma poi Ariovisto parlò, e tutti sembrarono acquietarsi.

«Perché credi che io abbia passato il Reno? Per muovere una campagna di conquista? No, Cesare, l'ho fatto perché sono stato chiamato. Sequani, Edui e decine di altre tribù galliche hanno implorato il mio intervento, e quando siamo arrivati non abbiamo occupato una singola dimora senza che ci fosse stata concessa. E quando è arrivato il momento di combattere, questo è accaduto non perché io abbia mosso guerra ai Galli, ma per l'esatto contrario.» Strinse ancora di più gli occhi, facendoli quasi scomparire. «Una guerra che ho vinto, sbaragliando quei cani, e che mi ha dato il diritto di imporre tributi.» Gli puntò contro un dito. «Io sono qui da prima di voi. I vostri eserciti non si erano mai spinti fino a queste terre, dunque sei tu che devi spiegarmi perché ti trovi nei miei domini.» Prima che Cesare potesse replicare continuò: «Se i Galli vorranno farmi ancora la guerra, che vengano pure, li annienterò. E se voi darete loro aiuto e cercherete di privarmi del diritto di chiedere tributi e dominare su questi luoghi, allora assaggerete il ferro del mio popolo, e scoprirete che è capace di squarciare qualsiasi armatura. Anche le vostre!».

Ancora un volta Cesare provò a replicare, ma Ariovisto scoppiò a ridere. «Se anche dovessi ucciderti, Cesare, che cosa capiterà mai? Pensi a una ritorsione da parte di Roma? Una spedizione punitiva?» Rise più forte, imitato dai suoi uomini, che lo spalleggiavano anche se probabilmente non capivano quello che stava dicendo. «Hai idea di quanti consoli, senatori e personaggi importanti della tua Roma mi hanno mandato messaggi in questi mesi? Quanti mi rispettano e mi chiedono informazioni sulla tua avanzata, come se temessero che ti arrivasse troppa gloria addosso?» All'improvviso si incupì di nuovo e si sporse in avanti sul cavallo. «Se non ritiri le tue legioni io ti considererò alla stregua di qualsiasi altro nemico, e lo farò sapendo che quando ti sconfiggerò ci sarà chi applaudirà la mia impresa persino a Roma.» Restò a guardarlo per un istante, poi tornò a raddrizzarsi. «Se invece te ne vai, riceverai la mia gratitudine, il mio oro e potrai condurre qualsiasi altra guerra di conquista vorrai, ovunque nel mondo.»

Finalmente tacque, e Cesare poté ribattere con le parole che già da un po' masticava in bocca: «Io non credo affatto che la Gallia ti appartenga, *re* dei Germani». Aveva pronunciato quell'appellativo con disprezzo, quasi fosse un insulto. «E ti ho già detto che non è abitudine del popolo romano abbandonare gli alleati. Noi abbiamo rispetto per gli amici e ne riceviamo in cambio, al contrario di quanto fai tu con le tue orde barbariche.»

Mentre parlava, si era accorto che alcuni dei cavalieri della scorta di Ariovisto si erano messi a confabulare e a sghignazzare; adesso li vide prendere qualcosa dalle bisacce che tenevano a dorso di cavallo.

«Il rispetto degli alleati Roma se lo guadagna con i fatti» riprese, cercando di ignorare quei movimenti. «Quando Quinto Fabio Massimo ha sconfitto gli Arverni e i Ruteni, non li ha ridotti in schiavitù, ma ha concesso loro di entrare a far parte della Provincia di Roma, senza imporre tributi. Non credo che questo...»

In quel momento uno dei Germani lanciò qualcosa verso un cavaliere romano. Un sasso, a quanto sembrava. Subito dopo presero a farlo anche gli altri, ridendo e gridando nella loro lingua.

«I miei uomini sono annoiati» sogghignò Ariovisto. «Preferiscono l'azione alle chiacchiere.»

Cesare lanciò un'occhiata a Crasso e ai suoi cavalieri, imponendo con la sola forza dello sguardo di restare nei ranghi, senza cedere alle provocazioni. Sapeva che, se avesse dato l'ordine di attaccare, i suoi legionari avrebbero preso alla sprovvista i Germani, che non si aspettavano certo di trovarsi di fronte i veterani della Decima. Li avrebbero di sicuro battuti, e avrebbero potuto uccidere o prendere prigioniero Ariovisto, ponendo fine a quella contesa, ma... quale onore ne avrebbero ricevuto? A lui non interessava la sorte dei Germani, se non in funzione della gloria che gli avrebbe procurato una loro sconfitta sul campo. E per quanto fossero guerrieri temibili, non aveva alcun dubbio che le sue legioni, sotto il suo comando, avrebbero potuto spazzarli via, così da far riecheggiare la loro impresa a Roma e in tutta la Repubblica.

Trattenendo la rabbia tornò a rivolgersi ad Ariovisto: «Se credi che io voglia sporcarmi le mani con il vostro sangue, adesso, durante un colloquio senza eserciti, non hai proprio idea di che cosa significhi l'onore».

Senza dare il tempo ad Ariovisto di ribattere, fece scartare il cavallo e lo lanciò al galoppo verso la collina su cui erano schierati i suoi uomini, subito seguito da Crasso e dai cavalieri della Decima.

Adesso era sicuro che si sarebbe sparsa la voce sull'atteggiamento arrogante del re dei Germani, su come lui avesse cercato di farlo ragionare e in cambio avesse ricevuto solo scherno e provocazioni. Se ancora c'era qualche indeciso fra i comandanti delle sue legioni, ben presto tutti si sarebbero sentiti fremere dalla rabbia e dall'indignazione, sentimenti più potenti persino della paura, per un soldato di Roma. E dunque lo avrebbero seguito senza indugio nella battaglia contro Ariovisto, proprio come lui si era augurato.

Trattenne un sorriso di soddisfazione. Adesso mancava solo un'ultima cosa: il pretesto per muovere le legioni e dare battaglia, perché in quella situazione non poteva essere lui a fare la prima mossa. Non voleva passare per l'aggressore, bensì come il paladino che avrebbe difeso Roma e i suoi alleati dai brutali Germani.

Doveva pianificare attentamente le sue prossime mosse.

L'occasione arrivò due giorni dopo, su proposta dello stesso Ariovisto.

«Come può mandare una richiesta del genere?» chiese Furio Lavieno dopo che il messaggero dei Germani se ne fu andato. «Prima ti provoca durante il vostro incontro, e adesso chiede di poterti rivedere per continuare la discussione? Ma è stato lui a interromperla, con le provocazioni dei suoi uomini!»

Cesare si strinse nelle spalle. «Evidentemente è meno sicuro di sé di quanto vuol far credere. O forse ha bisogno di prendere tempo, mentre recluta altre truppe fra i Galli.»

«Non andrai ancora a parlare con lui, spero.»
«Non ci penso nemmeno» garantì Cesare. «Mi sa tanto di una banale trappola, e sono sorpreso se crede che io possa cascarci.»
«Allora chi manderai?» gli chiese Lavieno.
«Procillo» rispose, mentre la sua mente passava in rassegna tutte le possibilità. «Conosce bene questa gente, ha già avuto modo di trattare con i Germani. E gli affiancheremo Mezio, che conosce la loro lingua e sa come tenere testa a quei barbari.»
«Ma così non sembrerà una provocazione?» chiese Lavieno dubbioso, centrando senza saperlo il pensiero di Cesare. «Ariovisto penserà che stai mandando delle spie, non per trattare ma per raccogliere informazioni sul loro esercito.»
Esatto, pensò Cesare, evitando di rispondere. *Questo è proprio ciò che mi auguro.*

La tattica di combattimento dei Germani era attendista e per certi versi intelligente, per quanto irritante.
Mentre osservava il dispiegamento delle forze dal rilievo su cui aveva riunito i suoi legati e alcuni tribuni militari, Cesare si rese conto che non dovevano cedere alle provocazioni. Prima di impegnarsi in uno scontro diretto, i Germani cercavano di sobillare le truppe avversarie, di farle innervosire e costringerle a rispondere con rabbia, dimenticando la disciplina per impegnarsi in una lotta furibonda.
«Sono dei cani» sibilò Lavieno. «Come hanno osato mettere in catene Procillo e Mezio?»
«Dovevamo aspettarcelo» ribatté Cesare, soddisfatto che tutto fosse andato come aveva previsto. «Li libereremo dopo avere sconfitto Ariovisto, hai la mia parola.»
Tornò a osservare gli schieramenti nemici, cercando di comprendere quale genere di avversario avrebbero dovuto affrontare.
Ariovisto era riuscito ad avere buon gioco dei Galli: si era reso conto di quanto fossero indisciplinati, poco propensi a seguire gli ordini dei comandanti per muoversi tutti insieme, secondo logiche apprese in anni di combattimenti. Erano come cani sciolti, che attaccavano in branco ma poi si avventavano ciascuno sulla sua preda, dimenticandosi dei compagni.
Le sue legioni non si sarebbero fatte trarre in inganno, e Ariovisto avrebbe presto constatato con quale abilità le coorti roma-

ne e i singoli manipoli fossero in grado di eseguire gli ordini dei questori, dei tribuni e dei centurioni per compiere manovre compatte ed efficaci, che non lasciavano scoperti i fianchi e non permettevano ai suoi uomini di disgregarsi in piccole unità facilmente accerchiabili dai Germani, che li superavano per numero e per stazza.

Da quando Ariovisto aveva fatto avanzare i suoi fino a sei miglia dal loro accampamento sulla collina, provando a istigarli a dare battaglia, erano trascorse diverse ore di tensione, ma nessuno aveva ceduto alle provocazioni. L'indomani, però, Ariovisto aveva spostato una buona parte del suo esercito alle spalle della loro posizione, collocando un secondo campo a poco più di due miglia da quello romano, evidentemente con l'intenzione di interrompere i rifornimenti che arrivavano dai Sequani e dagli Edui.

Per saggiare le forze nemiche, a quel punto Cesare aveva schierato le legioni davanti all'accampamento e fatto avanzare la cavalleria gallica, lanciandola in affondi contro l'avanguardia nemica. Con una certa sorpresa si era reso conto che Ariovisto non era propriamente uno sciocco, e aveva ideato delle strategie interessanti, da non sottovalutare.

«Non avevo ancora visto nessuno combattere in questo modo» disse Labieno a cavallo accanto a lui, insieme a Furio Lavieno e ad altri ufficiali. Appariva preoccupato, o forse solo concentrato per cercare di comprendere le manovre del nemico.

«Sono stupide schermaglie, fatte per provocarci e farci avanzare» intervenne Galba, che comandava la Dodicesima legione arroccata sul versante superiore della collina, a protezione degli ufficiali di più alto grado e dei bagagli.

Cesare non fece commenti, limitandosi a osservare le manovre dei Germani.

Alcune migliaia di cavalieri si muovevano affiancati ciascuno da un soldato appiedato. Non comuni fanti, da quello che vedeva, ma guerrieri veloci, dotati di grande resistenza nella corsa e capaci di restare vicino al cavaliere di riferimento per poter intervenire, nel caso questi si fosse trovato in difficoltà o dovesse essere soccorso. A un certo punto vide un cavaliere, colpito alla coscia da un gallo, cadere dal suo animale; subito tre germani appiedati conversero su di lui, lo circondarono e tennero a bada il nemico con le picche, finché il cavaliere non riuscì a rimontare in groppa. A quel punto ogni fante tornò dal proprio cavaliere di riferimento, mentre quello ferito si allontanava con il soldato appiedato aggrappato alla criniera del cavallo, per essere più veloci.

«Sono pericolosi» constatò Cesare. «Se andiamo avanti così ben presto decimeranno la nostra cavalleria, e non possiamo permettercelo.»

«Quindi cosa intendi fare?» gli chiese Labieno, più nervoso del solito. «Attaccare?»

Cesare scrutò verso nord, dove aveva già individuato un rilievo a un miglio dal primo accampamento di Ariovisto, e lo indicò con il braccio teso.

«Fai costruire delle fortificazioni laggiù, per avere due punti di controllo della vallata» ordinò, illustrando il piano a cui aveva pensato in quei giorni, dopo aver studiato la posizione dei Germani e il movimento della loro cavalleria. Era un piano di riserva, nel caso la situazione si fosse fatta sfavorevole, ma non credeva che il momento di attuarlo sarebbe arrivato così presto.

«Si trova a mille passi dal nemico, forse meno!» protestò Galba.

Cesare lo ignorò e proseguì rivolgendosi a Labieno, che lo ascoltava corrucciato ma attento.

«Portiamo laggiù le nostre legioni, e lasciamo qui gli ausiliari» spiegò. «Ariovisto seguirà i nostri spostamenti, ne sono sicuro. A quel punto voglio che gli uomini siano schierati su tre linee. La prima e la seconda dovranno essere pronte al combattimento, mentre la terza si occuperà di realizzare le fortificazioni. Voglio due linee di trincee e almeno due torri da lancio.»

«Metterò al lavoro l'Undicesima e la Dodicesima» disse Labieno, adesso allineato con la sua strategia: evidentemente aveva compreso il piano.

Al contrario di Galba, che si lamentò di essere stato confinato con i suoi uomini nelle retrovie, anziché avere l'onore di combattere con i Germani.

«Non sarà laggiù che sconfiggeremo Ariovisto» gli spiegò Cesare facendo segno agli altri ufficiali di muoversi. «Prima dobbiamo creare le condizioni perché questo possa avvenire.»

«Quanti saranno? Ventimila?» chiese Vatinio osservando l'avanguardia dell'esercito di Ariovisto schierata ai piedi del rilievo su cui erano disposte le loro legioni.

«No, forse nemmeno quindicimila» osservò Sabino. «E comunque guarda come sono armati. Con quegli scudi i nostri lanciatori ne faranno strage.»

Cesare dubitava che su quell'ultimo punto Sabino avesse ragione, anche se concordava con lui sul numero dei nemici. Quindicimila uomini, al massimo sedicimila. Non era certo un numero soverchiante, soprattutto perché il grosso delle forze di Ariovisto era ancora nelle retrovie e non sembrava pronto a intervenire per dare supporto all'avanguardia, eppure Cesare non voleva perdere il vantaggio assicurato dalla posizione sopraelevata in cui aveva fatto schierare le legioni. Per cui non solo non avrebbe attaccato, ma avrebbe ignorato qualsiasi provocazione o tentativo di farli scendere dalla collina.

Su questo era stato chiaro con i suoi ufficiali.

«A che punto siamo con le fortificazioni?» chiese osservando le due torri che già svettavano contro il cielo plumbeo.

«Galba sta facendo un ottimo lavoro» gli riferì Labieno. «Credo sia tutto pronto, come avevi ordinato.»

«Molto bene» approvò Cesare voltandosi a scrutare la foresta alle spalle della collina, che aveva fatto presidiare da alcuni contingenti di cavalleria. «Allora segnala a Galba di schierare i suoi uomini in assetto difensivo, poi prepariamoci a tornare all'altro accampamento.»

«Chi resterà qui?» volle sapere Labieno.

«La Dodicesima di Galba e l'Undicesima» rispose Cesare, infastidito dal fatto di doversi ripetere. Aveva già spiegato la sua strategia ai legati comandanti di legione e agli altri ufficiali, e non capiva perché Labieno dovesse sempre fargli ripetere gli ordini. Di sicuro non era perché non avesse capito: quell'uomo era fin troppo scaltro per i suoi gusti. Allora a cosa mirava? Non riusciva ancora a comprenderlo, ma si prefissò di tenerlo d'occhio. «Le altre torneranno con noi all'accampamento principale.»

«Immagino che Ariovisto non si lascerà sfuggire l'occasione di attaccare questo avamposto, non appena lo avremo abbandonato» intervenne Vatinio.

«Esatto» confermò Cesare. «O almeno me lo auguro. Quel

codardo finora non ha dato prova di volerci sfidare sul campo, a parte qualche punzecchiatura fatta solo per innervosirci.»

«Vuole che scendiamo dai rilievi» affermò Labieno, il solo che sembrava capire le reali intenzioni di Ariovisto, oltre a lui.

«Può darsi» ribatté Cesare. «O forse c'è qualche altro motivo per cui sta prendendo tempo, anche se ancora non riesco a capire quale.»

«Per questo vuoi che attacchi il presidio?» gli chiese Vatinio. «Per stanarlo e rendere evidenti i suoi piani?»

Cesare non rispose, limitandosi a lanciare un'occhiata eloquente al legato e ai suoi ufficiali.

«Prepariamoci» ordinò poi. «Voglio fare ritorno all'altro accampamento entro sera.»

«Ma se Ariovisto non cadrà nella trappola» gli chiese Labieno affiancandolo, a voce bassa perché gli altri non potessero sentirlo, «che cosa intendi fare?»

Cesare lo guardò. «Sei il solo che intuisce altre strategie dietro i miei ordini» constatò.

«Non cerco adulazione» ribatté Labieno con aria cupa. «Voglio capire le tue intenzioni. Come tuo luogotenente dovrei conoscerle prima di trovarmi costretto a farne le spese.»

Cesare sentì risalire dal petto una risposta sferzante, ma si rese conto che stava sbagliando. Labieno aveva ragione. Era stato lui a nominarlo suo secondo in comando, e ora non poteva tenerlo all'oscuro solo perché non riusciva a decifrare del tutto il suo atteggiamento.

«Domani all'alba faremo schierare le legioni ai piedi delle colline di entrambi gli accampamenti» gli rivelò. «Se Ariovisto deciderà di darci battaglia lo affronteremo a viso aperto, dandogli due fronti di cui doversi occupare.»

«E se non raccoglierà la provocazione?»

«Allora torneremo a presidiare le nostre posizioni e capiremo quando sarà il momento migliore per sferrare l'attacco.»

Labieno restò a meditare per un istante sulle sue parole, poi annuì lentamente. «Va bene» disse con voce che sembrava sincera. «Permettimi però di avvisare i comandanti delle legioni perché comincino a prepararsi.»

«Molto bene» concordò Cesare allungando il passo, mentre Labieno si allontanava per andare a conferire con gli altri legati.

L'indomani sarebbe stata una giornata cruciale, se lo sentiva. Ed era un'ottima cosa che ci fosse stato quel momento chiarificatore con il suo luogotenente. Adesso aveva bisogno di lui.

Mentre lo osservava muoversi, marciando compatto e senza alcuna sbavatura nelle formazioni composte dalle centurie, dai manipoli e dalle coorti che costituivano ciascuna legione, Cesare si disse con orgoglio che il suo esercito sapeva incutere timore a qualsiasi avversario. Il frastuono che accompagnava la marcia si univa al tremore che risaliva dal terreno, ed era certo che i Germani stessero osservando le loro manovre con un misto di apprensione e indecisione. Seguendo gli ordini di Labieno, che erano stati trasmessi ai legati al comando delle legioni, e da loro ai tribuni militari e giù fino ai centurioni e ai decurioni e a ogni singolo legionario, così che tutti sapessero esattamente come muoversi e dove dirigersi, l'esercito aveva abbandonato entrambi i rilievi su cui era posizionato fin dall'alba, e adesso marciava in un'imponente nuvola di polvere sui terrapieni alla base delle colline, pronto a schierarsi per ricevere il nemico.

Sei legioni che potevano contare su seimila uomini ciascuna, tutti perfettamente addestrati. Ogni legione era suddivisa in dieci coorti al comando di dieci tribuni militari, e ciascuna coorte era formata da tre manipoli che avevano possibilità di manovra autonome e a loro volta potevano essere suddivisi in due centurie ciascuno. Ogni centuria era composta da cento legionari al comando di un centurione, e questa era la formazione ideale per qualsiasi battaglia, perché consentiva di avere un buon numero di soldati coesi, assemblati in un gruppo che poteva combattere in autonomia e riunirsi in qualsiasi momento con un'altra centuria per ridare vita a un manipolo. Questa capacità di aggregazione e disgregazione, svolta in assoluto silenzio e solo attraverso l'uso di bandierine di segnalazione o grazie ai *cornicines*, che soffiando nelle tube trasmettevano gli ordini, non aveva eguali al mondo.

Quando le legioni finirono di disporsi, serrando i ranghi e lasciando che la polvere calasse tutt'intorno a loro, un silenzio innaturale scese sulla valle, disturbato solo dai nitriti dei cavalli che erano stati disposti sui fianchi dei due schieramenti insieme ai frombolieri, agli arcieri e ai lanciatori di giavellotti.

«Ci siamo» mormorò Vatinio, dando voce al pensiero che doveva essere di tutti.

Cesare scrutò gli accampamenti dei Germani, e non vide movimenti rivelatori. Si sentivano risuonare qualche grido di guerra e il battere di alcuni tamburi, ma erano suoni isolati, che non facevano presagire l'intenzione da parte di Ariovisto di raccogliere la sfida e affrontare finalmente il loro esercito.

«Perché non si muovono?» chiese Caleno con una nota di preoccupazione nella voce. «Sono quasi centomila, tre volte noi. Dovrebbero approfittare del fatto che non abbiamo più una posizione sopraelevata a nostro favore.»

Cesare percepì la critica insita nel commento del suo legato, ma la ignorò. Era stanco di dover spiegare le sue intenzioni a chi non ci arrivava da solo.

«Restiamo in attesa!» gridò Labieno rivolto ai *cornicines* e agli sbandieratori. Gli ordini erano già stati diramati, e ognuno sapeva esattamente cosa fare. Ora tutto era in mano ad Ariovisto.

Cesare tornò a studiare il posizionamento delle legioni, ben distinguibili adesso che la polvere si era depositata. Gli alfieri reggevano alte le insegne, immobili nell'assoluta mancanza di vento. Era come se tutto, in quella porzione di mondo, fosse sospeso, in attesa. Il cavallo su cui lui sedeva scosse la criniera e abbassò il muso alla ricerca di qualcosa da brucare. Non era nervoso, non avvertiva la tensione che di solito riempiva l'aria, nell'imminenza di una battaglia.

Non attaccheranno, comprese Cesare all'improvviso. *E non è per codardia. C'è qualcos'altro...*

«Cosa riferiscono i ricognitori?» chiese a Considio. «Fino a dove si sono spinti?»

«Non hanno visto rinforzi in arrivo» rispose il capo degli esploratori, comprendendo subito la sua preoccupazione. «Sono arrivati fino a cinquanta miglia da qui, in ogni direzione. Se anche ci fosse un esercito in avvicinamento, ci metterebbe giorni per arrivare.»

Cesare prese un lungo respiro. «Va bene» disse rivolgendosi agli ufficiali. «Aspettiamo fino all'ora sesta, poi ci ritiriamo.»

Detto questo, fece scartare il cavallo e si diresse verso la tenda di comando, con la certezza che nulla sarebbe accaduto fino al momento in cui avesse fatto risalire le legioni sulle colline.

A quel punto, però, non sapeva più cosa pensare riguardo all'atteggiamento di Ariovisto.

«Se vuoi costringerci ad attaccarti, sappi che lo farò, se sarà necessario» sibilò, pur sapendo che nessuno poteva ascoltarlo.

Com'era stato convenuto, all'ora sesta le legioni si rianimarono e gli ordini dei centurioni e dei tribuni militari tornarono a risuonare in tutta la valle. Ordinate, attente, pronte a ribaltare il fronte di marcia al minimo segnale di attacco da parte del nemico, l'Undicesima e la Dodicesima tornarono alle fortificazioni del secondo accampamento, mentre la Settima, l'Ottava, la Nona e la Decima risalirono la collina da cui Cesare e gli ufficiali le osservavano accigliati.

«Riprendiamo lo schieramento difensivo e mandiamo altri esploratori» ordinò Cesare a Labieno. «C'è qualcosa che non mi torna, e non penso sia una semplice strategia di Ariovisto per spingerci ad attaccare.»

«Sarebbe uno sciocco, se lo pensasse» commentò Labieno.

«Allora cosa vuole? Non è riuscito a tagliarci fuori dalle vie di approvvigionamento, e non sembra ci siano eserciti in arrivo a breve. Quali intenzioni ha?»

«Non lo so» scosse la testa Labieno. «Forse...» Venne interrotto dagli squilli di alcune tube, che segnalavano un attacco nemico.

Cesare si voltò di scatto e vide prima la nuvola di polvere, poi l'avanzata dell'esercito di Ariovisto verso l'avamposto fortificato, difeso da due sole legioni.

«Stanno attaccando!» arrivò il richiamo di Crasso, che a cavallo li affiancò insieme ad altri ufficiali.

«Lo vedo» rispose Cesare osservando il movimento delle truppe nemiche.

«Dobbiamo intervenire! Coglierli di sorpresa!» continuò Crasso, sospinto dall'impeto della giovane età. Quel ragazzo aveva lo stesso temperamento del padre.

«Non stanno attaccando con tutto l'esercito» constatò Labieno. «Potrebbe essere una manovra diversiva per costringerci a intervenire e prenderci alle spalle.»

Cesare aveva gli stessi dubbi.

«Perché attaccare solo quel presidio?» chiese Vatinio. «Vogliono saggiare le nostre forze?»

«Non lo so» rispose Cesare, dando voce ai tanti interrogativi che lo tormentavano. «C'è qualcosa che trattiene Ariovisto dall'impegnarci in un confronto risolutivo. Non so perché, ma è chiaro che sta prendendo tempo.»

«Concordo con te» affermò Labieno. «Eviterei di cadere in una trappola. Restiamo pronti a intervenire nel caso l'Undicesima e la Dodicesima non riuscissero a tenere testa ai Germani. Nel frattempo studiamo le loro tattiche di combattimento.»

Quelle parole irritarono Cesare, che si rendeva conto sempre più spesso di quanto Labieno gli somigliasse, almeno nel modo di pensare alla guerra e nella capacità di prendere decisioni rapide. Solo che non poteva farlo al posto suo, davanti ai suoi ufficiali.

«D'accordo» concordò, rimandando il confronto con il suo luogotenente a un altro momento. «Cercate Considio e ditegli di mandare esploratori ovunque: voglio sapere se ci sono truppe ammassate nelle foreste o in agguato dietro qualche rilievo.»

«Me ne occupo io» disse Crasso lanciandosi alla ricerca del capo dei ricognitori.

«Tu parla con i legati e i questori» continuò Cesare rivolgendosi a Labieno. «Ne voglio una coppia al comando di ogni legione, in stretto contatto con i loro tribuni e i centurioni. Devono essere i primi a dare prova del loro valore, per cui sceglili con criterio.»

Labieno annuì con un colpo secco del capo e se ne andò, portandosi dietro gli altri ufficiali.

Rimasto solo, con Furio Lavieno e gli uomini della scorta che attendevano pochi passi dietro di lui, Cesare tornò a guardare le manovre dei Germani. Non aveva dubbi che il suo presidio fortificato avrebbe resistito all'assalto, ma finché non avesse ricevuto rassicurazioni da Considio che non c'erano truppe nemiche in agguato non avrebbe fatto scendere le sue legioni dalla collina.

Forse quella mossa da parte di Ariovisto era davvero una trappola, eppure... sentiva che c'era qualcos'altro in ballo, anche se non riusciva a capire cosa.

Si voltò e si rivolse a Lavieno: «Di' ai segnalatori di dare ordine ai comandanti delle legioni dell'avamposto di fare prigionieri. Ne voglio il più possibile.»

Il comandante delle guardie impartì alcune disposizioni ai suoi uomini, poi si preoccupò di portare personalmente gli ordini ai *signiferi*.

La battaglia sui rilievi del declivio presidiato dall'Undicesima e dalla Dodicesima legione proseguì fino al tramonto. Dai rapporti che Cesare aveva ricevuto sapeva che non era stata particolarmente violenta, anche se c'erano state parecchie perdite da entrambe le parti: era come se i Germani volessero verificare le loro capacità di combattimento, cambiando strategia di attacco ogni volta che affondavano. Avevano così saggiato la difficoltà di combattere con gli scudi messi fuori uso dai giavellotti a punta morbida lanciati dai legionari, che li costringevano ad abbandonarli. E avevano verificato che non era facile accerchiare i manipoli serrati a testuggine, capaci di spostare il fronte di attacco all'istante da una parte all'altra, seguendo i comandi dei centurioni.

Quando alla fine si erano ritirati, tutti i dubbi e le domande che assillavano Cesare erano ancora un turbine fastidioso dentro di lui, fino a quando non gli vennero portati i prigionieri che aveva chiesto. Allora, finalmente, un po' di luce aveva rivelato la strategia di Ariovisto.

Adesso, mentre sedeva sul dorso del cavallo davanti alle truppe schierate, con la lorica da guerra color rosso sangue e l'elmo ammaccato che indossava sempre quando c'era da combattere, si soffermò a scrutare l'alba che rischiarava l'orizzonte a oriente. Era arrivato il momento di prendere l'iniziativa, soprattutto dopo quanto aveva scoperto.

«Cesare, non dovresti essere qui» gli ripeté per l'ennesima volta Lavieno, che gli stava accanto insieme alle sue guardie. Era molto nervoso, e la tensione si trasmetteva al cavallo, che sbuffava e raspava il terreno con gli zoccoli.

«Ho chiesto ai miei ufficiali di dimostrare il loro valore agli uomini, per incitarli e sostenerli, e pretendi che me ne stia al sicuro nelle retrovie?» ribatté con una smorfia. «Non lo farò. Combatterò con loro, e tu starai al mio fianco.»

Lavieno masticò qualcosa tra le labbra, ma non osò protestare.

Cesare si guardò attorno. Poco lontano, dove si trovava il secondo accampamento che aveva subito il primo attacco da parte dei Germani, le truppe erano nuovamente schierate, e i rincalzi avevano compensato le perdite.

«Avete richiamato tutte le riserve?» chiese a Labieno, che lo affiancava sulla sinistra, dalla parte opposta rispetto a Furio.

«Sì, Cesare» rispose il luogotenente. «Abbiamo mandato anche i nostri ausiliari.»

Cesare annuì. Sapeva che era un azzardo, perché in questo modo lasciava sguarniti gli acquartieramenti, ma doveva dare l'impressione che il loro esercito fosse ancora in piena salute, con quasi tutti gli effettivi a disposizione. Ariovisto avrebbe dovuto credere che le loro riserve, truppe bene addestrate e pronte a intervenire in caso di bisogno, fossero in gran numero, più di quanto aveva immaginato; senza sapere che invece quelli erano rincalzi e ausiliari di poco conto, reclutati da poco fra gli Edui e altre tribù della Gallia, privi di addestramento. Ma facevano numero, e per quello scopo andavano bene.

Quando, quella notte, gli era stato chiesto il motivo della nuova strategia, Cesare era stato categorico: «Avete sentito i prigionieri, no? Adesso sappiamo perché Ariovisto sta prendendo tempo».

«Io non ho ben compreso» era intervenuto Fabato, il prefetto monetario. «Cos'è questa storia delle donne vaticinatrici?»

Cesare aveva fatto un cenno a Labieno perché fosse lui a spiegare quello che avevano appreso dai prigionieri, dopo ore di brutali interrogatori.

«Fa parte della loro tradizione, e ne tengono gran conto» aveva risposto il luogotenente. «Prima di ogni battaglia consultano le donne sposate e chiedono loro di fare vaticini, per capire se la sorte sarà favorevole oppure no.»

«E in questo caso cos'hanno predetto?» aveva voluto sapere Fabato.

«Che avrebbero vinto solo se avessero combattuto dopo la luna nuova» aveva risposto Cesare. «E dunque noi non glielo permetteremo. Domani attaccheremo su due fronti, e daremo loro l'impressione di avere reintegrato le legioni con le riserve. Date agli ausiliari le armature e le armi dei feriti, così che assomiglino ai veterani.»

«Ma saremo comunque in inferiorità numerica» aveva protestato Galba, la cui legione aveva perso un gran numero di effettivi. Si era spinto fino al loro accampamento per chiedere rinforzi, e si era sentito rispondere che avrebbe potuto avere solo ausiliari reclutati di recente. Per una volta, Cesare capiva la sua rabbia e il suo timore. Ma avrebbe dovuto tenerli per sé, senza farli percepire agli uomini.

«È vero, saremo inferiori di numero» gli aveva detto rivolgendosi anche a tutti gli altri ufficiali, perché le sue parole fossero ben chiare a tutti, «ma loro avranno paura. Sentiranno i lamenti delle donne che li imploreranno di non combattere, e quando li affronteremo avranno sulle spalle il peso del vaticinio sfavorevole. Vi assicuro che questo saprà compensare la disparità di forze.»

Alla testa delle legioni disposte su tre linee, mentre l'esercito di Ariovisto si era rapidamente schierato con tutti gli effettivi, Cesare non era più così sicuro di avere ragione, ma non poteva permettersi di ritirarsi e dare al nemico la possibilità di festeggiare la vittoria.

«Considio» chiamò, «avete capito come sono organizzati?»

Non era facile, da quella distanza, comprendere la disposizione delle falangi nemiche, ma Cesare aveva l'impressione che fossero schierate in blocchi compatti, distanziati l'uno dall'altro come coorti. Non erano un unico fronte unito, come era abituato a veder combattere quei barbari.

«Sono divisi per tribù» rispose il comandante degli esploratori. «Svevi, Triboci, Vangioni, Arudi e tutti gli altri. Ma non è questo che mi preoccupa.»

«Che cosa, allora?»

«Guarda laggiù, Cesare.» Considio allungò un braccio. «Vedi quei movimenti? Sono carri.»

Cesare strinse gli occhi, ma scorgeva solo macchie indistinte.

«Non ho la vista buona come la tua» si lamentò. «Dimmi cosa sta succedendo.»

«Stanno disponendo i carri intorno alle loro falangi» rispose Considio.

Cesare strinse con forza la mascella. Non aveva mai visto quel genere di manovra, e non capiva a cosa potesse servire.

«Perché lo fanno?» chiese irritato. «Vogliono proteggersi? Hanno forse degli arcieri sui carri? Dei lanciatori di pietre?» Non poteva certo credere che i Germani avessero macchine da guerra.

Considio esitò un attimo, mentre scrutava le manovre dei nemici, poi quando rispose parve in imbarazzo.

«Io vedo solo donne» disse. «I carri trasportano donne che gridano e si rivolgono agli uomini schierati.»

«Che assurdità è mai questa?» sbottò Labieno.

«Vedo che allungano le braccia verso i soldati» continuò Considio, che sembrava avere la vista di un'aquila. «È come se li implorassero.»

«Forse non vogliono che combattano» mugugnò Labieno.

«Se così fosse, perché schierare i carri tutto intorno alle loro falangi?» ribatté Cesare. «No, forse li stanno implorando di vincere la battaglia anche se i loro dèi non hanno dato un responso favorevole. Quelle donne temono di finire nostre schiave, e Ariovisto sta cercando di usarle per contrastare la paura del vaticinio a loro sfavore.»

Nessuno ebbe da ribattere. Cesare comprese che non aveva più senso indugiare: ogni istante perso prima dell'attacco avrebbe dato il tempo alle donne germaniche di infondere nuovo vigore nei loro uomini.

«Attacchiamo!» ringhiò sfoderando la spada.

Si trovavano ormai a poche centinaia di passi dagli schieramenti nemici, quando Cesare si accorse che il varco tra due falangi sul fianco destro era più ampio, e dentro di sé esultò. Questa era la vera differenza tra le legioni di Roma e gli altri: nessun tribuno militare o centurione avrebbe permesso che ci fosse tutta quella disomogeneità fra i reparti; piuttosto avrebbero fatto addestrare gli uomini giorno e notte, fino a quando non fossero stati capaci di prendere posizione anche a occhi chiusi, solo sentendo la presenza dei compagni e il frastuono dei loro calzari nella polvere.

Ma i Germani erano un'accozzaglia di tribù unite solo in nome di un'idea di conquista, barbari inferociti che pensavano unicamente al bottino su cui avrebbero messo le mani, e si facevano vanto gli uni con gli altri di come avessero combattuto fieramente.

Già da quella distanza li sentiva gridare e minacciare, e il fragore delle loro voci, dei corni da guerra e delle armi picchiate contro gli scudi era assordante eppure risibile, se messo a confronto con il silenzio composto delle sue legioni.

Quando diede l'ordine agli sbandieratori di far convergere la Decima sul fianco destro, per aprirsi un varco nello schieramento nemico, mentre le altre legioni impegnavano i Germani su ogni fronte possibile, sentiva già l'esaltazione della vittoria. Aveva fiducia nei suoi uomini, nei durissimi addestramenti in cui li aveva impegnati fin da quando avevano dato vita a quella campagna militare, e nella capacità dei suoi ufficiali di intendersi e procedere verso un unico scopo: l'annientamento dei Germani.

Circondato dalla sua guardia personale e dai veterani della Decima, Cesare si tuffò contro i fianchi dell'esercito nemico restando solo due linee dietro i triari più esperti, che avevano il compito di mettere scompiglio nelle formazioni avversarie.

Quando ci fu l'impatto, il suono delle armi che cozzavano fu devastante. I Germani non avevano atteso il loro arrivo, ma si erano scagliati di corsa in avanti, forse memori di quanto era accaduto nella battaglia del giorno prima, quando il lancio dei giavellotti da parte dei legionari li aveva messi in difficoltà.

Adesso solo la prima linea della Decima era riuscita a tirare, e questo significava che i Germani avrebbero potuto contare sugli scudi per difendersi, il che li avrebbe resi più temibili.

«Ranghi serrati!» sentì gridare da qualche centurione mentre a formazioni compatte i legionari davanti a lui premevano sul fianco dell'esercito nemico. Erano riusciti a penetrare di diversi passi, poteva rendersene conto anche dalla posizione in cui si trovava, proprio come si era augurato.

Il combattimento corpo a corpo era senza risparmio. Cesare vedeva i suoi uomini organizzarsi in modo da fare pressione con gli scudi sollevati, e i compagni di rincalzo che allungavano le braccia con le daghe per colpire d'affondo attraverso i varchi.

Ma i Germani erano riusciti a ricompattarsi, e la loro falange protetta da una barriera di scudi non dava la possibilità ai legionari di decimarne l'avanguardia.

«Stanno convergendo da questa parte!» gridò Crastino, centurione della Decima. «Dobbiamo proteggere i fianchi!»

Mentre il vertice della loro legione stava avanzando passo dopo passo combattendo contro il muro di scudi dei Germani, Cesare vide i nemici allargarsi sui fianchi e abbandonare le falangi per attaccarli in modo scoordinato ma feroce, rischiando di prenderli alla sprovvista. Per fortuna gli ordini di Crastino girarono in fretta, e le coorti si mossero tutte insieme, dando dimostrazione di una rapidità di movimento impressionante.

«Lanciate gli assaltatori!» gridò ancora Crastino, e Cesare assistette eccitato a quella tattica che per la prima volta vedeva applicata in combattimento.

Mentre la prima fila teneva a bada i Germani con lo schieramento compatto degli scudi, altri legionari, aiutati dai compagni, si lanciarono sopra la testa dei combattenti, atterrando sul muro di scudi nemico. Lì cominciarono a menare affondi e a strappare via gli scudi ai Germani più confusi e spaventati, che non si erano certo aspettati una simile mossa. Cesare aveva visto decine di volte allenarsi i suoi uomini in quella manovra, ma vederla messa in pratica in battaglia era tutt'altra cosa.

Per ciascuno dei legionari che si gettavano sopra il muro di scudi nemici, altri tre si spingevano in avanti, pronti ad approfittare dello scompiglio per fare breccia e mandare nel panico gli avversari.

La tattica era molto efficace, ma i Germani che li attaccavano sui fianchi stavano preoccupando i centurioni, che gridavano più del solito mentre le coorti sbandavano e cercavano un difficile assetto difensivo.

«Stanno per fare breccia!» ringhiò qualcuno alla sua sinistra.

Cesare vide Lavieno e i suoi stringersi intorno a lui, circondandolo con un muro protettivo di scudi e spade.

«Arriva Crasso!» si levò un gridò alle sue spalle, e subito dopo Cesare avvertì il frastuono dei cavalli che impattavano contro il nemico.

Ben presto tutto si risolse nel migliore dei modi: i veterani della Decima fecero breccia nelle formazioni avversarie e divisero i barbari in piccoli gruppi facili da annientare, mentre la cavalleria di Crasso, giunta in loro soccorso, faceva strage dei Germani che cercavano di fuggire.

«Inseguiteli!» ordinò Cesare, vedendo l'esercito di Ariovisto in disfatta.

Dei carri di cui gli avevano parlato, con le donne e forse anche tutti gli averi dei Germani, non c'era più traccia, e lui sospettò che si fossero diretti già da un po' verso il Reno, che distava da lì solo cinque miglia. Adesso i guerrieri in rotta abbandonavano gli scudi, troppo pesanti da trasportare, e si precipitavano a loro volta in quella direzione.

«Il mio cavallo!» gridò Cesare, che sentiva l'urgenza di mettersi all'inseguimento. La battaglia era vinta, eppure non poteva permettere che Ariovisto guadasse il Reno. Doveva catturarlo, e trascinarlo in catene a Roma per celebrare il suo trionfo.

Si rese conto che era lui quando ormai era troppo tardi.

Ariovisto si era scontrato con alcuni cavalieri lanciati al suo inseguimento, e mentre il combattimento infuriava si era allontanato verso la riva del fiume, approfittando del fatto che anche alcune donne, oltre ai soldati della sua scorta, si erano scagliate contro gli ausiliari galli che li avevano raggiunti.

Il convoglio era formato da alcuni carri, da una manciata di cavalieri e da alcuni enormi soldati di Ariovisto. Cesare riuscì a seguire i combattimenti mentre si avvicinava al galoppo, e con la coda dell'occhio scorse un movimento sulla destra, là dove una macchia d'alberi digradava fino al Reno: una figura avvolta in un mantello che si allontanava di corsa.

«Aiutate i nostri!» gridò rivolto a Furio Lavieno indicando gli scontri intorno ai carri. Poi, prima che il capo delle sue guardie potesse ribattere, spronò il cavallo verso il punto in cui aveva scorto il movimento: era sicuro di avere intravisto la sagoma del re dei Germani.

Spada nella mano, Cesare raggiunse il bordo della foresta, balzò a terra e si precipitò lungo il declivio che portava al fiume. Come aveva immaginato, la figura avvolta nel mantello era Ariovisto. Con lui c'era un altro germano, che non appena si accorse del suo arrivo urlò qualcosa al suo re e poi si diresse verso di lui.

Cesare sapeva di essere solo, ma non poteva lasciarsi sfuggire Ariovisto: poco più in là c'era una piccola barca legata a un albero, e se quel cane fosse riuscito a prenderla non lo avrebbe più raggiunto.

«Maledetto!» sibilò fra i denti mentre si preparava allo scontro con il guerriero germano. Era enorme, e forse per questo meno agile e veloce di lui.

Cesare non frenò il suo slancio, anzi fece appello a tutte le sue forze e accelerò la corsa, benedicendo gli estenuanti allenamenti degli ultimi tempi. Il colosso si era aspettato che lui si fermasse e si mettesse in posizione di guardia, così grugnì sorpreso quando lui arrivò di slancio, si lasciò cadere a terra e, mentre gli scivolava accanto, faceva partire un affondo con la daga.

La lama si piantò nella coscia del gigante, così in profondità che Cesare fu costretto a mollarla. Allora estrasse il pugnale, e mentre si inginocchiava lo affondò con un unico movimento nel collo del germano, che gemendo per il dolore si era accasciato su se stesso. Il colosso morì all'istante, senza nemmeno rendersi conto di quello che era accaduto.

Nonostante il fiatone, Cesare balzò subito in piedi, voltandosi verso Ariovisto.

«No!» gridò con rabbia, quando si accorse che il suo avversario aveva messo in acqua la barca e si stava allontanando dalla riva. Anche se malconcia, gli avrebbe permesso di attraversare il fiume, che in quel periodo dell'anno era placido e con diverse parti in secca. Forse avrebbe potuto provare a raggiungerlo a nuoto, ma poi? Ariovisto era armato, lui no, e se fosse tornato indietro a strappare la daga dalla carne del gigante avrebbe perso troppo tempo.

«Resta nella tua tana, re dei Germani!» urlò sputando bava e rabbia. «Se riattraverserai il Reno ti ucciderò, e massacrerò la tua gente fino all'ultimo uomo!»

Non arrivò risposta da Ariovisto, concentrato a remare con una pagaia verso la riva opposta.

Cesare restò a guardarlo ancora per un po', masticando amaro, poi tornò indietro. Stava per raggiungere la sommità del declivio quando vide accorrere Lavieno, trafelato.

«Cesare! Cos'è successo?» gli chiese il capo delle guardie scrutando verso il fiume. «Non pensavo che...»

«Ariovisto è fuggito» sibilò lui. «Ormai è impossibile riprenderlo.»

Cercando di tenera a bada la rabbia, si diresse verso il punto in cui il re dei Germani aveva abbandonato i carri e le persone che erano con lui.

«Qui cos'è successo?» chiese.

«Guarda tu stesso» rispose Lavieno, allargando un sorriso.

Sorpreso, Cesare vide un uomo avvicinarsi, e nonostante fosse a petto nudo e con i segni di frustate e ferite recenti, lo riconobbe all'istante: era Procillo, che Ariovisto aveva tenuto in ostaggio.

«Sei vivo!» gli disse stringendogli un braccio.

«Sì, Cesare» sorrise Procillo. «E so che anche Mezio è sopravvissuto e si trova qui da qualche parte.»

«Ne sono lieto» sussurrò lui, che aveva sempre avvertito un peso sul cuore quando ripensava alla sua scelta di mandare quei due come ambasciatori da Ariovisto, ben sapendo che sarebbero stati uccisi o messi in catene.

«C'è anche questa donna» disse uno degli uomini di Furio Lavieno, facendosi avanti e trascinando con sé una ragazzina che ringhiava e si dibatteva.

«Chi è?» chiese Cesare.

«Una delle figlie di Ariovisto» spiegò Procillo, sputando per terra. «Stava fuggendo con lui, insieme a un'altra figlia e alle due mogli del re dei Germani, una sveva e una norica, sorella del re Voccione. Sono state loro a farmi frustare.»

«Dove sono adesso?» volle sapere Cesare, che non vedeva altre donne.

«Sono morte» rispose il legionario che teneva la figlia di Ariovisto.

Cesare annuì, poi sventolò una mano indicando la ragazza. «Portatela via, mi occuperò di lei più tardi.» A quel punto dilatò le narici e respirò l'aria calda e carica dei profumi selvaggi di quelle terre.

«Così abbiamo vinto» disse a Furio Lavieno. «Anche se Ariovisto è fuggito, dubito che riattraverserà presto il Reno.»

«Non lo farà nessuno di quei cani, dopo la sconfitta di oggi» ghignò Furio.

«Devo congratularmi con Crasso» disse Cesare raggiungendo il proprio cavallo. «Se non fosse stato per il suo intervento...»

«Ringrazia te stesso» lo interruppe Furio.

«Perché dici questo?»

Il comandante delle guardie sorrise. «Non hai visto i cavalieri con cui Crasso ci è venuto in soccorso? Come hanno combattuto? Erano gli uomini della Decima che tu avevi fatto addestrare. Per questo hanno sbaragliato i Germani: non si aspettavano simili guerrieri a cavallo!»

Scoppiarono a ridere entrambi, e mentre saliva in groppa al

destriero Cesare cominciò a sentirsi soddisfatto. In una sola estate aveva condotto due importanti campagne di guerra, sconfiggendo nemici temibili. Ora che gli Elvezi e i Germani non erano più un problema, poteva tornare a concentrarsi sul suo obiettivo primario: la conquista di tutta la Gallia.

Avrebbe aspettato a celebrare il trionfo, perché voleva passare alla storia di Roma non per aver vinto due battaglie, ma per avere annesso alla Repubblica un territorio vasto quanto tutti i domini dell'Urbe messi insieme.

Un'impresa che avrebbe fatto tremare i polsi a Pompeo e Crasso, e a lui avrebbe procurato il pieno sostegno del popolo romano. Oltre, naturalmente, a immense ricchezze.

Parte terza

13

Gallia Cisalpina
Mediolanum
57 a.C., primavera

Lo avevano informato che gli abitanti di quella città, ormai da quasi trent'anni perfettamente integrati nella Provincia romana grazie alla *lex Pompeia*, erano di origini celtiche, forse insubri. Non avevano diritto di cittadinanza, quindi non potevano votare, però potevano sposarsi con i romani e commerciare con loro liberamente. Il che li rendeva prosperi e soddisfatti della propria condizione, nonostante l'indole guerriera che ancora scorreva nel loro sangue.

Cesare aveva scelto di fermarsi a Mediolanum perché aveva bisogno di tornare a godere delle comodità di una residenza costruita in pietra e dotata di una piccola ma deliziosa zona termale. Dopo tanti mesi trascorsi nelle tende pretorie e sui campi di battaglia, il suo corpo richiedeva un po' di attenzione, anche se doveva ammettere che la dura vita militare lo aveva temprato: non aveva una crisi epilettica da parecchio tempo, ed era in grado di sostenere le quotidiane marce serrate insieme ai suoi legionari senza avvalersi del cavallo.

«Sei in splendida forma!» lo accolse una voce femminile dalla vasca di acqua calda che rilasciava vapori benefici. Quando si era recato nelle terme private di quella villa messa a sua disposizione, lo aveva fatto pieno di curiosità, perché Furio Lavieno gli aveva detto che qualcuno lo stava aspettando.

«Cioè? Chi mi aspetta?» gli aveva chiesto lui, ma anziché rispondere l'altro aveva sorriso e gli aveva fatto cenno di precederlo.

Adesso, riconoscendo subito quella voce, Cesare si sentì riempire di gioia e di eccitazione.

«Calpurnia!» esclamò sbarazzandosi della tunica e calandosi nudo in acqua. Sua moglie lo stava aspettando immersa nei vapori, ma lui riuscì comunque a distinguerne il corpo sinuoso, che ebbe all'istante l'effetto di eccitarlo.

«Allora mi desideri ancora» rise lei, accogliendolo fra le braccia.

«Come potrebbe essere altrimenti?» rispose lui baciandola sul collo e annusando il suo profumo. La pelle di Calpurnia aveva un sentore di fiori e di erbe che non dipendeva dagli oli e dalle essenze che si spalmava sul corpo: era così di natura, e lui si rese conto di quanto ne avesse sentito la mancanza.

«Sei riuscita a raggiungermi» le soffiò in un orecchio, mentre le faceva scivolare la mano sul seno.

«Non ci avrei rinunciato per nulla al mondo» affermò lei. «Devi raccontarmi le tue imprese, voglio conoscere tutti i particolari. Hai idea di quello che si dice a Roma? Di quante congetture si stiano facendo su Cesare, il conquistatore della Gallia e sterminatore dei Germani?»

«Mi pare un po' esagerato» la placò lui. «Sono ancora all'inizio, per quanto non mi possa lamentare dei risultati che abbiamo ottenuto.»

«Dovresti sentire Cicerone, a questo proposito» rise Calpurnia mentre si stendeva nell'acqua per lasciarsi accarezzare.

«Ho saputo che si trova a Durazzo» disse Cesare. «Si è avvicinato a Roma, forse perché spera ancora di rientrare dall'esilio.»

«Dovresti aiutarlo» mormorò Calpurnia passandogli una mano sul viso. «So che si sta preparando una legge per favorirlo, sostenuta da Pompeo e proposta dal console Spintere.»

Cesare la guardò divertito. «Prima il bastone poi la carota» annuì.

«Ti sarà più utile come alleato a Roma, che come nemico dall'esilio» garantì lei. «O, peggio ancora, come tuo detrattore dopo il rientro nell'Urbe.»

Lui rise e la baciò.

«Come sempre so di poter contare su di te» le disse. Poi sventolò una mano in aria. «Quanto a Cicerone, immagino stia cercando di convincere il Senato che sono un pericolo per la Repubblica, il nemico numero uno che cerca di procurarsi il favore del popolo millantando grandiose vittorie che in realtà sono state solo scaramucce di piccolo conto. Non è forse questo che va blaterando?»

Calpurnia strinse appena gli occhi.

«Come fai a sapere tutte queste cose?» mormorò. «Allora è vero quello che si dice, che la tua rete di spie a Roma è più efficiente di quella di Pompeo.»

Cesare, che nel frattempo aveva portato una mano fra le gambe di Calpurnia, nel sentire quel nome si irrigidì.

«Perché ti sei fermato?» protestò lei. «Continua, non ti lasciar guastare la vita, i tuoi successi, il radioso futuro che abbiamo davanti, per i vari Pompeo, Cicerone e tutta quella gentaglia che ruggisce al vento.» Lo fissò divertita. «Chi vuoi che li ascolti? Il popolo parla solo delle tue imprese, invoca il tuo arrivo a Roma per celebrare il tuo trionfo.» Gli prese la mano, che lui aveva spostato, e se la rimise fra le gambe. «Il Senato ti teme, è questa la verità. E presto tu farai capire a quegli stolti che fanno bene ad avere paura. Non è forse così, marito mio?»

Cesare si sentì attraversare da un brivido. Non sapeva se per le parole di Calpurnia, per il loro significato a cui credeva fermamente, o per quello che avvertiva sotto le dita, un calore pulsante che esprimeva tutto il desiderio di quella donna.

«Come sempre hai ragione» disse alla fine. «Anche su Cicerone, che appoggerò per il rientro a Roma cercando di blandire la sua acredine.»

«E io farò in modo che questo avvenga, te l'assicuro.»

Cesare osservò sua moglie e decise di scacciare i pensieri sulla politica, sulla guerra, sulle rivalità con Pompeo e Crasso o su ciò che avrebbe dovuto fare dei suoi oppositori in Senato, per abbandonarsi sul corpo di Calpurnia, che nel tepore dell'acqua riscaldata sembrava emanare vampate di fuoco.

Quando uscirono all'aria aperta, Cesare si sentiva rigenerato. Non solo nel corpo, anche nello spirito, perché i suoi propositi si erano rafforzati, adesso che aveva potuto consultarsi con Calpurnia e ricevere le ultime notizie da Roma, dove il fermento suscitato dai suoi successi non accennava a diminuire.

«Perché non torniamo insieme?» gli chiese lei mentre camminavano fianco a fianco, sorvegliati a vista dalla scorta di Furio Lavieno. «Il popolo ti acclamerà e potrai riferire in Senato i risultati straordinari che hai ottenuto.»

Cesare sorrise. «Voglio farti vedere una cosa» le disse, accompagnandola verso una delle porte che davano all'esterno della cinta muraria della città.

Calpurnia non fece altre domande, limitandosi a seguirlo, e lui la condusse verso i cantieri che erano stati allestiti a ridosso delle mura, in cui risuonavano le grida degli artigiani e gli ordini latrati dai centurioni che lui stesso aveva assegnato a quell'incarico. Decine di legionari erano al lavoro, guidati dai carpentieri e dai falegnami che erano stati fatti affluire da tutta la Gallia Cisalpina, e le montagne di materiali che erano stati ammassati ovunque facevano impressione.

«Ma che succede?» chiese Calpurnia guardandosi intorno, sorpresa.

«Sai qual è il vero problema della Gallia?» disse lui. «Anzi, di tutte le guerre moderne?»

Calpurnia lo fissò di traverso. «Perché non mi spieghi cosa sta succedendo e basta?»

Cesare sorrise. «Le città» rispose. «Città fortificate che nemmeno con mille legioni sarei in grado di conquistare. Me ne sono accorto in diverse occasioni, e solo per fortuna, o per una certa capacità di prevedere le mosse del nemico, non mi sono trovato a dover mettere sotto assedio una fortezza nemica.»

«E dunque tutto questo è per prepararti quando ti troverai davanti una roccaforte da conquistare?» gli chiese Calpurnia con un movimento circolare del braccio, a comprendere tutti i cantieri in fermento. «Cosa state costruendo? Macchine da guerra? Armi innovative come quelle che ti diverti a disegnare?»

Questa volta Cesare scoppiò a ridere.

«Quelle che immagino io non funzionano mai» confessò. «Meglio lasciar escogitare armi e macchine da guerra a chi lo sa fare.»

«Be', qui mi pare che ce ne siano parecchie» constatò lei guardandosi intorno.

«Vieni, voglio farti vedere qualcosa di grandioso. Una macchina da guerra che forse non userò mai, ma che potrà aiutarmi a conquistare qualsiasi fortezza.»

«Anche Roma?» fece Calpurnia con aria maliziosa.

«Per quella c'è bisogno di ben altro che di macchine da guerra» rispose Cesare. «Serve soprattutto il consenso del popolo. Ed è per questo che non mi fermerò tanto presto, qui nelle Gallie.»

«Quindi stai per iniziare una nuova spedizione?»

«Ci sono popoli bellicosi che si stanno coalizzando contro di noi. Li chiamano Belgi, ma come sempre sono in gran parte tribù disunite, che riescono a riunirsi solo quando trovano un nemico comune.»

Calpurnia si fermò. «Mi devo preoccupare?»

Cesare sorrise ancora, poi indicò la gigantesca struttura a cui si erano avvicinati. «Guarda questa meraviglia e poi dimmi chi è che dovrebbe preoccuparsi.»

Calpurnia sollevò lo sguardo sulla torre che gli artigiani e i legionari avevano innalzato a meno di dieci passi dalle mura, e fu costretta a piegare all'indietro il collo per poterne scorgere la sommità.

«Come farete a spostare un simile gigante sui campi di battaglia?» chiese, dimostrando un certo acume. «Non potrete montarla sotto le mura nemiche, dovrete trascinarcela a forza.»

Cesare annuì. «È quello che faremo. Questa torre si chiama elepoli, ed è di concezione antica, ideata da Polieido di Tessaglia. Come vedi ha tre lati chiusi, perché sia impossibile per i nemici colpire gli uomini che vi si trovano dentro. Inizialmente saranno tutti a terra, impegnati a spingerla grazie a quelle grandi ruote che vedi, alte due volte un uomo. Poi, quando sarà stata fatta accostare alle mura nemiche, i soldati potranno salire fino in cima grazie a quella scala, e dall'alto scagliare frecce, dardi e pietre contro i difensori. A quel punto, quando gli spalti saranno stati liberati, i legionari caleranno un ponte di legno sul parapetto nemico e potranno assaltare la fortezza.»

«Ma quanto è alta?» chiese Calpurnia, ammirata.

«Oh, questo dipenderà dalla dimensione delle mura avversarie» rispose Cesare. «Se saranno alte cinque uomini, la nostra elepoli si eleverà fino a sei, e così via, con un'altezza tale da consentire ai nostri di bersagliare i nemici dall'alto.»

Calpurnia rise. «Se mi vedessi arrivare contro un simile marchingegno, credo che fuggirei a gambe levate!»

«Forse accadrà proprio questo» fece lui abbracciandola. «Altrimenti... saremo costretti a ucciderli tutti.»

Camminarono ancora per un po' in mezzo a decine di macchine da guerra di diverse dimensioni, che venivano assemblate per verificarne le specifiche e poi smontate pezzo per pezzo e caricate sui carri, così da avere un'idea precisa dell'ingombro, del peso e della capacità degli uomini di trasportarle per miglia.

Poco lontano videro alcuni legionari impegnati a correre tenendo sulle spalle delle cinghie di cuoio legate a un palo che fuoriusciva da un carro su cui era stata sistemata una catapulta, smontata e legata con le corde perché restasse stabile.

«Questi Belgi» riprese Calpurnia, poco interessata agli scorpioni, alle baliste, agli arieti che avrebbero reso i suoi eserciti invincibili, «sono così pericolosi come si dice? A Roma qualcuno teme per la tua vita, e qualcun altro scommette sul fatto che non tornerai dalla prossima spedizione in Gallia.»

Cesare prese un lungo respiro, mentre ammirava un onagro che sarebbe stato capace di lanciare massi enormi fino a seicento passi di distanza.

«Le lettere che ricevo da Labieno dai quartieri invernali in Gallia, che mi aggiornano sulla situazione, sono abbastanza precise» rispose. «I Belgi si stanno coalizzando, ma lo fanno a modo loro, come sempre.»

«Che cosa intendi?»

«Che sono più abituati a combattersi che ad allearsi. Infatti per rinsaldare i loro accordi si scambiano ostaggi.» Rise, al pensiero di quanto sarebbe stato facile dividerli di nuovo, per contrastare non un fronte compatto ma singole tribù determinate a dare prova di sé, e quindi disposte a prevalere su tutti gli alleati pur di dimostrare il proprio coraggio e la propria forza. «Ma non dovremo solo far capire ai Belgi qual è la potenza di Roma. Anche il resto della Gallia è in continuo fermento, persino i popoli che abbiamo già assoggettato o con cui abbiamo stretto rapporti di alleanza.»

«Sono barbari.» Calpurnia liquidò la faccenda con una punta di disprezzo nella voce.

«Esatto» concordò lui, anche se sapeva che la faccenda era parecchio più complicata. Soprattutto, c'erano di mezzo i rapporti di potere di tanti aristocratici che non potevano più agire indisturbati, sfruttando le proprie ricchezze per assoldare eserciti e prevalere sugli altri. Non ora che Roma vegliava su tutti loro. E dunque stavano facendo pressioni a loro volta, sfruttando la propensione alla guerra dei Belgi per ottenere i propri scopi, primo fra tutti un allentamento del controllo dell'Urbe sulle tribù alleate.

«Oltre alle macchine da guerra immagino avrai accresciuto l'esercito» lo riscosse Calpurnia.

Cesare la strinse a sé. «Da quando ti interessi di queste cose? Comunque sì, ho arruolato altre due legioni qui in Cisalpina, la Tredicesima e la Quattordicesima. Si stanno addestrando, e all'inizio dell'estate si trasferiranno in Gallia Transalpina, sotto il comando di Quinto Pedio.»

«E tu?» gli chiese lei, mentre riattraversavano la porta per rientrare in città. «Quando partirai?»

«Non appena ci saranno abbastanza foraggio e cibo per poter riunire l'esercito e muovere contro i Belgi» rispose lui. «Abbiamo ricevuto rapporti dai Senoni e dai Remi, che sono nostri alleati, e hanno riferito che si stanno ammassando truppe oltre i loro confini.»

Mentre raggiungevano l'abitazione che gli era stata concessa in quanto proconsole delle Gallie, calò il silenzio. Una volta entrati, Cesare si fece servire del vino e fece portare a Calpurnia una tazza di latte appena munto, come piaceva a lei.

«Prima non mi hai risposto» riprese sua moglie dopo un po'. «Questi Belgi sono davvero così pericolosi?»

«Sono di stirpe germanica, discendenti dalle genti che hanno passato il Reno per trovare terre fertili» rispose lui sorseggiando il vino. «Si sono mischiati con i Galli, nel corso del tempo, ma la loro indole guerriera è ancora tenace.»

«Ma quanti sono?» insistette Calpurnia, che sembrava più preoccupata del solito.

«Si stanno ancora ammassando, ma alcuni nostri alleati hanno spie fra di loro e ci stanno mandando rapporti abbastanza dettagliati.» Si avvicinò al tavolo su cui erano dispiegate le mappe della Gallia Belgica e i rapporti ricevuti da Labieno. «Guarda, ecco cosa riferiscono i Remi, dopo aver partecipato all'assemblea generale dei Belgi. Il loro comandante supremo si chiama Galba, della tribù dei Suessioni, a cui è stato affidato il comando delle operazioni, anche se è stato subito contestato dai Bellovaci, considerati la tribù più aggressiva e potente, che ha promesso di fornire un'armata di sessantamila uomini. Volevano loro il comando, ma l'assemblea ha stabilito che sarà Galba, e questo ha già creato malumori nella coalizione. Come vedi, non sarà difficile frantumare questa improbabile alleanza a nostro vantaggio.»

«È un bravo generale?» lo rintuzzò lei. «Questo Galba, intendo.»

«Non ne ho la più pallida idea» confessò Cesare. «Ma dubito sia migliore di tuo marito.»

Calpurnia accennò una risata, ma la sua preoccupazione era palese.

«Quanti saranno in tutto?» chiese indicando le tavolette con i rapporti di Labieno.

Cesare non aveva ancora fatto un conto preciso, così decise di approfittarne. Prese i dispacci e cominciò a segnarli su una tavoletta man mano che leggeva: «Oltre ai sessantamila garantiti dai Bellovaci, i Suessioni ne hanno promessi cinquantamila, così come i Nervi, che forse sono i più pericolosi, perché davvero feroci. Poi ci sono i Morini con venticinquemila uomini, gli Arebati con quindicimila, gli Ambiani e i Caleti diecimila, i Menapi nove». Frugò ancora fra le pergamene e trovò le indicazioni di altre tribù. «Questi sono stati segnalati dopo, perché durante l'assemblea generale non avevano ancora deciso quali forze mettere a disposizione. Sono parecchi, comunque. Quarantamila uomini sommando i Cerosi, i Cemani, i Condrusi e gli Eburoni, che Labieno sostiene si siano riuniti sotto il nome di Germani, e poi altri diciannovemila dagli Atuatuci e diecimila ciascuno dai Veliocassi, dai Caleti e dai Viromandui.»

Con uno sbuffò lasciò andare i dispacci e si fece versare dell'altro vino.

«Hanno tutti nomi che si assomigliano e si aggrovigliano intorno alla lingua» affermò rinfrescandosi il palato con quell'ottima bevanda. «Li chiamerò tutti Belgi e basta, altrimenti sarebbe impossibile ricordarsi le varie tribù che dovremo affrontare.»

«Ma quanti sono in tutto?» volle sapere Calpurnia.

Cesare prese la tavoletta su cui aveva inciso i numeri che aveva elencato e fece un rapido conto.

«Più o meno trecentomila» rispose. «Ma come ti ho detto, dubito che riusciranno a riunirli in un fronte compatto.»

«Sono tanti» mormorò Calpurnia, mettendo da parte la tazza di latte e chiedendo a uno dei servi di versarle del vino.

Lui l'abbracciò e le accarezzò la testa con affetto. «Più nemici sconfiggerò, più onore guadagnerò. Oltre naturalmente alle ricchezze su cui riuscirò a mettere le mani, che porterò a Roma per celebrare il mio trionfo.»

Lei sollevò lo sguardo su di lui. «E io sarò là a gridare il tuo nome.»

14

Gallia Belgica
Territorio dei Remi
57 a.C., estate

I soldati erano abituati a compiere quelle marce serrate, che in confronto ai duri allenamenti a cui si sottoponevano con i centurioni erano molto più semplici, visto che non erano costretti a trasportare in spalla bisacce piene di pietre o armi pesanti il doppio di quelle che avevano in dotazione. Nessuno si lamentava, anzi tra le fila delle legioni si sentivano risate e chiacchiere gioviali come se si stessero dirigendo verso Roma, anziché nel luogo che era stato individuato per la battaglia.

Cesare ne era particolarmente soddisfatto. Anche se preferiva dare il buon esempio marciando davanti a tutti come un qualsiasi legionario, questa volta era stato costretto a issarsi su un carro, perché doveva discutere di strategie importanti con alcuni suoi luogotenenti, con Diviciaco in rappresentanza degli Edui e con un personaggio che lo aveva incuriosito fin da quando lo aveva incontrato: era un mercante dell'Illirico meridionale, del popolo dei Pirusti, e si era avvicinato a lui chiedendo di poter acquistare schiavi gallici e germani. Cesare aveva parlato con lui brevemente, e aveva ricevuto notizie interessanti su diverse tribù dei Belgi con le quali Ressone, questo il suo nome, aveva condotto affari nel corso degli anni.

«Quando arriverai davanti a una delle città dei Belgi, Cesare, non ti limitare a fare uscire i guerrieri per affrontarli in campo aperto» gli aveva detto con uno sguardo pieno di malizia. «Cattura l'intera città, comprese le donne e i bambini, e poi tratta con me. Sono disposto a pagare molto bene per degli schiavi belgi. Sono robusti, sopportano le fatiche e vengono apprezzati in Oriente, soprattutto le donne.»

Cesare ne aveva retto lo sguardo con curiosità. «Una città contiene decine di migliaia di persone» gli aveva ricordato. «Vorresti prenderle tutte?»

«Posso arrivare fino a cinquantamila, mio signore» aveva risposto l'illirico senza battere ciglio. «Per te sarebbe un grande guadagno, e ai tuoi soldati potresti lasciare tutti gli averi dei Belgi, che comunque non potranno portare con sé. Faranno grande bottino, e saranno meno scontenti quando dirai loro che non potranno stuprare le donne perché a noi servono integre.»

Cesare aveva trattenuto un'esclamazione di sorpresa e di divertimento, perché non avrebbe mai pensato che si potesse attuare un'operazione del genere. Eppure aveva senso, e soprattutto sarebbe stata in grado di assicurare a lui e alle sue truppe ingenti ricchezze, molte delle quali sarebbero servite per arruolare nuove legioni e per portare un grande bottino a Roma.

«Tu conosci bene questa gente, vero?» gli aveva chiesto quando aveva compreso l'utilità di quell'uomo.

«Faccio affari con loro da decenni» aveva annuito Ressone.

«Che cosa puoi dirmi dei Nervi? Sono i soli che non si sono arresi a noi e anziché rintanarsi nelle loro città sono pronti a muoverci guerra.»

Il mercante aveva scosso la testa. «Sono un popolo difficile, orgoglioso e diffidente. Commerciare con loro è quasi impossibile.»

«Che cosa intendi?»

«Non consentono che si introducano vino o oggetti di lusso nei loro territori, perché li giudicano sconvenienti per dei veri guerrieri. Soprattutto il vino: sono convinti che illanguidisca gli animi e renda meno valorosi i combattenti.»

Cesare aveva annuito piano a quelle rivelazioni, comprendendo il motivo di quanto era accaduto nelle settimane precedenti.

Nella cittadina di Bibrax aveva avuto modo di scontrarsi per la prima volta con la coalizione dei Belgi, che seppure molto più numerosa del suo esercito non si era dimostrata né coesa né propensa a combattere sotto la guida del loro generale, quel Galba che faticava a far passare i suoi ordini a tutti i comandanti delle tribù alleate. Ciascuno di quei popoli, e persino ciascun guerriero, sembrava voler combattere solo per se stesso, per il proprio onore, ignorando qualsiasi disciplina militare pur di abbattere il maggior numero di nemici. Così, nonostante la prestanza fisica, decisamente superiore a quella dei legionari romani, e il numero impressionante di guerrieri a loro disposizione, le avanguardie dei Belgi non erano riuscite a reggere l'impatto con la cavalleria guidata da Crasso, né al lancio di pietre e dardi da parte dei frombolieri, degli arcieri e dei lancieri numidi, che ne avevano fatto strage.

Quando finalmente l'esercito nemico si era attestato nella valle ai piedi delle colline che Cesare aveva scelto per disporre le sue legioni, la distesa di fuochi che si poteva scorgere di notte avrebbe dato a tutti l'impressione del più grande esercito che fosse mai stato riunito, ma lui non si era lasciato impressionare.

Aveva costretto i suoi uomini a impegnarsi al massimo delle loro possibilità, e in una sola giornata aveva fatto scavare un fossato che circondava i piedi della collina su cui erano appostati, intervallato da alcuni fortini all'interno dei quali aveva fatto preparare le catapulte che aveva portato con sé sui carri, smontate in pezzi facilmente riassemblabili.

A quel punto aveva schierato sei legioni nella piana ai piedi della collina, lasciandone due, le ultime che aveva arruolato in Gallia Cisalpina, a difesa delle vettovaglie e dell'accampamento, sotto la guida di Sabino.

«Siamo nella posizione migliore per reggere a qualsiasi assalto» aveva dichiarato ai suoi ufficiali, mostrando loro le mappe della zona, realizzate con perizia dagli esploratori. «Fra noi e il nemico c'è una palude infida, che appare facilmente attraversabile ma che sarà in grado di rallentarli al punto da renderli bersagli facili per i nostri lanciatori. Se saranno così pazzi da passare da lì avranno perso la guerra prima ancora di incrociare le spade con le nostre.»

«E se non si lasciassero attirare nella trappola?» aveva chiesto Sabino con aria dubbiosa.

«Al loro posto passerei da qui» aveva risposto Cesare, che con Labieno aveva già immaginato ogni possibile mossa dei loro avversari, «aggirando il fiume Assona, alle spalle del nostro campo.»

«Difficilmente riusciranno a guadarlo» era intervenuto Labieno. «Saranno costretti a passare sull'unico ponte esistente, dove noi saremo pronti ad attenderli con la cavalleria e con tutti i lanciatori ausiliari.»

E questo era proprio quello che era accaduto: i Belgi avevano aggirato la palude e si erano diretti verso il fiume per cercare di assaltarli alle spalle. La cavalleria e i lanciatori romani li avevano falcidiati come grano maturo, prima che si decidessero a ritirarsi. Cesare aveva assistito a scene tanto ridicole quanto rivoltanti: migliaia di nemici avevano cercato di guadare il fiume passando sui corpi dei loro compagni uccisi o feriti, ringhiando come belve assassine. I frombolieri delle Baleari ne avevano fatto strage, e la cavalleria aveva finito quei pochi che erano riusciti a raggiungere la riva del fiume, là dove l'acqua si rifrangeva con una schiuma rossa di sangue.

A quel punto i Belgi avevano abbandonato ogni velleità di combattere e la loro armata si era dissolta. Cesare ne era rimasto persino sorpreso, perché non avrebbe mai creduto che sarebbe stato così facile.

Eppure, le spie che aveva fra i Belgi avevano riferito che la decisione era stata presa durante una burrascosa assemblea dei capitribù, che avevano stabilito di fare ritorno ciascuno nelle proprie terre per aspettare là l'arrivo delle legioni.

«Quando attaccherai qualcuno di loro» aveva riferito una delle spie, un eduo che aveva vissuto per anni presso i Belgi, «hanno promesso che torneranno a riunirsi per fronteggiarti.»

«Sono stati i Bellovaci a diffondere il malcontento» aveva rivelato un altro, un ragazzino dallo sguardo sveglio di origini germaniche. «Hanno saputo che gli Edui comandati da Diviciaco stanno muovendo verso i loro territori, e hanno dichiarato che il loro primo dovere era difendere le proprie case e le proprie famiglie.»

Cesare si era lasciato scappare una risata e aveva guardato Diviciaco, che ascoltava poco lontano.

«Non sapevo che fossi diretto contro le città dei Bellovaci!»

«Nemmeno io» aveva sghignazzato l'eduo, e finalmente Cesare aveva avuto la conferma che il vero punto debole di quella gente era l'impossibilità di formare una coalizione coesa, capace di combattere insieme per uno scopo. A maggior ragione avrebbe dovuto darsi da fare per dividerli, così da poterli dominare.

Quando quella notte stessa i Belgi avevano abbandonato gli

accampamenti, allontanandosi con grande frastuono e senza alcuna pretesa di organizzare un ripiegamento ordinato, Cesare ne aveva subito approfittato: aveva spedito tre ali di cavalleria, al comando di Crasso, Quinto Pedio e Lucio Aurunculeio, a inseguirli per ucciderne il più possibile; poi, per non dare tregua alle tribù che avrebbe potuto raggiungere, aveva ordinato di marciare verso la fortezza più vicina, Novioduno, dei Suessioni. Una volta là, aveva sistemato il campo in modo da assediare la fortezza, e aveva dato ordine di assemblare le macchine da guerra, fra cui la temibile elepoli che pur con tanta fatica erano riusciti a trasportare fin lì, su ben tre carri.

Quando il nemico aveva visto ciò di cui erano capaci, aveva inviato una delegazione a trattare la resa per conto dello stesso Galba, il re di quella ridicola coalizione, e Cesare si era trattenuto dallo sputare ai loro piedi per il disprezzo. Quella guerra si stava dimostrando una farsa, e del tanto celebrato coraggio dei Belgi, che avrebbero dovuto essere fra i popoli più temibili delle Gallie, al momento aveva una ben misera considerazione.

Aveva accettato la resa di Galba e, nonostante le pressioni del mercante illirico, che avrebbe voluto che lui attuasse la conquista completa di Novioduno e gli consegnasse gli schiavi che voleva, per intercessione dei Remi aveva concesso loro la grazia; non senza prima avere ricevuto come ostaggi tutti i cittadini più eminenti della città e le figlie di Galba, oltre a tutte le loro armi.

A quel punto, dopo aver lasciato un piccolo presidio a tenere d'occhio i Suessioni, Cesare non aveva concesso tregua alle sue legioni, consapevole che avrebbe dovuto battere il ferro finché era caldo, proprio come un abile fabbro sa dare alle sue creazioni la forma desiderata.

Così avevano ripreso a marciare, questa volta verso il territorio dei Bellovaci, con l'assurda speranza da parte sua di riuscire almeno questa volta a incrociare le spade con il nemico e mettere sul campo la straordinaria abilità in combattimento delle legioni, oltre alla sua sagacia tattica.

Cinquantamila guerrieri di quella tribù si erano rifugiati nella città di Bratuspanzio, ma il loro esercito non li aveva ancora raggiunti quando intere folle di anziani e bambini con le mani protese a chiedere pietà gli si erano fatte incontro. Una resa disarmante e incondizionata che aveva fatto venire la nausea a

Cesare, il quale aveva accettato di salvare la vita a quei vigliacchi solo per intercessione di Diviciaco, che sosteneva fossero un popolo alleato con gli Edui, prima che alcuni dei loro capi li aizzassero contro Roma.

Prima di abbandonarli al loro destino e raggiungere l'ultima tribù da cui poteva temere qualcosa, i Nervi, Cesare aveva chiesto ai Bellovaci seicento ostaggi e la loro mediazione presso gli Ambiani perché abbandonassero le armi e lasciassero passare le sue legioni senza ingaggiare battaglia.

Così era stato, e adesso l'esercito di Roma marciava verso la valle del fiume Sabi, dove li attendeva l'ultima vera resistenza prima di poter dichiarare pacificata tutta la Gallia: quei Nervi di cui anche Ressone sapeva poco, e che soli fra tutti i Belgi sembravano davvero pronti a combattere.

«Sono accampati oltre il fiume» riferì Labieno, seduto con lui all'interno del carro insieme al mercante illirico e ad altri ufficiali. Furio marciava con i suoi uomini all'esterno, componendo un cerchio difensivo disposto su due file. «Da quello che riferiscono gli esploratori, sono schierati su tre fronti, uno presidiato dai Nervi, gli altri due dai Viromadui e dagli Atrebati.»

«Abbiamo saputo che anche gli Atuatuci sono in marcia» rivelò Considio. «I miei esploratori li stanno tenendo d'occhio, ma non dovrebbero metterci meno di tre o quattro giorni, prima di arrivare.»

«Avete trovato il punto migliore per accamparci?» chiese Cesare.

«Sì» rispose Labieno. «Ci sono dei rilievi a una decina di miglia dai Nervi. Ho già fatto mandare delle staffette a presidiare i dintorni, per eliminare qualsiasi esploratore nemico.»

«Molto bene» annuì Cesare, sballottato dai sussulti del carro. Poi si rivolse a Ressone: «Sei riuscito a fare quanto promesso?».

Il mercante si inchinò leggermente, con un sorriso furbo.

«Ma certo» rispose. «Sai che se posso aiutare Roma a...»

«Come hai agito?» lo interruppe Cesare. Aveva fatto un patto con quell'uomo, anche se non si fidava ancora completamente di lui: in cambio della sua collaborazione per un piano che aveva escogitato, gli avrebbe concesso di acquistare gli abitanti di una città dei Nervi come schiavi. Ma prima, naturalmente, Ressone doveva aiutarlo a sconfiggere il nemico.

«Ho fatto in modo che alcuni prigionieri belgi riuscissero a scappare» rivelò il mercante. «Ho spiegato loro che le vostre legioni procedono in formazioni compatte intervallate dai carri delle salmerie, che vi rallentano e vi impediscono di combattere come un unico esercito.»

«Molto astuto» rise Considio. «I Nervi crederanno di poterci cogliere impreparati.»

«Proprio così» confermò Cesare. «O almeno me lo auguro.» Poi si rivolse a Labieno: «Adesso che i Belgi sono fuggiti, possiamo spostare le salmerie alla retroguardia, con le due nuove legioni a protezione. Le altre le compattiamo come al solito».

Il luogotenente annuì e senza aggiungere altro balzò giù dal carro per emanare gli ordini.

Cesare sorrise a Ressone. «Se tutto andrà come previsto, presto sgomineremo anche l'ultimo ostacolo verso la pacificazione della Gallia.»

«Sotto il tuo dominio, mio signore» mormorò ossequioso il mercante.

Cesare non si fece remore nel compiacersi di quelle parole.

I Nervi non caddero nel tranello e non lasciarono le loro posizioni oltre il fiume Sabi per attaccarli di sorpresa.

«Questi non sono come gli altri Belgi» disse Cesare a Furio Lavieno, che lo affiancava in silenzio. «Non sono degli sciocchi, e questo li rende pericolosi.»

Non restò ad aspettare un commento da parte del suo comandante delle guardie e si voltò a cercare Considio.

«Avete verificato il terreno?» lo richiamò quando lo vide confabulare con alcuni esploratori.

Considio congedò i suoi e lo raggiunse.

«Sì, Cesare, abbiamo trovato una posizione favorevole» gli rivelò. «Abbastanza vicino al nemico da consentirci di assestarci in posizione elevata e prepararci alla battaglia.»

«Sempre ammesso che non si diano alla fuga anche questi» intervenne Galba.

Cesare lo fissò per un istante, poi fece un cenno a Considio. «Portami a vedere il posto.»

«Potrebbe essere pericoloso...» protestò il comandante degli esploratori.

«Hai detto che c'è il fiume fra noi e loro, no?»
«Sì, ma...»
«Allora andiamo» troncò la discussione Cesare, facendo segno che gli portassero il cavallo. «Lavieno verrà con noi, insieme ad alcuni cavalieri della Decima. Dovrebbero bastare per proteggermi da eventuali imboscate.»
Aveva parlato in tono deciso, e nessuno ebbe l'ardire di ribattere.

Nascosti dietro alcuni alberi, in una foresta che saliva a lambire il fianco della collina, scrutarono verso il fiume Sabi, seguendo il braccio puntato di Considio.
«Ecco, vedi? Il colle scivola fino a valle in modo abbastanza deciso, unendosi a quell'altra collina laggiù. Entrambi non superano i duecento passi di altezza, e se quassù la foresta è rigogliosa, man mano che si scende il declivio si fa spoglio, abbastanza da consentire il movimento delle truppe.»
Cesare osservò i rilievi, la valle che digradava fino al Sabi, il cui corso era placido e facile da guadare a piedi o a cavallo, poi le foreste intricate che sovrastavano le colline.
Le piante erano strane da quella parte, e adesso che ci faceva caso anche le macchie di rovi lungo i rilievi della collina, scendendo fino al fiume, avevano qualcosa di anomalo. L'impressione era che fossero state tagliate ad arte e i rami piegati per intrecciarsi fra di loro fino a creare dei grovigli inestricabili, che formavano delle barriere naturali sui versanti più agevoli. Sarebbero state difficili da superare perfino a cavallo.
Le hanno preparate apposta così, pensò con un profondo disagio, *il che significa che sono pronti da tempo ad affrontarci.*
«Se qualcuno si nascondesse là dietro, per noi sarebbe impossibile scoprirlo» affermò indicando la muraglia verde, alle cui spalle si innalzava una foresta altrettanto intricata, immersa nel buio più completo. Poi fece un gesto ampio con il braccio, ruotando su se stesso. «In realtà potrebbero essere appostati in uno qualsiasi dei boschi sui rilievi qua attorno.»
Considio strinse gli occhi per osservare le foreste che svettavano come capigliature sulle teste di giganti addormentati.
«Sono troppo fitte» rispose. «I miei esploratori hanno avuto difficoltà a inoltrarsi, come potrebbe farlo un esercito?»

«I tuoi uomini sono a cavallo» gli ricordò Cesare. «Ma un esercito appiedato potrebbe presidiare la boscaglia. E sfruttare quei cespugli di rovi per metterci in difficoltà, se volessimo attaccare o inseguirli.»

Considio non sembrava convinto, però quando parlò era chiaro che non voleva contrariarlo.

«Dunque cosa facciamo?» chiese. «Cerchiamo un altro posto?»

Cesare si prese un istante per riflettere. Riusciva a scorgere gli accampamenti dei Nervi e dei loro alleati oltre il fiume, in posizione favorevole per respingere un attacco frontale, con i fianchi protetti da altre colline ricoperte di foreste intricate e da quelle barriere di rovi studiate ad arte. Aggirarli sarebbe stato impossibile, e dubitava di riuscire a costringerli ad abbandonare i loro insediamenti per seguirli da qualche altra parte, su un terreno a loro più favorevole.

«No» si convinse alla fine. «Dobbiamo affrontarli, non permetterò che si dileguino ancora una volta. Questa battaglia deciderà le sorti della guerra.»

Fece scartare il cavallo e lo spronò verso il loro accampamento.

«Portiamo le legioni su questa collina» ordinò. «Mandate la cavalleria oltre il fiume a saggiare l'avanguardia nemica, e nel frattempo costruiamo le fortificazioni.»

«Hai altri ordini, Cesare?» gli chiese Furio affiancandolo.

«Quando arriveranno i nostri, metteteli subito al lavoro. Scavino il fossato di contenimento ed erigano le palizzate. Voglio due torri, una a est e una a ovest, pronte ad avvertirci di qualsiasi spostamento sui fianchi da parte del nemico. Poi, quando tutte le legioni saranno schierate, decideremo come procedere.»

15

Gallia Belgica
Territorio dei Remi
57 a.C., agosto

Quando il suono stridulo delle tube si propagò per l'accampamento, Cesare si rese conto che erano stati presi alla sprovvista. Il pensiero entrò come un lampo nella sua mente, ma anziché farsi prendere dal panico cercò subito di capire la situazione, per poter dare gli ordini ai suoi ufficiali e fare in modo che il suono dei corni, che diffondeva le disposizioni ai tribuni e ai centurioni, superasse per intensità quello malaugurante delle tube, che segnalava l'attacco nemico.

«Innalzate i vessilli!» gridò. Era il modo più semplice per richiamare tutti alle armi, anche se non sarebbe stato facile ricompattare le legioni.

I Nervi avevano scelto il momento peggiore per uscire dalle loro tane nascoste fra la vegetazione, e con un senso di angoscia crescente Cesare cercò di capire quanti danni avrebbero potuto fare, se fossero piombati su di loro prima che si riuscisse a organizzare la difesa.

Gran parte degli uomini era infatti al lavoro per scavare il fossato di contenimento ed erigere le palizzate e le torri di osservazione, e non pochi si erano allontanati per raccogliere i materiali che sarebbero serviti per l'allestimento delle fortificazioni.

«Non tentate di ricomporre i vostri manipoli!» gridò a due tribuni militari che erano accorsi. «Siete addestrati per questo. Ciascun legionario si unisca ai compagni che trova più vicino.»

I corni cominciarono a suonare e Cesare, senza neppure cercare il proprio elmo o lo scudo, corse verso il punto in cui la collina digradava verso il fiume, per poter valutare la situazione. Quando arrivò, vide che Labieno era già sul posto e gridava ordini a tutti i tribuni militari che incrociava. Il caos era ovunque, ma si rese conto che gli uomini stavano cercando di sopperire al disordine iniziale grazie al loro addestramento, e anche senza ricevere ordini specifici si aggregavano in manipoli e coorti a seconda di dove si trovavano, radunandosi intorno alle insegne.

Cesare abbassò solo in quel momento lo sguardo verso il declivio della collina, e si accorse che i Nervi stavano arrivando come una marea urlante. Sbucavano da tutte le parti, dagli intrichi delle loro maledette foreste e lungo tutta la linea del fiume che scintillava a valle. Erano divisi in tre falangi: una più grande che aveva le insegne dei Nervi, sulla destra rispetto al loro accampamento, al centro quelli che riconobbe come i Viromadui e sulla sinistra i temibili Atrebati.

«Fai schierare le legioni così come sono!» gridò verso Labieno, che aveva richiamato accanto a sé un *cornicen* e uno sbandieratore per poter diramare gli ordini. «La Settima e la Dodicesima contro i Nervi. Al centro l'Ottava e l'Undicesima. La Decima e la Nona sulla destra, contro gli Atrebati!»

Labieno impartì le disposizioni man mano che le riceveva, poi le avanguardie nemiche arrivarono a contatto con la loro cavalleria e i primi manipoli che si erano organizzati. Il caos della battaglia divampò come un incendio, sovrastando con le grida di guerra il suono delle tube e dei corni, e rendendo impossibile diffondere gli ordini se non agitando le bandiere.

Cesare fece segno a Labieno di occuparsi del centro dello schieramento, mentre lui correva in avanti insieme ad altri legionari che stavano cercando di prendere posizione. Arrivò accanto al tribuno Tito Sillio, che urlava a più non posso per spronare gli uomini, ma non si fermò ad aiutarlo, preferendo dirigersi verso un punto in cui una coorte si era radunata attorno all'insegna della Decima, dando dimostrazione di sapere come muoversi e come arginare la carica del nemico.

«Uniamoci agli altri!» gridò impugnando la spada. «Facciamo vedere a quei cani chi siamo, qual è il valore dei soldati di Roma!»

Un boato rispose al suo incitamento, e un centurione cominciò ad abbaiare ordini affinché la coorte si stringesse verso le altre che si stavano componendo. Ben presto Cesare si rese conto che la Decima e la Nona sarebbero state in grado di ricomporsi in fretta, anche se diversi legionari non avevano l'elmo, proprio come lui, e molti dovevano arrangiarsi con la copertura degli scudi dei commilitoni per difendersi dai lanci dei dardi nemici.

«Non possiamo ricongiungerci con l'Ottava e l'Undicesima!» arrivò a riferire un centurione, che Cesare riconobbe come Lucio Fabio, che avrebbe dovuto trovarsi con gli uomini dell'Ottava. «Quei maledetti grovigli di rovi ce lo impediscono!»

Adesso finalmente era chiaro perché i Nervi avessero scelto quel luogo per affrontarli. Avevano preparato il campo di battaglia in modo da dividere le legioni, e avevano organizzato le loro falangi per impedire che l'esercito romano si muovesse con la devastante capacità di manovra che lo rendeva imbattibile, anche contro forze numericamente soverchianti.

«Manteniamo la formazione!» urlò infilandosi tra le fila dei legionari della Decima. «Il vostro valore non è secondo a nessuno, ricordatelo! Anche se ci hanno colto di sorpresa, non sanno quello di cui siamo capaci! Facciamoglielo vedere!»

Grida di rabbia, di eccitazione e di esaltazione percorsero come un fremito i soldati, e Cesare si rese conto che la compattezza della loro formazione sarebbe riuscita a resistere a qualsiasi assalto. Si voltò indietro solo una volta, per capire se i rincalzi fossero in grado di raggiungerli per sopperire ai vuoti negli schieramenti lasciati dal caos generato dall'attacco a sorpresa, ma comprese subito che non sarebbe stato possibile: i primi carri con le salmerie erano arrivati, e le ultime due legioni arruolate erano schierate a loro protezione, oltre che dell'accampamento, e non avrebbero potuto abbandonare le posizioni, visto che il nemico sbucava da ogni parte approfittando della copertura delle foreste.

«Facciamo pressione!» gridò a Crastino, che vide indaffarato a correre lungo tutta la linea dello schieramento, evitando come per un sortilegio i dardi nemici. Le prime due file della Decima e della Nona erano impegnate in combattimenti furibondi con gli Atrebati, e reggevano bene l'assalto. Ma Crastino voleva manovre più compatte, l'aggiramento sui fianchi e la percussione contro le falangi disordinate e rumorose dei Belgi.

Dopo i primi istanti di confusione e il frastuono generato dai corni e dalle urla dei comandanti, adesso si sentivano solo le voci dei centurioni e di qualche tribuno militare, mentre i legionari combattevano in silenzio, facendosi forza l'un l'altro, impegnati a eseguire le manovre che avevano provato mille e più volte in addestramento.

«Sono arrivati decimati e stanchi!» gli disse Crastino quando gli fu accanto, dopo averlo individuato. Aveva una profonda ferita sulla spalla che grondava sangue, ma sembrava non curarsene. Indicava i nemici, che passo dopo passo stavano retrocedendo sotto la spinta regolare e uniforme delle coorti, che non lasciava spazi per sfondare le linee. «Siamo riusciti a rallentarli con il lancio dei giavellotti, e adesso li spingiamo verso il Sabi. Quei pazzi hanno corso per mille passi in salita, prima di scagliarsi contro di noi, zuppi dell'acqua del fiume che hanno attraversato. Molti avevano il fiatone, riuscivano appena a respirare.» Crastino fece un ghigno. «Sono stati i primi a morire.»

Cesare gli batté una mano sulla spalla sana, poi gli fece cenno di tornare al suo posto, mentre lui si dirigeva verso le retrovie della Nona, che sembrava avere qualche difficoltà in più rispetto alla Decima.

«Spingeteli verso il fiume!» gridò ai due tribuni che si affrettarono a raggiungerlo non appena si accorsero della sua presenza. Poi si rivolse ai legionari, correndo in mezzo a loro. «Incalzateli! Fategli capire perché nessuno al mondo può sottovalutare i legionari romani!»

Anche qui si alzarono grida di guerra e di incitamento, poi i soldati si compattarono e spinsero, avanzando come una barriera di scudi, lance e spade che faceva strage del nemico.

Gli Atrebati opposero resistenza finché poterono, poi con un grido di esultanza Cesare vide che cominciavano a retrocedere. Prima tutti insieme, solo il necessario per compattarsi e cercare di opporre resistenza, poi pian piano in ordine sparso, com'era consuetudine di quei cani, finché non ci fu una vera e propria rotta, che spinse gli Atrebati a immergersi nel fiume tentando di trovare scampo sull'altra riva.

«Uccideteli finché sono in acqua!» sentì divampare la voce possente di Crastino, e all'istante una pioggia di giavellotti, pietre e frecce si abbatté sul nemico in fuga, decimandone una buona parte. Quei pochi che riuscirono a fuggire non si fermarono per unirsi agli altri Belgi che combattevano, ma si dispersero in tutte le direzioni, abbandonando le armi.

«Riunitevi con gli altri!» gridò Cesare indicando l'Ottava e l'Undicesima legione, che stavano tenendo testa ai Viromadui. Anche su quel versante i combattimenti sembravano a loro favore: due coorti si erano assestate sul rilievo che si alzava oltre il fiume, e da quella posizione tenevano sotto tiro il nemico, mentre altri manipoli si muovevano coordinati per aggirarlo sui fianchi.

«Cesare, laggiù!» lo chiamò una voce. «I Nervi!»

Lui si voltò verso il fronte destro, presidiato dall'Ottava e dalla Dodicesima legione, e sentì il sangue ghiacciarsi nelle vene.

I Nervi non solo non erano in preda al caos come le altre tribù dei Belgi, anzi si muovevano compatti e coordinati lungo tre linee d'attacco, combattendo con una determinazione e una ferocia che non aveva eguali. Cesare distinse davanti a tutti un guerriero enorme, con abiti poco consoni alla guerra eppure capace di mulinare la spada con incredibile abilità, e si rese conto che era Boduognato, il comandante supremo dei Nervi. Li incitava e li spronava con l'esempio, e stava ottenendo ottimi risultati: una delle linee d'attacco aggirò l'Ottava legione e riuscì a infilarsi nell'accampamento romano, scontrandosi con i reparti ausiliari e la cavalleria di rincalzo, che abbandonò quasi subito il combattimento per disperdersi. Mentre altri Nervi tenevano occupati gli uomini dell'Undicesima e dell'Ottava, la falange guidata da Boduognato piombò sugli addetti ai servizi e alle salmerie, facendone strage. Persino i cavalieri treviri, che pure avevano già dato dimostrazione del loro valore, opposero una debole resistenza di fronte a quella marea incalzante di barbari, e ben presto si diedero alla fuga.

Cesare ringhiò per la rabbia e l'impotenza e si voltò per cercare ufficiali a cui ordinare di portare i loro uomini verso il campo, per fermare i Nervi prima che fosse troppo tardi e potessero accerchiarli alle spalle. Ma quello che vide lo lasciò senza fiato.

Con un unico colpo d'occhio, dalla posizione sopraelevata in cui si trovava, riuscì ad avere chiara tutta la situazione della battaglia, frammentata in più combattimenti isolati. Gli uomini della Decima erano schiacciati dai rincalzi degli Atrebati, che dopo aver finto di essersi dati alla fuga si erano riuniti in due fronti compatti, che premevano sui fianchi. Nel lato opposto della valle i soldati della Dodicesima erano schiacciati dai Nervi e si radunavano attorno alle insegne, anche se il vessillifero non si scorgeva da nessuna parte e dunque doveva essere caduto.

«Tutti i centurioni della quarta coorte sono morti o feriti!» gli disse Labieno, affiancandolo. Era fradicio di sudore e aveva numerose ferite al collo e alle gambe. «Anche nelle altre coorti la situazione è difficile, abbiamo perso quasi tutti i tribuni e i centurioni.»

Cesare si sentì prendere dalle vertigini, ma restò in piedi grazie alle rabbiose vampe di fuoco che gli bruciavano la pelle.

«Per fortuna c'è Bibaculo!» gridò Labieno indicando con il braccio teso il primipilo della Dodicesima. «Ma non so fino a quando potrà resistere!»

Cesare strinse gli occhi per cercare di vedere meglio e nella confusione della battaglia scorse Publio Sestio Bibaculo che combatteva e incitava gli uomini, spinto da un'energia inesauribile. Ma era ricoperto di sangue dalla testa ai piedi, e i nemici si stavano concentrando su di lui per colpirlo da tutte le direzioni.

«Dobbiamo intervenire!» ringhiò Cesare. Si riscosse dal torpore che gli faceva formicolare tutto il corpo e si guardò attorno. Vide un soldato nelle retrovie che scrutava intorno spaesato, e lo raggiunse. Gli strappò lo scudo dalla mano irrigidita dalla paura, poi sollevò la spada, richiamando a sé tutti gli ufficiali che poteva scorgere.

«Allargate i manipoli!» urlò non appena i tribuni e i pochi centurioni superstiti si accorsero di lui. «Fate avanzare gli uomini a due a due, uno con lo scudo e l'altro con la spada pronta ad affondare! Combattiamo per Roma! Vinciamo per il nostro onore!»

Un fremito percorse i soldati alla portata della sua voce, e presto gli ordini degli ufficiali cominciarono a serpeggiare fra le file dei legionari, che sembrarono riscuotersi a quel segnale: dimostrava che non erano soli e che il loro comandante era pronto a mettere in campo una strategia vincente.

Pian piano i manipoli si allargarono, le coorti si ricomposero con ranghi meno serrati e la pressione del nemico cominciò a farsi meno insidiosa, fino a quando la rapidità nelle manovre e la capacità di muoversi come un solo uomo agli ordini dei comandanti misero le legioni in una posizione di superiorità tattica che consentì loro di affondare nelle difese nemiche e spingerle indietro, verso le retrovie.

«La Settima!» gridò Cesare verso Tito Sillio, uno dei pochi ufficiali ancora in grado di correre fra le truppe per diramare gli ordini. «Fatela retrocedere verso la Dodicesima, devono coprirsi i fianchi a vicenda!»

Tito Sillio scattò per dare gli ordini, e Cesare tornò a urlare verso i suoi uomini, incoraggiandoli a darsi sostegno l'un l'altro, a spingere con tutta la forza che avevano per schiacciare il nemico, a combattere non solo per la propria vita ma per la gloria che Roma avrebbe tributato loro.

Le sue parole corsero come un turbine tra le fila dei soldati, e presto si rese conto di essere riuscito a dare una spinta decisiva agli uomini, che adesso combattevano con rinnovata energia.

«Prendi la Decima e vai in soccorso a Sabino» ordinò a Labieno. «I Nervi non devono conquistare le nostre fortificazioni, in nessun modo!»

Il luogotenente corse via richiamando a sé alcuni tribuni e il primipilo della Decima, e presto Cesare si rese conto che le sorti della battaglia stavano volgendo a loro favore.

«Uccideteli tutti!» ringhiò sollevando lo scudo per difendersi da un dardo scagliato contro di lui.

La spinta della Decima fu decisiva per colpire i Nervi sul fianco e assestare una ferita mortale agli uomini di Boduognato, che combatterono con ferocia inaudita ma senza potere nulla contro le manovre a tenaglia impostate da Labieno. Il comandante supremo dei nemici cadde attorniato da cinque legionari che lo colpivano da ogni direzione, e Cesare si accorse che al campo persino i feriti si rialzavano per dare il loro contributo alla battaglia. Poi vide gli ausiliari tornare a combattere dopo che si erano rifugiati nella foresta, e gruppi di uomini dei servizi impugnare la spada e lanciarsi nelle mischie che si formavano ovunque.

Ma i Nervi non retrocedevano. Continuavano a battersi come furie scatenate, anche se adesso erano in evidente inferiorità numerica. Mentre le cinque legioni dalla parte del fiume in cui si trovava l'accampamento nemico terminavano di eliminare le ultime sacche di resistenza dei Belgi, i Nervi resistevano all'accerchiamento della Decima e dei rincalzi sulla cima della collina con le fortificazioni romane. Mostravano una tale determinazione che Cesare ne restò colpito: li vide morire a decine, a centinaia, e gli altri arrampicarsi sui corpi dei loro compagni morti o feriti pur di continuare a scagliarsi contro i legionari schierati in doppie file protette dagli scudi.

Fu una vera e propria mattanza, a cui lui assistette da lontano, mentre i suoi ufficiali venivano a riferire della disfatta dei Belgi da quella parte del fiume.

«I Nervi sono guerrieri valorosi» disse a Crastino, che lo aveva raggiunto reggendo Bibaculo, il valoroso primipilo della Dodicesima che aveva contribuito a quella vittoria. «Ma nessuno lo è più dei legionari di Roma.»

16

Gallia Belgica
Territorio degli Atuatuci
57 a.C., agosto

«Questi Belgi erano temuti da tutti, ma a parte i Nervi, che hanno combattuto con valore, mi pare che gli altri siano solo dei codardi.» A parlare, con tono calmo e quasi divertito, era stato il grasso mercante illirico Ressone, che come tutti osservava la fortezza nemica da un punto sopraelevato che era stato messo in sicurezza dagli esploratori di Considio.

Cesare annuì, perché in effetti condivideva il parere del pirusto, però si ripromise di fare un bel discorsetto a quell'uomo: non poteva certo permettere che se ne andasse in giro a screditare le sue vittorie in Gallia, anche in considerazione del fatto che i rapporti che spediva a Roma raccontavano di una guerra difficile e senza sconti, in cui le legioni riuscivano a prevalere solo grazie alla tenacia dei soldati e all'oculatezza delle sue strategie militari. E in qualche modo così era stato, se non con i Belgi di sicuro con gli Elvezi. In ogni caso, la battaglia di qualche giorno prima con i Nervi era da annoverare fra le più dure che l'esercito romano avesse mai affrontato da molto tempo, dunque lui non aveva nulla da recriminare. Ma quando le voci giravano, soprattutto le voci sbagliate, poi era difficile tenerle sotto controllo. E questo non poteva permetterlo.

«Se ti sono sembrati così deboli, mercante, perché non sei venuto a combattere con noi?» ribatté Labieno con tono aspro, ben poco clemente nei confronti dell'illirico.

«Oh, no, non volevo offendere, e chiedo scusa se può essere sembrato» si affrettò a correggere il tiro Ressone. Quell'uomo non era uno sciocco, e sapeva quello che rischiava nel fare certe affermazioni. Per cui, se aveva parlato, era perché aveva ritenuto che il rischio valesse la posta in gioco.

Già, ma quale?, si chiese Cesare.

Mentre osservava la fortezza nemica, in cui tutto l'esercito degli Atuatuci si era asserragliato, dopo aver recuperato ogni singolo uomo capace di combattere per tutto il loro territorio, Cesare credette di conoscere la risposta. Ressone voleva spingerli a combattere, ad abbattere le prodigiose opere difensive della città nemica e conquistarla. Se dall'assedio che lui aveva messo in atto fosse sortita solo una richiesta di pace, anche a condizioni durissime per gli Atuatuci, al mercante che cosa ne sarebbe venuto?

No, Ressone voleva la guerra, e voleva che lui abbattesse ogni ostacolo per impadronirsi della città e, soprattutto, dei suoi abitanti. Quanti sarebbero stati? Quanti schiavi avrebbe potuto acquistare il mercante, nel caso? Qualche decina di migliaia, immaginò. Sempre ammesso che fossero riusciti a conquistarla e a sgominare l'esercito che la difendeva.

«Ti avevo fatto una promessa» gli disse guardandolo negli occhi, incurante del fatto che Labieno e gli altri ufficiali potessero capire poco di quello che stava dicendo, «e intendo mantenerla. Ma a patto che tu sia in grado di esaltare il coraggio e la forza dei miei uomini ovunque potrai farlo.»

Ressone si portò una mano sul cuore e si inchinò. «Sarà quello che farò, Cesare. Ma solo dopo aver raccontato a tutti le tue straordinarie capacità di comando.»

Cesare rise della sfrontatezza di quell'uomo e tornò a guardare verso la gola fra due imponenti colline, scoscese e inaccessibili come montagne, in cui era stata costruita la città nemica. Quei rilievi si innalzavano anche alle spalle della fortezza, e il solo modo per raggiungerla era uno stretto passaggio non più largo di duecento piedi, che conduceva fino a una palizzata eretta dal nemico come una barriera apparentemente invalicabile, che terminava sulla cima con pali appuntiti. Si scorgevano cumuli di pietre pronte per essere scaraventate di sotto, in caso di assalto.

«Potrebbero chiedere un incontro per discutere i termini della resa» disse Cotta, scoccando un'occhiata acida a Ressone. «Se l'hanno fatto i Nervi, è probabile che lo facciano anche questi codardi.»

Cesare ricordò quando, dopo la sconfitta dei Belgi, era giunta da lui una delegazione delle tribù vinte a chiedere la pace. Si erano dichiarati battuti e avevano ammesso di avere subito tremende perdite.

«Avevamo seicento senatori» gli aveva confessato un anziano capotribù dei Nervi, usando quel termine forse per fargli intendere meglio la carica delle persone di cui parlava, «e ora restiamo solo in tre. E di sessantamila guerrieri, che erano il vanto della nostra stirpe, ne restano meno di cinquecento, il che fa del nostro popolo un facile bersaglio per chiunque vorrà impadronirsi delle nostre terre.»

«Questo non accadrà» aveva risposto Cesare, divertito dallo sconcerto che aveva visto nascere sul volto del vecchio. «Se vi sottomettete a Roma godrete della nostra protezione, e nessuno oserà attaccarvi o portarvi via ciò che vi concedo di mantenere per voi. Altrimenti assaggerà il sapore delle nostre spade.»

Era stato clemente, ma credeva fosse la cosa giusta, vista la situazione: non poteva lasciare parte del suo esercito a governare quei territori, doveva fidarsi dei nuovi alleati o dei popoli sottomessi perché non ci fossero sorprese nel breve periodo, mentre lui completava l'opera di conquista della Gallia Belgica. Per questo aveva rasserenato gli animi dei Nervi sopravvissuti ed era ripartito alla volta dell'ultima roccaforte rimasta sul suo cammino, questa che adesso si trovava davanti.

«Hanno già fatto diverse sortite con la cavalleria» riferì Crasso, «ma li abbiamo sempre respinti con facilità. Credo siano semplici provocazioni.»

«Vogliono che attacchiamo» grugnì Sabino. «Così da poterci fare a pezzi dall'alto delle mura.»

«Per quanto si estende quella palizzata?» chiese Cesare a Considio.

«Per più di quindici miglia» rispose il capo degli esploratori. «Gira tutto intorno, salendo anche sulle montagne. Non ci sono varchi, e svettano torri di avvistamento ogni mille piedi.»

Cesare restò a osservare quella imponente fortificazione per un po', immaginando ogni possibile mossa, poi finalmente seppe cosa fare.

«Costruiamo terrapieni e tettoie difensive per arrivare fino in cima alle mura. Devono credere che cercheremo di assaltarle, per superarle con i terrapieni in diversi punti.»

«Invece cosa intendi fare?» gli chiese Labieno.

Cesare allargò un sorriso. «Ricordi quella gigantesca macchina che ti ha sempre lasciato perplesso? L'elepoli greca? È arrivato il momento di tirarla giù dai carri e innalzarla. Farà passare a quei codardi la voglia di provocarci.»

In un primo momento gli Atuatuci, ammassati sopra la palizzata nel punto da cui potevano scorgere i legionari al lavoro, avevano commentato con risate e commenti urlati a gran voce l'assemblaggio della elepoli. Uno dei Remi che combatteva per i Romani conosceva la loro lingua, che derivava da quella dei Teutoni, e aveva tradotto quel poco che era riuscito a cogliere fra le risa di scherno.

«Si chiedono perché costruiamo così lontano una simile torre, che nessuno sarà mai in grado di spostare. Men che meno...» Il soldato aveva esitato, nervoso.

«Che cosa?» lo aveva spronato Cesare.

«Sostengono che voi romani siete troppo piccoli e gracili per trascinare quel bestione fino a loro. La ritengono tutta fatica sprecata, che servirà solo a indebolirvi.»

Cesare aveva annuito, poi aveva sollecitato i suoi a intensificare le opere di costruzione della elepoli, oltre ad altre macchine da guerra che sarebbero servite per proteggere i legionari che l'avrebbero trascinata fino alle mura.

«Si accorgeranno presto di quale sia la forza dei romani» aveva mugugnato fra sé.

Una volta che la torre protetta su tre lati era stata eretta, svettava così alta da sembrare un gigante pronto ad accanirsi contro le ridicole palizzate degli Atuatuci. I carpentieri l'avevano provvista delle ruote di quattro carri, e oltre ai legionari, protetti da larghe tettoie di legno sostenute da ausiliari gallici, c'erano anche due cavalli ad aiutare a trascinarla per mezzo di grosse corde.

Quando Cesare aveva dato l'ordine, l'elepoli si era mossa in avanti con decisione, ed era stato subito chiaro che non avrebbero avuto alcuna difficoltà ad accostarla alle mura, per consentire ai frombolieri e ai lanciatori di colpire i difensori dall'alto, e poi alle legioni di sciamare oltre la palizzata per fare strage del nemico.

Come d'incanto, a dimostrazione che gli Atuatuci avevano finalmente capito ciò che erano in grado di fare, sugli spalti era sceso il silenzio.

«Lanciate!» aveva ordinato Cesare agli addetti agli scorpioni, e quelle macchine straordinarie avevano scagliato dardi grossi il doppio dei normali giavellotti da combattimento, colpendo la palizzata nemica con effetti devastanti.

Era bastato questo per scatenare il panico fra gli Atuatuci, che si erano ritirati dagli spalti mentre l'elepoli avanzava inarrestabile, sotto lo sguardo soddisfatto di Cesare.

Mancavano ancora trecento passi, tutti da compiere lungo una leggera discesa, prima di raggiungere la palizzata difensiva, quando una delle porte si era spalancata e una delegazione nemica era comparsa, chiedendo a gran voce di poter trattare la pace.

Cesare aveva dominato un rigurgito di rabbia e delusione, perché avrebbe voluto vedere all'opera quella straordinaria macchina d'assalto di cui aveva solo immaginato gli effetti, ma non poteva ignorare la possibilità di vincere la battaglia senza perdite fra le sue legioni.

Così aveva accettato di ricevere i delegati e si era fatto beffe di loro quando avevano chiesto di poter mantenere le armi, dopo avere giurato sottomissione e fedeltà a Roma. Avevano sostenuto che per loro sarebbe stata la fine, se si fossero spogliati della possibilità di difendersi dagli altri popoli con cui da anni erano in guerra, che ne avrebbero subito approfittato per annientarli.

«Gettate le vostre armi oltre le mura, tutte quelle che avete, e aprite le porte della città» aveva preteso Cesare restando all'ombra della elepoli, davanti alla quale aveva ricevuto gli ambasciatori degli Atuatuci. «A quel punto capirò se e quanto essere generoso con voi. Altrimenti, combattete e affrontate Roma.»

Intimoriti dalle sue parole e dalla presenza colossale della torre, gli ambasciatori avevano accolto le sue richieste ed erano tornati di corsa oltre la palizzata. Qualche ora dopo gli Atuatuci avevano cominciato a gettare le armi nel fossato difensivo che correva parallelo alle mura, ed erano così numerose che ci era voluta quasi tutta la giornata. Alla fine il cumulo di armi era talmente alto che pareva un terrapieno approntato per raggiungere la sommità della barriera.

«Pensi che siano davvero tutte?» gli aveva chiesto Labieno con una smorfia di sospetto, mentre le porte della città nemica venivano spalancate una dopo l'altra.

«Ovviamente no» aveva risposto Cesare dando l'ordine alle truppe scelte di avanzare, mentre le restanti legioni si schieravano all'esterno, pronte a intervenire in caso di attacco a sorpresa. «Ma glielo faremo credere.»

E così era accaduto. Cesare aveva preso possesso del grande palazzo di legno in cui risiedeva il consiglio degli Atuatuci, e aveva promesso che nessuno avrebbe osato attaccarli, adesso che godevano della protezione di Roma.

Quella sera aveva ordinato alle truppe di uscire dalla città e far chiudere le porte, adducendo come scusa per gli Atuatuci che non voleva rischiare che i suoi legionari causassero oltraggio al loro popolo, approfittando della loro posizione di forza per stuprare e fare bottino.

E quella notte stessa il tradimento del nemico si era compiuto, proprio come lui si era aspettato: una porta si era spalancata di soppiatto, e gli Atuatuci ne erano usciti armati di tutto punto, pronti a sgozzare nel sonno tutti i legionari in cui si fossero imbattuti.

Ma gli ordini delle sentinelle avevano vibrato nella notte, i fuochi erano stati ravvivati e le truppe già allertate dai tribuni erano accorse da ogni parte per stringere i nemici in un accerchiamento da cui non avevano avuto scampo.

L'indomani Labieno aveva riferito di aver contato oltre quattromila Atuatuci morti, contro solo cinquantasette legionari deceduti e una trentina feriti. Gli altri nemici sopravvissuti avevano abbandonato le armi e si erano rifugiati in città.

«Molto bene» aveva annuito Cesare respirando l'aria frizzante del mattino. «Entriamo e facciamo quanto avevamo stabilito.»

Mentre osservava dall'alto di una collina ciò che restava della fortezza degli Atuatuci e la colonna di prigionieri che si snodava per miglia, non poteva che essere compiaciuto.

«Sei un uomo di parola, Cesare» gli disse Ressone. «Mi avevi promesso un'intera città di schiavi, e questo è avvenuto.»

«Spero che tu ne sia soddisfatto» commentò lui.

«Quarantatremila schiavi in un colpo solo!» esclamò il mercante con gli occhi che risplendevano. «In tutto l'Illirico si parlerà di me!»

«Mi auguro che tu sia davvero in grado di pagarli come hai promesso.»

«Naturalmente, Cesare. E per te ci saranno ricchezze senza pari.»

Cesare sorrise. «In realtà almeno pari alle tue.»

«Ma tu hai anche il bottino di guerra» gli ricordò lo schiavista. «Tutte le ricchezze di quegli stolti che hanno provato a tradirti.»

Cesare annuì. Sapeva bene su cosa aveva messo le mani, e il monito che si sarebbe diffuso in tutta la Gallia per ciò che aveva fatto forse sarebbe valso più delle ricchezze che aveva sottratto agli Atuatuci. Ora restavano le ultime tribù minori da domare, ma per questo sarebbero servite poche legioni, forse solo la cavalleria di Crasso, che avrebbe potuto raggiungere velocemente i territori degli Unelli, degli Essuvi, dei Venti e di tanti altri popoli di cui non ricordava più i nomi, e chiedere loro sottomissione e obbedienza a Roma, pacificatrice di tutte le Gallie.

E a me, naturalmente, pensò con grande soddisfazione.

Parte quarta

17

Aquileia
56 a.C., gennaio

Quando aveva ricevuto suo nipote Quinto Pedio, figlio di sua sorella maggiore Giulia, era stato costretto a ospitarlo a cena nell'unico triclinio di cui era provvisto quell'edificio. Per fortuna il locale era esposto a sud, per raccogliere il calore del sole in quelle fredde giornate invernali, e sebbene non potessero mangiare in giardino, dalle finestrelle ricavate sulla sommità delle pareti non entrava solo aria gelida, bensì anche una bella luce capace di far risplendere i dipinti e gli arazzi che abbellivano la *domus* che gli era stata assegnata per la sua permanenza ad Aquileia.

«Perdona la frugalità di questa casa» aveva detto al nipote facendolo accomodare sull'unico letto triclinare a due posti a loro disposizione, davanti al tavolo di marmo imbandito, «ma è pur sempre meglio delle tende da campo a cui presto torneremo, quando verrai con me in Gallia.»

«Non vedo l'ora!» aveva dichiarato con foga Quinto Pedio, sospinto dall'entusiasmo della giovane età.

Cesare lo aveva voluto al suo fianco come legato, nella speranza di metterlo al comando di una legione così da accostare anche il suo nome all'impresa che lui stava conducendo in quelle terre, pur senza rischiarne troppo l'incolumità. Di questo aveva dovuto dare ampia rassicurazione a sua sorella, e sapeva bene che con Giulia c'era poco da scherzare.

Adesso, mentre gustavano il ricco pasto stando comodamente sdraiati sul letto triclinare, Cesare si disse che il nipote aveva ben poco della sorella, e in qualche modo assomigliava più a lui: osservandolo rivedeva se stesso quando, alla mercé dei pirati, era riuscito a sopravvivere in condizioni difficili, dimostrando la tempra del proprio carattere che si alimentava dell'esuberanza giovanile senza strafare.

«Che cosa mi dici della spedizione di Galba?» lo riscosse il nipote portando alla bocca un pezzo di carne e masticandolo come se nemmeno ne avvertisse il sapore. «Mentre venivo qui mi hanno riferito che ha avuto grosse difficoltà, ma alla fine è riuscito a vincere. Avrei voluto correre in suo soccorso!»

Cesare sorrise e pescò da un vassoio una mammella di scrofa intinta in salsa di tonno, che gustò con calma prima di rispondere alla frenesia contagiosa del nipote.

«Che cosa ti è stato detto?» volle sapere, sciacquandosi la bocca con un sorso del forte vino mielato che si beveva in quelle terre.

Quinto perse ogni interesse per il cibo e si tirò su, gettando i piedi fuori dal triclinio.

«So che l'hai inviato insieme alla Dodicesima nei territori dei Seduni e dei Nantuati, a nord dei confini degli Allobrogi. Doveva tenerli d'occhio, perché quelle tribù sono sempre pronte alla ribellione.»

«Non solo loro» annuì Cesare. «Anche i Veragri, che fra tutti sono i più pericolosi. Galba avrebbe dovuto svernare presso di loro, accampandosi vicino al villaggio di Ottoduro.»

«Sì, hai ragione!» esclamò eccitato il nipote. «Ma quei cani hanno visto che c'era una sola legione e una manciata di cavalieri e sono insorti!»

«Non l'hanno fatto in modo impulsivo» spiegò Cesare, che non voleva che Quinto si facesse un'opinione superficiale dei Galli, uomini fin troppo temibili per sottovalutarli. «Hanno approfittato del momento in cui alcune coorti si sono allontanate dall'accampamento per recuperare i rifornimenti. E solo dopo aver guadagnato posizioni vantaggiose sui rilievi che circondano quella valle, così da potersi scagliare contro i nostri con impeto.»

«Dev'essere stata una gran battaglia!» proruppe il nipote a occhi sgranati. «So che le fortificazioni del campo non erano ancora completate, e nonostante l'inferiorità numerica i nostri si sono difesi con coraggio.»

«Non è stato facile» confermò Cesare, che aveva ricevuto rapporti molto dettagliati da Galba. «Considera che i nostri non avevano rincalzi a cui affidarsi per far rifiatare gli uomini durante i combattimenti, mentre i Galli potevano continuamente sostituire i guerrieri stanchi con forze fresche, che premevano da ogni lato.»

«Questo rende ancora più onorevole la vittoria di Galba!» affermò Quinto Pedio afferrando una coppa di vino e svuotandola in un sorso. «So che i feriti non hanno mai smesso di combattere, dando prova di grande coraggio.»

«Il merito, più che a Galba, va dato al primo centurione della Dodicesima» spiegò Cesare.

«Sestio Bibaculo!» gridò il nipote balzando in piedi. «L'eroe della battaglia contro i Nervi!»

Per cercare di placarlo Cesare si allungò verso i vassoi con il cibo e si mise a piluccare alcune portate.

«Con lui c'era Gaio Voluseno Quadrato, un valoroso tribuno di cui avevo già potuto misurare le qualità» si decise poi a continuare, sotto la pressione dello sguardo eccitato del nipote, che sembrava rivivere davanti agli occhi gli scontri di cui si era resa protagonista la Dodicesima legione. «Il loro intervento è stato risolutivo: con una manovra di aggiramento sono riusciti ad accerchiare i Galli e li hanno costretti alla resa. Non senza prima averne decimato più di un terzo e messo in fuga i restanti.»

«Avrei voluto essere con loro» sospirò Quinto con aria sognante, lasciandosi ricadere sul letto triclinario. «Sono sicuro che sarei riuscito a ucciderne un centinaio!»

Cesare soffocò una risata grazie a un sorso di vino, e il nipote ne approfittò per aggiungere soddisfatto: «Ormai tutta la Gallia è pacificata. Hai ricacciato i Germani oltre il Reno, hai sconfitto i Galli e adesso anche i Seduni e i Vegrari sulle Alpi sono stati domati». Scosse la testa con aria delusa. «Quale gloria resta per chi arriva solo ora come me?»

Cesare fece per ribattere che la situazione era tutto tranne che pacifica, quando Sarmete entrò di corsa nel triclinio, accompagnato da due uomini impolverati.

«Cesare, ci sono ambasciatori da parte di Licinio Crasso. Non hanno voluto aspettare!»

Lui osservò accigliato i due, e riconobbe alcuni fra gli esploratori più esperti di Crasso, che lui stesso aveva inviato con la

Settima legione fra gli Andi, una tribù della costa che guardava sul mare, là dove il fiume Loira sfociava nell'oceano aperto. Sapeva che quella parte della Gallia era ancora in fermento, soprattutto a causa di un popolo, quello dei Veneti, con cui non erano ancora riusciti ad avere rapporti troppo ravvicinati, vista la loro propensione a navigare il mare e a tenersi lontani dall'entroterra, anche se non avevano rifiutato la richiesta di concedere ostaggi per dimostrare di non essere ostili a Roma. Crasso aveva inviato Quinto Velanio e Tito Sillio fra quella gente, per chiedere grano e vettovaglie, ma con l'intento forse ancora più importante di capire quale predisposizione d'animo avessero nei loro confronti.

«Lasciali passare» ordinò a Sarmete mettendosi a sedere sul bordo del triclinio. Quando lo schiavo si fece da parte, indicò con il braccio il vino e i vassoi con il cibo.

«Rifocillatevi» disse ai due. «Poi riferitemi la vostra ambasciata.»

Si limitarono a bere un sorso di vino, poi il più anziano dei due, che si chiamava Sezio, si irrigidì e parlò con voce profonda: «I Veneti hanno catturato Quinto Velanio e Tito Sillio, e pretendono di riavere indietro i loro ostaggi, per liberarli».

Cesare quasi si strozzò con il suo vino, ma prima che potesse dire qualcosa Sezio continuò: «Altre tribù hanno seguito il loro esempio».

«Chi?» volle sapere lui, con il sangue agli occhi. Per ciò che lo riguardava gli ambasciatori erano sacri: nessuno poteva ucciderli o farli prigionieri, era un atto di spregio che meritava una risposta ferma, senza pietà.

«Tito Tetrasidio era stato mandato da Crasso presso gli Unelli e gli Essuvi, e Marco Trebio Gallo fra i Coriosoliti. Sono stati entrambi messi in catene, e saranno rilasciati solo se restituiremo gli ostaggi.»

«Ma da quello che sappiamo anche altre tribù si uniranno presto, sobillate dai Veneti» intervenne il secondo messaggero. «Sono loro che stanno facendo insorgere tutti i popoli della costa, dalla Loira fino alla Senna.»

Cesare scambiò un'occhiata con Quinto Pedio, che stava ascoltando a bocca aperta.

«Che cosa sapete di questi Veneti?» si decise a chiedere a Sezio. «Avete raccolto informazioni?»

«Sì, Cesare» rispose questi. «Per fortuna Crasso aveva immaginato che sarebbero potuti sorgere problemi e aveva assoldato numerose spie. Abbiamo anche il compito di riferirti su questo.»

Dopo aver preso un lungo respiro, Cesare tornò a bere un sorso di vino.

«D'accordo» disse quando sentì di avere sbollito la rabbia. «Fatemi capire con chi abbiamo a che fare.»

«Non sappiamo granché di quella gente» si incaricò di riferire Sezio, «se non che sono un popolo fiero e battagliero, che domina tutti gli altri sulla costa grazie alla potenza della flotta. Nessuno è più abile di loro nell'arte della navigazione, tanto che si spingono continuamente fino in Britannia e in terre lontanissime, a noi sconosciute. Oltre alla flotta di cui già dispongono, sappiamo dai nostri informatori che stanno costruendo altre navi e si stanno preparando alla guerra.»

«Confidano soprattutto nella conoscenza di quei mari e di quelle coste» intervenne l'altro messaggero, di cui Cesare non ricordava il nome. «Non ci sono molti porti, e i pochi sono controllati da loro, e fortificati per resistere ad attacchi da terra.»

«Inoltre» riprese Sezio, «per un esercito non è facile muoversi tra gli estuari dei fiumi, le secche e la scarsità di granaglie di quei territori, che i pescatori della costa lasciano incolti.» Si fermò un attimo e scosse piano la testa. «In ogni caso, se anche riuscissimo a ingaggiare battaglia, quelli si rifugerebbero sulle loro navi, e per noi sarebbe impossibile sconfiggerli. L'oceano non è come il mare che conosciamo e, da quello che ci è stato detto, oltre ai Veneti anche i Britanni e una moltitudine di altri popoli costieri sono pronti a combatterci.»

«Quali popoli?» chiese con impeto Quinto Pedio. «Fate i loro nomi, così sapremo chi sterminare!»

Sezio esitò un istante, ma quando Cesare gli fece cenno di rispondere snocciolò subito i nomi degli alleati dei Veneti: «Al momento sappiamo che si stanno preparando alla guerra anche gli Osismi, i Lessovi, i Namneti, gli Ambiliati, i Morini, i Diablinti e i Menapi».

«Ma sono una moltitudine!» protestò Quinto.

Cesare l'azzittì con un cenno irritato, poi tornò a rivolgersi a Sezio: «Proprio perché sono così tanti non possiamo ignorare il pericolo che rappresentano. Né possiamo ignorare l'affronto subito dai nostri ambasciatori». Rifletté per qualche istante, rigirando fra le mani la coppa con il vino. «Conoscendo la propensione dei Galli a farsi sobillare da facili promesse di riscatto, se non sottomettiamo al più presto i Veneti e i loro alleati, il vento della ribellione si propagherà come un incendio in un campo di grano.»

«Che cosa comandi, Cesare?» gli chiese Sezio.

Lui si alzò in piedi. «Portate i miei ordini a Crasso e a Labieno» disse, mentre la sua mente pensava a grande velocità. «Prima di tutti a Labieno.» Puntò il dito verso Sezio. «È fondamentale che si diriga con la cavalleria nel territorio dei Treviri, vicino al Reno.»

«I Treviri?» s'intromise suo nipote con aria confusa.

Cesare trattenne uno sbuffo d'irritazione. «Se la notizia della ribellione si diffonde, quanto credi che ci metteranno, i Germani, ad attraversare il Reno in forze? Per non parlare dei Belgi, che sono come la crosta di una colata lavica, calma in superficie ma appena sotto fatta di fuoco in continuo movimento.»

Quinto Pedio ascoltava affascinato, e Cesare decise di ignorarlo per tornare a rivolgersi ai due messaggeri. «Labieno deve raggiungere anche i Remi e ordinare loro di tenere d'occhio il Reno. I Germani potrebbero addirittura provare a navigarlo con delle barche, pur di raggiungere il mare e da lì unirsi ai Veneti.»

«E Crasso?» gli chiese Sezio.

«Raduni una dozzina di coorti e quanti più cavalieri riesce a mettere insieme, e si diriga verso l'Aquitania» ordinò Cesare, che adesso vedeva chiaramente gli scenari che avrebbe dovuto affrontare. «Nessuna tribù gallica dell'entroterra deve aggregarsi ai ribelli. E dia l'ordine di costruire quante più navi possibile nei cantieri sulla Loira, che già Decimo Bruto ha avuto l'incarico di allestire in tempi meno sospetti.»

«Quindi avevi già immaginato tutto!» esclamò Quinto, affascinato.

Cesare si trattenne dal ribattere che in realtà aveva solo avuto in mente di provare a capire che cosa si celasse oltre il mare, in quella Britannia di cui aveva sentito parlare, e annuì.

«Bisogna essere sempre pronti a ogni evenienza» disse al nipote. «Decimo Bruto avrà l'incarico di comandare la nostra flotta» continuò tornando a rivolgersi a Sezio. «Fagli recapitare l'ordine di procurarsi navi dai Pitoni, dai Santoni e dalle altre tribù soggiogate che conoscono l'arte della navigazione e che ancora non sono state irretite dai Veneti.»

«E per gli ostaggi?» volle sapere Sezio.

Cesare si morse un labbro: era quello il vero problema.

«Per il momento possiamo fare poco» rispose. «Dite a Titurio Sabino di recarsi con tre legioni nei territori degli Unelli, dei Coriosoliti e dei Lessovi, per tenerli separati dai Veneti. A questi ultimi penseremo noi.»

Quinto Pedio scattò nuovamente in piedi.

«Andiamo laggiù!» gridò. «Tu ci guiderai alla testa di tutte le legioni!»

Cesare lo fissò, serio come non era ancora stato con lui. «Si stanno addestrando altre due legioni, la Tredicesima e la Quattordicesima. Appena sarà primavera ci muoveremo verso l'Aquitania, e poi contro le città e i porti dei Veneti.»

Mentre il nipote gridava parole di entusiasmo che lui ignorò, cercò di capire se avesse dimenticato qualcosa nei suoi ragionamenti, ma al momento non gli sembrava.

Non sarebbe stato facile avere ragione di un popolo che combatteva sull'acqua, ma già alcune idee stavano prendendo forma dentro di lui, e ben presto l'eccitazione e la smania di vedere all'opera le sue strategie presero il sopravvento su qualsiasi altro sentimento.

Come gli accadeva sempre.

18

Territorio dei Veneti
56 a.C., luglio

L'incontro con Crasso e Pompeo, avvenuto a Lucca qualche mese prima, era stato più che soddisfacente. Gli altri due triumviri si erano presentati con il sorriso sulle labbra, ma era chiaro che avessero il sangue amaro, vista la celebrazione che tutta Roma stava facendo delle sue imprese in Gallia.

D'altra parte quell'incontro privato, che non aveva nessuna valenza ufficiale per la Repubblica e per il Senato, era stato organizzato per l'ennesima spartizione di potere fra di loro, ed era ovvio che ciascun triumviro avesse cercato di far valere la propria posizione.

«Siamo di fatto un triumvirato» aveva esordito Cesare dopo aver fatto servire il vino ai suoi ospiti. «Ormai lo sanno tutti, a Roma, e non credo che qualcuno riuscirà a screditarci tanto facilmente.»

«Certo non Catone» aveva mugugnato Pompeo, che aveva già avuto modo di confrontarsi aspramente in Senato con il suo più agguerrito rivale.

«Nemmeno Cicerone, se è per questo» aveva aggiunto Crasso, con una smorfia di disgusto sulle labbra colorate dal vino. «La vostra mossa di farlo rientrare dall'esilio e riabilitarlo è servita a portarlo dalla vostra parte.»

«Dalla *nostra*» aveva puntualizzato Pompeo, con l'accenno di un sorriso sulle labbra.

Cesare si era stretto nelle spalle. «Forse possiamo smetterla di tramare nell'ombra, è ora di mettere il Senato e tutta Roma davanti alla verità dei fatti. Siamo noi che controlliamo l'Urbe, sotto ogni aspetto: politico e militare. Adesso che non abbiamo più detrattori, perché nasconderci?»

Gli altri due non avevano protestato, di fronte alla sua proposta, ma nemmeno si erano detti d'accordo, e la discussione era andata avanti per diversi giorni mentre Cesare si divertiva a vedere quanto stessero cambiando rapidamente gli equilibri di potere fra di loro e nei confronti dell'Urbe.

Dopo i successi in Gallia, e le enormi ricchezze che lui aveva accumulato (e stava ancora accumulando, visto che lo schiavista Ressone era di parola e inviava a ogni calende un forziere pieno d'oro a mano a mano che vendeva gli schiavi atuatuci), adesso era lui quello che fra i tre poteva contare sul maggior sostegno popolare; inoltre, non avendo più bisogno del denaro di Crasso o dell'appoggio militare di Pompeo, aveva margini di manovra più ampi. Cicerone se ne era accorto già da tempo, visto che gli tributava continui omaggi e gli faceva recapitare lettere in cui elogiava le sue imprese, e lui non dubitava che l'oratore gli sarebbe stato utile, quando fosse arrivato il momento di rinnovare il suo proconsolato in Gallia. Da questo punto di vista, Calpurnia era stata brava a suggerirgli di usare con lui la carota, dopo il bastone.

A riprova della popolarità che ormai godeva a Roma, c'era stata l'inesauribile processione di senatori che dall'Urbe arrivava ogni giorno agli acquartieramenti di Lucca per conferire con lui, che consideravano il rappresentante ufficiale del triumvirato.

Lucca era diventata una piccola Roma di provincia. Era la città più meridionale della Gallia Cisalpina e la più vicina all'Urbe, al di fuori del pomerio, il confine amministrativo che chiunque avesse osato varcare alla testa di uomini armati sarebbe stato considerato un nemico e un traditore. Facendo leva su tutti quei fattori che lo rendevano il più celebre fra i condottieri romani, in quell'incontro era riuscito ad abbindolare Pompeo e Crasso, rinsaldando con loro un patto di reciproco sostegno che all'apparenza li avrebbe favoriti tutti, ma che in realtà gli avrebbe permesso di ottenere i suoi scopi, primo fra tutti il rinnovo del proconsolato nelle Gallie, grazie al quale concludere l'annessione di quei territori e forse aprire nuove strade all'espansione di Roma.

A Crasso, che aveva elogiato per la sua capacità di attrarre ricchezze come una divinità, era stato affidato il compito di espandere il dominio di Roma nell'antica terra dei Parti, solleticando il suo desiderio di dimostrarsi un condottiero almeno pari a lui e a Pompeo. Ma quale gloria avrebbe mai potuto ottenere, nelle lande difficili della Partia, da sempre ostiche a Roma ma soprattutto così lontane da rendere impossibile per Crasso esercitare qualsiasi ruolo di potere in ciò che ancora restava della Repubblica?

Pompeo, invece, era stato relegato con sorprendente facilità in Spagna, con l'illusione di poter governare un territorio tanto vasto quanto prospero, che gli avrebbe portato le ricchezze di cui aveva bisogno per pareggiare i conti con lui e Crasso, ma certo non il prestigio militare di cui aveva goduto fino a quel momento. Non c'era più nessuno da combattere, in Spagna, nessun popolo da sottomettere e da saccheggiare. E una volta laggiù, per tornare a Roma Pompeo avrebbe dovuto passare sui territori del suo proconsolato, la Gallia Narbonense e Cisalpina, rendendo impossibile un colpo di mano a sua insaputa.

«Naturalmente vi appoggerò per il consolato del prossimo anno» li aveva blanditi dando loro il colpo di grazia. «E voi mi aiuterete a ottenere il rinnovo del proconsolato in Gallia attraverso l'applicazione della *lex Sempronia*, che vi permetterà di assegnare il governo delle province prima della vostra elezione.»

Quei due stolti avevano confabulato un po' fra di loro, credendo fosse lui a fare concessioni, visto che l'onore e il potere del consolato a Roma era ben più importante di qualsiasi governo nelle Province, ma non si erano resi conto della trappola che Cesare gli aveva teso.

«Se non vi chiedo troppo, e potendo anche contare sull'aiuto di Cicerone, che mi ha già confermato il suo sostegno» aveva continuato mentre i servi, su suo ordine, non smettevano di versare vino a Pompeo e Crasso, «vi chiederei di intercedere in Senato perché sia concesso uno stipendio alle mie truppe. Per me è diventato troppo oneroso sostenere da solo questa spesa. E l'autorizzazione alla nomina di altri dieci legati, che mi saranno utili in quelle lande desolate in cui è difficile far valere la grandezza di Roma.»

«Ma certo» aveva liquidato la faccenda Crasso, sventolando oziosamente una mano. «Se quel pusillanime di Cicerone ha deciso di mettersi al tuo servizio, ben venga. L'importante è che la smetta di attaccarmi ogni volta che può.»

Cesare aveva guardato Pompeo in attesa del suo assenso, ma questi sembrava più interessato a una delle sue schiave galliche, e la questione si era conclusa senza che quei due si rendessero conto delle concessioni che erano state fatte.

Con dieci legati in più al suo comando, e soprattutto con la possibilità di reclutare nuove legioni senza dover intaccare il proprio patrimonio, Cesare avrebbe potuto concludere la sua guerra di espansione in Gallia e forse guardare ancora più lontano, per acquisire tanto prestigio e accumulare tante ricchezze che nessuno sarebbe più stato in grado di fermarlo. Men che meno quei due.

Dopo aver condotto magistralmente quella trattativa, Cesare si era finalmente risolto ad affrontare il problema dei Veneti e delle altre tribù ribelli della costa gallica.

Mentre osservava dall'alto di una collina prospiciente il mare la battaglia tra la flotta guidata da Decimo Bruto e le navi nemiche, non riuscì a fare a meno di complimentarsi ancora una volta con se stesso: ora era libero non solo di sconfiggere gli ultimi Galli ribelli, ma anche di provare a cercare nuovi territori da conquistare al di là del Reno oppure oltre il braccio di mare che separava la Gallia dalla temuta Britannia.

«Cosa succede se ci sconfiggono?» lo riscosse una voce accanto a lui. Si voltò a guardare il volto congestionato dall'apprensione di suo nipote. Quinto Pedio gli era sempre rimasto accanto, in quei mesi, e dal giorno in cui lo aveva ricevuto ad Aquileia era cresciuto molto, soprattutto nella consapevolezza di quali atteggiamenti doveva tenere un comandante se voleva spronare al massimo i suoi uomini.

Eppure adesso, mentre osservava accigliato lo svolgersi della battaglia navale, sembrava tornato il ragazzino pieno di facili entusiasmi ma anche di profonde incertezze che sua sorella gli aveva inviato perché diventasse un uomo.

Cesare tornò a scrutare il mare, e le sagome delle navi che si scontravano e rincorrevano in uno strano gioco di cui era impossibile farsi un'opinione precisa, soprattutto su chi fosse in vantaggio.

«Non avevamo scelta» rispose al nipote e nello stesso tempo anche ai dubbi che non cessava mai di considerare dentro di sé. Nessun condottiero poteva ritenersi tale, se non metteva in conto la sconfitta, prima o poi. «Hai visto le città dei Veneti, no?»

Quinto si rabbuiò ancora di più. «Sì, certo, le ho viste. È sempre stato complicato espugnarle. E anche in quel caso...»

«Che cosa?» lo sollecitò Cesare, per cercare di capire quanto avesse imparato dall'esperienza diretta.

«Tu sei stato grande, Cesare, su questo non ho dubbi. Quei terrapieni che hai fatto erigere, protesi fino al mare, e muri e moli per le navi portati al livello delle città... delle opere incredibili che a me non sarebbero mai venute in mente.»

«Ma che sono servite a ben poco» lo anticipò Cesare.

Quinto sbuffò, deluso. «Quei cani non si sono mai fatti cogliere impreparati. Avevano le loro maledette navi sempre pronte, con tutti i loro averi già stivati a bordo, e non appena noi eravamo a un passo dal conquistare una delle loro città...»

«Adesso hai capito perché non dobbiamo inseguirli da un porto all'altro, bensì affrontarli in mare e sconfiggere la loro flotta.»

Quinto Pedio lo fissò con una specie di broncio.

«Non possono essere tutte così!» replicò alla fine, non riuscendo più a contenere l'indignazione.

«Che cosa? Le loro città?»

«Esatto! Quelle che abbiamo affrontato erano tutte costruite all'estremità di una lingua di terra protesa in mare, oppure su promontori impervi, con accesso consentito solo dal flusso delle maree. Avremmo potuto costruire tutte le più grandi opere d'assalto, ma non saremmo mai riusciti a coglierli di sorpresa.»

«Dunque mi dai ragione» sorrise Cesare.

«No!» sbottò il nipote. «Avremmo dovuto lasciar perdere quelle fortezze e conquistare gli altri porti, le altre città più accessibili, così da impedire a quei cani di fuggire e trovare riparo da un'altra parte!»

Cesare si passò la lingua sui denti. Ovviamente ci aveva pensato anche lui, e ne aveva parlato con i suoi ufficiali e con gli esploratori inviati per miglia lungo tutta la costa, ma alla fine la risposta che si era dato era stata chiara: i Veneti potevano essere annientati e costretti all'obbedienza solo nel momento in cui li avessero privati della loro flotta. Se Quinto Pedio non arrivava a comprendere questo semplice assioma, allora forse avrebbe fatto meglio a rispedirlo a Roma da sua sorella. O forse in Spagna, per avere qualcuno che potesse tenere sotto controllo le truppe di Pompeo e riferire con regolarità sui loro spostamenti.

«Comunque non sono uno sciocco, so cosa stai cercando di fare» riprese il nipote con tono più pacato, acquisendo una posizione più rilassata sul cavallo.

«Che cosa?» lo sollecitò Cesare.

Quinto indicò verso il mare. «Tu stai guardando oltre. Questa battaglia è importante, certo, ma non definitiva. Se perdiamo, non cambierà niente: ordinerai ai cantieri sulla Loira di produrre altre navi, il doppio di quelle che stanno combattendo adesso, e prima o poi i Veneti soccomberanno. Ma se vinciamo...»

Una luce di eccitazione e bramosia si impadronì dello sguardo del nipote: una luce che Cesare vedeva spesso riflessa nello specchio di bronzo che teneva nella sua tenda pretoria.

«Continua» gli disse, adesso attento a quello scarto che il ragazzo sembrava avere avuto all'improvviso.

Quinto si voltò a fissarlo. «Tu stai cercando di capire come dominare il mare, non solo i Veneti. Queste sono... grandi manovre. Un modo per imparare a navigare e combattere fra le onde, in previsione di chissà quale altra spedizione dovremo affrontare.» Emise una breve risata, e tornò a guardarlo eccitato. «Ovviamente io sarò con te. Alla testa di una legione!»

Per quanto sorpreso dal guizzo che Quinto Pedio aveva dimostrato, Cesare cercò di capire quanto fosse solo un'intuizione del momento oppure un pensiero più profondo. Indicò a sua volta le navi che si scontravano in mare aperto e disse: «Secondo te che cosa abbiamo imparato, finora?».

Il nipote sospirò. «Continui a mettermi alla prova, vero? Non sei certo che io sia in grado di capire quello che stai facendo.»

Anziché rispondere, Cesare si limitò a fissarlo.

«D'accordo» si arrese Quinto Pedio. «Ho seguito le indicazioni che sono arrivate dalle spie fra i Veneti, e i rapporti che ti ha fatto Decimo Bruto.»

«Intendi sulle navi nemiche?»

Quinto annuì. «Ha dato da pensare anche a me, quando ho saputo che la flotta veneta era composta da navi attrezzate in modo molto diverso da quelle che stavi facendo preparare sulla Loira.»

«Spiegati» lo sollecitò Cesare, compiaciuto della dimostrazione di arguzia che il ragazzo gli stava dando.

Quinto sventolò una mano in aria. «Le loro navi hanno le chiglie piatte, per poter affrontare le secche che circondano i porti e i flussi delle maree. Ma questo le rende meno stabili in mare aperto. E poi sono pesanti. Usano legno di rovere, che è solido ma anche massiccio, e le vele sono fatte con pelli conciate, non di lino come le nostre.»

«Molto bene» si congratulò Cesare. Non gli era sembrato che Quinto fosse mai stato particolarmente attento, durante i consigli di guerra, ma a quanto pareva si era sbagliato.

«Per questo hai fatto in modo di trascinarli in mare aperto e hai ordinato a Decimo di ingaggiare battaglia lontano dalla costa.»

«Credi che questo possa essere sufficiente per sconfiggerli?» gli chiese.

«No, naturalmente. Le nostre navi sono più leggere e più veloci, si manovrano con più facilità e dunque sono adatte allo scontro purché il mare sia calmo, però...»

«Però cosa?»

Quinto aprì un ghigno. «Tu hai capito che il solo modo per sconfiggere i Veneti è impedire loro di manovrare. Perché anche se hanno navi più pesanti, la loro abilità come marinai è di molto superiore alla nostra.» Tornò a puntare il braccio verso il punto in cui la flotta di Decimo Bruto circondava le navi nemiche. «Ecco perché hai fatto caricare a bordo tutte quelle pertiche dotate di falci sulla cima.»

Cesare rise e gli diede una pacca su una spalla. «Allora facevi solo finta di annoiarti, quando ho dato istruzioni ai fabbri.»

«In un primo momento non avevo capito il senso di quelle pertiche, ma adesso...» con il mento indicò verso il largo «le stanno usando per tagliare le cime delle vele avversarie, giusto? Così impediranno ai Veneti di manovrare le navi, e noi potremo abbordarle.»

«E quando i nostri legionari saranno corpo a corpo con quei barbari...» sorrise Cesare.

Anziché chiudere il ragionamento, Quinto scoppiò a ridere, tanto da far imbizzarrire il cavallo, che faticò a trattenere.

«Naturalmente non sappiamo se questo trucco funzionerà» cercò di riportarlo con i piedi per terra Cesare, esprimendo i suoi dubbi. «È solo un'idea che mi è venuta.»

«E a chi altri poteva venire, se non a te?» sghignazzò il nipote.

«Staremo a vedere» concluse Cesare, stringendo gli occhi per cercare di scorgere meglio quello che stava succedendo in mare. In ogni caso, doveva ricredersi su suo nipote: era più arguto di quanto avesse immaginato. E dunque era vero che forse gli sarebbe stato più utile in Spagna che in quelle terre. Anche per assicurare a sua sorella l'incolumità del nipote, che lei pretendeva di continuo nelle sue missive.

«Gli dèi, comunque, ti sono accanto» aggiunse Quinto Pedio.

Cesare lo guardò sorpreso. «Che cosa intendi?»

Il nipote si strinse nelle spalle. «La tua tattica è intelligente, ma... non ti sei chiesto che cosa sarebbe successo, se si fosse alzato il vento?» Si bagnò un dito e lo sollevò. «Invece guarda, bonaccia completa. Da quanto tempo siamo sulla costa? Mai vista una cosa del genere, c'è sempre un gran vento. Invece adesso...»

Cesare restò a guardare affascinato il dito alzato di Quinto Pedio. Non aveva pensato al vento, al fatto che le navi nemiche avrebbero potuto sfuggire alle loro, se si fosse scatenata una tempesta, o anche solo una forte mareggiata. E non si era nemmeno accorto che ci fosse quella strana bonaccia.

Che gli dèi fossero davvero dalla sua parte?

Decise che la risposta l'avrebbe data solo al termine dello scontro che si stava disputando in mare.

Immobilizzate dall'assenza di vento, le navi nemiche erano state abbordate ciascuna da almeno tre o quattro vascelli romani, e una dopo l'altra erano state assaltate dai legionari e portate sotto il controllo di Decimo Bruto.

Quella lenta ma costante progressione nel combattimento, nave per nave, era proseguita dalla quarta ora del giorno fino a quasi il tramonto, e durante tutto quel tempo nemmeno una bava di vento si era alzata a dare scampo ai Veneti.

Con l'arrivo della notte, la sconfitta del nemico era risultata completa.

«Abbiamo preso possesso di tutte le navi e dei porti principali» affermò Decimo Bruto presenziando al consiglio di guerra che Cesare aveva convocato nonostante l'ora tarda.

«Ben fatto!» sbottò Planco, congratulandosi con lui con una poderosa pacca sulla schiena.

«Il merito è stato dell'idea di Cesare» si schermì Bruto. «Le falci d'assedio sono state molto efficaci per impedire al nemico di manovrare.»

«Per non dimenticare l'aiuto degli dèi» intervenne Quinto Pedio, seduto su uno sgabello in un angolo con una coppa di vino in mano. «Avevate mai visto una simile bonaccia, su questi mari?» Vi furono dei brusii sorpresi, e molti si voltarono a scrutare Cesare di sottecchi, ma lui sollevò le mani e sorrise.

«I nostri hanno combattuto bene» disse, tornando a far scaldare gli animi. «E visto che per questa battaglia tutti i Veneti erano riuniti, credo che il problema di questo popolo possa ritenersi risolto una volta per tutte.»

Vi furono grida di incitamento e di congratulazioni, e i servi dovettero darsi da fare per versare il vino che tutti reclamavano a gran voce.

«Che cosa ne farai dei prigionieri e dei sopravvissuti?» gli domandò Fabato.

«Dobbiamo dare l'esempio a tutti i popoli della costa e della Gallia intera!» esclamò Quinto Pedio balzando in piedi. «Serve una punizione esemplare!»

Cesare lo guardò divertito. «Tu che cosa proponi?» gli chiese, mentre gli occhi di tutti erano sul nipote.

«Fai uccidere tutti i senatori più anziani, e vendi gli altri come schiavi» rispose Quinto senza esitare. «Degli altri poco importa quale sorte subiranno, anzi potrebbero servirci vivi per lavorare per noi. Di certo non avranno più nessuna voglia di ribellarsi.»

Un coro di grida di approvazione fece comprendere a Cesare che il ragazzo che smaniava per distruggere il mondo era cresciuto abbastanza da poter onorare il nome che portava.

«Molto bene» disse, «faremo come proponi. Ma non dimentichiamo che la situazione non è ancora stabile. Voglio che mandiate messaggeri da Sabino e da Crasso, per capire cosa sta succedendo con gli Unelli e con i popoli dell'Aquitania.»

«Ci penso io» assicurò Considio finendo d'un fiato il vino e correndo a dare gli ordini.

Cesare respirò a pieni polmoni l'aria frizzante che aleggiava in quella tenda: aria di vittoria, e di nuovi grandi trionfi che presto avrebbero accresciuto il suo prestigio a Roma.

19

Gallia del Nord
Territorio dei Menapi
56 a.C., settembre

Non era mai stato così a settentrione, e quando aveva intrapreso la lunga marcia fino a quelle zone sperdute a nord dei territori dei Nervi e degli Eburoni non aveva idea di chi avrebbe dovuto affrontare. Da quello che gli era stato riferito, quei popoli, ormai fra gli ultimi a impugnare ancora le armi contro Roma, non avevano mai ricevuto ambasciatori con cui trattare la pace e, quando lui aveva inviato esploratori, questi non avevano più fatto ritorno.

Non erano riusciti dunque a raccogliere informazioni attendibili su ciò che li aspettava, e adesso che finalmente si trovavano in quelle lande desolate, in cui di notte l'aria gelava, nonostante fosse ancora estate, la situazione si rivelava molto complessa.

Cesare aveva immaginato di condurre una guerra rapida ed efficace, abbattendo qualsiasi fortezza si fosse frapposta al loro cammino, e non aveva dubbi che le sue legioni avrebbero potuto avere ragione facilmente di quegli stolidi guerrieri che combattevano a petto nudo, con i corpi dipinti da iscrizioni tribali.

Invece... le cose si erano rivelate molto diverse.

«Non l'avrei mai detto, ma sono astuti. Evidentemente hanno imparato da quello che è successo ai Nervi e agli Atuatuci, e adesso se ne stanno rintanati in attesa che andiamo a stanarli.»

A parlare era stato Sabino, che dopo avere risolto i problemi con gli Unelli, gli Aulerci, gli Eburovici e i Lessovi si era unito a Cesare con tutte le sue legioni per quella spedizione ai confini della Gallia conosciuta.

«Sfruttano il territorio» aggiunse Vatinio, che la permanenza in Gallia aveva reso più asciutto e robusto nella muscolatura. Il legato non sembrava rimpiangere le comodità di Roma, e quando Cesare si era ritirato ad Aquileia aveva chiesto di restare negli acquartieramenti fra gli Allobrogi, dimostrando una certa propensione per la vita militare.

«Le foreste da queste parti sono impenetrabili» concordò Considio. «E spesso sono infestate da paludi che si possono attraversare solo conoscendo i punti esatti in cui passare. Se ci addentriamo là...»

Cesare osservò per l'ennesima volta la barriera grigioverde della foresta davanti a loro, dove sapeva che i Menapi e i Morini erano nascosti insieme a tutti i loro averi. Avevano abbandonato le città e i villaggi e si erano rintanati in quel mondo vegetale che avrebbe assicurato loro il sostentamento di cui avevano bisogno, e una protezione formidabile contro l'avanzata delle legioni.

«Potenziamo le fortificazioni, scaviamo i fossati e predisponiamo servizi di vedetta» ordinò con un profondo senso di malessere. Non si fidava di chi si nascondeva e preferiva gli agguati allo scontro in campo aperto.

«Lo stiamo facendo» garantì Vatinio. «Ma non credo che usciranno da quella foresta. Non gli conviene attaccarci.»

Cesare prese un lungo respiro, riempiendosi i polmoni dell'aria frizzante portata da un vento impetuoso.

«Può darsi» sibilò, «ma non voglio farmi cogliere impreparato.» Detto questo si voltò verso Quinto Pedio, che stava confabulando con alcuni cavalieri giunti poco prima. «Notizie da Crasso?» gli chiese.

Il nipote congedò i messaggeri e lo raggiunse di corsa.

«L'Aquitania è stata domata» riferì. «Crasso ha ottenuto ostaggi da tutte le tribù ribelli, e garantisce che la situazione è sotto controllo.»

«Molto bene» annuì Cesare. «Allora non ci resta che trovare il modo per stanare questi ultimi cani rivoltosi e fare ritorno in climi più salubri.»

«Dobbiamo fare in fretta» disse Vatinio con aria preoccupata. «Le scorte d'acqua si stanno esaurendo, e qui intorno ci sono solo paludi malsane. Sarebbe rischioso inoltrarci nelle foreste per cercare dei torrenti.»

Cesare lo fissò sorpreso. «Perché nessuno mi ha detto nulla? Fammi vedere.»

Vatinio gli fece segno di seguirlo, e in breve tempo raggiunsero alcuni carri su cui erano stipati i barili con le scorte d'acqua e le anfore piene di posca, la bevanda realizzata aggiungendo aceto all'acqua perché restasse potabile più a lungo.

«È l'acqua per gli animali che mi preoccupa» disse Vatinio facendo segno ad alcuni legionari di scaricare uno dei barili e aprirlo. «Guarda tu stesso.»

Cesare si avvicinò al barile e osservò l'acqua torbida che aveva una patina verdastra in superficie. Vi intinse un dito e lo passò sul bordo del barile. Quando lo ritrasse, era verde di alghe.

«Com'è possibile?» chiese. «Abbiamo fatto rifornimento non più di qualche giorno fa.»

«I cavalli hanno bisogno di molta acqua» gli ricordò Vatinio, «e abbiamo fatto l'errore di rimpinguare le scorte attingendo a un fiumiciattolo che scorreva poco distante dalle paludi. Sembrava acqua pura, invece...»

Cesare strinse i denti, ben sapendo quale problema fosse l'acqua per le legioni, ben più importante del cibo. Per questo cercavano di marciare sempre in prossimità di fiumi o torrenti, ma in quelle maledette terre la putrefazione dilagava dalle paludi anche nelle acque in movimento.

«Quanto dureranno le scorte?» chiese indicando la lunga fila di carri con i barili e le anfore.

«Se gli uomini bevono posca, non avranno problemi» rispose Vatinio. «Ma gli animali... loro hanno bisogno di acqua fresca. Rischiamo di restare senza entro pochi giorni.»

«Allora dobbiamo cercare un fiume o un torrente, e nel frattempo trovare il modo per ingaggiare il nemico. Non possiamo più aspettare.»

«Mando gli esploratori» annuì Vatinio.

«Fallo subito. Intanto troviamo un buon punto per accamparci. Sono sicuro che quei cani ci stiano osservando. Non devono capire che siamo in difficoltà, anzi devono credere che siamo tranquilli e sicuri di noi stessi. Persino distratti.»

«Vuoi indurli ad attaccare?»

«Almeno a provarci...»

L'occasione arrivò all'improvviso, con una di quelle sortite che Cesare aveva immaginato nelle sue notti insonni e per cui aveva cercato di prepararsi, conoscendo l'attitudine dei Galli alle imboscate e agli assalti scoordinati, quasi sempre dominati dalla rabbia e dall'impeto.

Come già era accaduto l'anno prima nella difficile battaglia contro i Nervi, i suoi uomini vennero attaccati mentre erano al lavoro per fortificare l'accampamento che avevano predisposto nella valle prospiciente la zona delle paludi, la cui specificità non era stata compresa da nessuno di quei barbari ignoranti.

Mentre arrivavano dalle foreste e dai sentieri percorribili fra le paludi che solo loro conoscevano, Cesare li osservava soddisfatto, nascosto insieme a due legioni e ad alcune torme di cavalleria nei boschi alle pendici di alcuni rilievi che contornavano la valle in cui avevano allestito l'accampamento. C'era persino un piccolo torrente che gli esploratori avevano trovato per caso, grazie all'aiuto della dea Fortuna, e che aveva consentito loro di sostituire l'acqua contaminata per abbeverare cavalli, muli e buoi.

Agli uomini impegnati nei lavori delle fortificazioni, che erano lì per fare da esca, era stato raccomandato di fingere panico e confusione fino all'ultimo, e di raccogliere le armi già pronte e nascoste nei fossati solo quando il nemico non fosse più stato in grado di fermare lo slancio dell'attacco.

«Avevi ragione» mormorò Quinto Pedio accanto a lui, con un sussurro pieno di meraviglia. «Non abbiamo aspettato invano.»

In effetti era da diversi giorni che lui imponeva alle legioni di inscenare quella farsa, nella speranza che finalmente i Menapi e i Morini cadessero nella loro trappola e decidessero che era arrivato il momento di mettere fine al dominio di Roma sulle loro terre. Li vedeva correre urlando, convinti di poter fare strage dei suoi uomini, e non si rendevano conto che tutto era stato preparato per accoglierli in un abbraccio mortale.

«Fate come stabilito» ordinò ai suoi legati e ai comandanti della cavalleria. «Non voglio sentire corni o tube, né un solo grido di battaglia. Piomberemo addosso a quegli stolti con il silenzio della morte.»

In risposta i suoi luogotenenti si batterono il braccio sulle loriche e senza aggiungere altro si diressero ciascuno dai propri uomini. Dalla valle provenivano le grida dei Galli, e il suono lugubre dei *carnyx*, i giganteschi corni che dovevano incutere terrore nel nemico; nel loro slancio stavano quasi per raggiungere i primi fossati di contenimento, dove i legionari al lavoro avevano abbandonato gli attrezzi di scavo per prendere le armi.

«Adesso!» gridò Cesare sollevando la spada e lanciandosi in avanti, insieme a una decina di guardie che lo stringevano in un cerchio protettivo.

Il suo ordine si propagò all'istante, e da tutti i rilievi che circondavano la valle le legioni uscirono allo scoperto, riversandosi dall'alto sui fianchi e la retroguardia dei Galli, che nel frattempo erano stati ingaggiati dagli uomini preposti a fingere di lavorare alle fortificazioni, tutti veterani degli ultimi anni di guerra guidati dal centurione Bibaculo.

Travolto dall'euforia della battaglia, con il vento che lo sferzava in viso e il frastuono degli zoccoli dei cavalli e di migliaia di uomini in corsa, Cesare quasi non si rese conto del momento in cui arrivarono a contatto con i primi Galli, sul fianco sinistro del loro schieramento.

Non seppe distinguere se fossero Menapi o Morini, ma questo importava poco. Sembravano tutti demoni urlanti, dei giganti a petto nudo e con braghe dalle tinte cupe, sporche come le paludi da cui erano usciti. Facevano impressione, se ci si lasciava suggestionare dai dipinti tribali sul corpo e dalle smorfie truci con cui affrontavano i loro avversari, ma in realtà fu presto evidente che non avevano nessuna organizzazione: si limitavano a lanciarsi in avanti mulinando le spade, sbarazzandosi dello scudo non appena ne restavano intralciati, e anche se continuavano a combattere nonostante le ferite, sembravano avere un solo scopo: morire in nome dei loro oscuri dèi, portando con sé il maggior numero di nemici.

Eppure questo non solo non accadeva, perché i legionari sapevano aiutarsi a vicenda e coprirsi dagli attacchi grazie a manovre ben concertate, ma causava una vera e propria strage di quegli stolti, tanto coraggiosi quanto inutilmente votati alla più stupida delle morti.

Sentendo l'eccitazione salirgli agli occhi, insieme all'odore del sangue, del cuoio e del sudore, Cesare si tuffò nella mischia mulinando la spada, circondato dalla testuggine della sua guardia come un ariete che sfonda una parete di giunchi.

Per un momento non distinse dei veri e propri avversari: c'erano solo braccia, torsi nudi ricoperti di sangue, ferro che scavava solchi e procurava morte. Avvertì un paio di volte la pressione delle sue guardie del corpo, che lo trascinavano verso obiettivi isolati, che venivano messi in condizione di combattere senza scudo, a volte persino senza spada; ma non se ne curò, limitandosi a infilzare quei corpi con una rabbia che gli faceva frizzare le narici in cui si accumulavano le particelle di sangue in sospensione nell'aria, che avvertiva anche in bocca e giù per la gola.

Colpì, si difese con lo scudo da alcuni fendenti portati da demoni rivestiti di fango e sangue, e gridò ordini ai suoi uomini anche se non ce n'era bisogno: ogni manipolo era una squadra perfettamente addestrata che sapeva come muoversi e come ruotare all'istante verso il nemico più vicino, mostrando sempre un fronte compatto di scudi e spade.

Quando alla fine non riuscì più a sollevare la daga per il dolore che sentiva ai muscoli del braccio e della schiena, Cesare si fermò ansimando e si sostenne appoggiando le mani sulle ginocchia. Restò fermo in quella posizione per un po', avvolto da una cortina protettiva di scudi, poi si rialzò e fece segno alle sue guardie di farsi da parte, perché voleva capire quello che stava succedendo.

«Abbiamo vinto» gli rivelò Furio Lavieno guardandolo con un ghigno esaltato. Aveva perso l'elmo, una profonda ferita gli tagliava in due un sopracciglio e aveva la lorica lorda di sangue, certamente non solo suo, eppure era eccitato e soddisfatto.

Cesare sputò un bolo di sangue che aveva in bocca da troppo tempo, e si accorse solo in quel momento di avere un labbro spaccato. Ricordò il gigante che era riuscito a farsi largo fra la testuggine che lo proteggeva e lo aveva colpito in faccia con l'elsa della spada; probabilmente era stato quel colpo a ferirgli il labbro, ma sul momento lui non se ne era accorto: aveva reagito d'istinto, spostandosi di lato e affondando la daga in avanti, verso il ventre tatuato del gigante che ringhiava come un ossesso, mentre respingeva l'attacco simultaneo di tre legionari.

La sua spada era affondata senza incontrare resistenza, e le viscere del guerriero si erano riversate sul terreno fangoso; eppure il gigante non aveva smesso di combattere. Aveva colpito Lavieno alla testa, facendogli saltare via l'elmo, poi aveva afferrato per il collo un legionario e aveva cominciato a strangolarlo con una mano, mentre con l'altra cercava di abbattere chiunque gli capitasse a tiro.

Stordito dal colpo ricevuto, Cesare aveva provato a tenersi a distanza, ma all'improvviso si era visto comparire davanti il ghigno feroce del gigante, che sembrava pronto a ucciderlo a morsi. Era durato solo un istante, poi Lavieno gli aveva spaccato il cranio con un fendente tanto preciso quanto poderoso, e il bestione era crollato a terra.

Adesso, mentre si guardava intorno, comprese che la vittoria era stata netta, come sosteneva Furio, eppure vedeva migliaia di nemici correre verso le foreste e le paludi, per tornare a rintanarsi nei loro antri inaccessibili.

«Dobbiamo inseguirli!» proruppe la voce di Sabino poco lontano.

«No!» lo bloccò subito Cesare, tornando rapidamente in sé. «Non servirebbe a niente, e quelle foreste per noi sarebbero una trappola mortale.»

Mentre i feriti venivano soccorsi e si faceva il conto delle perdite, gli ufficiali si radunarono intorno a lui. Sarmete era accorso dalle retrovie con una bacinella d'acqua pulita e un panno, e Cesare ne approfittò per ripulirsi dal sangue e tamponare la ferita al labbro.

«Che cosa facciamo, adesso?» gli chiese Vatinio, che come tutti era ricoperto da una patina di sangue che gocciolava sul terreno.

Cesare scrutò la boscaglia inaccessibile e la forma della valle, e prese una decisione.

«Abbattete tutti gli alberi che potete, per almeno cento passi in ogni direzione. Poi accatastate i tronchi e formate una barriera, in modo che nessuno possa più uscire da quelle foreste senza essere costretto ad aggirare le montagne.» Bevve un sorso di vino da una coppa che gli porgeva un altro servo, e sentì che le energie gli stavano tornando. «Nel frattempo mandate squadre di esploratori e di ausiliari. Devono cercare di raggiungere quanti più nemici possibile, verificando i loro percorsi e cercando di distruggere vettovagliamenti e salmerie. Non serve che ingaggino battaglia. Dobbiamo costringerli ad allontanarsi verso nord, oltre la Mosa e il Reno.»

«Dovremmo bruciare i campi e i villaggi rimasti incustoditi» si fece avanti Quinto Pedio, ostentando con orgoglio la ferita che aveva su una spalla e che un servo stava cercando di ricucirgli. Se non si fosse infettata e suo nipote fosse sopravvissuto, la cicatrice avrebbe segnato il suo ingresso nel mondo degli adulti più di qualsiasi cerimonia a cui avrebbe potuto partecipare nell'Urbe.

«Occupatene tu» gli disse Cesare. «Devastate le campagne e radete al suolo qualsiasi edificio troviate. Non date modo a quella gente di fare ritorno tanto presto in questi luoghi.»

Gli ufficiali si dispersero e lui poté tornare insieme a Sarmete e a Lavieno nella tenda di comando. Non erano riusciti a ridurre all'obbedienza i Menapi e i Morini, ma di sicuro se ne sarebbero rimasti a leccarsi le ferite per parecchio tempo.

«Dobbiamo consolidare i confini sul Reno» disse a voce alta, parlando con se stesso ma rendendosi conto che sia Lavieno sia Sarmete ascoltavano con interesse «e impedire che ci siano nuove ribellioni fra i popoli che hanno sostenuto i Veneti.»

«Gli Aulerci e i Lessovi» disse Furio, dimostrando di avere

ben presente lo scenario della guerra. A quanto pareva, i suoi interessi andavano oltre le preoccupazioni per l'incolumità del suo comandante, e questo gli fece piacere.

«Sì» confermò Cesare, dandogli una pacca sulla spalla. «Terminiamo i lavori qui, lasciamo una guarnigione a presidiare il campo, poi portiamo le legioni a svernare fra quella gente. Aulerci e Lessovi, se non vorranno patire conseguenze ben più gravi di quelle che si aspettano, dovranno garantire il sostentamento di tutti i nostri uomini.»

«E delle donne» intervenne a sorpresa Sarmete. Cesare si fermò a guardarlo, e il servo continuò, stringendosi nelle spalle: «Immagino che prostitute e contadine verranno da tutta la Gallia, per allietare l'inverno dei nostri legionari. Servirà cibo anche per loro».

Cesare scoppiò a ridere, seguito da Lavieno e dallo stesso Sarmete, e finalmente si rimise in cammino, non desiderando altro che di potersi sdraiare per farsi massaggiare il corpo dolorante.

Parte quinta

20

Gallia del Nord
Valli della Mosa e del Reno
55 a.C., giugno

Non c'era niente di più eccitante, per lui, dell'odore della conquista. Era un afrore che avvertiva nell'aria, e che si alimentava della tensione che innervosiva gli uomini e faceva sbuffare i cavalli.

Mentre contemplava il punto sul Reno che era stato individuato dai suoi uomini come il più adatto per costruire il ponte, Cesare si rendeva conto che c'era anche un altro aspetto che gli faceva desiderare di trovarsi in quelle lande sperdute, così lontano dalle comodità di Roma eppure così vicino ai sogni di gloria che lo avevano sempre posseduto: la possibilità di compiere imprese grandiose, capaci di annichilire il nemico per la sorpresa e l'incredulità, dimostrando che le sue legioni erano in grado di sopraffare qualsiasi forza ostile.

Ormai erano i fatti a parlare per lui, e anche se ancora non era soddisfatto delle prodezze che poteva mettere in campo e di cui tutta l'Urbe avrebbe parlato con meraviglia, era chiaro che mai nessun condottiero romano aveva fatto segnare un tale numero di vittorie in così poco tempo, contro avversari così feroci e temibili come i Galli, i Germani e persino i Veneti, navigatori abilissimi.

Il ponte che intendeva costruire, che a molti dei suoi legati sembrava una follia, avrebbe consacrato per sempre il suo nome fra le gesta dei più grandi condottieri di Roma, e il Senato sarebbe stato costretto a tributargli ben più che qualche giorno di celebrazioni.

Quando gli tornarono alla mente Pompeo e Crasso, non trattenne una risata. Quei due sciocchi gli avevano fatto ottenere un nuovo proconsolato pensando che non ci sarebbe stata occasione migliore per liberarsi di lui: come poteva sperare di continuare a combattere, a spingersi sempre più a nord in quei territori selvaggi, senza restare gravemente ferito, o addirittura ucciso? E tutto questo mentre loro erano al potere, forti del consolato. Sputò per terra, mentre le grida dei carpentieri si levavano in quella giornata pervasa da una foschia leggera.

Pompeo e Crasso avevano fatto male i loro conti, perché lui aveva ben altre mire: voleva restare vivo, e conquistare tanto prestigio e ricchezze che nessuno a Roma avrebbe più potuto opporsi al suo volere. Il che avrebbe trasformato il triumvirato nel comando di un solo uomo, al di sopra del Senato e di qualsiasi autorità dell'Urbe.

Ma prima doveva conquistare nuova gloria, e quello che era accaduto all'inizio dell'estate, quando gli Usipeti e i Tencteri avevano attraversato il Reno in forze per sfuggire alle vessazioni degli Svevi, il più numeroso e feroce fra i popoli germanici, gli aveva ispirato la strategia da seguire, che sarebbe terminata con la costruzione di quel ponte, un'opera grandiosa non solo fine a se stessa, come lamentava qualcuno dei suoi ufficiali, ma capace di sbalordire il nemico, dandogli modo di ostentare la propria grandezza.

«Non sarà facile» lo riscosse una voce accanto a lui. «Le acque del fiume sono impetuose e gelide, nonostante l'estate.»

Cesare si voltò a guardare Vatinio, che lo aveva raggiunto in quelle terre inospitali dopo un lungo soggiorno a Roma, dove aveva dovuto risolvere alcuni problemi legati proprio all'elezione di Pompeo e Crasso a consoli. Si era perso le ridicole trattative con gli ambasciatori delle tribù germaniche degli Usipeti e dei Tencteri, che pensavano di poter sfruttare l'eterna indecisione dei Galli per sobillare rivolte e impedire a lui e alle sue legioni di spingersi fino alle valli della Mosa e del Reno, là dove erano stati ricacciati l'estate prima i Menapi e i Morini, e dove era evidente ci fosse il maggior fermento fra tutte le popolazioni del Nord, che spingevano per scendere nei territori più fertili della Gallia, sospinti dalla ferocia degli Svevi.

«Quel fiume è come il mio animo» rispose a Vatinio indicando il tracciato sinuoso del Reno. «Scorre impetuoso, e per quanto si cerchi di fermarlo non si può fare altro che provare ad attraversarlo a rischio della propria vita.» Fece una breve pausa, poi allargò un sorriso. «Oppure scavalcarlo con un'opera che lascerà tutti a bocca aperta.»

Publio Vatinio annuì sorridendo.

«Spero non ci vorrà troppo tempo» aggiunse poi. «Odio il clima di queste terre, soprattutto dopo essere stato di nuovo nell'Urbe.»

«Facci caso, amico mio: come sei tornato a Roma? Da uomo nuovo, più forte, più determinato, avvezzo ad avere a che fare con nemici giganteschi dal corpo nudo. Non ti sono sembrati piccoli e insignificanti i nostri pallidi senatori?»

Questa volta Vatinio scoppiò a ridere. «Tutti tranne uno» rispose. «Catone. Sembrava un cane alla catena, pronto a sbranarmi in ogni istante, se si fosse liberato.»

«Lascialo abbaiare al vento» lo tranquillizzò Cesare. «Ormai non può più fare nulla per arrestare le acque del fiume. Il *mio* fiume.»

«Ha provato a mettere in discussione la tua campagna contro i Germani, evidenziando il fatto che la nostra cavalleria sia stata sbaragliata da poco meno di mille avversari.»

Cesare fece una smorfia, al ricordo. «Avevamo fatto degli accordi, non doveva esserci nessuno scontro. Invece quei cani hanno attaccato a tradimento, e l'hanno fatto combattendo come mai si era visto prima.»

«Che cosa intendi?»

«I loro cavalieri attaccavano i nostri, ma anziché combattere sui cavalli dopo un po' balzavano a terra e si avventavano a piedi. La cosa assurda è che i loro animali restavano fermi al loro posto, in attesa che tornassero a cavalcarli dopo aver squarciato il ventre dei nostri. È così che ottocento di quei cani sono riusciti a sbaragliare cinquemila dei nostri.»

«Ma perché Catone sostiene che anziché combattere hai usato il sotterfugio per ottenere la resa da Usipeti e Tencteri?»

Cesare sventolò una mano nell'aria. «Dopo quello scontro a tradimento ero pronto a muovere le legioni, ma quegli sciocchi, anziché prepararsi a combattere, forti dei loro quattrocentotrentamila guerrieri, hanno mandato una delegazione a parlare con me. Sono arrivati a testa bassa e hanno chiesto scusa, come dei veri codardi.»

«Per questo li hai fatti imprigionare?» Adesso Vatinio sembrava sorpreso, perché forse non si era aspettato che Cesare confermasse le accuse sollevate da Catone.

«Il loro era solo un trucco per prendere tempo» rispose. «Il grosso della cavalleria dei Germani era da tutt'altra parte, a riscuotere tributi e a rastrellare viveri per l'esercito. Quegli ambasciatori cercavano di convincermi a discutere le condizioni della pace in attesa che altri sessantamila cavalieri si unissero al loro esercito, per poi tradirci di nuovo.»

Vatinio adesso sembrava impressionato. «Qualcuno ha cercato di difenderti con questi argomenti, ma confesso che le tue motivazioni non erano molto chiare. E Catone ne ha subito approfittato per gettare discredito su di te e sulle tue imprese.»

«Oh, lo so bene» confermò Cesare. «Per questo abbiamo bisogno di attraversare il Reno, dopo che Usipeti e Tencteri sono stati sconfitti, seppure con l'inganno. E non dimenticare gli Ubi, che continuano a chiedere aiuto contro le sopraffazioni degli Svevi. Ci hanno mandato ambasciatori e ostaggi, e la loro fedeltà sembra abbastanza solida da consentirci di provare l'impresa: essere i primi romani a varcare il confine del Reno e far capire ai Germani ciò che siamo in grado di fare. Adesso presidiamo tutti i territori a sud del Reno, e nessuno potrà più permettersi di valicare il confine senza la nostra autorizzazione.» Aprì un sorriso soddisfatto. «Credo che questo basterà per azzittire quel cane rognoso di Catone.»

Vatinio restò a fissarlo con una strana espressione. Che cosa c'era, nei suoi occhi, oltre ad ammirazione e rispetto? Si ripromise di comprendere meglio, magari quella sera stessa, al caldo della tenda pretoria con la compagnia di qualche coppa di buon vino speziato e un paio di serve germaniche su cui già aveva messo gli occhi.

«Tu non vuoi combattere contro gli Svevi, vero?» gli chiese alla fine il suo legato. «Vuoi andare dall'altra parte, far capire ciò di cui Roma è capace, ma non condurrai una campagna di conquista.»

«Tu lo faresti?» ribatté Cesare. «Pensaci bene. Non solo per la forza degli Svevi, ma perché per raggiungerli dovremmo attraversare miglia di territorio ostile, lasciando presidi per garantirci una via sicura per il ritorno in Gallia, il che sguarnirebbe ulteriormente le legioni. E se anche conquistassimo alcune di quelle terre.... che cosa potremmo mai farcene? I Germani continuano ad abbandonarle, invadendo la Gallia per trovare risorse che da loro non esistono. Per che cosa, dunque, dovrei sacrificare i nostri uomini?»

Tornò a guardare i legionari che si erano messi all'opera per scavare le prime fondamenta per il ponte, sul lato meridionale del fiume.

«Adesso pensiamo ad attraversare il Reno» aggiunse. «E facciamolo in modo che tutto il mondo ne parli. Poi quello che troveremo dall'altra parte, in quei territori selvaggi e per noi ancora inesplorati, rientrerà nel novero delle opportunità. Da cogliere o meno.»

Vatinio non aggiunse nulla, e insieme restarono a scrutare le acque agitate del fiume e ad ascoltare le grida dei centurioni che coordinavano il lavoro dei carpentieri.

Ci vollero solo dieci giorni per costruire quell'opera imponente e del tutto avulsa dal mondo che la circondava. Cesare profuse parole di elogio agli uomini ed elargì un premio in sesterzi che Fabato, il prefetto monetario, fu incaricato di distribuire attingendo alle casse personali del proconsole.

Quando Bibaculo, il primipilo incaricato di sovrintendere ai lavori, gli aveva descritto come avrebbero costruito il ponte, mostrandogli alcune tavolette su cui erano stati tracciati i disegni di alcuni fra i carpentieri più esperti dell'esercito, lui aveva solo potuto ascoltare ammirato, rendendosi conto di quanto fosse all'avanguardia la capacità di Roma di superare qualsiasi ostacolo.

«Nel punto che abbiamo individuato per erigere la struttura il fiume è largo circa duecento cubiti, e profondo due. La forza delle acque è davvero impressionante, ma crediamo di poterla sfruttare per dare sostegno al lavoro dei carpentieri.»

Cesare lo aveva guardato sorpreso, e Bibaculo aveva continuato indicando con il dito i disegni sulla tavoletta: «Caleremo delle travi spesse un piede e mezzo e appuntite alla base qui e qui, vedi? Dove ci sono queste rocce che affiorano, e che serviranno a puntellare i primi sostegni del ponte. Poi le metteremo ancora qui e qui, piantandole nel fondo grazie all'uso di magli. Saranno congiunte fra di loro a due a due, con un intervallo di due piedi fra ciascuna coppia».

«Perché non sono dritte?» aveva chiesto Cesare notando quel particolare, che però poteva essere un semplice errore nel tracciare il disegno sulla cera.

«Abbiamo pensato che così possano resistere meglio all'impeto delle acque, soprattutto quelle inclinate controcorrente» aveva risposto Bibaculo, con estrema competenza. «Poi sopra le coppie di travi, quando saranno stabili, ne metteremo altre larghe due piedi ciascuna, assicurandole con corde e arpioni a ogni estremità, per dare stabilità ma anche la necessaria elasticità per alleggerire la pressione del fiume.» A quel punto aveva allargato uno dei suoi rari sorrisi di compiacimento. «Come vedi, posizionate in questo modo non solo sosterranno tutta l'impalcatura superiore del ponte, dove costruiremo il passaggio per gli uomini e per i carri, ma quanto più sarà forte lo scorrere delle acque, tanto più strettamente saranno tese le funi che le tengono insieme.»

A quel punto Cesare smise di seguire i particolari tecnici che Bibaculo continuava a descrivere, preoccupandosi invece di osservare il ponte nel suo insieme. Era un'opera davvero grandiosa, e adesso che poteva vederla completata, stagliata sopra le acque ruggenti del Reno come se fosse stata edificata da qualche oscura divinità di quelle terre selvagge, si rendeva conto che nessuno avrebbe potuto dubitare della potenza di Roma.

Cesare aveva dato ordini precisi ai comandanti degli esploratori: dovevano cercare di individuare eventuali eserciti nemici e tornare subito a riferire; se però veniva scoperta qualche spia degli Svevi la si doveva ignorare, lasciando che osservasse tutto quello che stavano facendo e andasse poi a riferire ai comandanti dei barbari.

«Siamo pronti ad attraversare» arrivò ad avvisarlo Vatinio.

«Avete organizzato i presidi ai due lati del ponte?» gli chiese Cesare.

«Naturalmente» garantì Vatinio. «Bibaculo sostiene che, in caso di emergenza, sarebbero in grado di abbattere il ponte in pochissimo tempo.»

«Molto bene» si congratulò lui spingendo lo sguardo verso est, là dove il Reno sbucava in mare, in quell'oceano altrettanto misterioso rispetto ai territori dei Sugambri e degli Svevi che stavano per attraversare. «Muoviamoci!» ordinò poi, pervaso da una eccitazione crescente. Sentiva di avere già fatto tutto quello che poteva, per far cantare il suo nome per le strade dell'Urbe e indurre i Germani a scendere a patti; e quello sguardo verso il mare gli aveva ricordato su quali altre strade si era già protesa la sua mente: un'isola, una terra selvaggia abitata da popoli ancora più oscuri e cruenti dei Germani, dal nome di Britannia. Ormai si trovavano a poche miglia dalla costa, e dopo aver dato la sua dimostrazione di forza a nord del Reno, nulla gli impediva di raggiungerla, là dove già da tempo aveva ordinato di ammassare alcune navi della flotta di Decimo Bruto per tentare una nuova, straordinaria impresa.

Sarebbe stata l'ennesima dimostrazione delle sue capacità, più che una campagna di conquista, visto che l'estate era ormai tarda e quel mare diventava troppo pericoloso, in quella stagione; ma per Roma, per i cani sciolti come Catone che ancora osavano criticare il suo operato, sarebbe stata un colpo di maglio calato sulle loro teste, che avrebbe messo in ombra anche i due consoli che pensavano di avere più forza, più prestigio, più onori e più consenso di lui.

Con un sogghigno tornò a guardare il ponte sul Reno e si rese conto che anche quell'opera straordinaria era in realtà ben poca cosa, di fronte alle prospettive che si aprivano alla sua mente.

«Fin dove dobbiamo spingerci?» gli chiese Vatinio mentre il frastuono dei cavalli, dei carri, dei legionari che attraversavano il ponte, la cui solidità non sembrava risentire di tutto quel carico, si alzava nell'aria insieme al ringhio irritato del fiume, che si vedeva scavalcato in quel modo.

«Avanziamo per una ventina di miglia, non di più» ordinò, spiegando ciò che aveva elaborato in quei giorni di febbrile attesa mentre il ponte veniva costruito. «Voglio che siano incendiati tutti i casolari e tutte le costruzioni che incontriamo, e raccolte le messi nei campi, non importa se non sono ancora mature. Dobbiamo fare terra bruciata, e organizzare qualche presidio in cui lasceremo ausiliari gallici. Appena darò l'ordine, i nostri legionari dovranno tornare con noi da questa parte del Reno.»

Vatinio lo guardò sorpreso. «Tu hai già in mente altro, vero?»
Cesare restò impassibile. «Cosa hanno riferito gli esploratori?»
«I Sugambri non opporranno resistenza. Si sono riuniti con gli Svevi e tutte le altre tribù sottomesse in una valle a cento miglia da qui. Stanno mettendo insieme un esercito imponente.»
«E gli Ubi?»
«Per il momento sembrano ancora dalla nostra parte» rispose Vatinio.
«Molto bene» annuì Cesare. «Procediamo come ti ho detto. Resteremo il meno possibile, e se gli esploratori segnaleranno che il nemico si mette in movimento per affrontarci, riattraverseremo il ponte. In ogni caso, non intendo restare qui a lungo.»
Publio Vatinio sembrò sul punto di chiedergli spiegazioni, poi si batté l'avambraccio sulla lorica e corse a dare gli ordini che aveva ricevuto.

Ci volle poco più di mezza giornata per abbattere il ponte e lasciare che le acque del fiume trascinassero le travi fino al mare.
Dopo diciotto giorni di rastrellamenti, distruzione di casolari e villaggi isolati, oltre alla raccolta di qualsiasi prodotto della terra, e vedendo che il nemico non sembrava intenzionato a muoversi, Cesare aveva dato l'ordine della ritirata.
I presidi erano stati realizzati in posizioni strategiche, e una volta riattraversato il ponte lui aveva dato l'ordine a Bibaculo di abbatterlo. Ormai il compito per cui era stato costruito era terminato, e non poteva certo essere lasciato lì a favorire eventuali nuove trasmigrazioni dei Germani oltre il Reno.
Lui, poi, aveva bisogno di tutti gli uomini a disposizione per recarsi verso la costa e dare subito inizio all'ennesima impresa di quell'anno straordinario.
Decimo Bruto lo aspettava con le navi già pronte, e lui non vedeva l'ora di portare le insegne di Roma là dove mai nessun cittadino dell'Urbe era mai giunto prima.
Forse, ancora una volta, senza colpo ferire, eppure potendo celebrare nella Repubblica imprese che lo avrebbero reso famoso, nonostante lo sbraitare ormai del tutto inutile di personaggi come Catone.
«È un vero peccato, però» sentì dire da Bibaculo, che come lui stava osservando i lavori di smantellamento del ponte.

«E perché mai?» ribatté Cesare. «Resteranno i disegni che avete fatto di questa meraviglia, e le leggende che si diffonderanno in tutta la Gallia. Da portare a Roma per divertire il popolo e innalzarci al rango degli dèi.»

21

Mare Oceano
55 a.C., 25 agosto

Aveva deciso di affrontare quel mare vastissimo e ignoto di notte, beneficiando della volta stellata che consentiva di manovrare le navi con grande precisione, anche se Decimo Bruto era stato chiaro con lui: in quel canale che separava la Gallia dalla Britannia i venti confluivano all'improvviso, generando tempeste difficili da prevedere e capaci di sbaragliare qualsiasi flotta.

Ma Cesare confidava nella benevolenza degli dèi, che certo volevano assistere a quella sua nuova impresa, e più ancora nel fatto che l'estate fosse quasi al termine. A pochi giorni dalle calende di settembre, non poteva più permettersi di indugiare oltre: doveva raggiungere la Britannia in tempo per fare le ricognizioni di cui aveva bisogno, conoscere le popolazioni che l'abitavano, e poi rientrare senza che il maltempo danneggiasse la flotta e privasse le sue legioni degli uomini di cui aveva bisogno per garantire la pace in Gallia.

Si erano lasciati alle spalle il porto di Itio con una flotta degna di un popolo di conquistatori: oltre cento navi, di cui poco più di ottanta solo per trasportare la Settima e la Decima legione, con tutto ciò che sarebbe servito ai legionari per poter anche svernare in Britannia, se necessario. Altre venti navi le aveva assegnate ai suoi luogotenenti, ai questori e ai prefetti, spiegando a ciascuno di loro che non dovevano prendere alcuna iniziativa personale: tutto doveva essere concordato tramite segnalazioni luminose o con le bandiere. Chi aveva l'ultima parola in quella spedizione non era lui, bensì Decimo Bruto, che nonostante la giovane età era al comando della flotta, vista l'esperienza che aveva maturato nelle battaglie contro i Veneti e nell'inverno seguente, durante il quale si era occupato di preparare quella spedizione verso la misteriosa isola di cui aveva parlato il navigatore greco Pitea.

«Non abbiamo più notizie delle navi con la cavalleria» lo riscosse Bruto affiancandolo sul ponte della nave da cui lui contemplava il cielo stellato, sferzato dal vento carico di salsedine.

«Quante sono?» gli chiese Cesare, accigliato. Non stava andando a condurre una guerra, dunque due legioni potevano essere più che sufficienti per quello che si era prefissato, ma da quel poco che sapeva dei Britanni sarebbe stato quanto meno imprudente pensare di affrontarli senza l'appoggio della cavalleria.

«Diciotto» gli confermò Decimo Bruto. «Tutte quelle che avevamo allestito.»

«Ma cos'è successo?» s'inserì nella discussione Gaio Voluseno Quadrato, il tribuno militare che Cesare aveva mandato qualche giorno prima in avanscoperta per prendere informazioni sui punti migliori in cui far sbarcare le legioni. «Quei barbari sono ostili, dubito che resteranno a guardare mentre sbarchiamo. E il loro punto di forza è la lotta a cavallo o con i carri da guerra. Senza cavalleria...»

«Sono incappati in una zona di bonaccia» lo interruppe Decimo Bruto, che nonostante non avesse ancora compiuto trent'anni dimostrava il piglio di un vero comandante. «In mare non è semplice ottenere notizie da chi si attarda o sparisce dalla vista delle vedette. Possiamo solo sperare che riescano a raggiungerci il prima possibile.»

«Allora forse sarebbe meglio tornare indietro» replicò Voluseno con aria nervosa. «Non mi fido dei Britanni, è troppo pericoloso.»

«Non dobbiamo combatterli» gli ricordò Cesare, pur comprendendo la diffidenza del tribuno. Anche lui si sentiva inquieto per la mancanza della cavalleria, ma tornare indietro adesso significava ritardare troppo la spedizione, con il rischio che il tempo si guastasse: così a settentrione l'inverno arrivava prima e con una violenza che non lo lasciava tranquillo, al pensiero di dover affrontare quel braccio di mare con le navi stipate di uomini. «Intendo solo osservare i Britanni, capire come ragionano, quale sia la loro indole. Nessuno dei mercanti che ho interrogato ha saputo darmi indicazioni chiare, come se temessero di esporsi troppo.»

«O forse sono solo dei codardi che non vogliono mettere a rischio i loro traffici con quei barbari, e non vedono di buon occhio il nostro arrivo in Britannia» commentò Decimo Bruto. Mentre parlava scrutava il mare, che rifletteva il luccicore delle stelle, e sollevava il naso al cielo come se potesse annusare l'arrivo a tradimento di qualche tempesta.

«Comunque sia, io ho navigato per cinque giorni lungo le loro coste, e qualcosa ho compreso di quei barbari» ribatté Voluseno piccato. Sembrava poco disposto a lasciarsi comandare da Decimo Bruto. «Non ci ho combattuto, ma li ho visti pronti per la guerra, come se non aspettassero altro che il nostro approdo per farci a pezzi.»

Cesare ricordò ciò che Voluseno gli aveva riferito dei Britanni, quando era tornato dalla sua ricognizione.

«Non siamo riusciti a sbarcare» gli aveva confessato il tribuno allarmato, con il sale del mare ancora fra i capelli dopo la traversata che li aveva riportati al porto di Itio. «Ci hanno tenuto sempre d'occhio dall'alto dei rilievi che sovrastano le spiagge, e diverse volte abbiamo visto in azione i loro frombolieri, che hanno una forza spaventosa e riescono a lanciare sassi grossi come pugni a distanze inimmaginabili. Sono tutti a cavallo o su carri da guerra, e si spostano veloci, pronti a intercettarci in qualunque momento.»

«Come sai che vi avrebbero aggredito?» gli aveva chiesto Cesare, poco convinto. Forse Voluseno si era imbattuto in esploratori e staffette incaricati solo di spaventarli con qualche dimostrazione di forza nel lancio delle pietre e dei giavellotti.

«Erano tutti a torso nudo, con i corpi ricoperti di succo di guado, che li rende simili a demoni dipinti di blu» aveva risposto il tribuno. «E avevano i capelli induriti con l'argilla, sagomati a spuntoni per risultare più spaventosi. Lo fanno quando sono disposti a morire per i loro dèi, e dunque pronti a battersi.»

Cesare si era reso conto che Voluseno aveva ragione, ma quell'atteggiamento da parte dei Britanni lo aveva incuriosito ancora di più, anziché inquietarlo.

«Cos'altro hai visto?» aveva chiesto al suo esploratore. «Le loro armi? E questi carri da guerra di cui parli? Come sono fatti?»

«Hanno spade lunghe e scudi simili ai nostri, ma piatti, non ricurvi» gli aveva spiegato il tribuno. «E sui carri, trainati ognuno da una coppia di cavalli, di solito ho visto due uomini, uno seduto alla guida, l'altro dietro, in piedi, armato di giavellotto. Sono davvero impressionanti a vedersi, e immagino che in uno scontro possano essere difficili da fermare.»

Cesare aveva annuito, già pensando alle misure da adottare per affrontare quella minaccia nuova per le sue legioni, smettendo quasi di ascoltare Voluseno.

Provava un senso di eccitazione all'idea di cimentarsi contro quei possenti guerrieri dipinti di blu e dai capelli irsuti, e soprattutto voleva sperimentare le contromisure che aveva ideato per affrontare la minaccia dei carri da guerra.

Prese un lungo respiro, inebriandosi dell'odore forte del mare.

«Come ho detto, non siamo qui per una campagna di conquista» mormorò rivolto ai due luogotenenti. «Prima di tutto voglio capire come combattono i Britanni, come sono i punti di accesso per l'interno dalla costa, quante navi hanno e come sanno usarle.» Si strinse nel mantello, perché stava cominciando a patire il freddo.

«Hai mandato Commio» gli ricordò Voluseno, che sembrava sempre più nervoso, a mano a mano che si avvicinavano alla loro meta. «Il re degli Atrebati saprà trovare alleati fra le tribù dei Britanni, spiegherà le tue intenzioni. Non hai già ricevuto delegazioni con proposte di pace? Se sbarchiamo con le legioni rischiamo di provocare una guerra e...»

Cesare lo fermò con una smorfia. «Proposte di pace? Tu saresti pronto a fidarti di quei barbari?»

«Devono aver saputo delle sconfitte subite dai Galli e dai Germani» intervenne Decimo Bruto, «e adesso temono ritorsioni, visto che hanno aiutato i Veneti. Per questo sono già pronti alla guerra.»

«Lo credo anch'io» annuì Cesare. «Probabilmente stanno cercando di prendere tempo, per capire come e dove affrontarci.»

«Ma ti hanno offerto ostaggi» gli ricordò Voluseno.

«E pensi che ce li daranno?» chiese Decimo Bruto con disprezzo. «Sei un illuso o uno sciocco.»

Voluseno si irrigidì, livido in volto, ma Cesare decise di stemperare la tensione.

«Non è fra di noi che dobbiamo combattere» disse. «Abbiamo nemici ovunque, cerchiamo di restare calmi e attenti, come abbiamo sempre fatto. Solo così potremo farci onore e portare nuova gloria a Roma.»

I due tacquero, anche se non smisero di guardarsi in cagnesco.

Poi Decimo Bruto si voltò verso di lui e chiese: «Com'è la situazione con i Morini e i Menapi? Anche di loro non mi fido, e sono fin troppo vicini a Itio. Non vorrei avere delle sorprese, quando torneremo in Gallia».

«Hanno chiesto scusa in tutti i modi per la loro ostilità» lo rassicurò Cesare, «e hanno concesso ostaggi influenti. Ora sono dalla nostra parte, soprattutto dopo quello che ci hanno visto fare contro i Germani.»

«Ma tu non ti fidi, giusto?» lo incalzò Bruto.

«Perché dovrei?» rispose lui. «Ho mandato Sabino e Cotta con due legioni a incalzare le tribù da cui non ho ricevuto ostaggi, per essere sicuri di tenerle al loro posto.»

«E il porto?»

«Publio Sulpicio Rufo ha abbastanza truppe da poterlo difendere» garantì Cesare. Poi guardò i suoi due ufficiali e allargò un sorriso. «Abbiamo le spalle coperte, possiamo affrontare questa spedizione con animo sereno. E poi gli dèi sono con noi, non vi pare?» Alzò la testa a guardare il cielo.

«Sì, Cesare, hai ragione» concordò Decimo Bruto. «Il tempo è favorevole e la flotta naviga senza impedimenti.»

«A parte le navi con la cavalleria...» grugnì Voluseno, ancora poco convinto.

«Ci raggiungeranno» concluse Cesare voltandosi per tornare al coperto, perché adesso stava rabbrividendo e sentiva l'umidità penetrargli nelle ossa. «E se così non fosse, faremo a meno di loro.»

22

Britannia
55 a.C., settembre

Nella piccola cabina della nave ammiraglia, provvista di quel minimo di agi che servivano a rendere più gradevole il viaggio per un uomo del suo rango, Cesare dovette aggrapparsi alla sponda del giaciglio, quando uno scossone quasi lo fece cadere. A disperdersi a terra fu il vino che stava bevendo, che quasi colpì il petto nudo di Sarmete, indaffarato a evitare che la brocca d'argilla con il Falerno dei colli romani si sfracellasse a terra.

«Il tempo sta peggiorando» rise la giovane schiava germanica che Cesare aveva voluto con sé per quella spedizione. Era affascinato dalla sua altezza (lo superava di quasi mezzo braccio), dai capelli che avevano lo stesso colore del grano maturo e dagli occhi blu come quel mare infido che avevano attraversato per tutta la notte, fino alla quarta ora del giorno, quando finalmente avevano raggiunto la Britannia. «È divertente!»

«Che cosa è divertente?» le chiese Sarmete con astio. «Che ci faccia sbattere contro le pareti di questo maledetto loculo?»

Lei non rispose, limitandosi a ridere ancora quando un nuovo sobbalzo della nave la fece volare per una spanna sopra il giaciglio, su cui ricadde allargando le gambe nude. Anche il folto pelo sul pube aveva lo stesso colore dei capelli, e quando lo aveva assaggiato Cesare aveva avuto la strana impressione di assaporare una spiga di grano. Ma naturalmente sapeva che era uno scherzo della sua mente, per quanto la cosa lo divertisse. Peccato solo che Sarmete si rifiutasse di giacere con loro, considerando la schiava poco più di una stupida contadinotta che non aveva nessuna pratica nelle arti amatorie e, soprattutto, che non riusciva a fare altro che ridere in continuazione.

«Vai a chiamare Decimo Bruto» ordinò Cesare rivolto al suo servo. Sarmete appoggiò la brocca con il vino all'interno di un baule, mettendole intorno dei panni per tenerla ferma, poi indossò la tunica e uscì dalla cabina, non prima di avere lanciato un'occhiata malevola alla ragazza.

«Mi sa che è geloso» disse lei, scoppiando in una delle sue risate.

Cesare la contemplò divertito. Di certo era capace di tenerlo allegro in qualsiasi circostanza, anche quando, come in quel momento, lui cominciava a credere che gli dèi si fossero stufati di mostrarsi benevoli nei suoi confronti.

«Perché non vieni qui?» lo invitò la ragazza con sguardo malizioso.

Era la figlia di un capotribù degli Ubi, e gli era stata donata dal padre come segno di sottomissione. Non un ostaggio, aveva tenuto a precisare, ma un dono da parte della sua famiglia e della sua gente.

In un primo momento Cesare era stato dell'idea di rifiutare, poi aveva visto la ragazza, che chiamava Gesir, visto che il suo nome era impronunciabile, e ne era rimasto affascinato. E lei non si era certo dimostrata una delusione, anzi: ogni giorno era per lui una sorpresa.

La raggiunse sul giaciglio, ma quando lei cercò di abbracciarlo la fece restare giù.

«Copriti» le disse, allungandole una coperta. «Adesso arriva Decimo Bruto. È giovane, se ti vedesse nuda potrebbe fare una pazzia, pur di averti.»

A Gesir brillarono gli occhi. «Combattereste per me?» chiese. «Fino alla morte?»

Questa volta fu lui a scoppiare a ridere. «Non credo proprio! Io sono il proconsole, e Decimo Bruto obbedisce ai miei ordini, come tutti. Ma credo sia meglio non turbarlo, adesso, perché stiamo per sbarcare e ho bisogno della sua completa attenzione.»

Con un finto broncio lei si rannicchiò sotto la coperta. «Peccato» disse. «Adoro quando i maschi versano il sangue per me.»

Cesare la guardò sorpreso, ma non fece in tempo a chiedere spiegazioni perché ricomparve Sarmete, seguito da Bruto.

«Ci sono novità?» lo affrontò subito, facendogli segno di sedersi.

«Il tempo peggiora rapidamente» rispose Bruto con aria torva. Lanciò solo una breve occhiata a Gesir, di cui poteva scorgere la testa che spuntava dalle coperte, poi si sedette e si tenne con una mano alla parete, muovendo il corpo per assecondare gli scossoni della nave. «Però siamo quasi arrivati nel punto indicato da Voluseno per lo sbarco.»

«Il resto della flotta?»

«Le navi stanno arrivando una dietro l'altra, sperando che il mare non s'incattivisca prima che ci siamo ricompattati. Ci vorrà ancora un po'.»

«Nessuna notizia di quelle con la cavalleria, immagino» disse Cesare, pur conoscendo la risposta.

«Ho mandato la nostra imbarcazione più veloce in ricognizione, dovrebbe tornare verso l'ora sesta» rispose Bruto. «È la sola speranza che abbiamo di ricevere qualche notizia.»

«Non mi sembri molto fiducioso.»

Bruto si tenne alla parete quando la nave sobbalzò per lo schianto di un'onda fragorosa.

«Vedi come ci muoviamo?» rispose. «E noi non abbiamo a bordo i cavalli, che si agitano e non consentono di manovrare come si dovrebbe. Se il mare ingrossa, le navi della cavalleria rischiano di affondare.»

«E dunque? Dobbiamo perdere la speranza che arrivino?»

«Non lo so» confessò rassegnato il suo comandante della flotta. «Aspettiamo la nave vedetta e capiamo.»

Per un attimo vi fu silenzio, poi Cesare si accorse che Bruto stava guardando verso il giaciglio. Si voltò e vide che Gesir aveva scostato la coperta, mostrando una parte generosa del suo corpo nudo, bianco come il latte appena munto.

La ignorò e tornò a chiedere a Decimo Bruto: «I Britanni sono ancora schierati sulle alture?».

«Sì, come hai visto tu stesso.»

Cesare annuì. Quando erano arrivati in vista della costa si era accorto subito che, come già aveva riferito Voluseno, i Britanni li scrutavano dalla sommità dei rilievi che si innalzavano a ridosso delle spiagge. Erano tutti a cavallo o sui loro carri da guerra e si muovevano rapidi, per non perderli mai di vista.

«Ecco cosa faremo» stabilì, mentre con un colpo secco ricopriva Gesir con la coperta. «Non possiamo sbarcare prima che si sia radunata tutta la flotta, quindi trova un luogo abbastanza riparato per fermarci e fai calare le ancore. Restiamo lontano dalla costa, non so se i Britanni hanno macchine da guerra capaci di colpirci a distanza. Non credo, ma meglio non rischiare.»

«Sì, Cesare» fece Bruto alzandosi.

«Quando ci saremo tutti» continuò lui alzandosi a sua volta e allargando le gambe per mantenere l'equilibrio, «proveremo a sbarcare. Intanto fai cercare dai tuoi una spiaggia abbastanza ampia e pianeggiante, con quei maledetti rilievi a ridosso della costa il più lontano possibile. Non sarà facile portare le navi vicino a riva e consentire ai nostri uomini, appesantiti dalle armi e dai bagagli, di raggiungere la spiaggia, se saremo bersagliati dall'alto dai Britanni.»

Bruto annuì con un cenno secco del capo, lanciò un'ultima occhiata a Gesir poi si catapultò fuori dalla cabina.

«Cos'è, avevi caldo?» chiese Cesare alla ragazza, che ridendo si sbarazzò con un calcio della coperta e restò di nuovo nuda davanti a lui.

«Mi piace farmi ammirare» rispose lei con aria maliziosa. «Soprattutto dai bei ragazzi come Decimo Bruto.» Poi allargò le gambe per farsi guardare meglio. «Ma anche tu non sei male, Cesare. Perché non vieni qui? Mi pare di avere capito che c'è ancora molto da aspettare.»

Cesare rise, poi cominciò a spogliarsi mentre il rollio della nave sembrava acquietarsi un poco.

In effetti, Gesir aveva ragione: lui adesso poteva concentrarsi su un altro tipo di battaglia, dove non c'era sangue da versare, ma qualcosa di molto più piacevole.

«Restate uniti! Non disperdetevi!»

«Aspettate i compagni! Non avanzate da soli!»

«Alti gli scudi! Teneteli fuori dall'acqua!»

I richiami dei centurioni e dei tribuni risuonavano ovunque, mentre i proiettili scagliati dai Britanni cadevano in acqua sollevando spruzzi, e non di rado colpivano qualche scudo o provocavano ferite che rendevano impossibile per chi era stato colpito proseguire in quella marcia verso riva, immersi nelle onde fino al petto.

«Non possiamo contrattaccare!» gridò Labieno dalla nave più vicina all'ammiraglia, dalla quale Cesare osservava ciò che stava succedendo. Quando tutta la flotta si era riunita, intorno alla nona ora del giorno, lui aveva ordinato di cercare un luogo adatto allo sbarco e finalmente lo avevano trovato, in un'insenatura che sembrava abbastanza grande da consentire a tutte le navi di accostarsi. La marea, a detta di Decimo Bruto, era favorevole, e dunque non potevano indugiare oltre: dovevano portare adesso gli uomini a terra, cercando di superare quei cento passi che li separavano dalla spiaggia, anche se i Britanni avevano dimostrato fin da subito intenzioni ostili, bersagliandoli con le fionde e con gli archi dai rilievi a strapiombo sulla costa.

«Ci hanno anche mandato ostaggi, quei maledetti!» si era infuriato Voluseno, che Cesare aveva voluto accanto a sé come esperto di quei luoghi. «Perché ci attaccano? E dov'è Commio? Quel cane avrebbe dovuto avvertirli che siamo venuti in pace!»

Cesare lo aveva ignorato, consapevole che nessuno poteva considerare un esercito alla stregua di un'ambasceria di pace. Al loro posto, lui avrebbe fatto altrettanto, cercando di ricacciare gli invasori sulle loro navi.

Si era dunque aspettato una resistenza, un attacco da parte dei barbari, ma non aveva messo in conto le difficoltà da parte dei suoi uomini nel raggiungere la spiaggia, dove avrebbero potuto compattarsi e reagire con la consueta determinazione alle cariche dei Britanni.

Impacciati dal mare, appesantiti dalle armi e dall'acqua che li inzuppava dalla testa ai piedi, dovevano fare i conti con quella pioggia di proiettili scagliati con tanta forza da colpirli anche da distanze impossibili, e quando qualche legionario riusciva a guadagnare alla spicciolata la riva, veniva subito attaccato dai cavalieri nemici o dai loro carri da guerra: li isolavano in piccoli gruppetti, li circondavano e poi li ricacciavano in acqua, quando non riuscivano a ucciderli.

«Limitate le perdite!» gridò Cesare furibondo, rivolto a qualsiasi ufficiale fosse in grado di ascoltarlo. «Difendetevi e prendete posizione sulla riva! Non attaccate! Aspettate i compagni e ricomponete le coorti!»

Avvertì il suono delle tube che rilanciavano i suoi ordini, e vide sventolare decine di bandiere di segnalazione, ma sembrava che le sue parole cadessero nell'acqua come le pietre e le frecce scagliate dai Britanni. Stavano morendo troppi legionari, e questo senza che nessun nemico corresse davvero un qualche pericolo.

Cesare si guardò attorno, scrutando le navi alla fonda, e individuò le imbarcazioni da guerra che erano rimaste defilate, per lasciare spazio a quelle che trasportavano gli uomini.

«Decimo!» urlò, richiamando a sé il comandante della flotta. «Fai spostare sui fianchi tutte le navi da guerra! Metà sulla sinistra e metà sulla destra!»

Aveva indicato con il braccio teso, e Decimo sembrò cogliere all'istante il suggerimento. Lo vide correre dagli sbandieratori e dare ordini in modo concitato.

«Tito!» gridò nel frattempo rivolto a Labieno. «Fai fermare gli uomini! Che sollevino gli scudi e pensino a proteggersi! Nessuno deve più avanzare!»

Labieno lo fissò per qualche istante senza capire, poi come sua consuetudine diramò gli ordini.

Mentre le tube e i corni diffondevano i comandi, Cesare raggiunse Decimo dagli sbandieratori.

«Quando saranno in posizione devono azionare le catapulte» gli disse, vedendolo annuire.

«Ho già dato l'ordine» confermò Bruto. «Sto facendo trasbordare tutti i frombolieri e gli arcieri su quelle navi, così avremo una maggiore capacità di attacco.»

«Molto bene» si congratulò Cesare dandogli una pacca sulla spalla. A quel punto non gli restava altro da fare che osservare le manovre dei suoi uomini in acqua, che avevano smesso di avanzare e pensavano solo a proteggersi dai proiettili avversari, e quelle delle navi da guerra, che avrebbero sfruttato le catapulte e tutte le armi da tiro a disposizione per colpire i Britanni, che di certo non si sarebbero aspettati quell'attacco dal mare.

«Sono in posizione» lo avvertì Decimo dopo avere decifrato lo sbandierare dei segnalatori.

«Lanciare!» ringhiò Cesare. «E pronti a tornare ad avanzare!»

L'impatto delle palle incendiarie scagliate dalle catapulte sollevava colonne di fuoco e spruzzi di scintille, e anche se in definitiva non riuscivano a fare troppi danni, fu subito evidente che l'attacco da parte delle navi da guerra era una mossa vincente: i Britanni vennero colti di sorpresa, molti cavalli si imbizzarrirono disarcionando i loro cavalieri e diversi carri da guerra arrivarono a scontrarsi fra di loro, con i conducenti impossibilitati a trattenere le pariglie spaventate.

Quando la confusione fra i nemici fu palese, Labieno ordinò ai legionari in acqua di tornare ad avanzare.

«Che succede?» chiese Voluseno accanto a lui. «Cosa fanno quei codardi?»

Mentre il frastuono dei proiettili scagliati dalle catapulte e le grida di guerra dei Britanni lo assordavano, Cesare cercò di rendersi conto della situazione, e con sgomento ebbe la conferma di quello che aveva sospettato: gli uomini avevano paura. Si guardavano attorno spauriti, rannicchiati dietro gli scudi come se temessero di rialzarsi, spaventati all'idea di essere colpiti da qualche sasso o freccia nemica. Appesantiti dall'acqua, stremati, non riuscivano a capire dove fosse il nemico, né si rendevano conto che in realtà l'azione delle navi da guerra stava dando buoni frutti. Se non si fossero mossi al più presto, i barbari si sarebbero fatti sotto di nuovo, rincuorati dalla codardia che i legionari stavano dimostrando.

Sentendosi riempire di collera, Cesare si diresse verso il parapetto della nave con l'intenzione di balzarci sopra e urlare a quegli inetti di muoversi, prima che lui stesso scendesse in acqua per farli a pezzi.

Ma si era appena accostato alla paratia quando Sestio Bibaculo strappò dalle mani dall'alfiere della Decima l'asta con l'aquila della legione e la sollevò in aria, lanciandosi in avanti.

«Seguitemi!» urlò con voce possente. «Non vorrete che il nemico si impossessi dell'aquila di Roma, vero? Perché io andrò a combatterli da solo, se voi resterete qui a tremare come codardi!»

«Forza!» gridò l'alfiere della Settima, che nella confusione che si era generata non si trovava troppo lontano da Bibaculo. Si lanciò a sua volta in avanti, tenendo l'aquila bene in vista. «Seguiteci! Fate il vostro dovere nei confronti di Roma e del nostro comandante!»

A quel punto fu come se un'onda di marea si propagasse dalle acque del mare ai corpi degli uomini, e tutti i legionari si rizzarono in piedi, abbassarono gli scudi e corsero urlando dietro i due alfieri, raggiungendo in poco tempo la spiaggia, dove ingaggiarono battaglia con i pochi Britanni rimasti a presidiarla.

Dapprima i manipoli, poi le coorti, si ricostituirono uno dopo l'altro, e poco importava se i legionari si fossero aggregati alla prima formazione che trovavano, anziché raggiungere la propria; l'importante era che l'organizzazione collaudata delle legioni tornasse a operare al più presto.

I Britanni provarono a ricompattarsi, ma presto Cesare si rese conto che molti si erano dati alla fuga, e i pochi ancora in campo presto avrebbero dovuto fare i conti con le formazioni a testuggine della Decima che presidiavano il lato orientale della grande spiaggia, e con quelle della Settima che si stavano ricomponendo a occidente. Li avrebbero intrappolati con una manovra a tenaglia, se non fosse stato per la mancanza di cavalleria, che non consentiva ai legionari di competere con la velocità dei cavalli e dei carri nemici.

«Lasciateli andare!» ordinò Cesare quando finalmente poté uscire dall'acqua e mettere le caligne sulla spiaggia. «Non possiamo inseguirli, ci attirerebbero facilmente in trappola.»

«Mando dei manipoli a presidiare le alture» disse Labieno.

«Gli altri aiutino a scaricare tutto ciò che serve per costruire un campo» aggiunse Cesare. «E sistemate le navi da guerra in modo che le catapulte siano sempre pronte a intercettare il nemico, se dovesse provare a rifarsi sotto.»

Mentre gli ordini giravano in fretta e la frenesia, che conosceva così bene, degli uomini indaffarati a presidiare il territorio e costruire le difese lo confortava, Cesare si disse che nonostante tutto non era andata troppo male. Se avesse avuto a disposizione la cavalleria non avrebbe perdonato ai Britanni la loro protervia e li avrebbe fatti inseguire fino a ucciderli tutti, ma doveva accontentarsi di quello che erano riusciti a ottenere.

Finalmente si trovava in Britannia. E già aveva vinto la sua prima battaglia.

Quando arrivarono le delegazioni a trattare la pace, Cesare aveva già messo al lavoro gli uomini con la consueta abilità e rapidità, e i primi fossati, le prime recinzioni e gli scheletri delle prime torri di avvistamento erano già stati realizzati. I britanni entrarono nel campo scortati da un manipolo guidato da suo nipote Quinto Pedio, che lui aveva delegato al comando delle sentinelle perimetrali. Fece per andare loro incontro, accompagnato da Furio Lavieno e da alcune guardie, oltre che da un interprete reclutato fra i mercanti che già si erano precipitati all'accampamento per fare affari, quando si bloccò sorpreso. Fra i britanni, che avanzavano altezzosi e ricoperti di pelli lavorate malamente, c'era Commio, il re degli Atrebati che lui aveva inviato su quell'isola per procacciarsi alleati e preparargli il terreno per uno sbarco pacifico.

«Cesare!» lo chiamò questi correndo in avanti e prostrandosi ai suoi piedi. Aveva le mani legate con delle corde, e gli abiti a brandelli. Sul capo mostrava delle ferite che si erano rimarginate lasciando grumi di sangue fra i capelli, e un labbro era spaccato.

«Cos'è successo?» gli chiese Cesare aiutandolo a rialzarsi. Estrasse il coltello dal fodero e recise i legami. «Ti credevo morto.»

Commio strinse gli occhi, furente. «Per poco non mi hanno

ucciso, quei cani.» Si voltò a fissare i britanni, che se ne stavano in silenzio a pochi passi di distanza. «Non ti fidare di loro, sono bugiardi e spergiuri. Avevano garantito che avrebbero ascoltato le parole che portavo in tuo nome, invece mi hanno messo in catene e torturato.»

Cesare comprese perché i barbari fossero già pronti ad attenderli, quando avevano raggiunto le coste: avevano strappato le informazioni a Commio; e in effetti era sorprendente che non lo avessero ucciso. Evidentemente lo consideravano preziosa merce di scambio, oppure un buon modo, secondo le loro tradizioni, per ottenere la sua attenzione.

«Sei riuscito a prendere contatti con qualche tribù amica?» chiese all'atrebate mentre faceva segno a uno dei servi che li accompagnavano di versargli una coppa di vino. Aveva pensato di offrirlo ai britanni, per far conoscere loro uno dei piaceri di Roma, ma quello che era accaduto gli aveva fatto capire che con quella gente i modi cortesi sarebbero stati inutili.

Commio bevve avidamente, poi si ripulì la bocca con un braccio e rispose: «Sì, qualcuno c'è, e i miei uomini che sono riusciti a fuggire hanno avuto l'incarico di nascondersi fra loro. Quando vuoi io...».

«Non adesso» lo interruppe Cesare rivolgendo la sua piena attenzione ai britanni. «Ne parleremo a tempo debito.»

Detto questo fece segno a Furio Lavieno e all'interprete di seguirlo e si avvicinò alla delegazione nemica. Era composta da cinque uomini, tutti più alti di lui e di stazza imponente, anche se non come certi germani con cui aveva avuto a che fare. Erano ricoperti di pelli, e il petto e le braccia nude che si scorgevano sotto non erano dipinti di blu, come i guerrieri in battaglia. Eppure i capelli erano trattati con l'argilla, e puntavano dritti verso l'altro rendendoli ancora più appariscenti. Se erano di stirpe nobile non c'era niente che potesse rivelarlo: nessuna concessione nell'abbigliamento, nessun monile o gioiello, nessuna arma particolarmente elaborata. Per quanto lo riguardava, avrebbero potuto essere semplici contadini.

«Che cosa volete?» chiese affrontandoli con la schiena dritta e la mano appoggiata sull'elsa della spada che portava al fianco. Il mercante tradusse e uno dei britanni, quello che stava davanti a tutti, avanzò di un passo.

«Ti chiediamo la pace, romano» disse con voce gutturale, subito tradotta dall'interprete. «Non era nostra intenzione affrontarvi, ma le vostre navi hanno spaventato la nostra gente e alcuni gruppi isolati si sono coalizzati per reclamare gloria in combattimento. Ci avete già pensato voi a mandarli ai loro dèi, e noi chiediamo che non siano considerati come l'interezza del nostro popolo.»

Cesare si prese un istante per meditare su quelle parole, che nascondevano diversi significati ma anche una possibile trappola.

«Avevo mandato Commio, re degli Atrebati, a trattare con voi» rispose indicando il gallo poco distante, che scrutava con sospetto i britanni. «Ma è stato messo in catene. Come pensate che possa fidarmi di chi tratta così gli emissari che vengono in pace per conto di Roma?»

Il capo degli ambasciatori non esitò neppure un istante a ribattere con tono cupo: «Nessuno ti chiede di fidarti, romano. Così come non ci fidiamo noi. Ma sei tu che sei sbarcato con un esercito sulla nostra terra, e se siamo qui a trattare la pace è solo perché hai sbaragliato la nostra avanguardia, dimostrando valore in combattimento».

Cesare, sconcertato, si trattenne dall'aprire bocca. Prima aveva parlato di un attacco isolato, portato da alcuni gruppi spaventati, adesso invece ammetteva che fosse l'avanguardia... già, di che cosa? Di un esercito pronto ad affrontarli? Quella gente aveva un modo davvero strano di proporsi, e come diceva Commio lui avrebbe dovuto fare attenzione.

«Se è così» riprese cercando di imitare la dialettica dei britanni, «allora vi impongo la concessione di ostaggi. In cambio potrete riprendere i corpi dei vostri morti.»

«Poi ve ne andrete?» chiese il colosso, mantenendo un'espressione imperturbabile.

«Non resteremo a lungo» lo tranquillizzò Cesare. «Siamo qui per intrattenere rapporti di pace, e per offrire la protezione di Roma contro i nemici del vostro popolo. Vedrete che...»

«Siete voi i soli nemici che vedo qua intorno» lo interruppe il britanno.

Cesare restò a soppesarlo con lo sguardo per un momento, poi comprese che sarebbe stato inutile continuare quella discussione.

«Portate gli ostaggi» ordinò con tono fermo. «Li terremo a garanzia che non tentiate altre sortite, mentre ci prepariamo per il ritorno nelle nostre terre.»

Il capo delegazione scambiò un rapido sguardo con gli altri, poi sputò per terra. Non lo fece con rabbia o con disprezzo, ma come se fosse un'usanza abituale.

«È il modo che hanno i Britanni per suggellare un accordo» gli spiegò l'interprete.

«Molto bene» annuì Cesare. «Le nostre usanze sono altre, e suggellerò il patto solo quando vedrò arrivare gli ostaggi. Nel frattempo schiererò le legioni per difenderci da qualsiasi attacco. Riferiscigli pure.»

«Dunque cos'è successo alle mie navi? Che fine ha fatto la cavalleria? Sono già passati quattro giorni, da quando siamo qui!»

Adesso era davvero furibondo. Non solo con Decimo Bruto, che in qualche modo riteneva responsabile per quello che era accaduto, ma soprattutto con gli dèi, che sembravano maldisposti nei suoi confronti. Nettuno si faceva beffe di lui, scatenando in quel breve tratto di mare che separava la Britannia dalla Gallia tempeste improvvise, a cui le loro navi non riuscivano a tenere testa.

«Le vedette le avevano già avvistate, quando il mare si è alzato all'improvviso» rispose Bruto a disagio. Anche lui, in qualche modo, sembrava credere che ciò che era accaduto fosse in parte frutto della sua incuria. «Ho mandato due navi da guerra robuste e veloci a rintracciarle, ma...» Allargò le braccia, e Cesare scagliò via con rabbia la coppa di vino che reggeva in mano.

«Ma cosa?» chiese. «Sono affondate? Si sono schiantate sulla costa? Cos'è successo?»

«Non lo sappiamo» fu la risposta avvilita di Bruto. «Mi hanno riferito che hanno cercato di trovare un punto riparato per gettare l'ancora e lasciar quietare la tempesta, ma Nettuno si è accanito e li ha respinti in mare aperto. Ora non sappiamo dove siano.»

«Ma potrebbero essere affondate? Potrei aver perso la mia cavalleria?»

Anziché rispondere, Decimo abbassò gli occhi, evitando il suo sguardo furente.

«Maledizione!» imprecò Cesare, dando un calcio allo sgabello su cui era seduto fino a qualche istante prima. «Hai idea di che cosa significa? I Britanni sono infidi, lo vedo che stanno tramando per coglierci di sorpresa. Sono qui fra noi con la scusa degli ostaggi, ma in realtà ci spiano e intanto ammassano truppe. Senza cavalleria sarà complicato tenergli testa!»

«In realtà, Cesare, c'è dell'altro...» mormorò Decimo restando a testa china.

«Che cosa vuoi dire?» lo interrogò, pur avendo un'idea delle disgrazie di cui doveva parlargli: Decimo non aveva ancora potuto riferire solo perché lui si era subito accanito chiedendo informazioni sulla cavalleria.

«Gli dèi sono stati inclementi, e molte nostre navi hanno perso gli ormeggi e si sono schiantate sulla costa» rivelò Bruto. «Non c'è stato modo di governarle, anche se il coraggio e l'abilità dei nostri uomini hanno evitato il peggio.»

«Quante ne abbiamo perse?» gli chiese, esterrefatto.

«Più di trenta» rispose Decimo Bruto.

Cesare restò senza parole. Poi scosse la testa, andò a raccogliere la coppa di bronzo che aveva scagliato via per la rabbia, la riempì di vino e bevve un lungo sorso.

«Con quelle che restano non riusciremo a fare ritorno in Gallia.» La sua non era stata una domanda, ma Bruto si sentì in dovere di rispondere comunque.

«No, Cesare» disse. «Sarebbe impossibile, anche lasciando tutti i bagagli nelle mani dei Britanni.»

Una cosa del tutto impensabile, ringhiò Cesare dentro di sé. L'esercito si sarebbe ribellato a una simile proposta. Piuttosto sarebbero rimasti lì a combattere, trincerati dietro le fortificazioni del campo. Ma non avevano abbastanza grano per sopravvivere tutto l'inverno, e non potevano certo fare razzie fra i Britanni per trovare sostentamento. Aveva solo due legioni con sé, troppo poche per garantire la sopravvivenza in quelle terre gelide e ostili, soprattutto se i Britanni avessero capito le loro difficoltà e si fossero organizzati per affrontarli in forze.

«Va bene» disse tornando a sedersi sullo sgabello che Sarmete aveva rimesso in piedi. Adesso c'era bisogno di raziocinio, più che di rabbia, e lui doveva cercare di dimostrarsi saldo di fronte ai suoi uomini. Si girò verso Labieno, che insieme ad altri ufficiali era rimasto in silenzio fino a quel momento: «Manda la Settima a raccogliere tutto il grano su cui riescono a mettere le mani. Se i Britanni cercano di opporsi, spiegate loro che stiamo raccogliendo il necessario per caricare le navi e partire». Detto questo tornò a rivolgersi a Decimo Bruto. «Tu manda delle squadre a recuperare tutto il possibile dai relitti delle navi distrutte, sulla costa e in mare. Utilizzeremo il fasciame di quelle irrecuperabili per cercare di rimettere in sesto le navi meno danneggiate. Credi sia possibile?»

Una luce di speranza si accese negli occhi di Bruto. «Sì, credo di sì. Adesso non saprei quantificare, ma...»

«Recuperate più navi possibile» ordinò Cesare, secco. «L'importante è che si riesca a trasportare tutti gli uomini e i loro bagagli fino in Gallia. Non lasceremo niente ai Britanni.»

Bruto annuì e corse fuori dalla tenda, subito seguito da Labieno.

Rimasto solo con Sarmete, Furio Lavieno e Commio, Cesare fece loro segno di versarsi del vino.

«Beviamo insieme» disse. «E prepariamoci per affrontare ciò che ci aspetta.»

«Io potrei esserti utile, Cesare» si fece avanti l'atrebate. «Se raggiungo i miei uomini rimasti fra le tribù amiche dei Britanni, forse riesco a mettere insieme un'ala di cavalleria. In ogni caso, per pochi che saranno, potrebbero rivelarsi utili per tenere testa ai Britanni, fino a quando non salperemo.»

Cesare gli diede una pacca sul braccio. «Ottima idea» disse. «Allora bevi con noi in onore degli dèi, perché non si sentano trascurati, poi vai senza farti scorgere da nessuno.»

La pioggia, su quell'isola gelida e inospitale, era una compagna perenne, inondava i campi ed entrava nelle ossa. Ormai da diversi giorni cadeva copiosa, trasformando tutto in fango e allagando i fossati scavati intorno all'accampamento. Quando le legioni li avevano attraversati per disporsi nelle consuete tre linee sulla spianata antistante il *castrum*, erano stati costretti a realizzare passatoie leggermente sopraelevate per restare al di sopra del livello dell'acqua.

Adesso, mentre scrutava i Britanni ammassati con i loro cavalli e i carri dietro la cortina d'acqua che scrosciava dal cielo, Cesare maledì per l'ennesima volta gli dèi oscuri di quelle terre, che dovevano essere così potenti da riuscire a tenere a distanza anche Giove, Nettuno, Eolo e tutte le divinità che solitamente combattevano al fianco dei Romani.

«Hai avuto notizie di Commio e dei cavalieri che ci aveva promesso?» chiese a Labieno, che restava accanto a lui insieme agli sbandieratori per diramare gli ordini. Le tube sarebbero servite ben poco, nel frastuono generato dall'acquazzone.

«Abbiamo mandato già tre squadre di esploratori, ma non è ancora tornato nessuno.»

Cesare imprecò a bassa voce. Da quando avevano messo piede su quell'isola, niente era andato come voleva. La sola nota positiva l'avevano registrata qualche giorno prima, quando la Settima, che si trovava nei campi a raccogliere grano in vista del viaggio di ritorno verso la Gallia, era stata attaccata all'improvviso da alcuni gruppi di cavalieri britanni, sbucati dalle foreste come diavoli dipinti di blu e con i capelli cosparsi di argilla. I legionari avevano cercato di ricompattarsi per difendersi, ma la velocità del nemico, che sfruttava decine di carri da guerra con abilità terrificante, li aveva costretti a radunarsi in piccoli gruppi esposti agli attacchi su tutti i lati. Per fortuna una vedetta con gli occhi acuti aveva avvistato, dall'alto di una torre di osservazione, le nuvole di polvere sollevate durante la battaglia, e aveva dato l'allarme.

Intuendo quello che poteva essere successo, Cesare aveva radunato le coorti di guardia al campo, che erano già pronte per ingaggiare il nemico, e le aveva guidate personalmente verso il luogo degli scontri, non senza aver lasciato ordini perché le altre coorti della Decima si armassero e, una volta ripristinata la sorveglianza dell'accampamento, li raggiungessero al più presto.

Marciando a ritmo serrato, come non faceva ormai da troppo tempo, era riuscito a rendersi conto della violenza dell'attacco nemico agli uomini della Settima, che si difendevano come potevano radunati sotto gli scudi ammassati a testuggine.

Quindi aveva chiesto ai suoi di allargarsi, per accerchiare i Britanni e colpirli da ogni direzione, e mentre le coorti manovravano restando il più possibile al coperto, lui si era concentrato a studiare i metodi di combattimento dei barbari.

Molti di loro erano a cavallo, ma non lo preoccupavano perché non sembravano in grado di muoversi agevolmente e non avevano l'abilità dei Galli nel combattere sul dorso degli animali: quando potevano arrestavano i cavalli e balzavano a terra, per affrontare a piedi i legionari.

Quello che lo preoccupava erano i carri da guerra, trainati da due cavalli ciascuno e capaci di muoversi a velocità incredibili. I loro conducenti erano abilissimi, e riuscivano a compiere manovre strette e rapide senza mai rischiare di ribaltare i carri, dando così la possibilità al secondo guerriero che trasportavano di lanciare pietre e giavellotti con estrema precisione.

Cesare si era reso conto che l'intento primario dei carri era spaventare e disorientare i nemici, grazie al fragore che producevano e alla polvere o al fango che sollevavano. Quando poi decidevano di passare all'attacco, cercavano di sfondare le linee di scudi con la potenza dei cavalli, e una volta dentro scaricavano i guerrieri perché combattessero a piedi, mentre i conducenti ripiegavano poco distanti, pronti a tornare in aiuto o a dare la possibilità ai compagni di ripiegare e mettersi in salvo, se soverchiati dal nemico.

In un'altra situazione sarebbe stato uno spettacolo osservare come si muovevano attorno ai manipoli schierati, ma in quel momento lui aveva solo capito che per arrestarli avrebbe avuto bisogno a sua volta della cavalleria. Allora aveva deciso di sfruttare un'altra tattica.

«Disponete gli uomini a cuspide!» aveva ordinato ai suoi luogotenenti. «Fateli convergere verso i carri in attesa. Non devono ingaggiare battaglia con i Britanni appiedati ma azzoppare i cavalli o uccidere i conducenti dei carri!»

I centurioni avevano fatto correre in fretta le sue disposizioni, e quando le coorti erano balzate allo scoperto e si erano gettate nella mischia, era apparso subito evidente che quella nuova tattica era vincente.

Dopo aver perso una ventina di carri da guerra, i Britanni avevano capito che non sarebbero riusciti ad avere la meglio, e quasi si fossero parlati l'uno con l'altro all'improvviso si diedero alla fuga, andando a rintanarsi nelle foreste.

Ancora una volta Cesare aveva maledetto l'impossibilità di inseguirli con la cavalleria, ma adesso che poteva affrontarli in campo aperto, con le sue legioni schierate e pronte sulla scorta dell'esperienza di quella prima battaglia, sapeva che avrebbe potuto rendere loro la vita difficile, anche se con quella pioggia non riusciva a capire quanti nemici ci fossero, pronti a meno di un miglio di distanza.

«Preparate le catapulte!» ordinò, e Labieno fece correre gli ordini. Il giorno prima lui aveva fatto scaricare sette catapulte dalle navi da guerra, sistemandole appena dietro il fossato di contenimento, perché fossero ben visibili al nemico eppure lontane da possibili attacchi con le frecce incendiarie. In ogni caso, con quella pioggia niente sarebbe bruciato, ma la disposizione delle catapulte era ottimale per far piovere enormi massi sul nemico all'attacco.

«Non credo che si faranno avanti per primi!» gridò Quinto Pedio per farsi sentire nel rombo della pioggia. «C'è troppo fango, rischiano di restare impantanati con i carri!»

Cesare osservò il terreno davanti a loro e si rese conto che il nipote aveva ragione. Sua sorella ne sarebbe stata fiera, se lo avesse visto in azione in quelle terre remote, e si ripromise di scriverle una lettera per tesserne gli elogi.

«Tu cosa faresti?» gli chiese per metterlo alla prova.

Quinto restò un attimo in silenzio, concentrato a trapassare con lo sguardo la cortina d'acqua che non diminuiva d'intensità, poi si voltò a fissarlo.

«Attacchiamo» rispose. «Approfittiamone adesso che non possono vederci. Se ci muoviamo in silenzio sbucheremo dalla pioggia come demoni, e per loro sarà troppo tardi per fuggire.»

Cesare lo guardò ammirato e gli diede una pacca sulla spalla. «Sono felice di averti qui con me» gli disse. «Porta gli ordini a Labieno. Agiremo come hai suggerito.»

Con il petto gonfio di orgoglio, Quinto Pedio corse via, subito sostituito da uno degli uomini di Furio Lavieno, che gli si avvicinò per gridargli in un orecchio: «Stanno arrivando dei cavalieri. Una trentina almeno. Sono guidati da Commio».

Cesare levò gli occhi al cielo e si rese conto che la guerra fra gli dèi, che doveva essere stata feroce, si stava risolvendo a favore di Giove, perché finalmente le cose cominciavano a sistemarsi come aveva sperato.

«Di' a Commio di portare i suoi a occidente e di nascondersi nella foresta. Non parteciperanno alla battaglia. Voglio che stiano pronti a inseguire i Britanni quando si daranno alla fuga.»

Allargò un ghigno soddisfatto. «Non si aspetteranno di essere inseguiti, e Commio ne farà strage.»

La manovra ideata da Quinto Pedio ebbe successo. Quando le legioni schierate in una linea compatta emersero dalla cortina d'acqua nel silenzio più assoluto, i Britanni vennero presi alla sprovvista. Solo pochi reparti riuscirono a organizzarsi per dare battaglia, gli altri vennero circondati e massacrati quasi senza che se ne accorgessero, fino a quando alte grida di richiamo non si diffusero nell'esercito nemico, che contando sulla velocità dei cavalli e dei carri, nonostante il fango, riuscì a ripiegare e darsi alla fuga.

Cesare fece un segno allo sbandieratore che aveva voluto accanto a sé, e questi segnalò a Commio e ai suoi cavalieri di partire all'inseguimento.

Finalmente, quello che si era augurato da quando era sbarcato su quelle coste andò a compimento: i cavalieri reclutati dall'atrebate non ebbero pietà per centinaia di Britanni in fuga, soprattutto per quelli costretti a governare i pesanti carri da guerra nel pantano in cui si erano trasformati i campi.

Quando alla fine Commio tornò al *castrum*, gridando eccitato e soddisfatto, garantì che oltre mille nemici erano stati uccisi, e ben difficilmente i Britanni si sarebbero rifatti vivi a breve.

«Quei cani manderanno altri ambasciatori a implorare la pace e a offrire ostaggi e intanto, bugiardi come sono, si prepareranno a rimettere insieme un nuovo esercito» commentò Quinto Pedio, che si era guadagnato il diritto di partecipare al consiglio di guerra.

«E dunque adesso cosa faresti?» gli chiese Cesare.

Prima che Quinto potesse rispondere, Decimo Bruto si fece avanti.

«Abbiamo rimesso in sesto una quindicina di navi» rivelò. «Adesso dovremmo essere in grado di riportare tutti in Gallia.»

«Molto bene» si congratulò Cesare. «Credo che possiamo prepararci per la partenza. Non ha più senso restare qui, non con l'inverno che incalza e questa maledetta pioggia che mi sta sciogliendo le ossa.»

Scoppiarono tutti a ridere, evidentemente sollevati per la sua decisione, a parte Quinto Pedio, che invece sembrava deluso, come se volesse restare per dare ulteriori prove delle sue capacità.

«Ora sappiamo come combattono i Britanni» continuò Cesare lanciando un'occhiata penetrante al nipote. «Conosciamo le loro tecniche di guerra, soprattutto con l'uso dei carri, e che genere di persone sono. Era quello che mi serviva per poter pianificare una guerra, quando torneremo.»

Si levarono alte grida di soddisfazione da parte di tutti, e persino Quinto dovette allargare un sorriso e convenire che era la strategia giusta.

«Devi mandare messaggi a Roma per raccontare le nostre imprese» gli disse il nipote. «Questa volta dovranno tributarti ben più di dieci giorni di festa in tutta la Repubblica!»

23

Gallia Belgica
Samarobriva
55 a.C., autunno

«Sono arrivati gli ostaggi britanni?» chiese Cesare a Labieno, mentre sdraiato sul suo giaciglio si faceva spalmare olio di oliva dalle sapienti mani di Sarmete. Lui non era molto propenso a credere alle proprietà ringiovanenti dell'olio, ma di certo quel massaggio aveva la capacità di rilassarlo e di sciogliere tutti i muscoli contratti, soprattutto quelli addominali, che durante l'ultimo attacco di epilessia si erano irrigiditi e ora gli dolevano più del solito.

La risposta giunse insieme a uno sbuffo d'irritazione, ma non da Labieno: «Davvero hai creduto che ce li avrebbero mandati?». Gaio Voluseno sedeva su uno sgabello con una coppa di vino in mano, ma da quando era lì, insieme agli altri ufficiali che Cesare aveva convocato, non ne aveva bevuto nemmeno un sorso.

«No, naturalmente» sospirò lui, voltandosi per consentire a Sarmete di passargli l'olio sulla schiena e sulle spalle. L'attacco che aveva avuto quella notte era stato piuttosto violento, come non gli capitava da tempo, e il motivo per cui era accaduto era semplice: aveva smesso di impegnare il proprio corpo nei duri addestramenti insieme ai legionari, occupato com'era a studiare strategie di battaglia e a risolvere i problemi in Britannia e in

Gallia. Avrebbe dovuto ricominciare a sottoporsi ai severi allenamenti previsti dai centurioni, il solo modo che aveva di tenere sotto controllo la malattia. Per fortuna aveva con sé Sarmete, la cui abilità con le mani si era affinata col tempo, arrivando a conoscere ogni singolo punto da premere per portargli beneficio.

«Sono dei serpenti, infidi e bugiardi» continuò Voluseno, che sembrava avere sviluppato un odio feroce per i Britanni. «Dobbiamo tornare laggiù in forze e...»

«Tutto a tempo debito» lo bloccò Cesare. Torse il collo per scrutare Labieno. «I Morini, invece? Anche loro mi sembrano poco affidabili.»

«Morini e Menapi non sono più un problema» rispose Labieno col suo solito tono caustico. Cominciava ad avere qualche filo bianco tra la barba e nei capelli folti, ma la schiena dritta e la postura decisa sembravano tenere a bada lo scorrere del tempo, offrendo un'impressione di forza che in qualche modo Cesare invidiava. «Sono degli stolti, e quando ci hanno attaccato l'hanno fatto pensando di poter racimolare un po' di bottino e poi rifugiarsi nelle loro foreste e paludi.»

«Paludi?» chiese Fabato, che aveva assunto il comando della Tredicesima legione. «Con questa siccità?»

«È così» confermò Labieno con una smorfia. «Dei Morini mi sono occupato personalmente. Li abbiamo inseguiti fino a ciò che resta delle loro paludi e li abbiamo uccisi quasi tutti. Gli altri sono stati messi in catene.»

«Saranno ottimi schiavi» sghignazzò Fabato.

«E i Menapi?» volle sapere Cesare.

«Ci hanno pensato Quinto Titurio e Lucio Cotta» rispose Labieno. «Non sono riusciti a farne strage perché quei cani si sono nascosti nelle foreste, ma hanno bruciato tutte le loro campagne e distrutto ogni edificio incontrato. Non gli resteranno risorse con cui vivere, a parte la corteccia degli alberi.»

Scoppiarono tutti a ridere, e Cesare riuscì finalmente a rilassarsi, mentre oltre alla mente anche i muscoli contratti del suo corpo si distendevano sotto il tocco sapiente di Sarmete.

«Non rientrerai in Gallia Cisalpina?» gli chiese Marco Licinio Crasso, fratello maggiore di Publio Licinio Crasso. Publio era rientrato a Roma, e Marco lo aveva sostituito con il ruolo di questore.

«Ci passerò, ma molto rapidamente» rispose Cesare, ricordando i programmi di viaggio che aveva già elaborato con Furio Lavieno e con Aulo Irzio, il legato che lo aveva raggiunto da Roma per portargli notizie inquietanti dall'Illirico. «Concluderò il prima possibile le sessioni giudiziarie e poi partirò per occuparmi dei confini a est. I Pirusti stanno facendo incursioni nei nostri territori, e io manco da quelle regioni da troppo tempo. Qualcuno forse ha avuto l'impressione che mi importi poco dell'Illirico, ma si sbaglia.»

Lanciò un'occhiata a Voluseno e vide che si era irrigidito.

«Non intendo dimenticarmi della Britannia» aggiunse. «Sono sicuro che sistemerò in fretta la questione dei Pirusti, che non sono certo un popolo pericoloso come i Germani.»

«Dobbiamo preparare nel modo migliore la prossima spedizione in Britannia» affermò Voluseno tendendosi verso di lui. «Senza ripetere gli errori che abbiamo commesso.»

Cesare lo fissò irritato: non aveva certo bisogno che qualcuno gli ricordasse cosa era accaduto su quell'isola dimenticata dagli dèi romani.

«Ho già predisposto tutto» ribatté. «Durante la mia assenza dovrete costruire quante più navi possibile e riparare quelle danneggiate. Decimo!» chiamò poi.

«Sono qui, Cesare» rispose il comandante della flotta facendo un passo avanti.

«Hai dato istruzione ai carpentieri? Costruiranno le navi secondo le mie disposizioni?»

«Naturalmente.»

Cesare indicò gli altri ufficiali presenti. «Spiega anche a loro quello che state facendo.»

Decimo Bruto cominciò a raccontare senza rivolgersi a nessuno in particolare: «Cesare ha chiesto di costruire almeno seicento navi, per poter trasportare cinque legioni e un numero adeguato di cavalieri». Nessuno fece commenti, e Bruto proseguì: «Sulla scorta delle precedenti esperienze, costruiremo le navi dotandole di alcuni accorgimenti per renderle più robuste e al contempo più manovrabili».

«Soprattutto dobbiamo fare in modo che possano essere tirate in secco più agevolmente» intervenne Voluseno.

«Esatto» annuì Bruto. «Per questo le faremo con la chiglia

più bassa, come fanno i Veneti. E quanto alle navi che trasporteranno i cavalli, cercheremo di accrescerne un po' la stazza.»

«Molto bene» concluse Cesare, mettendosi seduto sul giaciglio mentre Sarmete gli levava l'olio in eccesso con un panno. «Adesso è inutile stare qui, per cui...»

«Cesare!» Furio Lavieno irruppe di corsa nella tenda pretoria. «Perdonami, ma è arrivato questo messaggio per te. È urgente.»

Lui prese la pergamena con un senso d'inquietudine, perché non stava aspettando missive da nessuno, il che poteva solo significare che era accaduto qualcosa di spiacevole.

«Da dove arriva?» chiese mentre rompeva il sigillo. «Dall'Illirico? O da qualche parte della Gallia?»

«Da Roma» rispose Furio, e Cesare si accigliò.

Srotolò la pergamena e cominciò a leggere, ma dopo poche righe si fermò e si rivolse a tutti: «Potete andare. Sono questioni personali, che non riguardano il consiglio di guerra. Tu, Furio, rimani».

Quando furono rimasti soli, con Sarmete che in silenzio riempiva due coppe di vino e gliele portava, Cesare sedette su uno sgabello; terminò di leggere la lettera, poi l'appoggiò sul tavolino con tutte le sue carte e si passò una mano sul viso.

«Cos'è successo?» chiese Sarmete, scrutandolo con aria preoccupata.

Cesare bevve un sorso di vino, prima di rispondere.

«Mia figlia Giulia» disse. «Ha perso il bambino che portava in grembo.»

«Ma come?» mormorò lo schiavo, che sembrava sinceramente addolorato per lui, anche se non aveva mai avuto modo di conoscere Giulia.

«Ci sono stati dei tafferugli in città, durante le elezioni degli edili» spiegò Cesare, che non sapeva bene come prendere quella notizia. Da una parte era dispiaciuto per sua figlia, ma dall'altra... lei era la moglie di Pompeo, e anche se lui stesso aveva fatto pressioni per quel matrimonio, in nome della loro alleanza, adesso non era più convinto che dare un erede all'altro triumviro fosse una mossa conveniente.

«E quindi?» lo incalzò Sarmete.

Cesare prese un lungo respiro. «Pompeo si è fatto coinvolgere, è rimasto leggermente ferito e un servo è corso a casa con la sua toga sporca di sangue. Mia figlia si è spaventata, è svenuta e...» Sventolò una mano in aria. «Cadendo ha sbattuto la testa, e il giorno dopo ha perso il bambino.»

«Per tutti gli dèi, sono veramente dispiaciuto» disse Furio Lavieno. «Ma lei come sta?»

«Bene» lo rassicurò Cesare, tornando ad alzarsi. «Ma questa faccenda ha creato un ulteriore problema.» Guardò Lavieno, poi Sarmete. «Pompeo ha deciso di non partire per la Spagna, per restare accanto a mia figlia. Il che significa che potrà continuare a controllare da vicino la politica di Roma.»

«Potresti tornare nell'Urbe» suggerì Furio, «con la scusa di fare visita a Giulia e...»

«No, non è possibile» lo interruppe lui. «Ho troppe cose in sospeso. Devo risolvere i problemi nell'Illirico e poi tornare qui a preparare la spedizione in Britannia.»

«Dunque cosa facciamo?»

Cesare restò un attimo a pensarci.

«Manderò un messaggio a Vatinio, che è già a Roma per fare i miei interessi durante le elezioni consolari. Si occuperà lui di tenere sotto controllo Pompeo e riferirmi.»

«Ma se Pompeo non andrà in Spagna» si inserì Sarmete, mentre fingeva di rimettere in ordine le pergamene sullo scrittoio, «cosa faranno le sue legioni?»

Cesare lo fissò per un istante, rendendosi conto che lo schiavo aveva ragione. Di sicuro Pompeo aveva incaricato qualcuno di occuparsene, e lui non sapeva né chi fosse né che cosa avrebbe potuto fare, con parte delle armate di cui Pompeo disponeva.

Guardò ancora Lavieno. «Comunica a mio nipote Quinto Pedio che deve prepararsi a partire. Andrà in Spagna per conto di mia sorella Giulia e si aggregherà alle legioni di Pompeo, che non oserà certo rifiutare il suo appoggio. Una volta laggiù, dovrà capire come evolve la situazione e farmelo sapere.»

«Come ordini» annuì Lavieno.

«Fai venire qui Irzio» lo congedò Cesare. «Detterò a lui le missive per mia sorella, per Pompeo e per mia figlia.» Si fermò e scrutò sia Lavieno sia Sarmete. «Nessuno deve sapere niente di questa faccenda. Sono stato chiaro?»

Entrambi annuirono in silenzio.

Parte sesta

24

Gallia Belgica
Samarobriva
54 a.C., giugno

Dalla sommità di una collina sovrastante la valle che circondava il piccolo villaggio della tribù degli Ambiani, Cesare contemplò gli acquartieramenti invernali del suo esercito. Ormai coprivano un'estensione di diverse miglia, e le fortificazioni erano così imponenti che sarebbe stato impossibile attaccarle.

Eppure, nonostante quella palese dimostrazione di forza, c'era ancora chi, in quella turbolenta accozzaglia di genti che chiamavano Gallia, osava ribellarsi al dominio di Roma. O meglio: al dominio che *lui* aveva instaurato nel nome di Roma.

«Siete arrivati nel momento migliore per capire che cosa significa combattere per la vostra patria. O almeno far parte di questa impresa, che sta portando gloria a Roma e sarà cantata dai poeti per i prossimi secoli.»

Come si era aspettato, Quinto Tullio Cicerone e Gaio Trebazio, in piedi accanto a lui, reagirono in modo molto diverso. Il fratello minore del grande oratore, che era già stato propretore della Provincia d'Asia e legato di Pompeo Magno in Sardegna, sorrise e dilatò le narici nell'aria frizzante, forse già immaginando le grandi imprese di cui avrebbe fatto parte.

Il giovane Trebazio, invece, che non aveva neppure iniziato il suo *cursus honorum* e non aveva mai visto un campo di battaglia, appariva sgomento, quasi soggiogato dalla natura selvaggia che li circondava e da quel paesaggio fatto di soldati e fortificazioni.

«Abbiamo saputo della rivolta dei Treviri, di come disertano le adunate generali e non prestino alcuna obbedienza» confermò Quinto, la cui voce leggermente nasale ricordava molto quella del fratello, pur senza la boria che ne caratterizzava l'oratoria. «E sappiamo quanto siano temibili. Gente più vicina ai Germani che alle altre tribù galliche. Come intendi muoverti? Non credi che potrebbe essere un impedimento per la nuova spedizione in Britannia?»

Cesare lasciò vagare lo sguardo sulle vaste aree che i centurioni avevano allestito per l'addestramento delle truppe, soprattutto ausiliari e nuove reclute provenienti dalla Provincia romana.

«Ero pronto a partire con quattro legioni e ottocento cavalieri, senza l'impaccio dei bagagli e con il minimo delle salmerie» rispose. «Ma per fortuna sapevo che avevamo a che fare con un animale a due teste, e questo mi è servito.»

«Che cosa intendi?» gli chiese Trebazio con aria sorpresa.

Cesare lo fissò. Era davvero un bel ragazzo. Adesso che l'aveva davanti, capiva le tante lettere che gli aveva mandato Cicerone, raccomandandogli di trattare bene quel fanciullo che desiderava diventare uomo, per apprendere non solo i segreti dell'arte e dell'adulazione oratoria, come lui stesso gli stava insegnando, ma anche quelli della vita militare, indispensabili per qualsiasi romano di valore. Il tono appassionato e denso di preoccupazioni con cui il suo ex nemico e ora fervente alleato si prodigava in elogi per Trebazio gli era sembrato sospetto, ma adesso che poteva ammirarne le proporzioni perfette del corpo, la folta capigliatura, la mascella forte e gli occhi penetranti, capiva che quel giovane per Cicerone doveva essere ben più che un allievo o un amico con cui amava intrattenersi a conversare.

«I Treviri sono guidati da due condottieri, Cingetorige e Induziomaro» gli rispose conciliante, pensando a come approfittare della presenza di quel ragazzo per manovrare Cicerone a distanza. «Il primo ci ha mandato subito ambasciatori, quando ha saputo che saremmo stati pronti a dare battaglia, giurando obbedienza e amicizia con Roma. Induziomaro invece, dopo avere nascosto nelle foreste tutti coloro che non erano in grado di combattere, ha ammassato soldati e cavalleria. Sai cosa significa, vero?»

Trebazio non esitò: «Si sta preparando alla guerra».

«Esatto» confermò Cesare. «Ma presto si è reso conto che non avrebbe potuto contare su tutti gli armati del suo popolo, perché molti si erano uniti a Cingetorige, che gode di grande stima presso i Treviri.»

«E dunque Indozio... Induzio...» balbettò Trebazio. «Insomma, cos'ha fatto?»

Cesare rise. «Induziomaro. Dovrai abituarti agli strani nomi di questa gente, mio giovane amico.»

«Si è arreso?» lo incalzò Trebazio, davvero incuriosito dalla sua storia.

«Mi ha mandato ambasciatori, dicendo che pensava di fare il meglio per il suo popolo restando unito con gli altri capitribù, piuttosto che spaccarlo in fazioni.»

«E tu hai accettato» constatò Quinto Cicerone.

«Naturalmente» confermò Cesare. «Ho chiesto duecento ostaggi, fra i quali il figlio primogenito di Induziomaro, e poi ho cercato di tagliare la seconda testa del Cerbero.»

«Ovvero?» chiese Trebazio.

«Ho incontrato personalmente tutti i capitribù dei Treviri, e l'ho fatto con Cingetorige accanto, per conferirgli l'autorità di rappresentarli per conto del loro popolo e di Roma. In questo modo ho messo a capo di quei traditori un uomo a me fedele, in cui ho piena fiducia e che sono certo saprà tenere a bada Induziomaro, quando noi saremo in Britannia.»

Quinto Cicerone rise. «Ascolta Cesare più spesso che puoi, Trebazio, perché non troverai nessun altro condottiero così abile e astuto.» Si picchiettò un dito sulla tempia. «Prima con la testa, poi con l'uso delle armi.»

«Allora siamo pronti a partire per la Britannia?» chiese Trebazio con aria inquieta.

«Che cosa temi?» gli chiese Cesare, che non avrebbe portato con sé il ragazzo. Come gli aveva chiesto Cicerone, lo avrebbe lasciato a Izio, con la guarnigione deputata a difendere il porto, anche perché la sua inesperienza non gli sarebbe stata di nessun aiuto. Già immaginava che faccia avrebbe fatto, se si fosse trovato di fronte un irsuto britanno dipinto di blu!

«Nulla» mormorò il giovane abbassando lo sguardo. «È solo che... non sono mai stato su una nave.»

Cesare si accigliò. «Ho già avuto a che fare con questo terrore per il mare, e non in un ragazzo come te.»

«Ti riferisci a Dumnorige?» gli domandò Quinto. «Il capo degli Edui?»

Cesare si voltò e si incamminò lungo la collina per fare ritorno al campo. Furio Lavieno e gli uomini della sua scorta serrarono i ranghi e li circondarono.

«Ha deciso di morire per la stessa paura di Trebazio» rivelò. «O forse ha addotto il timore per il mare come scusa per cercare di....» Sventolò una mano in aria, irritato, perché ancora non riusciva a darsi pace per quello che era accaduto.

«Si è ribellato» spiegò Quinto Cicerone a Trebazio, che lo fissava con gli occhi pieni di domande. «Dopo essere stato uno dei più fidati alleati di Roma, ha rifiutato di seguire Cesare nella spedizione in Britannia con la cavalleria edua.»

«Questi sono i Galli» sibilò Cesare. «Inaffidabili, sempre pronti a lasciarsi sobillare da qualcuno, traditori e votati a una sola causa: se stessi.»

«Be', a Roma ne conosco tanti di cui potrei dire lo stesso» commentò Trebazio.

Cesare scoppiò a ridere. «Hai ragione. E forse è per questo che il tuo tutore ti ha voluto qui. Per certi versi, la Gallia e la Britannia sono molto meno pericolose dell'Urbe!»

Risero tutti insieme, poi Trebazio si rifece di nuovo sotto: «Ma cos'è successo a Dumnorige? Avete combattuto?».

«Ci ha provato, ma ben pochi lo hanno seguito ed è stato costretto a fuggire.»

«Ma così potrà essere ancora un pericolo!» protestò il giovane.

«No» lo tranquillizzò Cesare. «Dumnorige non sarà più un pericolo per nessuno, nemmeno per se stesso.»

Tebazio e Quinto non chiesero ulteriori spiegazioni, e lui non fu costretto a raccontare di come Dumnorige fosse stato inseguito insieme agli ultimi uomini che gli erano rimasti fedeli, e dopo un breve scontro tra cavallerie fosse stato ucciso.

«Dunque siamo pronti per partire?» chiese Quinto Cicerone dopo un po', mentre passavano attraverso la porta decumana.

«Abbiamo più di ottocento navi» rispose Cesare, sentendo crescere l'eccitazione. «Imbarcheremo cinque legioni e duemila cavalieri e partiremo domani stesso, al tramonto.»

«Chi resterà a presidiare gli acquartieramenti?» volle sapere Quinto.

«Labieno, con l'appoggio di tre legioni e altrettanti cavalieri.»
«E noi?» chiese Trebazio.
Cesare lo guardò negli occhi. «Tu resterai qui, altrimenti qualcuno a Roma potrebbe cercare di uccidermi seppellendomi sotto una montagna di lettere cariche di invettive.» Poi si rivolse a Quinto. «Noi invece ci vediamo domani insieme agli altri ufficiali per decidere gli incarichi. Voglio preparare tutto prima di imbarcarci.»
«Ho saputo di quel britanno che è venuto a consegnarsi a te, Mandubracio» disse Quinto Cicerone. «Il figlio di un re, mi pare. Come intendi sfruttare quello che sa?»
Cesare si strinse nelle spalle. «Suo padre era il re dei Trinovanti, una tribù fra le più temibili della Britannia» confermò. «È stato ucciso da un altro dei loro re, Cassivellauno, e Mandubracio è stato costretto a fuggire per salvarsi la vita. O almeno è quello che dice.»
«Non ti fidi di lui?»
Cesare sorrise amaro. «Ho imparato a non fidarmi di nessuno, in queste terre.»
«E dunque cosa farai?» gli chiese Trebazio. «Lo ucciderai?»
«E perché mai? Potrebbe risultarci utile, prima o poi. Lo terremo con noi, sotto stretta sorveglianza, e lo porteremo in Britannia. Ma non ascolterò una sola parola dalla sua bocca.»
Quinto Cicerone e Trebazio annuirono e finalmente si salutarono. Mentre si allontanava, Cesare sentiva lo sguardo dei due sulla schiena. Ma era quello di Trebazio che in qualche modo lo stimolava di più...

25

Britannia
54 a.C., giugno

«Presidiate le navi» ordinò Cesare a Quinto Atrio, che aveva posto al comando delle dieci coorti che avrebbero dovuto allestire il campo ed erigere fortificazioni a protezione della flotta. «Non possiamo rischiare altri danni, né da parte del mare né del nemico.»

«Intendi fidarti di quanto hanno rivelato i prigionieri?» gli chiese Atrio, del cui valore Cesare non avrebbe mai dubitato. «Questi Britanni sono infidi e bugiardi, potrebbero avere deciso di sacrificarsi pur di farti cadere in trappola.»

Cesare gli mise una mano su una spalla. «L'ho considerato» gli rivelò. «Ma non credo siano così astuti. Non sapevano che saremmo arrivati, e quando ci hanno avvistato ormai era tardi per organizzare una trappola.» Si voltò a guardare gli altri legati che erano con lui: Quinto Tullio Cicerone, Marco Antonio e Lucio Munazio Planco, oltre ai tribuni militari Quinto Laberio Duro e Gaio Voluseno Quadrato, al questore Marco Licinio Crasso e ai centurioni Tito Pullone, Lucio Voreno, Tito Balvenzio e Lucanio, considerati fra i più valorosi dell'esercito. «Staranno radunando tutte le truppe possibili, e probabilmente le ammasseranno in qualche foresta, in attesa di capire le nostre intenzioni.»

«Così saremo noi a coglierli di sorpresa!» esclamò Quinto Laberio, gli occhi già carichi di eccitazione per la battaglia.

«Vedremo» lo placò Cesare, voltandosi per dare l'ordine di partenza agli sbandieratori e ai suonatori di tuba.

Non appena i suoi comandi si diffusero, le legioni si disposero per la marcia in brevissimo tempo, dimostrando una grande capacità di coordinamento fra i reparti. Ciascun manipolo, composto da due centurie per un totale di duecento uomini, si aggregava ad altri due per dare vita a una coorte, e dieci di queste, disposte l'una dietro l'altra durante la marcia, componevano la legione, che poteva contare su circa seimila uomini di effettivo, con in testa l'alfiere che reggeva l'insegna con l'aquila di Roma. C'erano poi i contingenti di appoggio, formati dai veliti, che comprendevano i frombolieri delle Baleari, i lanciatori di giavellotto numidi e gli arcieri cretesi, oltre naturalmente alla cavalleria, che con le sue dieci torme da trenta cavalieri ciascuna poteva garantire trecento ausiliari a cavallo per ogni legione.

Questa enorme massa di uomini e cavalli marciò ordinata per tutta la notte, coprendo una distanza che secondo gli esploratori di Considio era vicina alle dodici miglia, quando finalmente avvistarono i nemici. Non avevano eretto ripari né costruito fortificazioni; si limitavano a restare sdraiati a terra accanto ai loro cavalli, o sui carri da guerra, come se si aspettassero il loro arrivo da un momento all'altro.

«Devono avere spie invisibili come spiriti» sibilò Quinto Cicerone affiancandolo. Come lui, aveva deciso di procedere a piedi, rifiutando il cavallo che era stato messo a disposizione di tutti gli ufficiali. «Mi sembra chiaro che ci stavano aspettando.»

Cesare si limitò a scrutare i Britanni nella luce crescente dell'alba. Quinto diceva la verità: dovevano averli avvistati quando erano in mare, e seguiti senza farsi scorgere fino al loro punto di approdo, mentre staffette veloci correvano ad avvertire tutte le tribù che potevano fornire armati. E poi si erano radunati lì...

«Perché aspettarci in questa radura?» chiese a Quinto Cicerone, parlando in realtà soprattutto a se stesso.

«Guarda laggiù, Cesare, sulla destra scorre un fiume. Vedo il luccichio dell'acqua.» Spostò il braccio verso ovest. «E laggiù c'è una foresta immensa, dove sarà difficile inseguirli e ingaggiare battaglia.»

«I Britanni si stanno preparando» rivelò Considio, che riceveva indicazioni dai suoi esploratori tramite le bandierine.

Cesare dilatò le narici nell'aria fresca del mattino. «Fate avanzare la cavalleria» ordinò. «Attaccate mentre i legionari si riposano. Abbiamo marciato a lungo, gli uomini sono stremati.»

«E se dovessero fuggire?» chiese Licinio Crasso, al comando della cavalleria ausiliaria.

«Inseguiteli» rispose Cesare. «Ma fate attenzione a quella foresta. Non rischiate inutilmente.»

Crasso corse a radunare le sue torme, e quando poco dopo la cavalleria si allontanò per ingaggiare il nemico, Cesare fece predisporre le legioni su tre file, con i veliti disposti sui fianchi a protezione di eventuali incursioni.

«Non avanziamo?» chiese Voluseno, che fin da quando erano sbarcati sull'isola sembrava dominato da una strana inquietudine, come se non avesse mai dimenticato la sua prima spedizione in Britannia e i danni che quella terra e i suoi feroci abitanti avevano già causato a Roma.

«No» rispose Cesare, che non amava ripetersi. Si voltò per rivolgersi a Quinto Cicerone: «Fai diramare gli ordini: devono stare pronti al combattimento, ma tengano gli scudi appoggiati a terra e si siedano pure, se sono stanchi».

Anche Quinto corse via, e Cesare si avvicinò a Publio Considio. «Cosa dicono i tuoi?»

«I Britanni stanno opponendo resistenza» spiegò il comandante degli esploratori, leggendo le segnalazioni degli sbandieratori come se fossero segni vergati nella cera. «Non in modo ordinato. Attaccano, poi si ritirano e si disperdono, mentre i rincalzi avanzano.»

Cesare si accigliò. «Dove vanno?» chiese. «Quelli che si disimpegnano. Dove vanno?»

Considio diede degli ordini allo sbandieratore che lo affiancava, attese una risposta e poi strinse i denti.

«Si rifugiano nella foresta» rivelò. «In un punto in cui la vegetazione è molto fitta.» Fece una pausa, mentre altri segnali arrivavano frenetici, poi riprese: «Hanno messo delle barriere, che si chiudono dopo il passaggio dei loro cavalieri».

«Che barriere?» volle sapere Cesare.

Vi fu un altro fitto scambio di segnali, poi Considio si voltò a guardarlo. «Hanno abbattuto diversi alberi e li hanno messi di traverso, formando una specie di palizzata. Da dietro i tronchi scagliano frecce sui nostri che provano ad avvicinarsi.»

«Fate retrocedere la cavalleria!» ordinò Cesare. Poi si rivolse a Bibaculo: «Organizza due testuggini e mandale contro lo sbarramento nemico nella foresta. Devono tenere al riparo un manipolo capace di costruire un terrapieno che sovrasti la barriera di tronchi, da cui gli arcieri e i frombolieri colpiranno i Britanni».

Bibaculo si batté il braccio sulla lorica e corse a radunare gli uomini.

«Quando li avrete stanati» continuò Cesare rivolto a Quinto Cicerone, «date fuoco a quei tronchi, ma non inseguite il nemico.»

«Li lasciamo andare?» chiese sorpreso Voluseno.

«Ordina agli altri uomini di costruire il campo. Resteremo qui, e quando avremo la protezione che ci serve manderò due centurie all'inseguimento di quei cani. Non se lo aspetteranno, non il giorno dopo. Li coglieremo di sorpresa.»

Gli occhi di Voluseno si riempirono di stupore e ammirazione. Quando corse via a sua volta, Cesare comprese che non avrebbe più messo in dubbio i suoi ordini.

Non era ancora spuntato il sole quando Cesare uscì dalla tenda di comando e scrutò il cielo, che come al solito minacciava pioggia. Gli dèi che governavano quell'isola erano sempre infuriati, e trascorrevano il tempo a combattersi fra le nuvole scagliando fulmini e facendo precipitare cascate d'acqua che rendevano il terreno una palude perenne. Per l'ennesima volta si ritrovò a rimpiangere il clima salubre di Roma, e persino la polvere che si alzava dalle strade quando vi passavano i carri dei mercanti o le decine di migliaia di persone che ogni giorno animavano l'Urbe.

Ma quella guerra era necessaria alla gloria di Roma, e lui non poteva rinunciare al compito che i loro avi avevano lasciato in eredità ai comandanti delle legioni: conquistare il mondo e assoggettare i popoli alla grandezza della Repubblica, ovunque si trovassero. E di certo non c'era luogo più lontano e inospitale di quell'isola gelida, in cui dimostrare il valore del loro esercito e le sue capacità di stratega.

«È tutto pronto, Cesare» arrivò ad avvertirlo Crasso, a cui aveva assegnato il comando di quella spedizione. Con lui c'erano i due centurioni delle coorti che avrebbe portato con sé, Tito Pullone e Lucio Voreno, che erano sempre in competizione per dimostrare chi fosse il più valoroso.

«Uccidetene più che potete» ricordò loro, rabbrividendo nella lorica di cuoio. A quell'ora del mattino l'aria era fredda come negli inverni di Roma, e quando parlava il fiato si trasformava in nebbia. «Devastate i campi e bruciate tutto quello che incontrate, ma non mettete a rischio i vostri uomini. Se trovate resistenza ripiegate. Lascerò due ali di cavalleria a un miglio dal campo, pronte a...»

«Cesare! È arrivato un messaggio urgente!»

A interromperlo era stato Publio Considio, giunto di corsa accompagnato da un giovane sporco di fango dalla testa ai piedi.

«Che succede?» lo interpellò Cesare.

«Le navi!» esclamò Considio, trafelato. «Quinto Atrio ha mandato questo messaggero a riferire.»

Spinse avanti il ragazzo sporco di fango, che aveva l'aria spaventata.

«Cos'è successo?» lo affrontò Cesare. Sapeva che durante la notte era piovuto forte, e aveva sentito il rombo del temporale, immaginando che da qualche parte si fosse scatenata una tempesta, ma non poteva credere che gli dèi si fossero accaniti ancora una volta sulla sua flotta.

«Le ancore... non hanno resistito» balbettò il giovane messaggero. «Atrio e gli uomini hanno fatto il possibile, ma il vento... la tempesta...»

«Quante navi sono andate perdute?» lo interruppe Cesare.

«Non lo so...» rispose il ragazzo. «Una quarantina, credo. Le altre si sono arenate, e molte sono incastrate le une nelle altre a causa della forza del mare. Quinto Atrio...»

«Va bene» ringhiò Cesare infuriato. Sollevò gli occhi al cielo, pronto a lanciare un'imprecazione di sfida a quegli dèi oscuri che lo tormentavano, poi si rivolse a Crasso e ai due centurioni: «Radunate le legioni, smobilitiamo il campo. Dobbiamo tornare alle navi».

«I Britanni se ne accorgeranno e cercheranno di colpire la retroguardia» disse Lucio Voreno. «Lascia a me l'incarico di guidare una coorte a protezione delle retrovie.»

«Ne serviranno almeno due!» intervenne Tito Pullone, guardando in cagnesco il collega. «Lascia a me l'onore di guidare la seconda coorte.»

Cesare restò a osservarli per un istante. In un altro momento li avrebbe elogiati per il loro coraggio, ma adesso non c'era tempo. Annuì con un gesto secco del capo, poi tornò alla sua tenda per aiutare Sarmete a sistemare tutto per la partenza. Voleva essere alle navi entro il tramonto, anche a costo di costringere gli uomini a correre per superare la distanza che li separava dall'ennesimo luogo del disastro.

«Non sarà facile ripararle tutte» riferì Bruto dopo aver supervisionato di persona, insieme a Quinto Atrio e a Licinio Crasso, ogni singola imbarcazione della flotta. «Dovremo impegnare tutti gli uomini abili al lavoro sulle navi, e se possibile fare arrivare carpentieri dai villaggi dei Britanni, oppure dalla Gallia.»

Cesare stava scrutando il disastro provocato dagli dèi dalla sommità di una scogliera che sprofondava a picco nel mare, contro cui almeno dieci navi si erano frantumate come fuscelli spezzati dalle mani di un gigante. Quelle che erano ancora in acqua, la maggior parte, erano aggrovigliate in un caos di prue incastrate, alberi inclinati e remi spezzati.

«Non possiamo ripararle, se restano in mare» disse indicandole con un ampio gesto del braccio. «Tiratele in secco, anche sulle spiagge limitrofe. Costruiremo nuove fortificazioni e torri di avvistamento, e divideremo gli uomini in modo che una parte possa occuparsi delle riparazioni delle navi e l'altra della difesa del campo.»

«Credi che i Britanni ci attaccheranno?» chiese Crasso.

«Al posto loro tu non lo faresti?» rispose Cesare con più rabbia di quello che sarebbe stato necessario. Ma era davvero infuriato: con gli dèi ostili di quella terra, con i suoi uomini che si erano fatti cogliere ancora una volta impreparati, e soprattutto con se stesso, per non aver saputo prevedere l'ennesimo disastro e trovare il modo per tenere al sicuro le navi.

Prese un lungo respiro e cercò di calmarsi, perché non sarebbe servito a nulla scagliarsi contro i suoi ufficiali.

Fece segno ad Aulo Irzio di avvicinarsi. «Manda un messaggio a Labieno» gli disse. «Deve costruire altre navi, e appena riesce deve mandarci un centinaio di carpentieri.» Poi tornò a rivolgersi a Decimo Bruto e Licinio Crasso: «Predisponete tutto perché si possa tornare a marciare verso il nemico entro una decina di giorni, non di più. Prima di attaccare, i Britanni ammasseranno truppe, e per noi è più conveniente affrontarli nella valle in cui li abbiamo visti schierati. Non hanno fiumi o foreste da sfruttare a loro vantaggio, e diversamente da qui alle spalle non avremo il mare ma un ampio corridoio di fuga per tornare alle fortificazioni, se dovessimo trovarci in difficoltà».

Annuirono tutti, e a un suo cenno corsero a diramare gli ordini.

Rimasto solo, Cesare ridiscese piano dalla scogliera, rimuginando su come dimostrare alle potenti divinità britanniche che non potevano sfidarlo impunemente. Lui rappresentava Roma, la città protetta da Giove, e aveva Marte al suo fianco, il più crudele dio della guerra contro cui potessero decidere di misurarsi.

«Attenti a voi» rimuginò piano. «Perché la mia furia sarà incontenibile.»

26

Britannia
54 a.C., luglio

Adesso che avevano davanti un vero e proprio esercito, a Cesare divennero chiari i propositi degli dèi britanni: avevano scatenato la tempesta per costringerli a restare nel loro accampamento il tempo necessario a fare arrivare uomini da tutta la Britannia. Quella moltitudine era riunita sotto il comando di Cassivellauno, come gli era stato riferito dai mercanti gallici che aveva fatto rastrellare ovunque fosse possibile e che lo avevano raggiunto alle prime luci dell'alba, non appena la foschia che gravava sui campi si era un po' diradata, consentendo alle vedette di scorgere il nemico.

«I Britanni sono così» gli aveva spiegato uno dei mercanti, un eduo che trafficava da molti anni con gli abitanti della costa e solo di rado si spingeva più all'interno nell'isola. «Si combattono fra di loro con una ferocia senza pari, poi quando arriva un nemico esterno si coalizzano e mettono il più valoroso dei loro condottieri a capo dell'armata comune.»

«E come possiamo fare per dividerli?» aveva chiesto Cesare, piluccando da un vassoio ricolmo di strisce di carne di capra. «È la strategia migliore per avere ragione del nemico: dividerli e sopraffarli.»

«Non li conosci abbastanza, allora» aveva risposto il mercante con una smorfia. «Le tribù più vicine alla costa, nella regione chiamata Canzio, sono un miscuglio di Britanni e gente che si è trasferita qui dal Belgio o da altre regioni della Gallia. Con loro sarebbe più facile trattare, ma anche adottare la strategia che suggerisci.» Si era stretto nelle spalle. «Ma all'interno, là dove vivono soprattutto di caccia e pastorizia e usano stanghe di ferro come moneta di scambio, sono tutti nativi dell'isola, e hanno il sangue mischiato fra di loro. Per questo sono pronti a fare fronte comune se un nemico minaccia la... famiglia.»

«Perché parli di sangue mischiato?» gli aveva chiesto Cesare sorpreso.

In sua vece aveva risposto un altro mercante, un veneto che vantava maggiori frequentazioni con le popolazioni dell'interno: «Si spartiscono le mogli fra gruppi di dieci o dodici uomini, soprattutto fratelli o padri e figli, e quando nasce un bambino viene attribuito al marito che per primo l'ha avuta in sposa».

Al pensiero di quella promiscuità Cesare storse la bocca, anche se adesso capiva meglio quello che i mercanti volevano fargli intendere: la minaccia del loro arrivo aveva riunito i Britanni dell'interno, che erano accorsi da ogni dove per mettersi sotto il comando di un condottiero capace di tenerli uniti.

Dopo averli congedati, Cesare aveva tenuto un consiglio di guerra con i suoi ufficiali, a cui aveva voluto partecipassero anche tutti i tribuni militari e i centurioni, non solo i primipili, e li aveva resi edotti di ciò che aveva saputo.

«Perché non interroghi Mandubracio?» gli chiese il tribuno Trebonio. «Potrebbe darci informazioni importanti, soprattutto su Cassivellauno.»

«Se fossi già stato qui, sapresti che con i Britanni non devi mai parlare, solo affondare di spada» rispose Voluseno con una smorfia.

Cesare si ripromise di fare due chiacchiere con il giovane britanno che si era consegnato a lui. Lo considerava un codardo, perché pur di salvarsi la vita aveva preferito fuggire dalla sua terra e rinunciare a combattere per rivendicare il regno che era stato di suo padre, ma sentiva che prima o poi avrebbe potuto essergli utile, vista la sua discendenza nobile. Pur con tutta la diffidenza che i Britanni sapevano inspirare in lui.

Adesso, mentre si preparavano ad affrontare l'esercito nemico, Cesare ricordò che non stavano combattendo solo contro una coalizione di popoli, come era accaduto in Gallia, ma contro un sentimento di comunanza di sangue che aveva radici profonde, e che sarebbe stato possibile recidere solo a colpi di spada.

La cavalleria era stata mandata a saggiare le avanguardie dei Britanni, e i risultati erano stati subito riportati: i barbari ingaggiavano battaglia in modo sparso, senza alcuna organizzazione militare apparente, contando solo sulla velocità dei cavalli e sull'abilità dei conducenti dei carri da guerra, che sapevano manovrare per posizionare i lanciatori di giavellotto a portata del nemico. Quando Crasso, a capo delle ali di cavalleria ausiliaria inviate in avanscoperta, aveva compreso quella strategia, era riuscito a organizzare i suoi perché aggirassero le trappole innescate dai guidatori di carri, e in breve avevano ricacciato i Britanni nelle loro infide foreste.

Solo una volta, presi dalla frenesia, alcuni cavalieri galli si erano lanciati all'inseguimento nel bosco, e non ne erano più tornati, così Crasso aveva fatto ripiegare i suoi e riferito a Cesare quello che era accaduto.

Mentre allestivano le fortificazioni che avrebbero consentito alla retroguardia di restare al sicuro, pronta a sostituire i legionari stanchi dopo la battaglia, i Britanni continuavano a fare sortite sperando di coglierli di sorpresa, ma ormai la loro tattica era evidente e non era difficile per Cesare far correre gli ordini fra i suoi.

Una sola volta i nemici erano emersi in gran numero dalle foreste sui lati, urlando e spingendosi contro le ali dell'esercito che stavano cercando di costruire una palizzata abbastanza robusta da impedire ai carri avversari di passare. La situazione si era messa male per le coorti impegnate nei lavori, perché i Britanni erano stati così rapidi da costringere molti di loro a combattere con gli arnesi da scavo. Per fortuna il sistema di sorveglianza era attento, e con le bandiere e i corni aveva segnalato l'attacco, dando modo a Cesare di incaricare uno dei tribuni più vicini al luogo dello scontro, Quinto Laberio Duro, di avanzare con due coorti e portare manforte ai reparti in difficoltà.

La battaglia era stata cruenta, e numerosi legionari erano caduti sotto i colpi dei Britanni, ma poi Laberio, poco prima di accasciarsi a terra con un giavellotto conficcato nel petto, aveva fatto compiere una manovra risolutiva a una delle coorti e aveva sbaragliato i nemici, che erano tornati a rifugiarsi nella foresta lasciando centinaia di feriti a terra.

«Prendeteli e curateli» comandò Cesare ai suoi attendenti. «Quei prigionieri ci serviranno.»

Mentre tutti i reparti tornavano dietro i fossati e le palizzate in costruzione, Cesare diede ordine alla cavalleria di non inseguire il nemico, neppure se si fossero trovati in campo aperto.

«Prima del tramonto termineremo i lavori» gli garantì Gaio Trebonio. «Ma perché non vuoi consentire alla cavalleria di alleggerire le incursioni dei Britanni?»

Mentre alcuni legionari riportavano al campo il corpo esanime di Laberio, Cesare scosse la testa.

«Questa tattica mordi e fuggi porta vantaggio solo ai Britanni. Sono in tanti, possono permettersi di perdere il triplo dei nostri uomini perché hanno un continuo afflusso di cavalieri da tutta la Britannia. Noi invece questi siamo, e non possiamo rischiare di far finire la nostra cavalleria in altre trappole.»

«Cesare ha ragione» intervenne Crasso. «Li ho visti combattere, e sono infidi. Prima ti fanno credere di essere in rotta, poi all'improvviso si fermano, balzano giù dai cavalli e ti affrontano a piedi, mirando ad azzoppare le nostre cavalcature. Devono aver ricevuto ordini precisi: decimare la nostra cavalleria per dare agio al loro esercito di manovrare con più velocità rispetto alle legioni.»

«E poi non stanno mai a ranghi serrati» aggiunse Quinto Cicerone. «Sono sparsi in modo irregolare, ma si sostengono gli uni con gli altri, e quando qualcuno all'avanguardia è stanco o viene ferito, da dietro spuntano nuovi rincalzi.»

«E dunque cosa facciamo?» chiese Trebonio, preoccupato.

Cesare si guardò attorno, poi sollevò gli occhi al cielo denso di nuvole.

«Restiamo al riparo, per il momento» rispose. «Facciamo riposare gli uomini e curiamo i feriti. Domani all'alba usciremo in forze e attaccheremo. Ci sono delle colline a poche miglia da qui: se riusciamo a raggiungerle e ad assumere una posizione preminente, saremo in vantaggio.»

I suoi ufficiali si batterono all'unisono il braccio sul petto e corsero a sovrintendere ai lavori di completamento delle fortificazioni e a tutto ciò che era necessario per gli uomini.

Anziché andare a riposare, Cesare si diresse verso il punto in cui erano stati ammassati i prigionieri, con l'intento di estorcere loro quante più informazioni possibile sul dislocamento dell'esercito di Cassivellauno e sulle forze a sua disposizione.

Nonostante la mancanza quasi totale di luce, visto che il sole ancora non era sorto, le tre legioni incaricate da Cesare di portare l'attacco finale si disposero ordinatamente. I prigionieri britanni avevano giurato che nessun esercito era preparato a riceverli, e che Cassivellauno aveva nascosto tutti i suoi uomini nelle foreste, ma gli esploratori di Publio Considio avevano battuto la zona e avevano constatato che in realtà le colline che avevano cercato di raggiungere prima dell'alba erano già presidiate.

«Se attacchiamo adesso saremo travolti dalla furia dei loro carri» affermò il capo degli esploratori. «Se li fanno correre giù dalle colline saranno inarrestabili.»

Cesare si guardò attorno, e grazie ai primi bagliori del giorno constatò che le campagne erano gravide di grano in maturazione. E questo gli fece venire un'idea.

La trappola aveva funzionato e l'esercito di Cassivellauno era in rotta.

Cesare aveva ordinato ai suoi luogotenenti di portare tre legioni nei campi, a fingere di raccogliere grano per le necessità dell'esercito, e come aveva immaginato i Britanni non avevano saputo resistere alla tentazione e si erano scagliati su di loro da ogni parte. Ma le colline distavano quasi un miglio dai legionari che tagliavano le spighe, e questo aveva dato loro il tempo di innalzare le insegne, abbandonare gli strumenti di lavoro e afferrare le armi, tenute a portata di mano.

Allo stesso modo, la cavalleria guidata da Gaio Trebonio, un cavaliere che aveva lo stesso nome del tribuno, anche se non erano imparentati, aveva compiuto una manovra di aggiramento senza cercare di fermare la carica del nemico e si era portata sui fianchi, per stringerlo in una tenaglia da cui non avrebbe avuto scampo.

I Britanni si erano accorti tardi della trappola. Avevano combattuto con rabbia ma anche con grande confusione, il che aveva dato modo a Cesare di intervenire con altre due coorti in appoggio alle legioni, fino a sbaragliare in breve tempo le forze nemiche. Quei pochi che non erano rimasti sul terreno insanguinato riuscirono a raggiungere le colline su cui era asserragliato il loro comandante, e ben presto le vedette riferirono che Cassivellauno aveva rotto gli indugi e si era diretto a ovest, là dove si diceva ci fosse la sua fortezza più grande, sulle rive del fiume Tamigi.

«Ricompattiamo gli uomini!» gridò Cesare, rendendosi conto che non poteva indugiare oltre: dovevano inseguire i Britanni e dare loro il colpo decisivo.

«Mio signore, il cavaliere Trebonio è caduto» arrivò a riferirgli il centurione Voreno, con una striscia di sangue che gli colava da una brutta ferita sul braccio. «Ha combattuto con onore, ma è stato accerchiato da due carri e non è riuscito a farcela.»

Cesare strinse i denti. Stavano venendo a mancare troppi uomini di valore, e questo non era un bene.

«Preparate le vostre coorti» sibilò rivolto a Voreno. «Abbiamo tanti compagni da vendicare.»

Il Tamigi era un fiume irrequieto, e secondo gli esploratori era possibile attraversarlo in un solo punto, se si voleva evitare di fare una deviazione di parecchie miglia verso sud.

«Non sarà facile» gli disse Sabino scrutando le acque impetuose del fiume. Cesare lo aveva voluto come suo secondo in comando, preferendo lasciare Quinto Cicerone e Cotta alle fortificazioni a protezione delle navi.

Fece spaziare lo sguardo sulla riva opposta, dove l'esercito nemico aveva lasciato alcuni reparti di cavalleria e un centinaio di carri da guerra alla retroguardia, forse per cercare di rallentarli mentre Cassivellauno e il resto dei suoi uomini andavano a barricarsi nella loro fortezza.

«Cos'hanno detto i prigionieri?» chiese Cesare. «Cosa dobbiamo aspettarci?»

«Vedi quelle pertiche appuntite che spuntano dalla riva opposta?» rispose Sabino. «Ce ne sono altre anche in acqua, sommerse dal fiume. Possono essere pericolose soprattutto per i cavalli.»

«Raduna gli uomini più robusti e avvezzi al nuoto» ordinò Cesare. «Devono entrare in acqua mentre i veliti li proteggono con lanci mirati sull'altra sponda. Che svellino tutte le pertiche che riescono, in modo da creare un corridoio per i cavalli.»

«Gli altri intanto li mandiamo avanti? A piedi dovrebbero farcela ad attraversare. Quei cani hanno congegnato le loro trappole in funzione della cavalleria.»

Cesare annuì. Evidentemente, quel sistema di difesa non era stato realizzato adesso ma era lì già da tempo, come barriera contro altri Britanni con cui frequentemente erano in guerra.

«Va bene» acconsentì. «Fai avanzare le legioni su un fronte che sia il più ampio possibile, per quanto ce lo consenta il guado. Intanto sgomberate un passaggio per la cavalleria.»

Sabino andò personalmente a parlare con i tribuni e i centurioni, poi si mise alla testa di una legione e l'esercito pian piano cominciò ad attrezzarsi per guadare il Tamigi, con Cesare al comando della Decima posizionata al centro dello schieramento.

«Resta vicino a me!» gli gridò Furio Lavieno quando furono nelle acque impetuose, che nel punto più profondo, se i prigionieri non avevano mentito, li avrebbero lambiti fino al petto. Poi si rivolse ai legionari che li circondavano: «Voi proteggete il comandante!». Una barriera di scudi si alzò tutt'intorno a lui, e Cesare avanzò nell'acqua gelida incitando gli altri a proseguire.

Erano quasi arrivati a metà del corso d'acqua quando una pioggia di frecce, sassi e giavellotti si abbatté su di loro. I legionari strinsero la testuggine, e Cesare li sentì gridare mentre qualcuno veniva ferito. Ma la barriera non si disgregò, e lui riuscì a raggiungere la riva opposta passando attraverso gli stretti passaggi consentiti dalle pertiche conficcate sul fondo del fiume. Si voltò a guardare gli uomini che erano stati incaricati di svellere quei pali pericolosi per i cavalli e vide che i centurioni avevano predisposto diverse testuggini a loro copertura, mentre i legionari strappavano via una dopo l'altra tutte le pertiche, creando un passaggio abbastanza ampio.

«Non dategli tregua!» gridò quando finalmente furono sull'altra riva. Ai suoi lati centinaia di legionari vi approdarono nello stesso istante, e una linea compatta si ricostituì come per incanto, pur sotto la pioggia di proiettili dei nemici, che però indugiavano restando a una certa distanza e senza dare l'impressione di voler attaccare.

Cesare aspettò che i primi cavalieri riuscissero a guadare il fiume, poi indicò ai comandanti di allargare sui fianchi e predispose le legioni nelle consuete tre linee di attacco, che consentivano una grande manovrabilità e, al contempo, la possibilità di effettuare rapidi ricambi degli uomini che combattevano, alternando le retrovie a mano a mano che i primi si stancavano o cadevano sul terreno di battaglia.

Quando fu chiaro che né il Tamigi né le pertiche erano riusciti a rallentare la loro avanzata, la pioggia di frecce e sassi si interruppe.

«Stanno fuggendo!» urlò Sabino arrivando di corsa.

«Procediamo verso la fortezza di Cassivellauno» ordinò Cesare. «La cavalleria dovrà proteggere i fianchi, soprattutto quando saremo in prossimità di foreste o colline.» Fissò il suo luogotenente indurendo lo sguardo, perché capisse che non avrebbe tollerato comportamenti diversi. «Nessuno deve inseguire il nemico in fuga, sono stato chiaro? Avanziamo compatti, devastiamo le campagne e tutto quello che incontriamo. Ma non inseguiamo nessuno.»

Sabino si batté il braccio sulla lorica e corse via.

Senza ulteriore indugio, Cesare si mise alla testa delle legioni e, circondato dagli uomini della sua guardia, impostò un passo di marcia velocissimo, che avrebbe consentito loro di coprire almeno venti miglia prima che arrivasse il momento di fermarsi e costruire l'accampamento fortificato per la notte.

E così quella era la fortezza dei Britanni. Cesare restò a contemplarla senza sapere se scoppiare a ridere o innervosirsi. Era qualcosa che non aveva mai visto, quindi non era chiaro quali avrebbero potuto essere le conseguenze di un assedio.

Più che una città dotata di fortificazioni era una sorta di spianata ricavata nel mezzo di una densa foresta, che lui riusciva a scorgere solo perché i suoi esploratori lo avevano accompagnato su un rilievo che svettava di un centinaio di passi su tutta la valle.

«Come vedi, Cesare, non hanno eretto palizzate, ma sfruttano la vegetazione per creare una barriera naturale, chiudendo i varchi con tronchi legati di traverso. Questa volta sarà impossibile superarli costruendo terrapieni, sono troppo alti.»

Cesare aveva ascoltato il tribuno Trebonio senza mai smettere di scuotere la testa. Quella specie di fortezza naturale non poteva essere aggirata, né attaccata frontalmente o superata con le consuete opere che i suoi legionari erano addestrati a costruire. E di sicuro non poteva nemmeno essere incendiata, perché il terreno era ancora bagnato per le frequenti piogge e gli alberi avevano i tronchi ricoperti di muschio, a dimostrazione che in quelle terre l'umidità era altissima.

«Possiamo fare solo una cosa» disse. «Mandiamo incursori di notte, con i corpi spalmati di fango e pece perché nessuno riesca a scorgerli. Si devono infilare attraverso quei tronchi, uccidere tutte le vedette che trovano e scoprire i punti deboli della palizzata. A quel punto invieremo una centuria che abbatterà i tronchi per ricavare un passaggio e da lì penetreremo nella fortezza.»

«Andrò io» si fece avanti uno dei centurioni, che Cesare riconobbe: era Pullone, il rivale di Voreno.

«Incarica me, Cesare!» si fece subito avanti quest'ultimo, la cui ferita al braccio era stata ricucita in fretta e furia, forse da lui stesso.

«Andrete entrambi» decise Cesare facendo un cenno a Trebonio perché predisponesse ogni cosa. «Voreno comanderà gli incursori, Pullone guiderà la centuria d'assalto.»

I due si scambiarono un'occhiata di sfida, poi corsero a prepararsi per quella notte.

«Mio signore, ci sono dei cavalieri in arrivo» lo chiamò Considio raggiungendolo.

«Un attacco?» chiese Cesare, sorpreso.

«No, sembrano ambasciatori. E non provengono dalla fortezza, bensì da ovest.»

Cesare annuì. Forse erano buone notizie, perché quella gente mandava ambasciatori solo per due motivi: per trarli in inganno o per negoziare la resa. In ogni caso, a lui sarebbe servito per capire con chi aveva a che fare.

«Siamo qui per offrirti la pace, Cesare» disse uno dei nuovi arrivati, che si esprimeva in un buon latino. «Siamo Trinovanti, e ti chiediamo protezione da Cassivellauno, che ha ucciso il nostro re.»

Cesare li squadrò cercando di cogliere il sentore della menzogna, ma all'improvviso ricordò: il giovane britanno che si era presentato a lui in Gallia, Mandubracio, era il figlio del re di cui quell'uomo parlava. Si voltò verso Furio Lavieno, gli fece cenno di avvicinarsi e all'orecchio gli disse di andare a prelevare il prigioniero.

«Come posso credervi?» chiese poi agli ambasciatori dei Trinovanti. «Da quando sono in queste terre ho conosciuto solo menzogne e imboscate.»

L'uomo chinò il capo in segno di sottomissione. «Tu hai il nostro re» gli disse. «Sappiamo che Mandubracio ha già chiesto il tuo aiuto, e comprendiamo che tu non abbia voluto dargli ascolto. Ma, ti assicuriamo, non c'è nessun inganno. I Trinovanti non hanno seguito Cassivellauno, e altre tribù si sono unite a noi.»

Cesare rimuginò per un attimo su quello che aveva sentito, poi, quando Lavieno ricomparve trascinando con sé Mandubracio, si rivolse direttamente al giovane principe, dando per scontato che avesse subito capito che cosa stava succedendo, nel momento in cui aveva visto i suoi compagni.

«Mi dicono che il tuo popolo è pronto alla resa. Sei dello stesso avviso?»

«Sì, Cesare» garantì Mandubracio raddrizzando la schiena. «E possiamo portare molti altri popoli dalla nostra parte. Cassivellauno resterà solo.»

«Molto bene» annuì lui. «Ho intenzione di darvi fiducia. Naturalmente pretendo almeno quaranta ostaggi, e provviste di grano per il mio esercito.»

«Sarà fatto» confermò Mandubracio.

«E quando Cassivellauno verrà sconfitto, voglio che sia tu a sedere sul trono del tuo popolo e di tutti quelli che giureranno fedeltà a Roma.»

Il giovane lo guardò sorpreso, ma in tutta risposta si batté il braccio sul petto, in un gesto che non apparteneva alla sua gente ma che doveva aver imparato durante la prigionia.

«Quali altre tribù ti seguiranno?» gli chiese Cesare.

«Di sicuro i Segontiaci, gli Ancaliti e i Cenimagni.»

«E io garantisco per i Cassi e i Bibroci» aggiunse il capo degli ambasciatori. «E quando Mandubracio sarà re, molti altri si uniranno.»

Cesare sapeva di non potersi fidare di quella gente, ma per il momento andava bene così: non avrebbe potuto trattenersi ancora a lungo in Britannia, non con l'estate ormai agli sgoccioli, e dunque quella situazione poteva fargli comodo. In fondo, Mandubracio era sempre stato trattato bene, con il rispetto che richiedeva il suo rango, e lui non credeva che fosse colmo di risentimento. Se era intelligente come sembrava, avrebbe approfittato della situazione per diventare l'uomo più potente di tutta la Britannia.

«Adesso pensiamo a Cassivellauno» disse, facendo segno a Sarmete di servire il vino. «Vi spiego l'idea che mi è venuta.»

Tutto andò secondo i piani, e la sconfitta del re dei Britanni fu più facile del previsto. Gli uomini di Voreno eliminarono quasi tutte le sentinelle nemiche e tagliarono le corde che tenevano legati i tronchi in una zona periferica della barriera naturale. Poi la centuria di Pullone fece il resto, piombando sui Britanni nel sonno e facendone strage. Quando i nemici si erano accorti di quei demoni scuri come la notte che uccidevano in silenzio, si erano spaventati al punto da abbandonare le armi e fuggire terrorizzati.

«Cassivellauno non si arrenderà tanto facilmente» gli disse Mandubracio mentre camminavano insieme nel villaggio al centro della foresta che i legionari stavano dando alle fiamme. «Andrà a chiedere sostegno alle tribù del Canzio, ma dubito che i signori di quelle terre gli daranno fiducia. La voce della sua sconfitta si propagherà più rapida del vento e lo precederà.»

«Conosci i re del Canzio?» gli chiese Cesare.

«Erano buoni amici di mio padre. Tassimagulo, Segovace, Carvillo e Cingetorige. Loro riceveranno i miei ambasciatori e li ascolteranno. Forse solo uno passerà con Cassivellauno: Lugotorige, che ha cercato più volte di diventare re ma non ci è mai riuscito.»

«Allora lo affronteremo, e se non abbasserà la testa lo uccideremo» affermò Cesare con decisione.

Lugotorige non perse la vita ma venne catturato durante l'unica battaglia sostenuta dall'esercito di un disperato Cassivellauno, che, dopo avere costretto con la forza i popoli del Canzio a fornirgli cavalieri, aveva tentato una sortita contro l'accampamento romano, ma era stato sbaragliato senza difficoltà.

Quando alla fine aveva mandato una delegazione a trattare la resa, Cesare era rimasto sorpreso nel vedere che a capo degli ambasciatori c'era una sua vecchia conoscenza, l'atrebate Commio, che aveva mantenuto rapporti con i Britanni e per qualche motivo si trovava ancora sull'isola.

«Lo sai che cosa deve garantire Cassivellauno, vero?» gli disse Cesare, in qualche modo disgustato per l'ennesimo atteggiamento ambiguo tenuto da un gallo, un uomo che pure aveva servito bene e con onore sotto di lui, e che adesso non riusciva a comprendere.

«Io voglio la pace» gli garantì Commio, «e la stabilità sull'isola, che solo Roma può assicurare. Per cui riferisci pure le tue condizioni e io convincerò Cassivellauno ad accettarle.»

Cesare trattenne una risata di scherno, perché sapeva che il re dei Britanni non aveva scelta, però si limitò ad annuire e spiegò quali garanzie esigeva prima di ripartire per il continente.

«Cassivellauno manderà almeno cento ostaggi, fra i quali i figli di tutti i capitribù che si sono alleati con lui. E naturalmente pagherà un tributo a Roma.»

Commio si inchinò e fece per andarsene, ma Cesare lo trattenne.

«Un'ultima cosa» gli disse. «Che non provi mai più a importunare i Trinovanti e il loro re, Mandubracio. Ogni affronto portato a lui sarà rivolto anche a me.»

Commio esitò solo un istante, poi senza aggiungere altro si voltò e si allontanò parlando con i Britanni nella loro lingua.

«Aspetteremo l'arrivo degli ostaggi e poi partiremo» disse Cesare a Furio Lavieno quando furono rimasti soli. «Avverti i legati.»

«Non sarebbe meglio partire subito?» chiese Furio, dubbioso. «Sai com'è questo mare. A settembre potrebbe causare danni alla flotta.»

Cesare allargò un ghigno. «Non preoccuparti» rispose. «Credo che gli dèi britanni abbiano capito con chi hanno a che fare. Vedrai che non ci importuneranno più.»

27

Britannia
54 a.C., settembre

Finalmente potevano ripartire. Cassivellauno aveva tenuto fede a tutte le sue richieste e ormai niente li tratteneva in Britannia, soprattutto in considerazione delle ambasciate che gli arrivavano dalla Gallia, dove malumori e proteste si diffondevano ovunque. Non poteva rischiare di affrontare nuove sollevazioni, adesso che aveva pacificato la Britannia e l'aveva portata sotto l'aquila di Roma. Le legioni erano stanche, avevano bisogno di riposare durante l'inverno e i ranghi dovevano essere rinfoltiti prima della prossima estate.

Era necessario che tornasse il prima possibile a Samarobriva, dove aveva già organizzato una grande assemblea dei Galli per saggiare i loro umori ed eventualmente intervenire per placare subito gli animi. Aveva intenzione di sistemare le legioni di ritorno dalla Britannia in punti strategici in Gallia, e molto probabilmente avrebbe dovuto passare l'inverno negli acquartieramenti fra i Remi, che fra tutti i Galli erano forse il popolo a loro più fedele, insieme agli Edui.

Stava ancora pensando a questo quando Considio si precipitò nella tenda pretoria con aria trafelata.

«Che succede?» lo affrontò Cesare, temendo l'ennesima ribellione di qualche tribù britannica.

«Un messaggio per te» rispose Considio. «Arriva da Roma.»

Lui lo fissò accigliato. «Parla. Di che si tratta?»

Cosidio esitò, con gli occhi bassi, poi quello che disse ebbe il potere di fargli gelare il sangue: «Si tratta di tua figlia Giulia. Non ha retto al parto...».

Cesare restò a fissarlo senza sapere cosa dire. Si sentì girare la testa e dovette sedersi su uno sgabello, mentre Sarmete accorreva per sostenerlo.

«E il bambino?» chiese dopo un po', con un filo di voce.

Considio scosse la testa. «Non ce l'ha fatta nemmeno lui.»

Cesare chiuse gli occhi. Sapeva di chi era la colpa di quella sciagura. Pompeo aveva già fatto correre un grosso rischio a Giulia, l'anno prima, e poi, nonostante le sue condizioni di salute, l'aveva messa nuovamente incinta. Era stato lui a ucciderla, con la sua vanità, con la sua smania di...

I pensieri si spezzarono come il dolore dentro di lui, facendolo accasciare fra le braccia di Sarmete.

«Uscite!» disse lo schiavo. «Lasciatelo solo.»

Cesare restò a occhi chiusi, senza riuscire a fare altro che fissare la pozza nera che si era aperta dentro di lui, poi finalmente si ricordò di respirare e con un singulto rialzò la testa.

«Devi tornare a Roma» gli disse Sarmete passandogli una coppa di vino.

Cesare lo guardò stranito, come se avesse davanti un nemico in battaglia, che lo insultava con parole incomprensibili.

«Devi presenziare all'orazione funebre...»

«No» lo interruppe afferrando la coppa e trangugiando un

lungo sorso di vino. «Devo restare in Gallia, non posso permettermi di mancare un solo giorno. Hai saputo quello che sta succedendo, io...»

«Ma è tua figlia!» protestò Sarmete, indignato.

Cesare scagliò lontano la coppa e si alzò sulle gambe malferme.

«Lo so chi è!» ringhiò, spaventato soprattutto perché non riusciva a piangere. «Ma ti ho detto che non posso lasciare tutto per andare a Roma! Sarebbe la fine!»

Sarmete aprì la bocca per dire qualcos'altro, poi forse comprese la furia e la disperazione che lo colmavano e restò zitto.

«Adesso lasciami solo» gli chiese Cesare tornando a sedersi. «Ti prego.»

Sarmete esitò un momento, torcendosi le mani, poi obbedì e uscì dalla tenda.

Cesare chiuse gli occhi e si lasciò cadere nel vuoto.

«Ti sarò grato se vorrai fare questo per me» disse a Quinto Cicerone che lo guardava con un'aria strana, indecifrabile.

Cesare lo aveva convocato nella sua tenda e gli aveva spiegato quello che era accaduto. Poi aveva mostrato una delle missive che da Roma il fratello di Quinto riusciva a fargli recapitare regolarmente, ovunque lui si trovasse, e gli aveva detto: «Trebazio deve tornare dove si ritiene sia più al sicuro. La richiesta mi pare inequivocabile e difficile da contrastare».

Quinto non aveva voluto leggere la missiva e si era stretto nelle spalle.

«Mi chiedevo solo quanto ci avrebbe messo mio fratello prima di richiederlo indietro. Ma quello che più mi preoccupa è ciò che è successo a tua figlia. Lascia che ti esprima...»

«Ti ringrazio» lo aveva interrotto Cesare. «Più che parole di conforto, però, vorrei da te un aiuto e un segnale di amicizia.»

Quinto lo aveva guardato sorpreso, poi aveva annuito piano. «Dimmi pure.»

«Io non tornerò a Roma per le esequie di Giulia» gli aveva rivelato, sentendo le parole aggrovigliarsi in gola. «Ma vorrei che tu portassi la mia testimonianza e leggessi le mie parole.» Detto questo gli aveva consegnato un foglio arrotolato. «Ti sarò grato se vorrai fare questo per me.»

Adesso Quinto Cicerone lo guardava in silenzio; probabilmente mille domande gli si affollavano nella testa, ma non osava esprimerle a parole.

Cesare bevve un sorso di vino e sospirò.

«Non posso abbandonare la Gallia, non ora. Ci sono tumulti, rischio di veder crollare tutto quello per cui abbiamo combattuto.» Scrutò Quinto Cicerone, poi riprese: «Il popolo capirà. E confido nel fatto che tu riesca a coinvolgere tuo fratello perché il Senato possa tributare a mia figlia gli onori che le spettano».

Quinto annuì piano. «Sarà fatto, Cesare» disse prendendo solo in quel momento il foglio che lui gli porgeva. «E sono certo che mio fratello ti ringrazierà per aver tenuto al sicuro il suo Trebazio.»

Restarono a fissarsi per un po', poi senza dire una parola Quinto Tullio Cicerone uscì dalla tenda pretoria e lo lasciò in compagnia dello sguardo carico di accusa di Sarmete, che lo scrutava dalla parte più buia della tenda.

Parte settima

28

Gallia Belgica
Samarobriva
54 a.C., inverno

Non si sentiva così in trepidazione da tanto, troppo tempo.

Ai quartieri invernali di Samarobriva erano già arrivati tre messaggeri provenienti da tutta la Gallia, e adesso gli era stato portato davanti anche l'ultimo, forse il più agitato e preoccupato, che aveva corso a piedi fino allo sfinimento per comunicargli le sue ambasciate il prima possibile.

Cesare lo accolse insieme agli altri nella tenda pretoria, dove aveva ricavato i suoi alloggi e teneva le riunioni del consiglio di guerra, posta nel punto centrale di raccordo tra il decumano e il cardo, i due viali principali che attraversavano l'immenso accampamento, da est a ovest il primo, e da nord a sud il secondo.

L'ultimo arrivato era il giovane schiavo di Verticone, un nobile nervio che, a quanto gli avevano riferito, aveva dato prova di lealtà nei confronti di Roma e si era messo al servizio di Quinto Cicerone quando i Nervi e gli Atuatuci si erano sollevati.

«Devi intervenire subito, Cesare!» aveva esclamato lo schiavo non appena Furio Lavieno lo aveva portato al suo cospetto. «Non so quanto potranno resistere!»

Cesare, che era in piedi e già tentava nervosamente di mettere insieme tutte le notizie portate dai messaggeri in quei giorni, gli aveva ordinato di fare silenzio, poi si era versato una coppa di vino e aveva cercato di fare mente locale su quanto stava succedendo.

«Non siamo nemmeno riusciti a celebrare la nostra impresa in Britannia e questi cani di Galli sono già in rivolta!» esclamò Gaio Trebazio.

Cesare lo fissò con una smorfia, imponendogli il silenzio. Trebazio non era stato in Britannia, dunque non doveva celebrare un bel niente, e da come si stavano mettendo le cose doveva solo dirsi fortunato che, anziché seguire Quinto Cicerone fra i Nervi, lui lo avesse tenuto con sé a Samarobriva.

Dopo la spedizione in Britannia, aveva rimandato Trebazio a Roma con Quinto Cicerone, ma contrariamente a quanto si era aspettato i due erano tornati all'inizio dell'inverno. La presenza di Quinto aveva rallegrato Cesare, perché lo considerava un ottimo comandante e una persona di cui poteva fidarsi, soprattutto dopo la cortesia che gli aveva fatto quando era morta sua figlia. Ma Trebazio... era convinto che il suo tutore e amante, Marco Tullio Cicerone, non lo avrebbe più lasciato partire, una volta riavutolo per sé. A quanto pareva, però, il ragazzo era riuscito a imporsi, e quando Quinto Tullio aveva fatto ritorno in Gallia gli si era accodato portando con sé uno stuolo di servi e persino quattro cavalieri di scorta, probabilmente reclutati da Cicerone.

Quel giovane era tanto impetuoso quanto di bell'aspetto, e Cesare lo aveva voluto ancora con sé per una soddisfazione personale, non solo per gli appelli incessanti a prendersi cura di lui che avevano ripreso ad arrivargli da Roma, da quel Cicerone che non riusciva a celare i sentimenti che provava per Trebazio.

«Hai preso nota di tutto quello che ci è stato riferito?» si decise a chiedere ad Aulo Irzio, che seduto a un tavolinetto provvisto di carte, pergamene e inchiostro fungeva da notaio per il consiglio permanente di guerra che Cesare aveva istituito negli acquartieramenti invernali.

Fin dal loro arrivo sulla costa, dopo la fruttuosa impresa in Britannia, aveva subito avuto sentore che le cose fossero notevolmente peggiorate, durante la sua assenza: le assemblee generali indette dai suoi luogotenenti venivano disertate, la distribuzione del grano raccolto per l'inverno procedeva a rilento e i tributi non sempre giungevano a destinazione, anche se venivano inviati di continuo messaggeri a sollecitare i capitribù più restii a collaborare. Era come se senza di lui, senza la sua presenza sul suolo gallico, quella gente si sentisse in diritto di rialzare la testa e rivendicare l'autonomia che aveva perso. A parte i Remi e gli Edui, i soli che dimostravano fedeltà a

Roma, gli altri popoli della Gallia erano in fermento, e il malumore era diffuso ovunque.

«Sì, Cesare, ho preso nota di tutto» rispose Irzio, l'unico fra i suoi ufficiali, tranne Quinto Cicerone, che aveva sempre dimostrato una certa capacità oratoria e una propensione per la poesia. «Vuoi che ti legga quello che è stato riferito?»

Cesare andò a sedersi su uno sgabello e cercò di ignorare lo schiavo di Verticone, che dopo essersi dissetato con dell'acqua saltellava nervoso sui piedi e si guardava intorno spaesato, come un animale in gabbia, impaziente di parlare con lui.

Quando si era reso conto della situazione critica in cui versava tutta la Gallia, aveva deciso di predisporre i quartieri invernali delle legioni in punti diversi del territorio per avere la possibilità di inviare truppe in fretta ovunque si fosse acceso un focolaio di malumore o addirittura di ribellione. Ma non avrebbe mai immaginato che le cose sarebbero precipitate in quel modo.

Pensando di agire celermente, aveva destinato una legione nel territorio dei Morini, sotto il comando di Gaio Fabio, e un'altra fra gli irrequieti Nervi, per la quale aveva voluto Quinto Cicerone come comandante, dopo le prove di virtù militare che aveva dimostrato in Britannia. Una terza legione era stata mandata fra gli Essuvi, sotto la guida di Lucio Roscio, e una quarta nei territori dei Remi, al confine con i sempre astiosi Treviri, che minacciavano sollevazioni di continuo. Per quest'ultima Cesare aveva assegnato il comando a Labieno, che meglio conosceva quelle zone e le popolazioni coinvolte, oltre ad avere un ottimo rapporto con le più valenti famiglie dei Remi. Altre tre legioni aveva deciso di stanziarle nel Belgio, uno dei territori più problematici e con i guerrieri più valorosi, affidandole una a Marco Crasso, una al fedele Planco e l'ultima a Trebonio, sul cui coraggio e ardimento sapeva di poter sempre contare. Infine, per la parte più delicata di tutta la Gallia, quella terra di confine tra la Mosa e il Reno di cui rivendicavano il dominio i bellicosi Ambiorige e Catuvolco, aveva stabilito di assegnarne il controllo a Cotta e a Titurio Sabino, con cinque coorti e sufficiente cavalleria da poter impegnare un esercito in attesa dell'arrivo di rinforzi. Nonostante questa frammentazione, tutte le legioni erano acquartierate entro una distanza massima di cento miglia, e dunque non sarebbe stato difficile per ciascuna di esse muoversi in soccorso delle altre, in caso di bisogno.

Eppure, dalle notizie terribili che gli stavano arrivando la situazione sembrava molto complessa, e in qualche modo inaspettata.

«Ricominciamo da Tasgezio, il re dei Carnuti» si decise a chiedere a Irzio dopo avere trangugiato un altro lungo sorso di vino. «Non ho capito che cos'è successo.»

«L'hanno assassinato» rispose Irzio. «Probabilmente era considerato troppo vicino a Roma. Diversi nobili si sono coalizzati e l'hanno ucciso, forse per evitare che si rivolgesse a noi per chiedere aiuto.»

«Come hanno potuto credere che saremmo rimasti a guardare?» intervenne Trebazio, con la voce che gli tremava per l'indignazione.

Diceva bene: appena saputo quello che era accaduto, Cesare aveva ordinato a Lucio Planco di spostare la sua legione dal Belgio al territorio dei Carnuti per mettere in catene tutti i responsabili di quell'assassinio.

«Nel frattempo si sono ribellati anche gli Eburoni, al comando di Ambiorige e Catuvolco» riprese Irzio consultando le sue pergamene. «La colpa ovviamente è di Induziomaro, il treviro, che non ha mai accettato la sottomissione.»

Cesare strinse i denti. «Sono stato troppo indulgente con quel cane.»

«Mio signore...» intervenne lo schiavo di Verticone, che non aveva smesso un secondo di agitarsi.

«Ti ho detto di aspettare!» l'azzittì infuriato Cesare. Gli faceva male la testa, e sentiva che un possibile attacco si preparava dentro di lui, lanciandogli gocce di fuoco liquido nelle vene.

Chiuse gli occhi e prese un lungo respiro, poi tornò a concentrarsi sugli avvenimenti di quell'ultimo mese, che avevano destabilizzato tutta la Gallia e che, nonostante richiedessero il suo pronto intervento, lui aveva bisogno di chiarirsi nella mente, per sapere a chi addossare le responsabilità e farsi un'idea complessiva della situazione.

«È stato inviato Gaio Arpino a trattare con Ambiorige, giusto?» provò a riprendere le fila del discorso.

«Sì» confermò Irzio. «E quello che ha riferito sa di presa in giro.»

Cesare ricordò le parole che Ambiorige aveva rivolto ad Arpino, chiedendo che le riportasse a Sabino.

Il carnuto aveva precisato che riconosceva i meriti dei Romani, che avevano liberato il suo popolo dai tributi che erano costretti a pagare agli Atuatuci, ed era grato a lui, Cesare, perché gli aveva restituito il figlio e un nipote, dopo che gli Atuatuci glieli avevano mandati come ostaggi. Nonostante ciò, lui era portatore della volontà del suo popolo, e dunque nulla aveva potuto quando la massa aveva deciso di attaccare l'accampamento di Sabino e Cotta, seguendo le istanze di rivolta che si stavano diffondendo in tutta la Gallia.

«Un gallo non può dire di no ad altri galli, quando si decide di combattere» ripeté Irzio ricalcando l'accento gutturale degli Eburoni.

«Non schernirli» lo ammonì Trebazio. «Sono stati astuti. Soprattutto quando hanno sostenuto che ormai i Germani avessero passato il Reno per congiungersi a loro. Hanno scatenato il panico fra i nostri, e Cotta e Sabino si sono scontrati duramente, proprio come tu, Cesare, ci hai detto che non dovremmo mai fare.»

Cesare comprese che il ragazzo stava imparando in fretta, e questo era un bene. Si rivolse al messaggero che era arrivato dal territorio degli Eburoni, dopo la disfatta subita dai loro uomini, e gli chiese: «Sei sicuro di ciò che è accaduto?».

«Sì, Cesare!» rispose questi prontamente. «Aurunculeio Cotta e Titurio Sabino hanno discusso a lungo. Il primo sosteneva che avremmo dovuto restare al campo, senza prestare ascolto agli Eburoni, almeno fino a quando non avessimo ricevuto un tuo ordine diretto.»

«E Sabino?» chiese Trebazio.

«Lui... credeva che tu fossi partito per l'Italia, Cesare. E quindi riteneva più sensato abbandonare la fortificazione e raggiungere Labieno o Quinto Cicerone. Poi sosteneva che gli Eburoni non avrebbero mai osato attaccarli, se fossero stati da soli, perché il loro esercito era troppo esiguo. Stavano davvero attendendo i Germani da un momento all'altro.»

«Forse sarebbe stato meglio se fosse accaduto» sibilò Cesare. Quei vili erano fuggiti, anche se sapevano che agendo così sarebbero stati tacciati per sempre di codardia; eppure, conoscendo

Auruncleio Cotta, sapeva che non poteva essere stata una sua decisione. Titurio Sabino aveva di sicuro convinto gli altri ufficiali ad appoggiarlo, e a quel punto Cotta aveva dovuto far buon viso a cattivo gioco e aiutare i suoi legionari durante la ritirata.

«Come sappiamo, gli Eburoni avevano mentito» riprese Irzio. «C'erano solo loro. L'imboscata messa in atto contro la legione di Titurio Sabino e Cotta è stata devastante, perché hanno scelto un punto in cui i nostri sono stati costretti a stringersi e allungare la colonna, risultando così più esposti.»

«Io c'ero...» mormorò il messaggero, tremando. «Lucio Aurunculeio Cotta si è battuto con coraggio, sostenendo gli uomini nei momenti di difficoltà, ma poi...» Abbassò la testa, colmo di sconforto e di vergogna. «Eravamo circondati, e quei demoni uscivano e rientravano nella foresta di continuo, come fantasmi ricoperti di sangue. I primi a cadere sono stati Tito Balvenzio, il primipilo, trafitto in entrambe le cosce da un giavellotto. Poi Lucanio, uno dei centurioni più valenti: è stato ucciso mentre cercava di soccorrere il figlio, colpito dai nemici.»

«E Titurio Sabino?» chiese Trebazio scandalizzato, pur sapendo già quello che era accaduto.

«Ha cercato di parlare con Ambiorige» rispose Irzio, consultando le sue carte. «Quando ha visto cadere anche Aurunculeio Cotta, ferito da un colpo di spada, ha preso dei legionari con sé e si è diretto verso gli Eburoni, chiedendo di parlare.»

«Cotta l'ha supplicato di non farlo» aggiunse il messaggero. «Poi l'ha maledetto, quando Titurio Sabino l'ha ignorato.»

«E così si è fatto uccidere come uno stolto!» ringhiò Cesare, che non riusciva ancora a credere a quello che era successo.

«L'hanno circondato mentre Ambiorige fingeva di accordargli la parola, e poi l'hanno ucciso insieme ai suoi uomini» confermò il messaggero. «Cotta ha provato a incitare ancora i legionari, e io stesso l'ho visto impugnare di nuovo la spada, nonostante la tremenda ferita al ventre, e combattere fino allo sfinimento. Ma è stato sopraffatto, e a quel punto i centurioni rimasti ci hanno ordinato di tornare nell'accampamento e sbarrare le porte. Poi mi è stato ordinato di venire a riferire a te, Cesare.»

«Sei stato bravo, ragazzo» si congratulò lui, che sapeva come fosse stata una vera impresa, per un giovane a piedi, riuscire a coprire tutta quella distanza correndo giorno e notte senza risparmio, con i nemici che potevano catturarlo da un momento all'altro.

«È stata questa vittoria a innescare la rivolta degli Atuatuci e dei Nervi» continuò Irzio.

«Ambiorige deve avere avuto gioco facile a convincerli, dopo la disfatta subita da Titurio Sabino» mugugnò Trebazio.

«A loro si sono uniti anche i Grudi, i Levatici, i Pleumossi e i Geidummi, da quello che sappiamo» continuò Irzio. « Un esercito imponente che si è subito diretto verso gli acquartieramenti di Quinto Cicerone fra i Nervi.»

«Proprio così!» esclamò lo schiavo di Verticone, facendosi avanti. «È questo che sono venuto a riferirvi. E a chiedere aiuto, perché la situazione è insostenibile per Quinto Cicerone!»

«Calmati» gli disse Cesare avvicinandosi e posandogli le mani sulle spalle. «Lo so che abbiamo poco tempo, ma devo capire cosa sta succedendo, perché non posso fidarmi dei Galli. Potrebbero avere organizzato delle manovre diversive per stanarci dai nostri fortini e farci cadere in trappola.»

«Ma io...» balbettò il giovane.

«Adesso siediti e raccontaci tutto. Dall'inizio.»

Lo schiavo si guardò attorno spaesato, poi Sarmete gli portò uno sgabello e lui sedette con le gambe che tremavano.

«Cos'è successo quando il nemico è arrivato al vostro accampamento?» gli chiese Cesare.

«Prima ci hanno attaccato di sorpresa, mentre un manipolo era nella foresta a raccogliere legna, poi hanno cercato di entrare nel campo. Erano una moltitudine mai vista. Tribù da tutta la Gallia, anche se i più numerosi erano i Nervi e gli Eburoni.»

«Siete riusciti a resistere a lungo, mi pare» intervenne Trebazio con aria spaventata. Probabilmente, nella sua mente si trovava con Quinto Cicerone, che in effetti l'avrebbe voluto con sé in quella spedizione.

«Sì, ed è stato merito del nostro comandante» sostenne il messaggero. «Quinto Cicerone non si è mai dato per vinto, ci incitava a rinforzare le barricate, a proteggere le torri con le assi, a connettere i parapetti con passatoie di vimini per poter accorrere più velocemente dove era necessario. Per due notti abbiamo appuntito le pertiche con la fiamma per lanciarle dall'alto delle mura.»

«E i nemici?» lo incalzò Trebazio. «Cos'hanno fatto?»
«Prima hanno chiesto un incontro» rivelò il giovane. «Da quello che ho sentito, si sono comportati come già avevano fatto con Titurio Sabino e Aurunculeio Cotta: hanno sostenuto che tutta la Gallia era in rivolta, che i Germani avevano attraversato il Reno e stavano arrivando e che tu, Cesare, così come tutte le altre legioni, eravate assediati.»
«Cani bugiardi!» sbottò Trebazio, infuriato.
«Cos'ha risposto Quinto Cicerone?» chiese Cesare al messaggero.
«Che non è consuetudine dei Romani accettare condizioni da nemici armati. Se avessero gettato le armi e si fossero arresi, lui avrebbe interceduto preso di te, Cesare, per garantire che li avresti ascoltati.»
«Immagino la loro gioia» fece Irzio con sarcasmo.
«Come hanno reagito i Galli?» intervenne Trebazio. «Se ne sono andati? È per questo che sei riuscito ad arrivare fin qui?»
Il giovane scosse la testa. «No, hanno fatto una cosa che non avevo mai visto prima.»
«Cioè?» volle sapere Cesare, dopo che un pesante silenzio era calato nella tenda.
«Hanno scavato tutto intorno al nostro campo un fossato largo quindici piedi, poi hanno innalzato una palizzata di dieci piedi almeno.»
«Com'è possibile?» chiese Irzio, esterrefatto.
«Devono avere imparato combattendo per noi» rispose il messaggero. «E poi avevano molti dei nostri prigionieri, che sono stati costretti ad aiutarli sotto la minaccia delle armi.»
«Cani vigliacchi e codardi!» sbottò nuovamente Trebazio.
«Hanno costruito dei terrapieni, proprio come facciamo noi, e un baluardo alto oltre quindici piedi e con un'estensione di tre miglia. Il tutto in meno di tre ore!»
Cesare pensò che il ragazzo stesse esagerando, ma non se la sentì di riprenderlo: era già un'impresa formidabile il fatto che fosse sopravvissuto e fosse lì a riferire quello che era successo.
«Continua» lo spronò, mentre Irzio riportava sulla pergamena le sue parole.
«Hanno costruito torri alte come la nostra palizzata, provviste di falci e di tettoie come avrebbe fatto una nostra legione,

e per giorni si sono industriati a rinchiuderci in quella trappola mortale.»

Il ragazzo era spaventato, ma Cesare comprese che adesso lo era anche lui, pur cercando di non darlo a vedere: se i Galli avevano imparato a combattere e a organizzare strategie di guerra simili alle loro, questo riduceva drasticamente i vantaggi che le legioni potevano mettere in campo durante una battaglia.

«Il settimo giorno di assedio si è levato il vento!» riprese a raccontare il messaggero, tremando come una foglia. «Era così forte che Quinto Cicerone ci ha messo in guardia, come se immaginasse quello che i Galli avrebbero fatto.»

Cesare intervenne: «Hanno lanciato proiettili incendiari all'interno del campo. Lo avevate costruito intorno a un villaggio dei Galli, giusto?».

Il giovane lo guardò a bocca aperta, come se fosse un aruspice capace di leggere nella mente, oltre che nelle viscere delle capre.

«È quello che avrei fatto io al posto loro» spiegò Cesare. «Giavellotti con le punte arroventate e proiettili incendiari lanciati con le catapulte.»

Il giovane annuì. «Le capanne del villaggio hanno preso subito fuoco, ma noi eravamo stati avvertiti da Quinto Cicerone, che aveva sospettato una mossa simile.»

«Avete bagnato con l'acqua la parte della palizzata rivolta verso l'interno?» chiese Cesare, ammirando dentro di sé le ottime capacità di comando di Quinto Cicerone.

«Sì» rispose il giovane. «E tutti i camminamenti e le tettoie, che così si sono salvati dall'incendio.»

«Quinto è un grande!» proruppe Trebazio con l'entusiasmo di un bambino.

«Continua» lo ignorò Cesare rivolgendosi al messaggero. «Cos'è successo, poi?»

«I Galli hanno attaccato. Vedendo il fumo e il bagliore degli incendi hanno creduto che fossimo alla disperazione, e hanno cominciato ad assaltare la palizzata con le torri mobili e con le scale. Ma noi eravamo pronti e li abbiamo accolti lanciando pietre, giavellotti e frecce. È stata una strage.»

«Magnifico!» esultò Irzio, ma Cesare si accigliò quando vide che il messaggero non era affatto entusiasta.

«Questo non è bastato a sciogliere l'assedio, vero?» gli chiese.

Il giovane scosse piano la testa. «Erano davvero tantissimi, una moltitudine. Sprezzanti del pericolo e della morte, come se preferissero farsi trafiggere piuttosto che rinunciare alla vittoria.»

Cesare prese un lungo respiro. Conosceva abbastanza bene i Galli da non dubitare delle parole del giovane.

«Nonostante gli atti eroici dei nostri, costretti a combattere uno contro venti, i Galli si sono ritirati ma non hanno rotto l'assedio, anzi hanno intensificato i lavori per le loro fortificazioni e le macchine da guerra.» All'improvviso i suoi occhi si illuminarono. «Li abbiamo però messi in grande difficoltà, soprattutto per gli atti eroici dei nostri centurioni.»

«Che cos'è successo?» lo spronò Irzio. «Racconta.»

«Ricordo che a un certo punto, mentre alcuni dei nostri combattevano davanti a una delle porte del campo che i nemici erano riusciti a forzare, un centurione si è fatto avanti e ha urlato a un suo pari: "Perché esiti? Non vuoi far vedere a tutti chi è il migliore fra noi due? Perché ti garantisco che lo sono io!".»

«Come si chiamavano quei due centurioni?» chiese Cesare. «Forse Tito Pullone e Lucio Voreno?»

Il giovane lo guardò a bocca aperta, e nonostante la drammaticità della situazione Cesare riuscì a sorridere.

«Non ho il dono della preveggenza» lo rassicurò. «Conosco quei due, so della loro rivalità e del coraggio che dimostrano in battaglia.»

Il ragazzo sembrò tranquillizzarsi. Sorrise a sua volta e riprese a raccontare: «Si sono lanciati come furie contro i nemici, e ne hanno uccisi un numero spropositato, contando le loro vittime a voce alta per dimostrare chi fosse il più forte dei due». Si fermò un attimo e si rabbuiò. «Poi una lancia ha passato da parte a parte lo scudo di Pullone, e la punta di ferro gli si è conficcata nel cinturone e poi nella carne. Caduto a terra, era in balia dei Galli, ma Voreno è arrivato come una furia e l'ha salvato da morte certa. Insieme sono tornati verso la nostra palizzata difensiva, con Voreno che sorreggeva Pullone, ma a un certo punto tre nemici li hanno circondati e attaccati. Voreno è riuscito a colpirne uno con la spalla e poi, dopo aver ruotato su se stesso, ne ha abbattuto un altro con un fendente, ma quando ha cercato di arginare la furia del terzo non è riuscito a reggere l'assalto ed è caduto a terra.»

«Sono morti entrambi?» mormorò Trebazio, che fino a quel momento aveva ascoltato in assoluto silenzio.

«No» spiegò il giovane. «Nonostante la ferita Pullone si è frapposto fra Voreno e il suo nemico e gli ha salvato la vita. Poi, sostenendosi a vicenda, sono rientrati nel campo, e i nostri li hanno soccorsi. Sono ancora vivi... o almeno lo erano fino a quando Quinto Cicerone non mi ha ordinato di partire per raggiungerti, Cesare.»

«Quei due sono dei pazzi, ma anche dei grandi guerrieri» sospirò lui, suo malgrado colpito dalla capacità dello schiavo di suscitare emozioni durante il suo racconto. «Ma quindi l'assedio è ancora in corso?» gli chiese, immaginando la conclusione del suo discorso.

«Sì, Cesare» esclamò il ragazzo. «È per questo che sono qui. Non c'è tempo da perdere, Quinto Cicerone e i miei compagni hanno bisogno di aiuto! Sono stremati, riportano quasi tutti gravi ferite e non so quanto ancora potranno resistere. Non sono l'unico messaggero che ha provato a raggiungerti, ma se non sapevate nulla significa che nessuno prima di me ce l'ha fatta. Io sì, e ora ti scongiuro, Cesare, di portare soccorso a Quinto Cicerone.»

«Dobbiamo partire subito!» esclamò Trebazio, accalorato. «Verrò anch'io e...»

«Tu non andrai da nessuna parte» lo zittì Cesare fulminandolo con lo sguardo. Poi si rivolse a Irzio: «Manda un messaggero da Marco Crasso, tra i Bellovaci. Che parta entro questa notte con la sua legione e venga qui. Un altro mandalo a Gaio Fabio: deve muovere i suoi per spostarsi nel territorio degli Atrebati, così che possiamo incontrarci lungo la strada per raggiungere il campo di Quinto Cicerone».

«E Labieno?» chiese Irzio, che stava già scrivendo i dispacci da inviare agli altri luogotenenti.

«Se può muoversi e non ci sono impedimenti, ci raggiunga al confine del regno dei Nervi.»

«Serve anche la cavalleria» intervenne Trebazio, scuro in volto.

«Su questo hai ragione» annuì Cesare. Ci pensò un attimo, poi decise che era arrivato il momento di dare fiducia al giovane pupillo di Cicerone. «Ti do l'incarico di radunare tutti i cavalieri che riesci a trovare entro l'alba di domani. Poi partiremo, con o senza di te.»

Trebazio non se lo fece ripetere e corse fuori dalla tenda, eccitato come non lo aveva mai visto.

«Voi riposate e rifocillatevi» concluse Cesare rivolgendosi ai messaggeri. «Domani verrete con noi.»

29

Gallia del Nord
Territorio dei Nervi
54 a.C., inverno

«Dobbiamo avvertire Quinto Cicerone» disse Cesare rivolgendosi a Voluseno, a cui aveva affidato il comando della cavalleria. Erano solo quattrocento cavalieri, ma sarebbero stati indispensabili contro i Galli, e Voluseno gli era sembrato il più adatto a guidarli in quella spedizione. Ovviamente Trebazio ci era rimasto male, convinto di poter essere lui a meritarsi la promozione a prefetto equestre, ma Cesare non gli aveva dato retta.

Il ragazzo era stato bravo a radunare quei quattrocento cavalieri, ma il suo compito era terminato qualche giorno prima, quando c'era stata l'adunata per la partenza da Samarobriva.

«Non sarà facile, se i Nervi e gli Eburoni hanno eretto davvero quelle barricate» ribatté Marco Antonio, che lo affiancava come legato di una delle due legioni che era riuscito a mettere insieme. Erano in tutto solo settemila uomini, ma si trattava perlopiù di veterani che avevano già combattuto contro i Galli e li conoscevano a fondo, dunque non si sarebbero fatti trarre in inganno dai loro trucchi.

«Forse ho trovato un sistema» disse Gaio Fabio, che con grande celerità lo aveva raggiunto con la sua legione al confine del territorio dei Nervi, dove la neve imbiancava il paesaggio e l'aria era così fredda che il fiato si cristallizzava poco dopo essere uscito dalla bocca.

Crasso era stato altrettanto veloce, e aveva portato la sua legione a Samarobriva in pochi giorni. Cesare gli aveva lasciato il comando degli acquartieramenti invernali ed era partito all'ora prima del giorno seguente. Si rammaricava solo del fatto che Labieno non fosse riuscito a unirsi a loro, dopo che i Treviri si erano ammassati in forze a meno di tre miglia dal suo *castrum*. Labieno gli aveva chiesto dispensa per restare con la sua legione al sicuro dietro le fortificazioni, pronto a combattere a un suo ordine, e lui gli aveva fatto avere il suo benestare. Il risultato era che adesso aveva solo settemila legionari e quattrocento cavalieri, e ormai i nemici erano in vista: gli esploratori lo avevano avvertito che si erano schierati per affrontarli, lasciando un presidio a mantenere l'assedio al forte in cui era asserragliato Quinto Cicerone.

Settemila legionari contro almeno sessantamila Galli, questo il responso delle vedette che erano state mandate in ricognizione, ma Cesare era ancora convinto che le capacità di manovra e l'addestramento dei veterani li avrebbero resi in grado di affrontare anche un nemico così numeroso. E sconfiggerlo.

«Cosa vorresti fare?» chiese Irzio a Gaio Fabio, battendo i denti per il freddo.

«Conosco un eburone che ha disertato e ha giurato fedeltà a Roma» rispose quest'ultimo, stringendosi nel mantello. «Gli daremo abiti della sua gente e lo manderemo al campo di Quinto Cicerone. Legheremo una pergamena all'asta di un giavellotto e gli diremo di lanciarlo oltre la palizzata di difesa, senza farsi scorgere. In questo modo, il messaggio arriverà a Quinto.»

«Credi che possiamo fidarci?» gli chiese Cesare.

Gaio Fabio si strinse nelle spalle. «Scrivi il messaggio in greco. Quinto lo capirà, ma questi barbari... dubito che potrebbero decifrarlo, se anche dovessero accorgersi del nostro trucco e impossessarsi della pergamena.»

«Mi sembra un'ottima idea» approvò Irzio.

«Scrivi tu il messaggio» gli disse Cesare. «Esorta lui e i suoi uomini ad avere fiducia e a resistere, in nome dell'antico valore di Roma. E fagli capire che stiamo arrivando.»

Irzio corse a redigere il messaggio, mentre Fabio andava a cercare l'uomo che lo avrebbe consegnato.

Cesare restò a osservare la massa di uomini a piedi e a cavallo che procedeva verso di loro all'orizzonte, oltre una valle attraversata da un fiume.

Erano ancora lontani, ma già gli era possibile capire che le vedette non si erano sbagliate sul loro numero.

«Settemila contro sessantamila» mormorò a bassa voce, soffiando aria calda nelle mani intirizzite. «Se vinceremo, tutto il mondo celebrerà la nostra impresa.»

L'accampamento era stato allestito sulla cima di una collina, sfruttando i tronchi degli alberi abbattuti per costruire le palizzate di difesa e le torri di avvistamento. Questa volta Cesare aveva fatto scavare due fossati, uno a pochi passi dall'altro, e in mezzo aveva fatto piantare nel terreno dei pali acuminati rivolti verso il nemico, così che, se qualche cavaliere gallo avesse cercato di scavalcare in corsa il primo fossato, si sarebbe impalato su quella barriera micidiale.

Come sempre, la posizione sopraelevata avrebbe consentito ai suoi uomini di godere di un considerevole vantaggio rispetto al nemico, e questo avrebbe ridotto il divario di forze fra i due schieramenti, anche se non era detto che bastasse.

«Dobbiamo attirarli qui» disse Marco Antonio contemplando lo scintillio del fiume che serpeggiava nella valle. I Galli avevano posto l'accampamento dall'altra parte del corso d'acqua, su una serie di rilievi che si innalzavano dolci e senza boscaglia sulla sommità; anche quella era una mossa che sembrava derivare da quanto avevano imparato combattendo per e contro di loro.

«Non sarà facile» gli rispose Cesare. «Ormai conoscono le nostre strategie.»

«Non sarebbe meglio cercare di aggirarli e raggiungere il campo di Quinto Cicerone?» propose Irzio. «Se agiamo in fretta e li cogliamo di sorpresa, potremmo impossessarci delle barriere costruite dai Galli e sfruttarle a nostro vantaggio.»

«Sì, ci avevo pensato» annuì Cesare. «Ho chiesto a Considio di mandare esploratori a cercare una pista. Nel frattempo dobbiamo mantenere le posizioni e non cadere nei loro tranelli. Anzi, dovremo essere bravi a fare in modo che siano loro a cercare di aggredirci su questa collina.»

«I nostri sono tutti veterani» gli fece notare Marco Antonio. «Sanno come fingere di essere spaventati per farsi inseguire.»

«Dovranno farlo prima di tutto i tuoi cavalieri» gli disse Cesare. «Devono ingaggiare battaglia e poi, sopraffatti dal numero dei nemici, ritirarsi precipitosamente nel nostro accampamento.» Si rivolse a Irzio. «A quel punto i nostri chiuderanno con affanno tutte le porte e lanceranno grida spaventate di avvertimento. Voglio vederli barcollare sugli spalti, inciampare per la confusione e la paura.»

«Credi davvero che ci cascheranno?» chiese Aulo, poco convinto.

«Conosco i Galli» rispose lui. «Non sanno resistere alla lusinga di una travolgente vittoria, soprattutto contro di noi. Vedrai che avanzeranno e attaccheranno.»

«Abbiamo solo una cinquantina di veliti» gli ricordò Marco Antonio. «Forse è meglio far preparare quanti più giavellotti e archi possibile.»

Cesare annuì e gli fece segno di andare a diramare gli ordini.

«Mi serve che tu faccia una cosa» disse poi a Irzio.

«Dimmi, Cesare.»

«Fai accumulare dei grossi sassi sui camminamenti, in modo che possano essere buttati di sotto quando i Galli arriveranno alle palizzate e cercheranno di abbatterle o di salire con le scale.»

«Se dovessero arrivare così vicino...» si preoccupò Irzio.

«Saremo noi stessi ad agevolarli, cercando di decimare quanto più possibile le ali del loro esercito ma lasciando che gli altri arrivino fin sotto le nostre fortificazioni. Fingeremo di difenderci con difficoltà, terrorizzati dal loro assalto, e intanto terremo pronti dei manipoli formati dai guerrieri più esperti e valorosi. Quando darò il segnale apriremo le porte e li faremo uscire in formazioni serrate, mentre dall'alto i nostri faranno cadere una pioggia di sassi contro i Galli. Li coglieremo di sorpresa, e capiranno che il valore di un veterano di Roma è superiore a quello di dieci dei loro più forti combattenti.»

Aulo non replicò, limitandosi a guardarlo con una luce di profondo rispetto negli occhi.

«Andiamo a prepararci» lo spronò Cesare. «Vedrai che domani, entro la terza ora, sarà tutto finito.»

Forse era stato un po' troppo ottimista, ma in definitiva ci aveva visto giusto, perché i nemici in rotta fuggirono verso le foreste intorno all'ora quinta, dopo una battaglia che li aveva sorpresi e decimati come non avrebbero mai potuto immaginare neppure nei loro peggiori incubi.

Come Cesare aveva previsto, i Galli si erano lasciati irretire dal falso atteggiamento remissivo dei suoi, ed erano arrivati persino a mandare dei cavalieri a gridare, appena fuori portata dal lancio dei giavellotti, che i loro capi erano generosi e avrebbero risparmiato la vita a chiunque si fosse arreso e avesse consegnato le armi. Avrebbero dovuto farlo entro l'ora terza, altrimenti poi l'accordo sarebbe decaduto e per loro ci sarebbe stata solo la morte.

Nessuno aveva risposto, naturalmente, e i Galli non avevano aspettato lo scadere dell'ultimatum per attaccare, quando si erano accorti che sugli spalti delle fortificazioni c'era una grande confusione, proprio come Cesare aveva voluto che fosse inscenato.

Dopo aver ricoperto il secondo fossato ed essere avanzati sfruttando tettoie di protezione all'uso dei Romani, i Galli avevano tolto le pertiche appuntite per liberare tre o quattro corridoi sicuri in cui far avanzare il loro esercito, dopodiché si erano lanciati contro le palizzate, quando avevano visto alcuni legionari chiudere con affanno due grosse porte che sembravano essersi incastrate nel terreno.

Con il sangue agli occhi avevano dato l'assalto alle fortificazioni e, esaltati dal fatto che dall'alto piovevano solo frecce e pochi sassi di piccole dimensioni, avevano cominciato ad ammassare terra per costruire un terrapieno che potesse consentire loro di raggiungere la sommità e lanciarsi oltre le barriere difensive.

Tutto come Cesare aveva previsto, perché era proprio così che qualsiasi legione romana avrebbe agito per aggredire una fortezza nemica.

Quando aveva ritenuto che fosse il momento, aveva dato l'ordine e le porte si erano aperte, consentendo ai manipoli schierati a testuggine di uscire e irrompere come arieti contro la massa urlante del nemico, che premeva dalle retrovie per avanzare e assicurarsi gloria eterna.

La battaglia era stata più cruenta e difficile del previsto, perché i Galli non arretravano e non si facevano prendere dal panico, ma urlando grida di guerra si scagliavano in avanti con ferocia inaudita, cercando di penetrare nelle testuggini per fare scempio dei legionari. Ogni tanto riuscivano ad aprirsi qualche varco, e osservando gli scontri dalla palizzata Cesare ebbe il timore che i Galli riuscissero prima o poi ad avere ragione dei suoi veterani, grazie alla superiorità numerica.

Ma i centurioni si erano battuti con vigore inesauribile, intervenendo per dare copertura agli uomini che cercavano di serrare i varchi e affrontando personalmente i nemici più pericolosi, e pian piano le sorti degli scontri erano mutate a loro favore, grazie alla capacità dei manipoli di muoversi con precisione implacabile.

Quando anche la cavalleria di Marco Antonio era uscita a spron battuto, e dagli spalti avevano cominciato a piovere grossi massi in gran numero, che avevano avuto effetti micidiali, l'esito della battaglia era apparso subito chiaro.

«Non inseguiteli!» aveva ordinato Cesare rivolto a Marco Antonio. «Si rifugeranno nei boschi e nelle paludi, in attesa di tenderci imboscate. Ignorateli!»

Entro l'ora quinta della giornata tutto era finito, e Cesare poté finalmente ordinare ai suoi di raccogliere i feriti e le armi abbandonate dai Galli, caricare tutto sui carri e schierarsi per la marcia: avrebbero cercato di raggiungere Quinto Cicerone prima del calare del sole.

Procedettero a passo serrato tenendosi al centro della valle; guadarono il fiume, superarono l'accampamento dei Galli, che era stato abbandonato in fretta e furia dai pochi rimasti a presidiarlo, e arrivarono in vista della collina su cui Quinto Cicerone aveva resistito all'assedio. Il tramonto aveva appena iniziato a colorare il cielo di striature rossastre.

Al loro arrivo, tutti i presidi controllati dai Galli vennero ripuliti con fredda efficienza, furono uccisi gran parte dei nemici che avevano provato a opporre resistenza e messi in fuga gli altri. Poi Cesare fece il suo ingresso alla testa dei veterani della Decima attraverso la porta pretoria, accolto da Cicerone e dai suoi uomini in festa.

«Sapevo che saresti arrivato» gli disse Quinto, pallido e smunto come se non avesse dormito per chissà quanti giorni.

«Siete stati bravi a resistere» si congratulò Cesare abbracciandolo. «Voglio rivolgere parole di encomio a tutti i tuoi tribuni e centurioni, e ricompenserò i tuoi uomini come merita il loro valore.»

«Quei pochi che sono sopravvissuti» mormorò Quinto con amarezza.

Cesare gli batté una mano sul braccio. «Adesso prepariamoci a tornare a Samarobriva. Non credo che la vittoria di oggi sia sufficiente a placare la voglia di rivalsa dei Galli.»

30

Gallia Belgica
Samarobriva
53 a.C., inverno

«È stato Induziomaro il vero problema» esordì Tito Labieno quando il consiglio di guerra fu predisposto in uno dei tre grandi accampamenti nei dintorni di Samarobriva che Cesare aveva fatto allestire.

«Quel cane andava ucciso subito!» proruppe Lucio Roscio, che Cesare aveva nominato comandante della Tredicesima legione. «Ho sempre saputo che era una serpe velenosa!»

«Senza i Treviri ad appoggiarlo e a mandare continuamente messaggeri oltre il Reno a chiedere l'aiuto dei Germani, non ci sarebbe stata nessuna sollevazione» garantì Quinto Cicerone.

«Ma i Germani non si sono fatti abbindolare» lo contraddisse Aulo Irzio, che come al solito sedeva a un piccolo tavolo ricoperto di tavolette e pergamene, per annotare tutto ciò che veniva detto durante l'assemblea. «Nessuno lo ha seguito, memori della sconfitta patita da Ariovisto e della strage che abbiamo fatto dei Tencteri.»

«Forse hai ragione» riprese Labieno, che sul collo e sulle braccia scoperte riportava i segni delle battaglie in cui si era cimentato per tutto l'inverno, «ma è stato questo a spingere Induziomaro a radunare nuovi armati ovunque gli fosse possibile, sfruttando le ricchezze sottratte al suo popolo per comprare la fedeltà di rinnegati dalla Germania e dalla Gallia. Metà del suo esercito era composto da criminali della peggior specie.»

«Dacci qualche particolare in più» lo sollecitò Irzio, come al solito avido di notizie da inserire nei suoi commentari. Cesare aveva avuto modo di leggere diversi appunti che aveva scritto, e aveva dovuto ammettere che avrebbero potuto risultare molto utili, una volta riportati a Roma.

«Perché non raccogli le tue impressioni in un diario di guerra?» gli aveva detto una volta Irzio.

Sulle prime Cesare aveva creduto che scherzasse, ma poi si era reso conto che diceva sul serio.

«Nessuno meglio di te può far conoscere a Roma le straordinarie imprese che stiamo compiendo qui» aveva insistito Irzio. «Ho letto quello che hai già scritto, quegli appunti che prendi in ordine sparso, forse per rilassarti fra una guerra e l'altra, e sono di un'efficacia straordinaria.»

Cesare aveva sorriso, compiaciuto di quelle parole, pur consapevole che non sarebbe stato facile riportare nei dettagli tutto quello che avevano passato in quegli anni e ancora li aspettava. Però l'idea non era sciocca, tutt'altro, anche perché aveva già diverso materiale interessante appuntato: si trattava solo di organizzarlo secondo un criterio più ordinato.

«E come lo chiameresti, questo diario di guerra?» chiese, per mettere alla prova la serietà della sua proposta.

«Non lo so...» aveva esitato un attimo Irzio. «Che ne dici di *Commentarii de bello gallico*? È di questo che parli, no? Della più grande impresa di conquista che sia mai stata compiuta.»

Per un po' avevano riso insieme, ma dopo quella volta Cesare aveva messo più impegno nelle trascrizioni che faceva a tempo perso dei principali avvenimenti delle sue campagne militari.

De bello gallico, si ripeteva ogni tanto a mente, e più lo faceva più quel titolo gli piaceva.

«Induziomaro era uno spregevole vigliacco» riprese a raccontare Labieno, facendolo tornare nella grande tenda pretoria, «ma sapeva come sobillare gli animi e portare dalla sua parte molte tribù galliche. I Senoni, i Carnuti, i Nervi e gli Atuatuci erano già con lui, ma per cercare di ampliare le alleanze e mettere insieme un esercito poderoso è arrivato a indire una dieta militare, come non si faceva da tempo qui in Gallia.»

«E in che cosa consisterebbe?» gli chiese Irzio.

«Secondo una loro legge, se viene convocata una dieta militare tutti i capitribù devono parteciparvi, dando così inizio alle ostilità verso il nemico.» Labieno stirò una smorfia sulle labbra. «In quell'occasione Induziomaro ha dichiarato nemico del loro popolo Cingetorige, che si era schierato con Cesare, e ha proclamato che avrebbe attaccato i miei acquartieramenti invernali, dopo avere attraversato le campagne dei Remi e averle devastate.»

«E tu cosa hai fatto?» volle sapere Trebazio, che fino a quel momento aveva ascoltato in silenzio.

Labieno si strinse nelle spalle. «È stato Cingetorige a riferirmi queste cose. Dopo la dieta dei Galli è riuscito a fuggire e mi ha raggiunto in modo fortunoso, precedendo di poco l'esercito di Induziomaro.»

«Hanno posto l'assedio?» chiese Quinto Cicerone.

«Non hanno costruito fortificazioni» gli spiegò Labieno. «Erano troppo esaltati per perdere tempo con simili sciocchezze.»

Qualcuno grugnì irritato, qualcuno imprecò, ma Cesare sollevò le mani per chiedere silenzio. Voleva sapere anche lui quello che era successo, così fece segno a Labieno di continuare.

«Cavalcavano intorno al nostro accampamento con arroganza, gridando minacce sprezzanti e chiedendoci di aprire le porte, se non volevamo morire tutti.» Si concesse l'ombra di un sorriso. «Ma già da tempo avevo mandato ricognitori ad arruolare cavalieri in tutti i territori conosciuti pronti a dimostrare la loro fedeltà a Roma, e mentre all'interno del campo evitavamo di rispondere a qualsiasi provocazione, facendo innervosire i Galli, pochi giorni dopo i rinforzi sono arrivati, e nottetempo siamo riusciti a farli entrare dalla porta decumana, senza che Induziomaro se ne accorgesse.»

«Saranno stati attenti a evitare un attacco alle spalle, non si saranno preoccupati di impedire a qualcuno di entrare nel campo assediato» intervenne Trebazio. «Perché avrebbero dovuto? Dal loro punto di vista sarebbe stata una mossa priva di senso.»

Labieno annuì, poi concluse il suo racconto: «Ho aspettato che i Galli tornassero ad agitarsi spavaldi intorno ai nostri fossati, poi ho fatto spalancare le porte e ho lanciato la cavalleria contro quei cani. Ma con un incarico ben preciso».

«Quale?» lo incitò Aulo Irzio. «Spiegati.»

«Avrebbero dovuto spaventare e mettere in fuga i nemici colti di sorpresa, ma poi non avrebbero dovuto inseguirli» riprese Labieno. «Il mio ordine era chiaro: individuare e uccidere Induziomaro. Non potevo permettere che riuscisse a fuggire una seconda volta.»

«Hai fatto bene!» approvò Trebazio. «Dovevi portarci la testa di quel cane!»

Labieno si voltò a guardare Cesare. «Non l'ho portata qui da te, ma l'ho fatta esporre su una picca al nostro campo» rivelò. «Questo è bastato a sfaldare l'esercito dei ribelli.»

Vi furono grandi acclamazioni per l'impresa di Labieno, che accolse con falsa modestia le congratulazioni di tutti, mentre Cesare lo scrutava con attenzione. Conosceva il valore del suo luogotenente, ma non lo aveva mai visto pavoneggiarsi in quel modo di fronte agli altri ufficiali.

«Molto bene» disse avvicinandosi a lui per stringergli il braccio. «Spero che adesso sia possibile avere un po' di pace, in queste terre governate da divinità irrequiete.»

«Me lo auguro» rispose Labieno reggendo il suo sguardo. «Di sicuro abbiamo fatto capire che con Roma non si scherza.»

Nemmeno con me, pensò Cesare, allontanandosi per andare a prendere una coppa di vino.

Parte ottava

31

Gallia Belgica
Territorio dei Treviri
53 a.C., primavera

«Il vero problema, Cesare, sono i Treviri» gli ricordò Irzio scrutandolo con apprensione. «Dopo la morte di Induziomaro hanno affidato il comando della tribù ad alcuni suoi parenti, e a quanto riferiscono le spie non hanno mai smesso di cercare appoggio fra i Germani oltre il Reno.»

«Ho saputo da alcuni dei miei che si sono spinti molto lontano, per cercare alleati» affermò Commio, l'atrebate che era stato chiamato da Cesare per avere il parere di qualcuno esperto di quei luoghi e delle tensioni che li agitavano, e nel contempo capire se avrebbe potuto fare affidamento su di lui. «Hanno promesso oro e richiesto ostaggi in garanzia, e a quanto mi dicono diverse oscure tribù di selvaggi del Nord gli hanno dato ascolto.»

«Senza dimenticare Ambiorige» intervenne Licinio Crasso. «Quel cane non ha mai nascosto i suoi desideri di rivalsa, e gode di vasti appoggi su entrambe le sponde del Reno.»

Mentre procedeva con una certa cautela nel pantano che formava le strade di quello sperduto villaggio del Belgio, di cui non riusciva nemmeno a ricordare l'impronunciabile nome, Cesare si guardava attorno incuriosito, rendendosi conto che ben poche volte aveva provato a immergersi tra le case e la vita di quella gente, di cui sapeva solo ciò che gli riferivano i suoi interlocutori. Aveva appreso moltissimo sui costumi dei Galli, sulle loro usanze e credenze, ma non aveva mai verificato di persona tutto ciò che gli era stato raccontato.

«Sapete che non ho mai visto un druido?» disse rivolto al codazzo di ufficiali che lo seguiva, tutti circondati da un anello protettivo di soldati. «Tu Commio me ne hai parlato spesso, e ho capito quale importanza rivestono queste figure per voi Galli, ma...» allargò le braccia guardandosi intorno «in realtà non ho idea di come siano fatti.»

Tutti i suoi ufficiali lo guardarono sorpresi, e Cesare sorrise. «Un giorno ti chiederò di portarmi a quel loro raduno fra i Carnuti» disse a Commio. «Una specie di assemblea generale in cui i druidi si consultano con i vostri dèi, se non ho capito male.»

L'atrebate scostò lo sguardo, a disagio. «Non credo sarà possibile, Cesare. Si svolge in un territorio per noi sacro, e solo chi è convocato da loro può avervi accesso, per dirimere qualche controversia su cui solo gli dèi possono esprimersi.»

«Allora come farò a vederne uno?» insistette Cesare, divertito dall'imbarazzo dell'atrebate. «Non partecipano alle guerre, sono esentati dalla leva militare e godono dell'immunità per qualsiasi cosa! Dovrei forse convocare il loro capo per spiegargli che Roma ha l'appoggio di dèi potenti quanto i vostri?»

Commio sembrò riluttante a rispondere, così intervenne Irzio, che appuntava usi e costumi di quei popoli nei suoi diari.

«Dovremmo provare a instaurare rapporti con i druidi» affermò. «Hanno una grande influenza sulla loro gente, ma soprattutto sono uno dei motivi per cui abbiamo sempre visto i Galli combattere con tanto sprezzo del pericolo.»

«Alludi a quello di cui mi parlavi?» gli chiese Cesare, inoltrandosi in una strada affollata di donne e bambini che si mescolavano attorno a quello che sembrava un piccolo mercato. «Il fatto che chi combatte con valore non muore mai?»

Irzio scosse la testa. «Non è proprio così» rispose, mentre Commio lo scrutava di sottecchi. «I druidi sostengono che l'anima dei guerrieri dopo la morte non si dissolva, ma fluisca in un altro corpo. E più dimostri di essere valoroso in guerra e di morire con coraggio, più la tua anima potrà rinascere nel corpo di un guerriero altrettanto formidabile.»

Cesare trattenne una risata e il commento sarcastico che gli prudeva sulle labbra solo per rispetto a Commio, il quale sembrava faticare a trattenere l'indignazione: sapeva quanto i Galli fossero sensibili quando si parlava dei druidi, di cui avevano grande rispetto ma anche molta paura.

«Stavamo parlando di Ambiorige e dei Treviri» disse, tornando indietro quando vide la faccia scura di Furio Lavieno, che non gli avrebbe mai permesso di inoltrarsi tra la folla del mercato. «Ma anche i Nervi, gli Atuatuci, i Menapi e tutti i Germani stanziati a sud del Reno sono in continuo fermento.»

«Esatto, Cesare» confermò Commio. «In definitiva possiamo contare solo sulla fedeltà degli Edui e dei Remi. Degli altri dobbiamo diffidare.»

«E gli Atrebati?» volle sapere lui. «Oltre a te, anche gli altri nobili del tuo popolo sono dalla mia parte?»

«Naturalmente!» garantì Commio, imporporandosi.

Cesare lo scrutò con attenzione. Sapeva che l'atrebate combatteva al suo fianco soprattutto per un motivo: perché la sua gente aveva dovuto fornire ostaggi, fra cui anche uno dei suoi figli, e forse un paio di cugini, o nipoti, dunque non poteva rischiare il sangue dei suoi stessi familiari o quello degli amici. Era una politica diffusa per rinsaldare la fedeltà dei Galli, e a quello scopo Cesare destinava gli ostaggi agli acquartieramenti più lontani dalla loro regione di origine, così da rendere difficili colpi di mano per liberarli. Commio non aveva mai detto una parola in proposito, ma era difficile credere che non pensasse con acredine a quella condizione in cui Cesare lo aveva costretto per obbligarlo a tenere fede al suo giuramento di fedeltà.

«Molto bene» disse, «perché non sarò più disposto a tollerare la vostra propensione a trovare sempre nuovi pretesti per muoverci guerra. Intendo sedare una volta per sempre ogni desiderio di ribellione in Gallia, e non solo.» Senza dare tempo a Commio di rispondere si rivolse a Crasso. «Raduniamo tutti gli uomini disponibili, anche le nuove leve addestrate da Marco Silano e Tito Sestio. Voglio almeno cinque legioni pronte a partire per il territorio dei Menapi entro sette giorni.»

Vedendo lo sconcerto sui volti dei suoi ufficiali, sollevò le mani per anticipare le loro proteste.

«Prima di affrontare Ambiorige dobbiamo fargli terra bruciata intorno, il che significa costringere i Menapi a rintanarsi nelle loro fetide paludi e poi ridurre gli Eburoni al silenzio» spiegò, mentre a passo più deciso si avviava verso la tenda pretoria. «I Menapi sono l'unica tribù di tutta la Gallia a non avermi mai mandato delegazioni. Bene, li costringeremo a farlo. E quando saranno ridotti alla fame, nelle foreste in cui si nascondono, ci faremo dare ostaggi in cambio di grano, assicurando a quei cani che, se oseranno prestare aiuto ad Ambiorige o ai Treviri, saranno considerati nemici di Roma, e allora capiranno che cosa significa morire.» Lanciò uno sguardo a Commio. «Dove finiscono le anime di un popolo, se viene sterminato?»

Non restò ad aspettare la risposta dell'atrebate e si infilò nella tenda, facendo segno a Crasso e a Irzio di seguirlo.

All'interno faceva caldo. I bracieri erano tutti ben alimentati da Sarmete e dagli altri schiavi, e Cesare poté levarsi dalle spalle il mantello pesante, bordato di pelliccia. Stava ormai facendo l'abitudine al clima rigido della Gallia del Nord, ma doveva ammettere che il tepore dei bracieri era sempre un toccasana per le sue ossa e i suoi muscoli intirizziti.

Gli mancava solo una cosa per sentirsi davvero in pace con se stesso: un complesso termale degno di quel nome in cui potersi rigenerare dalle fatiche del corpo e dello spirito.

Avrebbe voluto già da tempo costruirne qualcuno, soprattutto nelle regioni in cui stabiliva i quartieri invernali, così da poterne godere quando era costretto a restare in Gallia anziché tornare alle comodità di Roma o della provincia. Ma adesso non ne aveva il tempo. Aveva mandato esploratori a cercare fonti termali da mappare, e quando finalmente fosse riuscito a stabilizzare quella parte di mondo, portando la pace e la qualità della vita romana anche fra quei selvaggi, avrebbe dato il via ai lavori per costruire città più grandi e solide, provviste di un foro, di terme pubbliche e di tutto ciò che fa la differenza fra la barbarie e la civiltà. E sulle colline floride di quella terra avrebbe fatto piantare abbastanza viti per avviare una produzione di vino di qualità, così da non essere più costretto a importarlo dall'Italia.

«Prepara un bagno caldo» ordinò a Sarmete mentre andava a versarsi una coppa di Falerno. «Per tutti.»

Lo schiavo s'inchinò e corse via, e Cesare ne approfittò per riempire una coppa anche per Crasso e Irzio.

«Hai avuto modo di parlare con la delegazione degli Ubi?» gli chiese Crasso dopo aver bevuto un lungo sorso ristoratore. Quel giovane era capace di reggere alle vertigini provocate dal vino come nessun altro.

Cesare assaggiò appena il suo, anche perché il vino che riuscivano a portare fin lì era rovinato dal troppo tempo trascorso nelle botti e dal clima sfavorevole, e nemmeno l'utilizzo del miele serviva a migliorarlo.

«No» rispose, sedendo su uno sgabello. «Che cosa dicono?»

Crasso lanciò un'occhiata a Irzio, mentre si riempiva un'altra coppa, e questi annuì piano. Lui, al contrario, non beveva mai. Niente al di fuori dell'acqua, o della posca, quando ci era costretto.

«Segnalano quello che già ci avevano detto quando avevamo attraversato il Reno, lo scorso anno: gli Svevi si sono riuniti in forze in una località a nord del loro territorio e stanno richiamando armati da tutte le popolazioni asservite. Si parla di un esercito mai visto prima.»

«Che restino laggiù!» sbottò Crasso. «Certo non andremo a combatterli, non sul loro territorio.»

Detto questo scrutò incerto Cesare, come se non fosse del tutto sicuro che quello fosse anche il suo pensiero, poi quando lo vide sorridere si distese e tornò a bere altro vino.

«Mi hanno parlato di quella immensa foresta che si estende per gran parte del territorio degli Svevi e si erige come una barriera a separarli dai Cherusci, un popolo di cui ci sono giunte solo voci» commentò Cesare mentre Sarmete arrivava con gli altri schiavi e posizionava tre vasche di bronzo in semicerchio. Mentre altri servi portavano le pentole di acqua fumante dalle cucine per svuotarle nelle vasche, Cesare cominciò a svestirsi, imitato dagli altri due.

«La foresta Bacenide» confermò Aulo. «È una specie di fortezza che serve agli Svevi per proteggersi dalle popolazioni del Nord della Germania.»

«Selvaggi vestiti di pelli e votati al cannibalismo» grugnì Crasso restando nudo di fronte a loro, con in mano la sua coppa piena di vino. Il corpo vigoroso era segnato da un numero impressionante di cicatrici, e Cesare dovette ammettere che era ben diverso dal padre, la cui pinguedine lo aveva reso celebre in tutti i teatri di Roma.

«Il problema di quella foresta è che è così estesa e intricata che potrebbe contenere tutto il popolo degli Svevi, se dovessero decidere di rifugiarvisi» ribatté Irzio, terminando a sua volta di spogliarsi. Che fosse un uomo dedito più agli studi che alla guerra Cesare lo comprese subito, osservandone il corpo magro ed emaciato, con la pelle chiarissima e la muscolatura quasi inesistente. Nemmeno una cicatrice vi campeggiava, a dimostrare la sua scarsa inclinazione per le battaglie.

«Le vasche sono pronte» li avvisò Sarmete ponendo delle tuniche pulite sugli sgabelli accanto a ciascuna vasca.

Cesare si sbarazzò degli ultimi orpelli che aveva addosso e con un senso di liberazione si calò nell'acqua.

Era piacevolmente calda, e cercando di affondarvi il più possibile chiuse gli occhi e si rivolse a Irzio, che aveva sulla sinistra: «Parlami di quella foresta. Mi è stato detto che ospita creature favolose».

L'eccitazione nella voce di Irzio era così evidente che Cesare riaprì gli occhi e lo guardò incuriosito.

«Ho avuto modo di parlarne con gli Ubi, e ne sono rimasto estasiato! In realtà è parte di una foresta ancora più grande, chiamata Ercinia, che si estende dal territorio degli Elvezi e costeggiando il Danubio arriva fino al territorio degli Anarti.»

«E chi sarebbero?» chiese Crasso, che non riusciva a stare fermo nella vasca e continuava a sporgersi all'infuori per farsi versare il vino dai servi.

Irzio gli rispose sventolando una mano, come a dire che non aveva importanza, e continuò il suo appassionato racconto: «In quel mondo vegetale si aggirano creature che non esistono da nessun'altra parte, e che ben pochi hanno visto. Hai mai sentito parlare degli uri, Cesare?».

Lui scosse la testa. «Mai. Che cosa avrebbero di così speciale?»

«Sono grandi quasi quanto gli elefanti, ma come aspetto e colore assomigliano di più ai tori» rispose Irzio. «Hanno una forza e una rapidità di movimento ineguagliabili, e nessuna creatura riesce a sopravvivere a un loro attacco. L'unico modo per catturarli è scavare delle enormi buche, ricoprirle con rami intrecciati e foglie, e poi attirarli in trappola. Una volta caduti nella fossa, ci vogliono almeno tre giorni per ucciderli con le lance, perché hanno la pelle così spessa che le punte non riescono a penetrarla!»

«E tu credi a queste sciocchezze?» lo canzonò Crasso. «Come possono esistere simili creature, in quella foresta? Non avevi detto che è così fitta e impenetrabile che è difficile attraversarla? Allora come fa un animale grande come un elefante a viverci?»

Irzio si rabbuiò e provò a ribattere, ma Cesare rise e li acquietò entrambi: «Lasciatemi rilassare un po', per cortesia. Queste storie mi divertono. E dietro a ogni fantasia c'è sempre una verità, per cui meglio conoscere anche le credenze popolari».

Crasso si strinse nelle spalle e tornò a concentrarsi sul vino, mentre Irzio, ancora rabbuiato, riprese il racconto.

«Le creature che più mi hanno impressionato sono chiamate alci. Assomigliano a delle capre, ma hanno le zampe dritte come tronchi, senza giunture, e questo non consente loro di coricarsi per riposare. Anzi, se dovessero cadere non sarebbero più in grado di rialzarsi. Per questo per dormire si appoggiano ai tronchi degli alberi, in modo da poter restare in piedi.»

Cesare rise. «Queste vorrei proprio vederle! E come fanno i Germani a catturarle?»

«Si sono inventati un trucco» spiegò Irzio, ottenendo anche l'attenzione di Crasso. «Sradicano le piante, poi le rimettono nel terreno tenendole ferme con la terra, dopo averne tagliato le radici. Così quando un alce ci si appoggia, la pianta cede e l'animale cade a terra. Gli Ubi sostengono che quelle creature siano molto gustose, una volta arrostite.»

Scoppiarono tutti a ridere, e Cesare bevve un altro sorso di vino. Adesso avrebbe voluto una donna accanto a sé, o lì nella vasca, da accarezzare e da cui farsi accarezzare, ma prima doveva terminare di fare il punto della situazione con i suoi due ufficiali.

«Dobbiamo attraversare ancora il Reno» disse.

Irzio quasi annegò nella vasca, per il sussulto che ebbe.

«Vuoi portare guerra agli Svevi?» gli chiese Crasso.

Cesare ci pensò un istante, poi capì che quello che aveva deciso era la soluzione migliore.

«Ci limiteremo a costruire un altro ponte, come quello che abbiamo già fatto l'anno scorso, ed erigeremo un presidio a custodirlo. Ci potrà essere utile per tornare velocemente a nord del Reno, se dovesse essere necessario, e farà capire a quella gente che siamo pronti a portare la guerra sui loro territori.»

«Mossa astuta» concordò Irzio, che sembrava essersi ripreso dallo sconcerto. «Così i Germani ci penseranno due volte, prima di oltrepassare il Reno per aiutare Ambiorige e i Treviri.»

«Esatto» annuì Cesare. «Avranno da temere per la loro gente, e vorranno restare a difesa dei loro regni. Ambiorige resterà isolato e avrà due sole scelte: combattere contro di noi e cercare di sconfiggerci, oppure nascondersi da qualche parte, magari nelle paludi putrescenti dei Menapi.»

«E noi lo staneremo comunque!» proruppe Crasso dando una manata sull'acqua. «Sono pronto a condurre io stesso una legione dai Menapi. Con i tribuni abbiamo capito come ricoprire le paludi con terrapieni e costruire ponti sopra le barriere difensive. Li faremo a pezzi una volta per tutte!»

«Molto bene» rise Cesare uscendo dalla vasca. L'acqua si stava raffreddando troppo in fretta, e lui aveva bisogno del conforto del calore di un corpo, nel suo giaciglio. Magari anche due: Sarmete gli aveva portato alcune schiave germaniche precisando che erano ancora vergini. Cesare le aveva guardate sorpreso, perché gli erano sembrate più che mature, ma il servo gli aveva spiegato che tra i Germani era considerato disonorevole avere rapporti sessuali prima dei vent'anni, e dunque quelle due, che avevano una diciotto e l'altra diciannove anni, non avevano mai giaciuto con un uomo. Cesare lo aveva trovato molto intrigante, e adesso credeva fosse arrivato il momento di provare a godersi quell'esperienza, prima di muovere le truppe verso il Reno.

Crasso e Irzio uscirono a loro volta dall'acqua e cominciarono a rivestirsi.

«Andate dagli Ubi» ordinò loro, «e spiegate cosa devono fare per dimostrare la loro fedeltà a Roma.»

«Cosa?» chiese Irzio.

«I Germani non coltivano la terra» ricordò loro Cesare, «dunque per il sostentamento si affidano solo alla caccia e al bestiame. Voglio che gli Ubi compiano razzie e portino via tutto il bestiame nelle valli del Reno. Devono ammassarlo nei villaggi più vicini al punto in cui costruiremo il ponte, e per questo fatevi dare indicazioni dai centurioni che si occuperanno dei lavori.»

Crasso lo fissò eccitato. «Questa è una grande idea» disse. «Vuoi spingere gli Svevi, costretti dalla fame, a raggiungere un luogo a noi più favorevole per il combattimento.»

«Esatto» confermò Cesare. «A meno che non si accontentino di sfamarsi con le alci e gli uri di cui parlava Irzio.»

«Tu non verrai con noi.»

Le parole di Cesare risuonarono nella tenda in cui avevano preso alloggio Trebazio e Quinto Cicerone.

Quando si era recato da loro per dare al giovane pupillo di Marco Tullio Cicerone la notizia che sarebbe rientrato a Roma, non si era aspettato di trovare anche Quinto, ma non si era dato pena di chiedergli di lasciarli soli.

«Non se ne parla!» sbottò Trebazio, rosso in viso. Lo aveva trovato indaffarato a preparare le sue cose per la spedizione sul Reno, intento a gesticolare e parlare eccitato con Quinto, che se ne stava seduto in un angolo con una coppa di vino in mano. «Mi hai addestrato tu stesso, sono in grado di combattere e credo che...»

«La mia non era una richiesta» lo interruppe Cesare. «È un ordine che ti arriva dal tuo comandante.»

Trebazio lo fissò a bocca aperta, con le vene sul collo gonfie per l'agitazione, poi si voltò di scatto verso Quinto e lo interpellò con tono accusatorio: «Tu lo sapevi, vero? Hai complottato con tuo fratello!».

«Non è così» disse Cesare facendo un passo avanti. «Lui non sa nulla delle missive che Marco Tullio Cicerone mi fa avere in modo quasi snervante. Parlano tutte di te, ed esprimono il suo rammarico per averti fatto tornare qui con suo fratello.»

«Marco non può decidere cosa fare della mia vita!» protestò Trebazio, stringendo i pugni per la rabbia. «Io...»

«Tu partirai domani stesso» ordinò Cesare. «È inutile che resti qui, e io non ti voglio in territorio di guerra. Ho già predisposto una scorta perché ti accompagni in Gallia Cisalpina da mio cugino Lucio. Gli porterai alcuni dispacci che è importante fargli avere al più presto. Dopodiché tornerai a Roma e darai inizio al tuo *cursus honorum*. Fra qualche anno, quando arriverà il momento, ti aggregherai a qualche legione come questore, e potrai prenderti tutta la gloria che meriti.»

Prima che Trebazio potesse ribattere, Cesare lanciò un'occhiata a Quinto Cicerone, che annuì con un cenno della testa, e uscì dalla tenda.

Sentì Trebazio gridare e prendere a calci qualcosa, ma sapeva che Quinto sarebbe stato in grado di farlo ragionare.

Da parte sua, non voleva correre rischi con Cicerone, che chiedeva a gran voce che il suo pupillo tornasse a Roma.

Se la sarebbero vista tra di loro; lui aveva cose ben più importanti a cui pensare.

32

Germania
Sponda nord del Reno
53 a.C., estate

Cesare appoggiò le mani sul parapetto della torre di avvistamento e contemplò lo spettacolo che aveva di fronte.

Ormai non c'era più alcun limite a quello che i suoi uomini erano in grado di fare. Il ponte che avevano eretto sulle acque burrascose del Reno era ancora più imponente del precedente, ed era stato costruito in soli tre giorni in un punto più a nord sul corso del fiume, là dove una doppia linea di basse colline consentiva di vigilare sulla valle che si apriva a ventaglio.

L'accampamento fortificato era stato eretto a sud del Reno, in una posizione sopraelevata per consentire la miglior difesa – dai Germani, ma anche dai Treviri o da altri Galli non ancora domati – e abbastanza vicino da poter presidiare il ponte con poco sforzo.

Oltre le colline, a bordeggiare la valle scarna e priva di qualsiasi tipo di coltivazione che si estendeva a perdita d'occhio, si scorgevano le prime propaggini dell'immensa foresta di cui gli aveva parlato Irzio, e che in qualche modo un po' lo incuriosiva e attirava.

«Le spie degli Ubi hanno fatto rapporto» arrivò a comunicargli il giovane Gaio Volcacio, un tribuno che scalpitava da tempo per ottenere incarichi di rilievo e che aveva avuto modo di dimostrare il suo valore in diverse occasioni.

«Che cosa dicono?»

«Come avevi previsto, gli Svevi si sono nascosti nella foresta.»

Cesare tornò a contemplare l'orizzonte verso nord. Un mondo immenso, sconosciuto e infido, che lo attirava con l'idea di nuovi, vasti territori da assoggettare a Roma, e che pure sarebbe stato imprudente affrontare con gli uomini di cui disponeva. Per il momento doveva accontentarsi di avere dato quella dimostrazione di forza agli Svevi, facendo capire che, nonostante la sconfitta subita da Titurio Sabino, Roma era in grado di ricostituire le sue legioni più numerose e più forti di prima, e dunque dovevano pensarci bene prima di attraversare il Reno per dare manforte ad Ambiorige e ai ribelli della Gallia Belgica.

«Che cosa ordini?» gli chiese Tullo, che pareva pronto a lanciarsi da solo contro tutto l'esercito nemico, se lui glielo avesse chiesto.

Cesare gli appoggiò una mano sulla spalla.

«Te la senti di assumere un incarico importante?» gli chiese. «Un incarico difficile, pericoloso ma indispensabile per Roma?»

Volcacio Tullo gonfiò il petto mentre gli occhi risplendevano. «Farò qualsiasi cosa ordinerai, Cesare, e per me sarà un privilegio, anche se dovesse costarmi la vita.»

Cesare gli strinse la spalla con riconoscenza e indicò il ponte sul Reno.

«Farò ritirare l'esercito su questa sponda del fiume, e ci prepareremo per tornare nei territori dei Treviri, a caccia di Ambiorige. Non ho nessuna intenzione di spingermi fino alle foreste degli Svevi.»

Il giovane restò a guardarlo in silenzio, aspettando che lui continuasse.

Cesare si staccò dal parapetto e scese dalla torre di avvistamento, seguito da Tullo. Quando fu di sotto chiamò a sé Lucio Minucio Basilo, il comandante della cavalleria, e i due centurioni Pullone e Voreno, eroi delle battaglie contro Induziomaro.

«Preparate le legioni alla marcia» ordinò, dirigendosi verso la tenda pretoria. «Dobbiamo raggiungere campi coltivati e raccogliere grano, poi attraversare la foresta delle Ardenne per raggiungere i Treviri e i Nervi, dove si nasconde Ambiorige. Sarà un percorso molto lungo, quasi trecento miglia, ma dobbiamo superarlo in brevissimo tempo.» Si rivolse a Basilo: «Tu andrai avanti con la cavalleria, per cercare di cogliere di sorpresa i Galli. Le spie di Commio ci hanno segnalato la presenta di Ambiorige in diverse località, per cui dovrete contare sulla fortuna, per intercettarlo».

«Sarà fatto» assicurò Basilo.

«Siate veloci ma non razziate e non appiccate incendi» si raccomandò Cesare. «Non accendete nemmeno i fuochi per la notte. Non dovrete segnalare al nemico il vostro arrivo.»

Prima che Basilo potesse aggiungere qualcosa, si fermò e guardò Tullo. «Tu resterai qui, al comando del presidio del ponte, con l'aiuto di Pullone e Voreno. Vi lascerò dodici coorti, e le metterete subito al lavoro per fortificare il più possibile l'accampamento e le zone intorno al ponte, su entrambe le rive, per cinque miglia almeno da una parte e dall'altra.»

Tullo si batté il braccio sul petto, rosso in viso per l'emozione. L'incarico che gli era stato affidato era pericoloso, ma di enorme prestigio.

I due centurioni, dal canto loro, si limitarono a scambiarsi un'occhiata d'intesa.

«Fate tagliare la parte del ponte sulla riva dei Germani per almeno duecento piedi» continuò Cesare, «così che in caso di attacco gli Svevi non possano usarlo per aggredirvi. E all'estremità fate innalzare una torre di guardia, alta almeno cinque uomini, con vedette di servizio a rotazione continua, per non rischiare che si addormentino.»

Tacque e cercò di capire se i suoi ordini fossero chiari per tutti: vedendo la determinazione sui loro volti si tranquillizzò.

«La battaglia con i Galli dovrà essere condotta senza l'assillo dei Germani alle nostre spalle» concluse raggiungendo la tenda pretoria. «Marceremo a ritmo serrato mentre Bibeno ci precederà con la cavalleria, per cui formate le coorti che resteranno al presidio con i legionari più anziani e che non riuscirebbero a sostenere il ritmo della marcia.» Fece un segno con il braccio. «Andate.»

Corsero via tutti, e lui si infilò nella tenda sentendosi rinvigorito.

Per un momento aveva davvero avuto l'impressione di voler ordinare l'attacco agli Svevi, ma poi per fortuna il dio della ragione era intervenuto e gli aveva fatto prendere le giuste decisioni.

Adesso doveva occuparsi di Ambiorige, la cui sconfitta, e soprattutto la testa impalata su una picca, avrebbe fatto capire a tutti quanto sarebbe stato pericoloso ribellarsi ancora a lui.

33

Atuatuca
Territorio degli Eburoni
53 a.C., estate

Quando Basilo arrivò nella roccaforte costruita qualche anno prima da Labieno e da Cotta per gli acquartieramenti invernali delle loro legioni, strategicamente collocata quasi al centro del territorio degli Eburoni, Cesare lo stava aspettando con una certa ansia. Non erano arrivate staffette a portare notizie e non era chiaro che cosa fosse successo alla cavalleria andata in avanscoperta per cercare di stanare Ambiorige.

Il consiglio di guerra venne allestito all'aperto, visto che il tempo era clemente e ci si poteva riparare dal sole con semplici tendaggi, lasciando che il venticello leggero che soffiava nella valle alleviasse la calura. L'estate era soltanto all'inizio, ma forse perché abituato all'inverno rigido della Gallia del Nord, e poi alla primavera gelida della Germania al di là del Reno, Cesare aveva l'impressione che la temperatura fosse opprimente. Per questo aveva scelto Atuatuca per riunire tutte le legioni disponibili e i suoi legati: non avrebbe dovuto costringere i suoi uomini, stanchi dopo la dura marcia a cui li aveva sottoposti per giungere fin lì dal Reno, a costruire un campo abbastanza vasto da consentire di accoglierli tutti e assicurare la necessaria protezione.

Basilo era provato e sporco di terra e polvere, ma si limitò a bere un mestolo d'acqua dal secchio che era a disposizione di tutti per rinfrescarsi, poi li raggiunse nello spiazzo ombreggiato e restando in piedi si preparò a raccontare quello che era successo.

Gli altri erano tutti seduti tranne uno, il primipilo Sestio Bibaculo, sdraiato su un giaciglio di fortuna imbottito di cuscini che Cesare aveva fatto preparare appositamente per lui. Il valoroso centurione pativa ancora per alcune profonde ferite, che faticavano a guarire e gli procuravano febbre alta e vomito. Non mangiava più da qualche giorno, ed era pallido in volto come un cadavere, ma si era trascinato fin lì da solo, pretendendo di partecipare al consiglio. Cesare ovviamente aveva accettato, e non aveva voluto sentire ragioni quando Bibaculo si era lamentato per il giaciglio allestito dagli schiavi: avrebbe voluto restare seduto come gli altri, ma era chiaro che non avrebbe retto a lungo. Finalmente si era deciso a sdraiarsi quando Basilo era comparso a cavallo, e adesso lo ascoltava con attenzione, sforzandosi in modo evidente di non tremare per la febbre.

«Siamo stati rapidi a raggiungere la prima località che ci era stata indicata dalle spie di Commio, e in effetti abbiamo sorpreso un centinaio di Galli ribelli nelle campagne, che cercavano di recuperare foraggio per i cavalli e arruolare a forza uomini» raccontò Basilo. «Li abbiamo uccisi quasi tutti. Abbiamo tenuto in vita solo i loro ufficiali, per farci rivelare dove si trovasse Ambiorige.»

«E cosa vi hanno detto?» volle sapere Cesare, già di malumore perché era chiaro che, se Basilo avesse catturato o ucciso Ambiorige, lo avrebbe detto subito, invece di prenderla così alla larga.

«Ci hanno dato indicazioni su dove potevamo trovarlo» rispose Basilo imperturbabile, «e ci siamo recati subito in quel luogo, distante due giorni a cavallo. Ci era stato detto che sarebbe stato in compagnia di pochi cavalieri scelti, e quindi eravamo preparati a circondarlo.»

«Ma non c'era» lo anticipò Labieno con una smorfia di insofferenza sul viso. «Spero abbiate tagliato la testa a quei bugiardi che vi hanno dato l'informazione sbagliata.»

Basilo non si scompose, e continuando a guardare Cesare proseguì nel suo rapporto: «Ambiorige si trovava dove ci era stato indicato» rivelò, suscitando la sorpresa di tutti. «Ma era in una di quelle case dei Galli costruite all'interno della foresta, per poter beneficiare dell'ombra degli alberi durante la calura estiva. Quando siamo piombati su di loro, i suoi cavalieri si sono sacrificati per lui, e Ambiorige è riuscito a fuggire.»

«Com'è possibile?» sbottò Cesare, che cominciava a pensare che non solo la dea Fortuna fosse troppo benevola con quel traditore germano, ma che la sfortuna si stesse accanendo contro di lui e i suoi uomini.

L'espressione imperturbabile di Basilo si incrinò appena, quando rispose: «La casa era collocata proprio all'imbocco di una strettoia tra la vegetazione. Impossibile aggirarla, e quando abbiamo attaccato i Galli sono riusciti a difendere il passaggio abbastanza a lungo da consentire al loro comandante di dileguarsi nell'intrico della selva. Abbiamo provato a inseguirlo, ma...» s'interruppe, e Cesare comprese che Basilo era infuriato almeno quanto lui.

«Va bene» gli disse, cercando di placare la collera. Non tanto contro Basilo, quanto contro gli dèi che continuavano a voltargli le spalle e a irriderlo. «In ogni caso lo avete messo in fuga da solo, senza più un esercito al suo comando. Ora per lui sarà difficile coalizzare di nuovo i Galli per combatterci.»

«Abbiamo avuto notizia che uno dei capi degli Eburoni, Catuvolco, si è tolto la vita quando ha saputo quello che è successo» aggiunse Basilo. «Lo ha fatto da codardo, avvelenandosi con bacche di tasso, anziché usare la spada, e la notizia si è diffusa in fretta. Ma i suoi vassalli ci hanno detto che Ambiorige potrebbe essere fuggito verso il fiume Schelde, uno degli affluenti della Mosa, dove ci sono tribù delle Ardenne che gli sono leali.»

Cesare annuì: tutto sommato le cose non si erano messe troppo male. Nei giorni scorsi aveva ricevuto le ambascerie di alcune tribù germaniche di stanza a sud del Reno, come i Segni e i Condrusi, che lo avevano pregato di non pensare che tutti i Germani fossero alleati di Ambiorige. Loro, sostenevano, non avevano mai condiviso la sua politica aggressiva, ed erano pronti a fornire ostaggi per dimostrare lealtà a Roma.

«Non dobbiamo allentare la pressione su Ambiorige e sui suoi alleati» disse, prendendo una decisione. Si voltò verso Quinto Cicerone, che aveva appena messo al comando della Quattordicesima legione, una delle tre che suo cugino Lucio Cesare aveva appena fatto arrivare dall'Italia, dopo aver ricevuto le disposizioni consegnategli da Trebazio. «Lasceremo qui tutti i bagagli delle legioni, e tu sovrintenderai al campo. Ti darò a sostegno anche duecento cavalieri.» Poi cercò con lo sguardo Labieno. «Tu prenderai tre legioni e andrai sulla costa, nel territorio dei Menapi, che sono sempre pronti a uscire dalle loro paludi per dare sostegno ad Ambiorige.» Aspettò che anche il suo luogotenente annuisse con un cenno della testa, come prima aveva fatto Quinto Cicerone, poi si rivolse a Trebonio: «Voglio che con altre tre legioni tu vada a seminare scompiglio nelle campagne degli Atuatuci. Non deve restare in piedi un singolo villaggio in cui Ambiorige possa rintanarsi».

«E noi, Cesare?» gli chiese Irzio.

«Noi andremo con le tre legioni restanti a caccia di Ambiorige, nelle Ardenne» rispose.

«E se fosse tutta una trappola?» intervenne Bibaculo, sollevandosi su un gomito. «Se fosse un modo per allontanare le legioni e poi attaccare questo presidio? I bagagli dei soldati potrebbero essere un bottino molto ambito per i Galli.»

Cesare prese un respiro. Ovviamente Bibaculo aveva ragione, ma dovevano assumersi quel rischio, altrimenti Ambiorige avrebbe avuto il tempo per radunare altre truppe, sobillare popoli, far arrivare Germani da chissà dove, e lui era stanco delle manovre di quell'uomo e dei suoi alleati, soprattutto degli infidi Eburoni. Voleva mettere fine una volta per tutte alla ribellione, e questo significava doversi assumere dei rischi.

«Torneremo entro il settimo giorno dalla partenza» garantì a Bibaculo, ma rivolto anche a Quinto Cicerone, che sarebbe rimasto al presidio. Poi guardò Labieno e Trebonio. «Anche voi farete altrettanto, se le condizioni in cui vi troverete lo consentiranno.»

«D'accordo» approvò Quinto Cicerone. «Vi aspetteremo. Anche perché per quella data è previsto l'arrivo delle forniture di grano dai nostri alleati, e questo renderà ancora più appetibile Atuatuca ai ribelli, soprattutto a quelli a cui devasterete le campagne.»

Cesare non aveva pensato a quell'eventualità, e la cosa lo preoccupò.

«C'è un altro aspetto da considerare» si fece avanti Trebonio. «Questi ribelli non hanno un vero e proprio esercito. Non ci sono armate schierate da affrontare. La loro è una massa informe dispersa in molti luoghi, capace di riunirsi alla bisogna per fronteggiarci, ma anche di dissolversi all'istante, se annusano odore di sconfitta.»

«Hai ragione» concordò Labieno. «Non sono un vero pericolo per le legioni, se restiamo uniti, ma non appena qualche manipolo si disperde o si allontana per raccogliere grano e legna, o per altre incombenze, diventano subito un bersaglio facile. E se proviamo a inseguirli, si rintanano nelle loro foreste, tendendoci imboscate. Dobbiamo restare compatti, senza cedere alla tentazione di catturare facili prede.»

«Agiamo su due fronti» spiegò loro Cesare, che aveva già discusso a lungo di quei problemi con Irzio. «Da una parte dobbiamo incalzarli, costringerli a uscire allo scoperto e attaccarli quando possibile, senza lasciarci trascinare nel loro modo rozzo di combattere. Dall'altra, dobbiamo convincere tutti i popoli vicini agli Eburoni e ai Treviri a stanarli dalle foreste e dalle paludi con le loro stesse tattiche, in cambio di oro e bottino. Manderò dei messaggeri, e prometterò non solo la protezione di Roma a chi ci aiuterà, ma anche schiavi, esenzione dai tributi e la restituzione di ostaggi.»

«Dobbiamo estirpare il nome stesso degli Eburoni dalla Gallia!» intervenne Bibaculo con ardore.

«Vedrete che le promesse di facili ricchezze e la protezione di Roma assicurerà molti più alleati di quanti immaginiamo» sostenne Irzio.

«Nel frattempo, però, dobbiamo muovere le legioni, far vedere che Roma è ovunque e non sta a guardare, ma è pronta a muovere guerra a chiunque provi a mettere in discussione la pace» concluse Cesare con vigore.

Quasi tutti approvarono; solo Labieno restò in silenzio, senza fargli capire che cosa pensasse veramente delle sue decisioni. Non lo aveva contestato, perché non faceva parte della sua natura andare contro gli ordini dei superiori, ma non sembrava del tutto convinto.

Anche Quinto Cicerone non si era lasciato andare all'entusiasmo, e Cesare in qualche modo lo capiva, visto che aveva l'incarico più difficile: restare al campo a difendere i beni dei soldati e l'onore di Roma con forze esigue, vista la posizione strategica in cui i *castra* di Atuatuca erano collocati. Ma confidò che la presenza di Bibaculo, per quanto ferito, potesse servire a dargli sostegno.

Saremo indietro fra sette giorni, pensò ricordando la sua promessa.

Si augurò di riuscire a mantenere la parola data, perché Bibaculo e Quinto avevano ragione: quando fossero arrivate le ingenti quantità di grano che dovevano essere consegnate al proconsole da tutta la Gallia, quel fortino sarebbe parso una ricchezza inestimabile per tutti coloro che ancora lottavano contro Roma.

34

Atuatuca
Territorio degli Eburoni
53 a.C., estate

Otto giorni.

Alla fine ci aveva messo otto giorni per fare ritorno, solo uno in più rispetto a quanto aveva promesso, ma... aveva rischiato di tornare sulla scena di una disfatta. Anzi, di una doppia disfatta, perché era lì che avevano perso la vita Arunculeio Cotta e Titurio Sabino, e l'idea che gli Eburoni potessero aver ripetuto l'oltraggio a Roma, che già aveva versato tanto sangue, non lo aveva fatto dormire per tre notti di seguito.

Ma poi finalmente era arrivato, con un solo giorno di ritardo e poche ore rispetto alla cavalleria di Voluseno, che aveva mandato avanti per verificare la situazione, dopo che diversi ricognitori erano tornati a riferire di una battaglia in corso al *castrum* di Atuatuca.

«Non sono Galli, mio signore» aveva riferito una delle giovani staffette di Considio. «Sono Germani. Di una tribù che non abbiamo mai visto.»

A quella notizia Cesare aveva deciso di far marciare gli uomini anche di notte, alternando quattro ore di cammino a una di riposo, e finalmente erano giunti nella valle che ospitava il doppio rilievo su cui erano state edificate le fortificazioni dei loro quartieri invernali.

Aveva visto i corpi di diversi nemici a terra e le carcasse dei loro cavalli, alcuni con le zampe spezzate nei fossati di protezione, oppure impalati sulle pertiche di cui erano disseminati i terrapieni davanti alla palizzata. Ma non c'erano corpi di legionari romani, se non alcuni feriti che venivano trasportati dai loro compagni fin dentro la fortificazione, soprattutto in corrispondenza della porta decumana.

«Dov'è Quinto Cicerone?» chiese a gran voce non appena ebbe messo piede nel fortino.

Guardandosi intorno vide una gran quantità di feriti: la battaglia doveva essere stata cruenta, ma i suoi erano rimasti asserragliati all'interno, senza affrontare i Germani se non alle porte d'ingresso, ancora disseminate dei corpi dei nemici, a cui nessuno prestava attenzione.

La resistenza doveva essere stata strenua e difficile, ma in qualche modo erano riusciti a non cedere, e i Germani, forse rendendosi conto dell'arrivo della loro cavalleria, se ne erano andati.

«Abbiamo dei prigionieri» gli riferì Voluseno balzando a terra dal cavallo. «Appartengono alla tribù dei Sugambri.»

«I Sugambri?» chiese sorpreso Cesare. «Cosa ci fanno in questi territori? Si sono alleati con Ambiorige?»

«Da quello che ho capito si sono fatti attirare dall'idea di un facile bottino. È stato detto loro che noi non c'eravamo, che l'accampamento era sguarnito, e si sono precipitati all'istante. Erano poco più di duemila.»

«Cos'altro hai saputo?» lo sollecitò Cesare.

«Nient'altro, per il momento. Gli interrogatori sono ancora in corso.»

«Allora vai da quei cani e fagli sputare tutto quello che sanno, insieme al loro fetido sangue.»

Voluseno tornò a balzare sul suo cavallo e corse via.

«Cesare, Quinto Cicerone è qui!» lo chiamò Irzio. «È ferito. Con lui c'è anche Bibaculo.»

Cesare seguì Aulo in una bassa costruzione di legno che era servita da magazzino, ma adesso ospitava numerosi feriti. I lamenti e le grida che si alzavano dai giacigli erano strazianti, e si diffondevano ovunque insieme al sangue delle ferite che si cercava di chiudere con ago d'osso e tendini di lepre. Come sempre, i legionari e i centurioni più anziani, che avevano maggiore dimestichezza con le ferite da combattimento, si prodigavano intorno ai loro compagni, e la puzza dell'aceto usato per lavarle faceva lacrimare gli occhi.

Cesare si guardò attorno preoccupato, poi riconobbe Bibaculo, sdraiato a terra con il corpo crivellato da decine di colpi di spada. Com'era possibile che fosse ancora vivo?

Quando si accorse di lui, il centurione boccheggiò, sputò sangue e cercò di sollevarsi sui gomiti, ma Cesare accorse e gli impose di restare sdraiato.

«Riposa, amico mio» gli disse stringendogli un braccio viscoso di sangue. «Lascia che si prendano cura di te.»

Il centurione fece per dire qualcosa, poi si lasciò andare sul giaciglio e chiuse gli occhi, mentre chi gli stava ricucendo le ferite riprendeva il suo lavoro. Cesare conosceva l'abilità di quegli uomini, abituati a medicare prima di tutto se stessi e poi i loro compagni più in difficoltà. Di quelle ferite sarebbero rimaste solo cicatrici, che avrebbero reso fieri quei guerrieri protagonisti di mille battaglie.

Poco lontano da Bibaculo, con il petto fasciato con strisce ricavate dal tessuto di una tunica, Cesare vide Quinto Cicerone, seduto con la schiena appoggiata contro la parete, pallido in volto.

«Come stai?» chiese esaminando le ferite che gli erano già state ricucite sul fianco, su un braccio e alla base del collo.

«Se sono vivo lo devo a lui» rispose Quinto indicando Bibaculo. «Anzi, gli dobbiamo la vita tutti, qui. Ha salvato noi e l'onore di Roma.»

Cesare guardò ammirato il centurione, ma questi teneva ancora gli occhi chiusi e respirava con affanno, mentre i suoi legionari si occupavano di lui come api premurose. Se un uomo della tempra di Bibaculo non riusciva a restare vigile neppure di fronte al suo comandante supremo, il motivo era uno solo: doveva aver perso così tanto sangue che difficilmente sarebbe sopravvissuto.

«Non sono riuscito ad arrivare in tempo» si scusò Cesare con Quinto Cicerone, stringendo i pugni per la rabbia. Poi lo interrogò con lo sguardo. «Mi hanno detto che non erano Eburoni, né i Germani di Ambiorige.»

«Non so chi fossero» rispose Quinto, evidentemente all'oscuro delle rivelazioni strappate ai prigionieri. «So solo che sono piombati all'improvviso, come demoni apparsi dal nulla. E l'hanno fatto nel momento sbagliato...»

«Cosa intendi?»

Quinto scosse piano la testa. «Questo luogo è maledetto dagli dèi» mormorò.

«No, gli dèi non c'entrano» lo contraddisse Cesare con rabbia. «Siamo noi a determinare il nostro destino, con le nostre azioni.»

«Allora la responsabilità per ciò che è successo è solo mia» commentò amaro Quinto. «Siamo rimasti chiusi nel campo per sei giorni, aspettando di avere notizie da qualcuno di voi, con la sensazione di trovarci sotto assedio, anche se fuori dalle palizzate non c'era nessuno. Il cibo cominciava a scarseggiare, e nell'eventualità di dover attendere ancora a lungo, con la possibilità che anche le carovane con il grano fossero state bloccate dai Galli, ho deciso di inviare cinque coorti a tagliare le messi nei campi, ormai giunte a maturazione.»

Cesare si irrigidì. Era stato un errore, questo lo capivano entrambi, ma ormai aveva poco senso recriminare. E in fondo poteva capire Quinto Cicerone: non erano sotto attacco, solo esasperati per l'impossibilità di uscire dall'accampamento; dovevano mantenere turni di guardia costanti e forse pensavano che non ci fossero minacce da affrontare, visto che i Galli non avevano un vero esercito da inviare contro di loro. Probabilmente, al posto di Quinto lui avrebbe razionato le scorte dei viveri, anziché mandare allo scoperto cinque coorti, ma è facile parlare quando non ci si trova in difficoltà. Così restò in silenzio e gli fece segno di continuare.

«Avevo lasciato nell'accampamento i feriti e gli ammalati, oltre agli uomini necessari per presidiare gli spalti e le porte» riprese Quinto con voce bassa, carica di vergogna. «I nostri erano nei campi quando sono arrivati quei Germani a cavallo. Duemila, forse tremila. Sbucati come dal nulla, o come se fossero stati lì in paziente attesa da chissà quanto tempo.»

«No» scosse la testa Cesare. «Sono stati guidati dalla fortuna, come accade fin troppo spesso, ultimamente. Li hanno istigati ad attaccarvi approfittando dell'assenza mia e delle altre legioni, ed è solo per una casualità se sono arrivati proprio quando avevi fatto uscire le coorti.»

Quinto scosse la testa con una smorfia rabbiosa. «Hanno aggirato la collina che separa Atuatuca dai campi di grano e si sono avventati contro la porta pretoria. La coorte rimasta in difesa dell'accampamento ha lottato con vigore, ma quando i Germani hanno preso d'assalto anche la porta decumana, ci siamo salvati solo per merito suo.» Indicò Bibaculo, che giaceva ancora a occhi chiusi mentre due soldati terminavano di bendargli le ferite. «Nonostante le sue condizioni, ha raccolto le armi di un soldato caduto nella battaglia e si è messo in mezzo alla porta, arginando da solo il tentativo dei barbari di entrare nel campo. Non so come abbia fatto, ma l'ho visto combattere come mai nessuno in vita mia, fino a quando, ricoperto di sangue dalla testa ai piedi, è crollato a terra. A quel punto per fortuna eravamo riusciti a riorganizzarci, e mentre alcuni lo portavano via abbiamo combattuto con energia, ricacciando indietro il nemico.»

«E le coorti che lavoravano nei campi?» chiese Cesare.

Quinto prese un respiro con aria dolente: la ferita al fianco doveva essere profonda.

«Avevo fatto accendere i fuochi di segnalazione, e tempo poche ore i nostri sono tornati indietro» rispose. «Ormai qui erano rimasti solo i feriti e le reclute, non saremmo più riusciti a fermarli.»

«Chi c'era al comando delle coorti?»

«Gaio Trebonio» rispose Quinto, appoggiando la testa alla parete. Il sangue aveva inzuppato le fasciature, e Cesare comprese che era allo stremo.

Chiamò i legionari che si erano occupati di Bibaculo e disse loro di dare un'occhiata a Quinto.

Mentre si prendevano cura delle sue ferite, questi continuò il suo racconto: «I Germani, vedendo arrivare le coorti, si sono ricompattati e hanno attaccato in massa. Per fortuna Trebonio, insieme a un manipolo di veterani, si è aperto un varco fra i nemici ed è riuscito a tornare all'accampamento insieme ad altri cavalieri e ad alcuni addetti dei servizi che erano con loro per caricare il grano sui carri».

«Si sono salvati tutti?» chiese Cesare.

Quando uno dei soldati gli conficcò di nuovo l'ago nella carne, per sistemare una ferita cucita malamente, Quinto strinse i denti, poi rispose: «No, molti non ce l'hanno fatta. Soprattutto gli ausiliari e le nuove reclute. Si sono spaventati e hanno cercato salvezza su una collina, ma i Germani li hanno inseguiti e ne hanno fatto strage».

Cesare abbassò la testa, cercando di trattenere la rabbia e la frustrazione.

«Comunque poi siamo riusciti ad attestarci sugli spalti e a tenere testa agli assalitori, che poco dopo se ne sono andati. Hanno portato via tutti i carri con il grano, e hanno depredato i cadaveri dei nostri.»

Cesare si picchiò un pugno sulla coscia. «Se Voluseno fosse arrivato in tempo, di quei cani resterebbero solo le teste spiccate dal collo!» ringhiò. Scrutò Quinto. «La colpa è comunque di Ambiorige, dei Treviri e degli Eburoni, che hanno fomentato la ribellione e generato le condizioni perché chiunque potesse arrogarsi il diritto di attaccare Roma. Pagheranno per questo.»

«Che cosa intendi fare?» gli chiese Quinto.

«Manderò avanti la cavalleria e la seguirò con i miei uomini» gli rispose. «Metteremo a ferro e fuoco ogni palmo di questa parte della Gallia, fino a quando quel cane di Ambiorige non salterà fuori.»

Alla fine, i Germani della tribù dei Sugambri avevano decimato due coorti, fra legionari e ausiliari, e una cinquantina di addetti ai servizi. Una perdita gravissima, che Cesare comunicò a tutti gli uomini riuniti in un'adunanza generale, per spronarli a non avere pietà di chiunque avessero incontrato nei giorni seguenti, perché quello che era accaduto, che andava a sommarsi al massacro degli uomini di Quinto Titurio Sabino e Lucio Aurunculeio Cotta, era colpa dei popoli di quei territori, che davano rifugio ad Ambiorige e ai suoi ribelli.

«Voglio che distruggiate e incendiate qualsiasi costruzione troviate sul vostro cammino!» ringhiò camminando in mezzo alle file di legionari schierati. «Abbattete il bestiame, uccidete tutta la selvaggina che trovate e prendete quanto più bottino potete. Verranno con voi tutti gli addetti ai servizi del campo, con i carri su cui ammassare ciò che recupererete. Il bottino sarà tutto vostro! Ve lo dividerete al ritorno.»

Esplosero esclamazioni di gioia e di sorpresa, ma Cesare azzittì tutti riprendendo a gridare con rabbia, sentendo gonfiarsi le vene sul collo: «Tagliate tutte le granaglie, e quelle che non riusciremo a portare con noi lasciatele marcire a terra. Se quei cani andranno a nascondersi, come fanno sempre anziché combattere in campo aperto, li staneremo a uno a uno dalle foreste e dalle paludi, e agli altri che ci sfuggiranno non lasceremo nulla con cui cibarsi. Patiranno la fine più ingloriosa per un guerriero: la morte per fame!».

Il boato che si levò dai legionari fu così forte che Cesare immaginò che anche Ambiorige lo avesse sentito, ovunque si nascondesse.

Adesso dovevano solo riuscire a trovarlo.

«Maledetta dea Fortuna!» sibilò Cesare prendendo a calci un'anfora d'argilla che i suoi uomini avevano trovato nascosta tra le fronde. «Quel cane riesce sempre a dileguarsi un attimo prima del nostro arrivo. Com'è possibile?»

«Deve avere delle spie che lo aiutano» ipotizzò Voluseno. «Ho mandato i miei cavalieri ovunque venisse segnalato, e abbiamo anche trovato le prove della sua presenza, ma poi... è sempre riuscito a fuggire.»

Cesare osservò le impronte scavate nel terreno dagli zoccoli dei cavalli del suo nemico.

«Ha solo tre o quattro cavalieri con lui, forse per potersi muovere agevolmente, senza farsi scorgere» constatò.

«Sì, questo ci è stato detto da diversi informatori, anche se nessuno ormai sa più dove si siano diretti.»

Cesare scrutò nel labirinto di felci che si apriva davanti a lui e comprese che sarebbe stato impossibile inseguire Ambiorige là dentro. Ancora una volta, quel cane si era fatto beffe di lui.

«Va bene, torniamo indietro» disse cercando di ignorare il sapore nauseante della resa che sentiva in bocca. «Abbiamo devastato l'intera regione, dubito che qualcuno sia ancora disposto a impugnare le armi contro di noi e a dare sostegno ad Ambiorige.»

«E il nostro presidio sul Reno ha fermato qualsiasi tentativo dei Germani di scendere a sud» aggiunse Voluseno.

Cesare prese un lungo respiro, con l'intenzione di calmarsi, poi risalì a cavallo.

«Indirò un'assemblea dei Galli e metterò a morte tutti i capi della rivolta. Chi non si presenterà sarà giudicato nemico di Roma e annientato entro l'arrivo dell'inverno.»

«Lascerai gli acquartieramenti ad Atuatuca?» gli chiese Voluseno.

Cesare lo fissò. «Non abbandonerò quel presidio» rispose. «Anzi, lo rafforzerò, perché dev'essere chiaro che Roma è una fenice che risorge sempre più forte, quando cerchi di annientarla.»

«Concordo con te» intervenne Irzio poco lontano. «Ma come hai detto, sarà bene provvedere ad altri quartieri anche nelle zone più incerte della Gallia, come per esempio fra i Treviri.»

«Sì, ci stavo riflettendo» annuì Cesare. Ed era vero, perché una parte della sua mente aveva già vagliato quella possibilità, pur avendo sperato di acciuffare Ambiorige e inscenare un processo a cui tutti i Galli avrebbero dovuto partecipare, per poi dedicarsi in un secondo tempo alla dislocazione delle truppe per l'inverno. Ma visto che la situazione era ben diversa, doveva stabilire subito come comportarsi, cercando di ricostruire mentalmente una mappa della Gallia e delle zone più a rischio. «Manderemo due legioni ai confini con i Treviri, e altre due nel territorio dei Lingoni» riprese, ben sapendo che Irzio non avrebbe dimenticato nulla dei suoi ordini. «Le sei legioni rimanenti le stanzieremo presso i Senoni, ad Agedinco, dove faremo transitare i tributi e i carichi di granaglie da distribuire ai nostri. Non possiamo permettere che i rifornimenti scarseggino.»

«Sarà fatto» promise Irzio, e finalmente Cesare fece segno a tutti che potevano tornare ad Atuatuca.

Per lui era tempo di sistemare le truppe e, con l'autunno, raggiungere di nuovo l'Italia per cercare di capire come si erano evoluti gli affari di Stato a Roma, di cui non aveva più notizie ormai da troppo tempo.

35

Atuatuca
Territorio degli Eburoni
53 a.C., estate

Quando entrò nella tenda pretoria si accorse che Sarmete lo attendeva scuro in volto, muovendo nervosamente una gamba. Quando il suo servitore si comportava in quel modo aveva brutte notizie da riferirgli e voleva che lui le ascoltasse senza testimoni intorno.

«Va bene, andate a riposare» disse Cesare a Furio Lavieno e ai due uomini della scorta che lo avevano accompagnato. C'era anche Irzio, con loro, e prima di dirgli qualcosa scrutò Sarmete, che annuì impercettibilmente.

«Irzio, tu resta» disse al suo legato facendo segno a Sarmete di portargli del vino. Prima di ricevere le brutte notizie di cui senz'altro lo schiavo era latore, voleva mettersi comodo e sciacquarsi la bocca dalla polvere che gli aveva allegato i denti.

Quando sia lui sia Irzio si furono immersi nell'acqua calda di due grandi tinozze che Sarmete aveva fatto portare dai servi, Cesare si decise ad affrontare il suo schiavo.

«Adesso puoi riferire quello che ti angustia» gli disse.

Irzio li fissò entrambi sorpreso, ma non disse una parola mentre Sarmete andava a prendere dei dispacci che probabilmente erano arrivati durante la sua assenza.

«Sono accadute alcune cose» disse mostrando le missive. «Questo messaggio è arrivato due giorni fa, ma porta la data delle calende di luglio.»

Cesare si accigliò. «Perché sei così misterioso? Che cosa dice il messaggio?»

Sarmete esitò un istante, poi srotolò la pergamena, diede un'occhiata e infine disse: «Quattro giorni prima delle idi di giugno Marco Licinio Crasso è morto, ucciso dai Parti in un'imboscata presso la località di Carre, dove l'esercito di Roma è stato sconfitto. Con lui ha perso la vita anche suo figlio, Publio Licinio Crasso».

Cesare aveva ascoltato impassibile, ma qualcosa dentro di lui si irrigidì e gli provocò un crampo al ventre. Si voltò a guardare Irzio, e vide che il suo legato era pallido e fissava Sarmete a bocca aperta.

Le implicazioni di quella notizia erano terrificanti, eppure in qualche modo... Cesare si riscosse, scuotendo la testa.

«No!» gridò, dando un pugno sull'acqua. Stava azzittendo se stesso, e poco gli importava che gli altri non capissero. Una sconfitta delle legioni di Roma era una sconfitta per tutto il loro popolo, anche per lui. Poco importava che quel pazzo di Marco Licinio Crasso avesse cercato di emulare il talento in battaglia di uomini come lui o Pompeo, per giustificare una simile onta patita dalla Repubblica. Davanti a questo evento, il fatto che non ci fosse più uno degli uomini con cui cercava di misurarsi a distanza per il predominio nel triumvirato non poteva rallegrarlo, *non doveva*!

Eppure che cos'era quel sentore di vittoria che avvertiva oltre al dolore al ventre? Com'era possibile che gioisse dentro di sé della morte di colui che era stato il suo principale benefattore e sostenitore, prima che la lotta per il predominio li mettesse l'uno contro l'altro?

«Avevo pregato Publio di non raggiungere suo padre» mormorò Irzio. «Quel ragazzo era in gamba, avrebbe dovuto restare con noi...»

Cesare sbatté un paio di volte le palpebre, poi ricordò quello che Sarmete aveva detto: anche Publio Licinio era morto, e questo gli provocò vero dolore. Anche se era il figlio di uno dei suoi più pericolosi avversari, gli era sempre stato fedele, e aveva combattuto al suo fianco con onore.

«Il condottiero che ha sconfitto Crasso si chiama Surena e...» continuò Sarmete con aria grave, ma Cesare sollevò una mano per interromperlo.

«Portami una tunica» ordinò alzandosi e uscendo dalla tinozza. Irzio restò a scrutarlo torvo, e lui andò a versarsi dell'altro vino. Mentre beveva, si accorse che la mano gli tremava.

Sarmete arrivò poco dopo con alcune pezze per asciugarlo, poi lo aiutò a indossare la tunica.

«Come intendi muoverti?» gli chiese Irzio uscendo a sua volta dall'acqua. Sarmete fece accorrere altri servi perché si occupassero di lui.

«Devo tornare a Roma» rispose Cesare cercando di pensare in fretta. Le implicazioni di quanto era accaduto erano enormi, e avrebbero avuto ripercussioni non indifferenti, soprattutto in virtù del fatto che Pompeo non si era mai spostato dall'Urbe, contrariamente agli accordi che avevano preso a Lucca.

«C'è un'altra missiva, Cesare» lo riscosse Sarmete.

Lui lo fissò sorpreso. «Di che si tratta?»

Lo schiavo esitò un istante, prima di riferire: «Pompeo declina la proposta di prendere in moglie tua nipote Ottavia. A suo dire, è passato troppo poco tempo dalla morte della sua amata Giulia».

Cesare strinse gli occhi come se volesse incenerire Sarmete, poi si voltò verso Irzio.

«Sta prendendo le distanze» affermò. «Se sposasse Ottavia il patto fra le nostre famiglie si rinsalderebbe.»

«Lo penso anch'io» annuì Aulo. «Ha saputo di Crasso e adesso sta cercando di capire come muoversi. La partita si gioca fra voi due.»

Cesare confermò muovendo piano la testa, mentre andava a sedersi su uno sgabello.

«E non dimenticare una cosa, mio signore» intervenne Sarmete. «Crasso ha lasciato vedova sua moglie, Cornelia Metella.»

Per un istante nella grande tenda ci fu solo silenzio, poi Cesare comprese che Sarmete aveva ragione. Rifiutando Ottavia e prendendo in moglie, fra qualche tempo, Cornelia Metella, Pompeo avrebbe reso più solide le sue radici politiche a Roma, presentandosi come il candidato di maggior prestigio per ottenere il potere.

E oscurando di fatto tutte le imprese che lui, il suo rivale, aveva condotto in Gallia fino a quel momento.

«Partiamo subito per Roma» disse gettando via la coppa con il vino e balzando in piedi. «C'è un'altra difficile battaglia da combattere.»

Parte nona

36

Gallia Transalpina
Territorio dei Volci
52 a.C., febbraio

Cominciava a sentirsi stanco, più di quanto avrebbe immaginato.

Eppure per gran parte del viaggio da Roma era rimasto su un carro, e nei percorsi più impervi aveva cavalcato. Solo da un paio di giorni aveva deciso di tornare a camminare accanto ai suoi uomini, per farsi vedere da loro e dimostrare che li considerava suoi commilitoni, quasi alla pari. In realtà aveva capito che le mollezze dell'Urbe, dove si era soffermato più del previsto, avevano intaccato il suo fisico, facendo appassire la solidità dei suoi muscoli e le capacità di resistenza di cui si era sempre fatto vanto.

Quindi, adesso che era tornato in Gallia aveva bisogno di ritemprarsi e di recuperare la forza che solo la vita militare sapeva infondere negli uomini. Non gli era certo sfuggito che negli ultimi mesi aveva avuto più crisi epilettiche di quante ne avesse patite nell'ultimo anno trascorso a combattere nella Gallia del Nord e in Britannia.

I piaceri della vita a Roma erano impagabili, certo, ma qualcosa dentro di lui non aveva mai smesso di agitarsi, e quando gli erano arrivate notizie sulle ribellioni in Gallia, che si stavano diffondendo velocemente approfittando della sua assenza, ne era stato quasi felice, e non aveva esitato un istante a radunare i suoi legati e partire verso la Gallia Cisalpina. Poi, da lì, l'urgenza di passare all'azione lo aveva costretto a richiamare tutte le legioni di cui poteva disporre in Italia e attraversare le Alpi, per dirigersi verso la Gallia Narbonense e fermare il cadurco Lutterio, che dopo avere stretto alleanze con i Ruteni e gli Arverni era pronto a invadere la Provincia che godeva del pieno supporto di Roma.

Mentre marciava con una certa fatica ma con estrema leggerezza di spirito, si sentiva di nuovo rinvigorito nell'anima, eccitato all'idea di potersi misurare di nuovo nelle strategie della guerra, che gli erano più gradite rispetto a quelle politiche cui era costretto a sottoporsi ogni volta che tornava a Roma.

Come aveva sospettato, in sua assenza Pompeo non si era fatto scrupolo di espandere le sue trame di potere in tutta l'Urbe, e solo le notizie delle sue straordinarie conquiste in Gallia, che avevano entusiasmato il popolo, lo avevano tenuto a freno. La mossa prevista da Sarmete, secondo cui Pompeo avrebbe approfittato della morte di Publio Licinio Crasso per chiedere in sposa la vedova Cornelia Metella, si era puntualmente avverata, e questo aveva inasprito del tutto i rapporti fra di loro. Ma la guerra di potere a Roma era una sommatoria di intrighi, astuzie, raggiri, contatti nell'ombra e delazioni, e a un certo punto lui aveva cominciato a esserne nauseato.

Così, non appena era arrivata notizia delle sollevazioni in Gallia, ne aveva approfittato per tornare a fare quello che gli veniva meglio: combattere spada alla mano, alla testa delle sue legioni. E se questo avesse portato nuova gloria alle sue imprese, rendendolo agli occhi del popolo un eroe, di certo chi più ne avrebbe fatto le spese sarebbe stato proprio il suo acerrimo rivale, Pompeo.

«Guarda chi c'è laggiù» lo riscosse Irzio dandogli una manata e indicando verso un manipolo che marciava compatto.

Cesare riconobbe Sestio Bibaculo, il centurione primipilo per la cui vita aveva disperato. Con un sorriso lo affiancò, mentre quello latrava ordini ai suoi legionari con un vigore persino eccessivo.

«Non stiamo ancora combattendo» gli disse. «Lasciali respirare.»

Bibaculo si voltò di scatto, scuro in volto, poi quando lo riconobbe si illuminò e si batté il braccio sul petto. «Cesare, perdonami, non ti avevo sentito arrivare.»

«Sono nuove reclute?» gli chiese lui indicando i legionari del manipolo, che procedevano rispettando una cadenza uniforme del passo.

Bibaculo fece una smorfia. «Puoi vederlo tu stesso. Questi pivelli non sanno nemmeno serrare i ranghi quando glielo chiedi.» Si voltò verso gli uomini e ringhiò con voce possente: «Canaglie che non siete altro, c'è qui il vostro comandante! Fategli vedere che non siete pronti a morire al primo assalto!».

I legionari batterono tutti insieme i giavellotti contro gli scudi, e Cesare si accorse solo in quel momento che Bibaculo aveva imposto a quei poveracci la marcia in pieno assetto di guerra, con le sacche sulle spalle e tutto ciò che gli sarebbe tornato utile in caso di battaglia.

«Siamo ancora lontani da Narbona» rise Irzio. «Se li maltratti così moriranno prima di essere arrivati!»

Bibaculo non sembrò cogliere l'ironia e digrignò i denti. «Preferisco che muoiano adesso, piuttosto che portare disonore a Roma durante il combattimento.»

Cesare comprese che il centurione non era uomo disposto a scherzare su certe cose, così fece segno a Irzio di non insistere. Salutarono il primipilo e rallentarono un po' il passo, lasciando che Bruto e Trebonio si unissero a loro, entrambi appiedati come lui e Irzio.

Poco più indietro Furio Lavieno e i suoi uomini procedevano a cavallo, tenendoli d'occhio con discrezione ma sempre pronti a intervenire in suo aiuto, se ce ne fosse stato bisogno.

«Come se la cavano i Germani?» chiese Cesare a Bruto, che era stato assegnato al comando della cavalleria. Grazie all'intervento di Commio, l'atrebate, erano riusciti ad aggregare alle loro legioni quattrocento cavalieri germanici, la cui stazza e l'apparenza feroce incutevano timore, ma di cui lui ancora non si fidava.

«Se ne stanno per conto loro e trattano tutti con sufficienza» rispose Bruto, «ma obbediscono agli ordini e per il momento sembrano pronti a seguirci.»

«Auguriamoci che lo siano anche quando avremo bisogno di loro» commentò Irzio.

«Sono tornati gli esploratori di Considio?» chiese Cesare, decidendo di ignorare l'inquietudine che i cavalieri germanici suscitavano anche in lui.

«Hanno fatto parecchi prigionieri e sono riusciti a raccogliere informazioni abbastanza precise» rispose Trebonio.

«Perché non vengono a fare rapporto?» volle sapere Irzio.

«Hanno riferito a me» ribatté piccato Trebonio, che non nascondeva la sua insofferenza all'idea che Irzio fosse stato nominato luogotenente di Cesare, e dunque avesse il potere di dispensargli ordini.

«Allora parla» lo incitò Irzio. «Qual è la situazione?»

Trebonio sembrò trattenere un moto di stizza, poi ignorò Irzio e si rivolse a Cesare: «I primi a diffondere malumore e a sobillare i Galli in tua assenza sono stati i Carnuti. Hanno fatto circolare la notizia che saresti rimasto a Roma, dopo l'uccisione di Clodio da parte di Milone e i disordini che ne sono seguiti».

Cesare annuì. Ricordava la rabbia della plebe che si era scatenata dopo l'assassinio avvenuto poco prima dei comizi elettorali, che avrebbero con tutta probabilità portato Clodio alla pretura. C'erano stati incendi, aggressioni per le strade e un principio di sommossa che aveva costretto il Senato a votare un provvedimento con cui Pompeo era stato nominato console senza collega, per raccogliere truppe e riportare l'ordine nell'Urbe. Solo quando Milone era stato processato e poi spedito in esilio a Marsiglia, il popolo aveva smesso di rumoreggiare e la situazione si era placata.

A quanto pareva, i Carnuti ne avevano subito approfittato per cercare una scusa per sobillare gli animi e innescare l'ennesima rivolta.

«Se devo essere sincero, anch'io pensavo che saresti rimasto a Roma» intervenne Bruto. «Non ti preoccupa Pompeo? Ormai ha in mano la Repubblica, è un dittatore *in pectore*, per di più con l'avallo del Senato.»

«Non lo resterà a lungo» ribatté Irzio convinto. «E comunque la nostra spedizione in Gallia ha anche lo scopo di far comprendere al popolo che non deve lasciarsi distrarre dagli scontri politici nella capitale ma tornare ad appassionarsi alle conquiste di Cesare, come deve fare ogni buon romano.»

«Ormai siete rimasti solo voi due a garantire la sicurezza della Repubblica» aggiunse Trebonio. «Se Pompeo può manovrare la politica a Roma, tu puoi opporgli la forza delle legioni.»

Cesare restò a fissare per un istante il suo legato, cercando di comprendere che cosa volesse suggerirgli. Sapevano tutti che ormai i rapporti fra lui e Pompeo si erano deteriorati, dopo la morte di Crasso nella disfatta di Carre. Qualcuno aveva fatto circolare voci ignominiose, secondo cui Crasso era stato umiliato davanti a tutti, costretto a bere una colata di oro fuso in spregio alle ricchezze di cui aveva sempre goduto. E lui non aveva dubbi che fosse stato proprio Pompeo a diffondere quella diceria.

«Chi altro si è unito ai Carnuti?» chiese a Trebonio cercando di evitare, per il momento, di pensare al suo rivale e a come, prima o poi, affrontarlo.

«Più che altro si sono riuniti intorno a quel nuovo condottiero che hanno acclamato come re dei Galli» si inserì Irzio. «Il suo nome è Vercingetorige. Ho letto i rapporti di alcune spie dei Remi: descrivono quel giovane come molto scaltro, capace di ragionare in modo diverso dagli altri Galli.»

«Cioè?» domandò Cesare.

«In un primo momento, quando sono cominciate a serpeggiare le prime istanze di rivolta, Vercingetorige, figlio di Celtillo, celebrato in tutta la Gallia per il suo valore, ha cercato di farsi nominare re. A lui però si sono opposti uno zio, Gobannizione, e altri nobili arverni, che non volevano rischiare una guerra con Roma.»

«Sempre indecisi e vigliacchi, questi Galli» mormorò Bruto con disprezzo.

«Vigliacchi no» ribatté Cesare. «Più che altro difficili da domare.» Tornò a rivolgersi a Irzio. «Dunque cos'ha fatto Vercingetorige con i suoi oppositori?»

«Inizialmente ben poco. È stato espulso da Gergovia, la sua città, ma anziché arrendersi ha cominciato ad arruolare uomini nelle campagne, pagandoli con il suo patrimonio personale, e poi pian piano ha ingrandito la sua armata, passando di città in città e arrivando ad ammassare un vero esercito. Quando è tornato a Gergovia, nessuno ha più avuto l'ardire di contrastarlo.»

«Grazie a lui si sono unite alla rivolta moltissime tribù» aggiunse Trebonio. «In definitiva, a parte i Treviri a nord, troppo impegnati a fronteggiare i Germani che continuano ad attraversare il Reno, solo i Remi hanno disertato l'assemblea generale in cui hanno sottoscritto i patti di alleanza.»

Cesare si accigliò. «Anche gli Edui?»

«Quello che sappiamo è che quando Lutterio, uno dei generali di Vercingetorige, ha attaccato i Biturigi che esitavano a unirsi alla ribellione, gli Edui si sono rifiutati di aiutare i loro alleati» spiegò Trebonio. «E adesso è proprio Lutterio, che ha portato dalla sua parte anche gli Arverni e i Ruteni, a preoccuparci di più. È il suo esercito che sta cercando di invadere la Provincia Narbonense.»

Cesare cercò di ricostruire nella mente le carte della Gallia, che ormai consultava ogni giorno, e comprese che il problema da affrontare era molto più vasto del previsto. Le sue legioni erano disperse nei quartieri invernali, e se le avesse richiamate rischiava di farle finire in mille imboscate nei territori che i Galli conoscevano meglio di loro; d'altra parte, se avesse raggiunto lui le legioni, avrebbe subito la stessa sorte, persino con più accanimento da parte del nemico, vista la sua presenza.

«Questo Vercingetorige come combatte?» chiese, accorgendosi solo in quel momento di respirare con affanno; avevano affrontato una salita piuttosto impegnativa, oltre la quale gli esploratori avevano riferito che si apriva la valle che conduceva a Narbona, la loro meta.

«Sfrutta moltissimo la cavalleria» rispose Bruto. «La sta raccogliendo ovunque può, costringendo gli alleati a consegnare ostaggi per non disattendere le promesse.»

Cesare allargò un ghigno amaro. «Conosce bene la sua gente. Sa che i Galli sono propensi a tradire in qualsiasi momento.» Prese un lungo respiro, poi concluse: «D'accordo, prepariamoci allo scontro. È lui che voglio raggiungere il prima possibile. Tagliamo la testa al serpente e neutralizzeremo anche tutto il resto».

«Siamo quasi arrivati a Narbona» gli ricordò Irzio. «Come intendi procedere?»

«Prima di tutto rassicuriamo gli alleati» rispose Cesare accelerando il passo. «Predisponiamo guarnigioni presso i Ruteni, i Volci, i Tolosani, gli Arecomici e ovunque nei dintorni di Narbona, fino a cinquanta miglia di distanza.»

«Dobbiamo proteggere anche i confini con la Provincia» asserì Trebonio.

«Hai ragione» concordò Cesare. «Facciamo convergere tutti i rinforzi che stanno per arrivare dall'Italia nel territorio degli Elvi, al confine con gli Arverni. Non è da laggiù che proviene Vercingetorige?»

«Esatto» confermò Bruto.

«Bene, allora provvedete a far circolare le mie disposizioni. E se quel pazzo di Lutterio vuole provare a muoverci guerra, saremo pronti a riceverlo.»

Ai Galli bastò rendersi conto che Narbona e i territori della Provincia erano presidiati dalle legioni di Roma, tutte disposte favorevolmente su alture fortificate, per convincersi che sarebbe stata una follia provare ad avanzare ancora. Gli esploratori riferirono che Lutterio si era ritirato, disperdendo la sua cavalleria in diverse direzioni, soprattutto alla volta del territorio degli Arverni.

Cesare convocò un consiglio di guerra e osservò le mappe realizzate nel corso degli ultimi anni dai suoi esploratori, i soli di cui si fidava; aveva scoperto, infatti, che i Galli tendevano a nascondere vie e passaggi noti solo a loro, quando gli veniva chiesto di segnare i territori sulle mappe.

«Questa catena montuosa è sempre stata considerata una barriera naturale, difficile da attraversare» spiegò Considio indicando con il dito una forma serpeggiante che separava gli Elvi, il popolo a nord dei territori in cui si trovavano in quel momento, dagli Arverni, dove Vercingetorige stava facendo affluire truppe da tutta la Gallia. Cesare aveva capito di dover intervenire subito alla radice del problema, perché altrimenti ogni sua esitazione sarebbe stata interpretata come un segno di debolezza.

«Per aggirarla ci vorranno giorni» protestò Irzio. «Non abbiamo tutto questo tempo, dobbiamo colpire subito!»

Cesare scrutò la mappa e lesse il nome tracciato con caratteri sicuri dal luogotenente, che si stava occupando anche del continuo aggiornamento delle carte. Quella catena montuosa si chiamava Cebenna, e si ergeva come una sorta di muraglia naturale capace di bloccare qualsiasi tentativo di cogliere gli Arverni di sorpresa, almeno da sud.

«Sarebbe complicato passare per quei valichi con un solo uomo, figurarsi con un esercito» commentò Bruto, nervoso. Forse pensava alla sua cavalleria, che fra i passi montani incontrava sempre grandi difficoltà.

«Siamo in pieno inverno» aggiunse Considio, «e mi hanno riferito che sta nevicando da parecchi giorni. La neve arriva fino a sei piedi di altezza, in certi punti.»

Cesare restò per un po' in silenzio a osservare la mappa, poi prese la sua decisione.

«Mandiamo avanti delle squadre» disse. «Tutti uomini robusti, temprati alla fatica. Li guiderà Bibaculo, e si dovranno occupare di aprire dei passaggi fra la neve per l'esercito, seguendo le indicazioni degli esploratori.» Scrutò Considio, e questi annuì con un cenno del capo. «Ci metteremo molto tempo, lo so» aggiunse per stroncare sul nascere eventuali obiezioni, «ma non sappiamo di quale esercito disponga Vercingetorige, e dunque dobbiamo sfruttare il fattore sorpresa per attaccarlo quando meno se lo aspetta, arrivando dalla direzione meno probabile.»

«Non siamo certi che Vercingetorige sia laggiù» si intromise Trebonio. «Alcuni prigionieri sostengono che sia fra i Biturigi, a reclutare armati.»

«Poco importa» ribatté Cesare. «Quando saremo nel suo territorio dovrà scegliere: abbandonare la sua gente oppure affrontarci. Nel frattempo, in attesa di capire cosa vorrà fare, noi diffonderemo il panico, occuperemo le alture più favorevoli e costruiremo fortificazioni.»

«Potrebbe rifugiarsi a Gergovia» intervenne Considio indicando la città sulla mappa. «È una roccaforte abbastanza grande.»

«Oppure potrebbe arrivare e limitarsi a mostrare i muscoli» obiettò Irzio. «Da quello che ho capito, questo Vercingetorige è scaltro, e non attacca con il sangue agli occhi non appena vede le nostre loriche. Se intuisse che siamo disposti in modo favorevole e che lo aspettiamo, potrebbe fermarsi e radunare altre truppe, rinforzandosi e al contempo tenendoci d'occhio. Magari mentre in altre parti della Gallia la sollevazione si espande.»

«Non gliene daremo la possibilità» assicurò Cesare battendo una mano sulla mappa. «Agiremo in questo modo: una volta attraversata la catena montuosa, Decimo Bruto resterà nel territorio degli Arverni seminando il panico con la cavalleria, per attirare Vercingetorige. Io mi recherò a Vienna a tappe forzate, dove ci attendono altri cavalieri, e da lì raggiungeremo il territorio dei Lingoni, dove svernano due legioni, passando attraverso quello degli Edui.»

«Sarà una marcia massacrante» provò a obiettare Irzio. «E poi sei sicuro di poterti fidare degli Edui?»

«Agiremo rapidamente, viaggiando anche di notte, pronti a

qualsiasi inganno da parte loro» rispose Cesare. «Non c'è nessun popolo, fra i Galli, che goda della mia piena fiducia, a parte forse i Remi. In ogni caso, se la manovra riuscirà potremo far convergere lì anche le altre legioni dai quartieri invernali, e avere abbastanza uomini per affrontare Vercingetorige.»

«Ma sarà un grosso rischio» intervenne Trebonio. «Se concentri tutte le legioni in un solo accampamento dovrai trascorrere lì l'inverno, lasciando i Galli che ancora ci sono fedeli alla mercé di Vercingetorige.»

«Se però facciamo muovere le legioni» ribatté subito Irzio, «rischiamo di avere grosse difficoltà con gli approvvigionamenti.»

I due andarono avanti a discutere per un po', ma Cesare aveva già cessato di ascoltarli. Fissava la mappa, cercando di capire come fare a sorprendere un condottiero che, per la prima volta da quando si trovava in Gallia, si comportava diversamente dai suoi simili: Vercingetorige non si lasciava ingannare da prede apparentemente facili, né smaniava dal desiderio di dimostrare a tutti quanto fosse valoroso. Procedeva cambiando strategia con rapidità, cercando di assumere posizioni di vantaggio anche quando poteva contare su un esercito più numeroso del suo. Era astuto, e di certo non si sarebbe lasciato attirare agli acquartieramenti invernali, dove tutte le legioni sarebbero state pronte ad accoglierlo, al riparo dietro le fortificazioni. Provò a pensare a che cosa avrebbe fatto lui, se fosse stato nei panni di Vercingetorige, e la risposta gli arrivò subito, chiara come se fosse stata scritta sulla cera.

«Quando saprà delle nostre manovre, Vercingetorige tornerà indietro e assedierà i nostri alleati, potendo contare sul fatto che ci siamo attestati lontano da lui» disse. Mosse la mano sulla mappa. «Secondo voi dove andrà?»

Si chinarono tutti sulla pergamena, poi Trebonio puntò il dito con una certa determinazione, dimostrando acume.

«Fossi in lui tornerei fra i Biturigi, raccoglierei tutte le forze disponibili e poi andrei qui, a Gorgobina, roccaforte dei Boi, che può disporre di un nostro presidio, dopo la guerra con gli Elvezi.»

Prima che Irzio potesse ribattere solo per antipatia nei confronti del suo rivale, Cesare disse: «Concordo con te. In questo modo non avrebbe alle spalle una possibile minaccia, qualora dovessimo scontrarci per una battaglia».

«E dunque cosa intendi fare?» gli chiese Irzio, accigliato.

«Proprio come ho già detto. Ma quando avremo radunato le legioni non resteremo in attesa di Vercingetorige e porteremo aiuto ai Boi. Si dovrà sapere in tutta la Gallia che Cesare non lascia indifesi i suoi alleati.»

«Prima, però, dovremo occuparci di Vellaunoduno, la città fortificata dei Senoni» aggiunse Trebonio, la cui mente scaltra sembrava seguire gli stessi sentieri della sua.

«Naturalmente» confermò Cesare. «Anche noi dobbiamo evitare di lasciarci un possibile nemico alle spalle, in caso di contatto con Vercingetorige. Assedieremo la città e costringeremo i Senoni ad arrendersi. Poi, in cambio di grano e di tutto ciò che ci servirà, oltre a un numero di ostaggi sufficiente a garantirci che non ci tradiscano, tarperemo le ali all'altro pericolo che potrebbe spuntare all'improvviso a dare manforte a Vercingetorige.»

Tacque, e fissò Trebonio per capire quanto fosse capace di prevedere le mosse dei loro avversari, come era in grado di fare lui, ma quando lo vide scrutare incerto la mappa puntò il dito verso Cenabo, la roccaforte dei Carnuti, che si trovava a ovest rispetto ai Senoni.

«Mentre tu, Trebonio, resterai presso i Senoni a garantire che i nostri ordini vengano eseguiti» spiegò, «io partirò con due legioni per far cadere Cenabo, che non ha fortificazioni capaci di resistere a un attacco improvviso. A quel punto, Vercingetorige sarà isolato dai suoi alleati a nord e a ovest, e non credo vorrà perdere tempo indugiando presso i Boi. Toglierà l'assedio a Gorgobina e si dirigerà verso di noi.»

«Come puoi dirlo?» chiese Irzio a disagio. Quando non era del tutto d'accordo con Cesare arrossiva, e una vena gli pulsava sulla tempia. «Ti sei spinto troppo in là, non possiamo sapere che cosa accadrà davvero. Non abbiamo nemmeno affrontato quelle maledette montagne cariche di neve!»

Cesare sorrise e gli diede una pacca sulla spalla. «Vedrai che farà come ho detto. Vercingetorige è una risorsa preziosa per i Galli, perché non pensa come loro, non agisce come loro. Ma io credo di capire le sue intenzioni, come ritiene di avere ragione di Roma senza lasciar massacrare i suoi uomini.»

«Cioè?» gli chiese Irzio. «Perché non lo spieghi anche a noi?»

«Perché un comandante in capo è più che sufficiente per condurre un esercito» rispose col sorriso sulle labbra ma con un tono duro che non ammetteva repliche. «E quel comandante sono io.»

Detto questo si rivolse a Considio e a Trebonio. «Facciamo una cosa per volta. Preparate gli esploratori e le squadre che apriranno una via fra le montagne, e spiegate a Bibaculo quello che vogliamo. Non ho dubbi che riusciranno a garantirci il passaggio, così magari potremo cogliere di sorpresa gli Arverni, al punto che lo scontro con Vercingetorige avverrà prima del previsto.»

Tutti annuirono. Dopo che si furono allontanati, Cesare pensò che l'ultima ipotesi che aveva formulato era la meno probabile. No, Vercingetorige avrebbe agito nel modo che lui aveva immaginato. Così, un passo dopo l'altro, lo avrebbe messo con le spalle al muro, costringendolo a un confronto da cui non avrebbe avuto scampo.

37

Avarico
Territorio dei Biturigi
52 a.C., marzo

Alla fine era accaduto tutto secondo le previsioni di Cesare. Eppure non era bastata la resa di roccaforti come Vellaunoduno, Cenabo e Novioduno per convincere Vercingetorige ad abbandonare gli indugi e, spinto dalle proteste e dal timore dei capi delle tribù in rivolta, raggiungerlo per combattere in campo aperto.

Quell'uomo era giovane ma scaltro, e non si lasciava trascinare dalle sciocche emozioni che di solito governavano gli animi dei Galli: vendetta, desiderio di rivalsa, avidità, volontà di mettersi in mostra.

Le spie che Cesare aveva tra gli Arverni avevano riferito che Vercingetorige aveva convocato un'assemblea segreta, in una località protetta dai più potenti fra i loro druidi, e lì aveva convinto tutti non solo a dargli ancora fiducia, ma che la guerra doveva essere condotta in un modo completamente diverso da come erano abituati. Solo così avrebbero potuto ottenere dei risultati.

«Quali sarebbero questi metodi?» aveva chiesto Irzio quando Cesare aveva riferito al consiglio di guerra ciò che era stato riportato dalle spie.

«Ha spiegato ai Galli che il solo modo per fermarci e metterci in difficoltà, più che combatterci, è fare terra bruciata intorno a noi» spiegò Cesare con una certa inquietudine. Aveva capito che Vercingetorige ragionava con intelligenza, e l'acume era una dote che valeva più di mille abilità, durante una guerra.

«Intendono attaccare i nostri alleati?» chiese Lucio Roscio Fabato, al comando della Tredicesima legione.

«Hanno un gran numero di cavalieri, e la stagione fredda è dalla loro parte» provò a elencare Cesare, che in cuor suo sentiva di ammirare la strategia proposta dal re dei Galli. «Non c'è grano da tagliare, non serve bruciare i campi. Parlava in senso metaforico. Quello che però possono fare è privarci di tutte le fonti di sostentamento, così da prenderci per fame. Non possiamo sfamare le legioni solo con la caccia.»

«E come potrebbero mettere in atto un simile piano?» chiese Gaio Regino Antistio, che Cesare aveva posto al comando dell'Undicesima legione. «Ci sono decine di città e migliaia di villaggi da saccheggiare per procurarci ciò di cui abbiamo bisogno.»

«È proprio questo il piano di Vercingetorige» ribatté Cesare, irritato dal fatto che i suoi luogotenenti non riuscissero a comprendere. «Ha ordinato di bruciare i villaggi e tutti i casolari nelle campagne, nel raggio di diverse miglia intorno ai nostri accampamenti. E non si è fermato neppure di fronte alle città, facendo radere al suolo tutte quelle che non possiedono un sistema di difesa abbastanza sicuro da poter resistere ai nostri assalti. È così che intendono privarci del sostentamento per le legioni, e se attueranno questi propositi ci riusciranno di sicuro.»

Per un momento nella tenda di comando scese un silenzio grave, mentre tutti rimuginavano sulle sue parole. Poi Cesare diede un pugno sul tavolo e li fece sussultare.

«Una sola città si è opposta agli ordini di Vercingetorige, chiedendo di essere risparmiata» rivelò. Aveva tenuto quell'informazione per ultima, nella speranza che qualcuno potesse chiedergli se c'era una via d'uscita da quella situazione, ma nel silenzio generale la rabbia aveva preso il sopravvento sul disgusto. «Non avete ancora capito quale?»

Si diffuse un mormorio sorpreso, poi Irzio bevve un sorso di vino e disse, con un mezzo grugnito: «Avarico, ovviamente. Per questo ci hai trascinato fin qui a tappe forzate, senza mai dare l'impressione di voler fronteggiare Vercingetorige».

«Perché non ci avrebbe mai affrontato» cercò di fargli capire Cesare. All'improvviso aveva l'impressione di essere circondato da incapaci; anche i suoi uomini più fedeli si limitavano a seguirlo ovunque li portasse, senza fare domande e senza cercare di prevedere le sue mosse. Possibile che nessuno avesse la capacità di guardare un po' più in là rispetto al proprio naso? «Adesso ha accampato il suo esercito a sedici miglia da qui, a nord delle paludi che circondano la città, e probabilmente aspetta di capire le nostre intenzioni.»

Irzio lo fissò stringendo gli occhi. «Vuoi assediare Avarico?»

«Sarà difficile, e patiremo la mancanza di cibo» rispose Cesare rivolgendosi a tutti, perché fosse chiaro ciò che aveva in mente. «Ma è il solo modo che abbiamo per ottenere risultati. Se Vercingetorige non attaccherà e si limiterà a verificare quanto possa resistere Avarico, magari sperando che durante l'assedio le nostre forze si assottiglino per i combattimenti e per la mancanza di cibo...»

«Noi prenderemo la città e avremo la possibilità di accumulare scorte in attesa dell'estate, quando il grano nei campi ci fornirà tutto quello di cui abbiamo bisogno» completò per lui Irzio.

«Esatto» annuì Cesare. «Ma restiamo sempre con gli occhi aperti, perché Vercingetorige potrebbe attaccarci senza preavviso, contando sul fattore sorpresa.»

«Se ci coglie mentre costruiamo le macchine da guerra e le fortificazioni...» obiettò Antistio.

«Non accadrà» garantì Cesare. «Considio ha già ricevuto istruzioni: i suoi uomini terranno costantemente sotto osservazione il campo nemico, e due coorti della riserva saranno pronte a fronteggiare un eventuale attacco, giorno e notte. Ma noi dobbiamo fare in fretta a penetrare in quella città, perché non so fino a quando potremo resistere senza cibo per tutti.»

«Non sarà un'impresa facile» concordò Irzio, spiegando sul tavolo la mappa della roccaforte dei Biturigi e dei terreni che la circondavano.

«La posizione di quella fortezza è ideale. Forse è per questo che i Biturigi hanno convinto Vercingetorige a non distruggerla, anzi a sfruttarla per impegnare le nostre truppe» spiegò Irzio. Aveva diverse tavolette con i disegni tracciati dai ricognitori che avevano perlustrato la zona, e le usava per descrivere il terreno su cui sorgeva la roccaforte.

«Questo è il fiume» disse Cesare battendoci sopra con il dito. «E queste cosa sono? Paludi?»

«Sì, praticamente la città è circondata da barriere naturali» confermò Irzio. «A nord c'è anche una foresta impenetrabile, che conduce ad altri rilievi impervi, difficili da scalare con l'esercito.»

«Quindi non c'è modo di aggirarla» concluse Cesare. Indicò l'unico punto che sembrava accessibile: «Resta questo passaggio a sudest. Quanto è largo?».

«Secondo Considio non ci passano più di dieci uomini affiancati.»

Cesare trattenne un'imprecazione. Adesso capiva perché Vercingetorige si era sistemato a distanza di sicurezza, pronto a studiare le sue mosse, in attesa del momento migliore per attaccarli.

«Non mi preoccupa l'assedio» grugnì, convinto per una volta di essere caduto lui in una sorta di trappola. «Ma la mancanza di cibo. Quanto potranno andare avanti i nostri?» L'ultima domanda l'aveva rivolta a Fabato, che si occupava di tenere aggiornate le stime delle vettovaglie, dell'acqua e del foraggio per gli animali.

Questi consultò alcune tavolette che aveva con sé, poi mentre una ruga profonda gli scavava la fronte rispose: «A ogni legionario serve almeno un'oncia di grano al giorno. Avrebbe bisogno anche di carne, formaggio e altri alimenti, ma se siamo in difficoltà può bastare il grano. Al momento ne abbiamo abbastanza per coprire circa venti giorni». Prima che Cesare potesse commentare, Fabato continuò: «Quello che davvero mi preoccupa sono gli animali. Non abbiamo abbastanza granaglie e foraggio per sfamarli tutti, e non so quanto saremo in grado di portarli al pascolo, vista la situazione».

Cesare annuì soppesando le parole del suo prefetto monetario. La situazione era preoccupante, ma non ancora tragica, soprattutto se fossero riusciti a ottenere rifornimenti dai loro alleati. L'importante, si disse, era che gli uomini non si lasciassero prendere dallo sconforto: sapeva che spesso la fame era in grado di abbattere il morale dei legionari più della vista di un esercito nemico.

«Degli animali potremo fare a meno» dichiarò sotto lo sguardo attento degli ufficiali. «Macelleremo tutti quelli necessari a sostentare gli uomini, che dovranno essere in grado di resistere il più a lungo possibile.»

«Sono addestrati per questo» intervenne una voce da un angolo della tenda. Cesare si voltò a scrutare Bibaculo. Il centurione primipilo aveva il diritto di partecipare al consiglio, ma non era un ufficiale, dunque avrebbe dovuto limitarsi ad ascoltare. Ma a lui interessava il parere di quel formidabile guerriero, che teneva sempre in gran conto.

«Per quanto tempo?» gli chiese, ben sapendo che nessuno conosceva i legionari meglio di Bibaculo.

«Quanto sarà necessario, Cesare» rispose convinto il centurione. «Ma se tu saprai infondere loro energie e coraggio, vedrai che ti sorprenderanno.»

Cesare annuì piano, prese un respiro e poi tornò a contemplare la mappa.

«Molto bene» disse, prendendo una decisione. «Inizieremo questa notte i lavori per le fortificazioni. Prima quelle esterne, con le torri di avvistamento per tenere d'occhio l'esercito di Vercingetorige. Poi i terrapieni sulla palude. E comunque mandiamo messaggeri ai Boi e agli Edui, perché provvedano a farci avere rifornimenti.»

«Non sarà facile farli passare» considerò Irzio, che ormai aveva assunto un ruolo preciso durante i raduni di guerra: doveva provare a considerare tutte le eventualità sfavorevoli a cui sarebbero andati incontro, perché Cesare avesse ben chiara la situazione.

«Lo so.» Cesare strinse i denti. «Ma dobbiamo provarci.»

«Quando arriveremo alle mura della città avremo un altro problema» intervenne Fabato. «Ho avuto modo di osservarle io stesso, seppure da una certa distanza, e mi sono sembrate imponenti.»

«Sono mura o palizzate?» chiese Cesare.

«Sono costruite con enormi travi piantate nel terreno a una distanza di due piedi l'una dall'altra, e nel mezzo vi sono ammassati enormi macigni, tutti saldati con fango indurito e paglia. Non so cosa ci sia dietro, nella parte interna della muraglia, ma credo abbiano dei terrapieni di sostegno che rendono impossibile abbattere quelle mura o incendiare le travi.»

«Troveremo il modo per scalarle, allora» ribatté Cesare, che cominciava a essere stanco. Doveva ancora riprendersi dalle marce estenuanti di quegli ultimi giorni e sentiva il bisogno di sdraiarsi. «Iniziate i lavori e fate costruire le torri d'assalto. Anche gli arieti, perché dovremo abbattere la porta della città, a qualunque costo.»

I suoi ufficiali annuirono, poi si batterono le braccia sul petto e lui li congedò. Una volta rimasto solo, chiese a Sarmete di preparargli un bagno caldo.

«Sistema una vasca anche per te» gli disse, cominciando a spogliarsi. «Saranno gli altri a lavarci e massaggiarci. Adesso ho bisogno di parlare un po' con te per schiarirmi le idee.»

«Ma io...» provò a protestare Sarmete, sconcertato.

«Tu cosa?» lo interruppe Cesare. «Credi che non possa rilassarmi un po' insieme a un mio liberto?»

Sarmete sgranò gli occhi, e Cesare sorrise. «Esatto» gli confermò. «Sei il mio più fidato servitore, ed è giunto il momento di premiarti. D'ora in avanti sarai libero, e sarai al mio servizio come liberto. Ti occuperai dei miei schiavi e dei miei servi, come hai sempre fatto, ma senza più avere l'obbligo di servirmi nelle mansioni più umili.»

Sarmete lo fissava con gli occhi lucidi, e Cesare sollevò una mano con aria severa.

«Non ti azzardare però a incaricare qualcun altro dei massaggi con l'olio» lo ammonì. «Quello sarà compito tuo.»

Sarmete scoppiò a ridere, forse per trattenere le lacrime che Cesare gli vide spuntare dalle palpebre, e corse via per dare le disposizioni ai servi.

I suoi uomini erano eccezionali. Cesare si rese conto che non avrebbe mai dovuto dimenticarlo: se era riuscito negli ultimi anni a ottenere i grandi successi celebrati in tutta la Repubblica, lo doveva a loro, allo spirito di sacrificio che mettevano in campo e alla fedeltà incondizionata che gli dimostravano.

Nei giorni precedenti, mentre li vedeva al lavoro giorno e notte, nonostante fossero stremati dai morsi della fame, si era aggirato fra di loro cercando di coglierne l'umore: sapeva che un buon comandante non poteva limitarsi a imporre sacrifici ai suoi uomini, doveva cercare di stimolarli, ma anche comprendere quando arrivava il momento di allentare le briglie e dare loro respiro.

Quando li aveva visti in difficoltà, era stato chiaro: se volevano rinunciare all'assedio, se preferivano fare ritorno ai quartieri invernali per rifocillarsi e riposarsi, in attesa che fosse il nemico a fare la prima mossa, li avrebbe ascoltati.

Ma se credevano in lui, se volevano continuare a concedergli fiducia, era disposto a combattere al loro fianco, e anche a morire insieme, se necessario. Nessuno aveva sollevato lamentele o proteste, nemmeno in sua assenza. Lo aveva saputo con certezza dai centurioni a lui più fedeli, che avevano tenuto d'occhio gli uomini per tutto il tempo. Le legioni erano compatte e schierate al suo fianco; stanche, forse, ai limiti della sopportazione, ma decise a seguirlo in quella nuova impresa.

E così, mentre la cavalleria respingeva le rare incursioni dei Galli inviati da Vercingetorige a provare la consistenza delle loro difese o a tenere lontani i loro animali dai pascoli, i lavori di costruzione dei terrapieni, delle torri d'assalto e delle tettoie protettive erano andati avanti a gran velocità, persino più di quanto Cesare avesse sperato.

Avvertito probabilmente da spie fra gli ausiliari galli della cavalleria romana, oppure spinto lui stesso dalla penuria di cibo per i suoi uomini, Vercingetorige aveva provato a compiere una sortita contro alcune coorti inviate a raccogliere foraggio, ma poi, forse comprendendo che i legionari non si sarebbero fatti trovare impreparati, aveva dato prova di quanto fosse diverso dai suoi compatrioti e aveva fatto attestare i suoi uomini sulla cima di una collina, pronto a ingaggiare battaglia da una posizione vantaggiosa, nel momento in cui le coorti avessero abbandonato le armi per impugnare gli attrezzi da lavoro.

Bibaculo e alcuni tribuni militari avevano chiesto di poter guidare l'assalto alle posizioni nemiche, ma Cesare non se l'era sentita di mettere a repentaglio la vita dei legionari per una vittoria effimera: Vercingetorige ne avrebbe solo approfittato per studiare le loro tattiche di combattimento e adottare contromisure nei prossimi scontri.

«Concentriamoci su Avarico» aveva detto ai suoi ufficiali. «La roccaforte è la chiave di tutto. Se la conquistiamo, niente riuscirà più a fermarci.»

Sapeva che non era proprio così, ma riteneva fondamentale dare una prova di forza ai Galli, e sfruttare le risorse di Avarico per far prendere fiato ai suoi uomini.

Quasi senza rendersene conto, il suo rifiuto di attaccare la collina su cui si era insediata la cavalleria di Vercingetorige aveva avuto un altro effetto importante: i legionari avevano capito quanto lui tenesse a loro, e da quel momento avevano raddoppiato gli sforzi per completare le fortificazioni e le macchine da guerra.

Adesso che l'attacco era cominciato, Cesare si rendeva conto che non c'era nulla di più potente dell'entusiasmo, per abbattere qualsiasi barriera. E i suoi legionari trasudavano rabbia ed entusiasmo da tutti i pori, mentre si lanciavano contro le possenti mura nemiche. Probabilmente spinti anche dall'idea del cibo su cui avrebbero potuto mettere le mani, una volta entrati in città, e del bottino che sarebbe spettato loro.

I Galli si difendevano con coraggio e con la consapevolezza di trovarsi in una posizione estremamente vantaggiosa, dall'alto delle loro possenti mura. Scagliavano sulle testuggini all'assalto e sulle tettoie protettive massi enormi, frecce, giavellotti e proiettili di ogni tipo, cercando di arrestare l'avanzata delle legioni. Cesare lasciava che fossero i tribuni, ma soprattutto i centurioni, a trasmettere gli ordini e a incitare gli uomini, ma non si faceva scrupolo di aggirarsi fra di loro, passando da una tettoia all'altra in mezzo ai proiettili che gli cadevano attorno, per sostenerli con la sua presenza. Furio Lavieno cercava di dissuaderlo, ma lui lo ignorava, perché riteneva fondamentale dare il proprio apporto in quell'inferno di sangue, sudore, ferro e grida da parte dei feriti che venivano trascinati via dagli ausiliari e dagli addetti ai servizi.

Per fortuna, nonostante la pioggia che da giorni si abbatteva incessante su di loro, il terrapieno che era stato costruito passo dopo passo, ammassando terra e pietre in una solida struttura realizzata con tronchi intrecciati, aveva resistito bene agli smottamenti e consentiva di muoversi con una certa stabilità. Ai lati del terrapieno le due torri d'assalto, protette da strati di pelli e reticoli di rami intrecciati, avanzavano di pari passo, spinte da decine di legionari.

La notte prima i Galli erano riusciti a sorprenderli di nuovo, sbucando all'improvviso da un cunicolo scavato sotto le loro mura e poi sotto il terrapieno, di cui si erano serviti per farne sprofondare una parte e appiccare incendi a un ariete e a una delle torri, ma poi erano stati costretti a ritirarsi e a richiudere subito la galleria, perché Cesare era già pronto a sfruttarla per penetrare nelle mura passando sottoterra.

«Facciamolo anche noi!» aveva esclamato Irzio dopo che una squadra era riuscita a ripristinare il terrapieno sprofondato. «Scaviamo dei tunnel e passiamo sotto quelle maledette mura!»

Cesare si era consultato con i carpentieri e con i suoi legionari più esperti nella realizzazione di fossati e fortificazioni, e aveva capito che i Galli erano maestri nell'arte di scavare cunicoli, ben più di quanto lo fossero mai stati loro, e che l'impresa non sarebbe stata possibile.

La discussione era stata troncata da un tentativo dei Galli di coglierli di sorpresa mentre spegnevano gli incendi e fermavano l'avanzata per ripristinare il terrapieno: erano usciti in forza dalle porte presidiate da arcieri e frombolieri, e la battaglia si era fatta cruenta.

Per fortuna Cesare aveva sempre dato per scontata l'imprevedibilità dei nemici, e aveva sempre fatto ruotare le legioni, alternandole fra i lavori di ripristino, il recupero delle forze nelle retrovie e l'attacco alla fortezza, e quando i Galli si erano scagliati su di loro, due legioni fresche ne avevano arginato l'assalto, dando il tempo ai compagni di abbandonare gli attrezzi da lavoro e unirsi ai combattimenti.

Spalleggiato da Lavieno e dai suoi uomini, lui stesso non si era risparmiato, intervenendo a dare supporto ai legionari della Decima che erano stati accerchiati da un gruppo di Galli inferociti. Nell'intensità dello scontro non avrebbe saputo dire se fossero state le sue capacità a salvarlo dagli attacchi dei nemici, oppure l'intervento di Lavieno, che non lo perdeva di vista un istante. Alla fine, ricoperto di sangue dalla testa ai piedi ma illeso, era riuscito a far ripiegare ordinatamente i suoi, evitando perdite più consistenti.

I combattimenti erano durati tutta la notte, arrivando fin sotto le mura della città, da dove i Galli non avevano smesso un istante di colpirli con sassi o enormi palle di sego incendiate, che rotolando diffondevano il panico fra i legionari fino a che, grazie alla pioggia incessante, non si spegnevano sollevando colonne di fumo.

Adesso, mentre l'alba colorava di toni accesi ciò che restava degli incendi e dei corpi ammassati a terra, Cesare ordinò di ritirarsi e di dare l'impressione che fosse arrivato il momento di riposare e occuparsi dei feriti.

«Manda quattro manipoli a nascondersi nei boschi» ordinò a Bibaculo. Poi si rivolse agli altri ufficiali, che stanchi e anneriti dal fumo e dal fuoco lo fissavano in attesa delle sue decisioni. «Gli uomini devono muoversi in modo indolente, e i feriti devono gridare più di quanto li spinga a fare il dolore che provano.» Puntò Irzio con un dito. «Fai preparare le torri d'assalto: gli uomini devono nascondersi dentro, e gli addetti alle tettoie e agli arieti devono stare pronti a intervenire. Voglio che si nascondano nei fossati, facendo attenzione a non farsi scorgere dal nemico.»

«Dobbiamo dare l'impressione che siamo rimasti in pochi e che siamo stremati» provò a interpretare Fabato.

«Esatto» confermò Cesare. «Non credo che il temporale cesserà, anzi sono sicuro che Giove è dalla nostra parte e lancerà fulmini possenti, che diffonderanno il terrore nei Galli. Quando la cortina di pioggia sarà abbastanza intensa, darò il segnale di attacco e li coglieremo di sorpresa.»

«Non potranno più usare le palle incendiarie» constatò Irzio. «Ma hanno ancora le falci sugli spalti, e quella strana tecnica per cui riescono con dei lacci ad afferrare le nostre e impedirci, dall'alto delle torri, di fare strage sui camminamenti.»

«Non cercheremo di eliminarli nel modo tradizionale» spiegò Cesare. «I nostri uomini balzeranno sugli spalti dall'alto delle torri. Devono essere agili, senza scudo e altri impedimenti, così da poter combattere come demoni comparsi all'improvviso dalla pioggia. Gli altri prepareranno le scale per risalire le mura, e tutti gli arieti colpiranno le porte nello stesso momento.»

«Ce la faremo!» ringhiò Bibaculo digrignando i denti, e nella piccola tenda di comando si levarono le grida di guerra degli ufficiali.

«Dite agli uomini che i primi che riusciranno a scavalcare le mura riceveranno una ricompensa» aggiunse Cesare. «Aprirò i forzieri della città e darò loro una parte del bottino che vi troveremo.»

Di quarantamila che si trovavano in città ne sopravvissero meno di mille.

Quella manciata di uomini, donne e vecchi che riuscì a scampare al massacro venne lasciata fuggire in modo che raggiungesse Vercingetorige e lo informasse di quanto era accaduto.

Dopo che l'attacco a sorpresa era scattato, approfittando del momento in cui la pioggia si era intensificata al punto da non consentire di guardare oltre il proprio braccio teso, gli uomini erano riusciti in breve tempo a impossessarsi delle mura, attaccando da ogni direzione.

Presi alla sprovvista, i Galli avevano cercato di difendere gli spalti, ma poi si erano resi conto che sarebbe stato inutile e si erano radunati in città, in una formazione a cuneo che si era frapposta alle legioni sciamate attraverso le porte, abbattute quasi nello stesso istante. Lo scontro era stato feroce e senza scampo per i Galli, che non erano abituati a combattere uomo contro uomo in formazione, senza l'ausilio dei cavalli.

Una volta schiantato il cuneo difensivo, i legionari erano tracimati e avevano battuto la città strada per strada, uccidendo chiunque si frapponesse al loro cammino. Cesare non aveva dato ordini specifici, lasciando che i suoi soldati fossero liberi di sfogare la rabbia e la fatica nel modo che più ritenevano giusto. Il saccheggio era avvenuto solo dopo che uomini, donne, vecchi e bambini erano stati passati a fil di spada, inseguendo coloro che cercavano di fuggire nelle paludi o nei boschi, e consentendo solo a uno sparuto gruppo di disperati di allontanarsi, dietro ordine diretto di Cesare, che voleva mandare un messaggio a Vercingetorige e ai traditori che lo seguivano.

«Adesso recuperiamo tutto il cibo che i Galli avranno nascosto in città e accumuliamo il bottino, poi prepariamoci alle prossime mosse» disse a Irzio mentre scrutavano l'orizzonte dagli spalti di Avarico.

«Non credi che Vercingetorige attaccherà?» gli chiese il suo legato.

Cesare aprì un ghigno carico di disprezzo. «Dubito che riuscirà a restare al comando anche questa volta» rispose. «Dovrà rispondere ai Galli della sconfitta subita. D'altra parte non credo che attaccarci sia la sua priorità, in questo momento. Non ha fatto altro che studiarci a distanza.»

«In ogni caso, se lo facesse abbiamo questa fortezza a difenderci» disse Irzio. «Loro non saprebbero come assaltare mura così possenti!»

Cesare si unì al suo buonumore e finalmente riuscì a rilassare le spalle contratte.

Avevano vinto una battaglia, ma la guerra era ancora lunga, e lui lo sapeva bene. Adesso avrebbe dovuto capire dalle spie che aveva presso i Galli che cosa avrebbero deciso gli altri capi sulla sorte di Vercingetorige. Si augurò che quegli stolti lo sollevassero dal comando, perché in questo modo lui, più di tutti, ne avrebbe beneficiato.

«Ti vedo nervoso, Cesare. Che cosa non ti convince?»

Sarmete gli stava massaggiando le spalle con l'olio, ma, nonostante i benefici di quel tocco sublime, lui non riusciva a far tacere la sua mente, che continuava a immaginare gli sviluppi futuri del conflitto.

Le spie avevano riferito che Vercingetorige non solo non era stato deposto dal comando, ma dopo aver convinto i capi dei Galli che quanto accaduto era dovuto all'arroganza dei Biturigi, che avevano pensato di poter resistere a Roma solo perché avevano una robusta palizzata a difenderli, aveva ottenuto il loro pieno sostegno; solo con le tattiche che lui proponeva la loro gente avrebbe potuto raccogliere consensi in tutta la Gallia e opporsi ai Romani con strategie vincenti. Poco importava che non fossero quelle con cui erano abituati a combattere; l'importante era sconfiggere Roma e riconquistare la libertà.

«Abbiamo perso fin troppo tempo, in questa città» rispose, sfruttando la presenza di Sarmete per esporre a voce alta ciò che lo preoccupava. «Ormai gli uomini si sono riposati, i feriti ristabiliti e i carri sono carichi di vettovaglie. Dobbiamo muoverci, tornare a incalzare Vercingetorige prima che il suo esercito diventi troppo grande.»

Sarmete gli affondò i pollici nella parte alta delle spalle, che gli doleva da diversi giorni, e per un attimo a Cesare mancò il fiato. Ma poi il movimento concentrico delle dita dissipò il dolore e diffuse una sensazione di piacere che gli fece chiudere gli occhi.

«Ho sentito che sta reclutando uomini da tutta la Gallia» disse il liberto parlando piano, quasi seguisse con la voce il ritmo delle dita. «Persino Ollovicone, re dei Niziobrogi. Non era stato suo padre a ricevere l'onore dell'amicizia dal Senato?»

Cesare si trattenne dall'imprecare, ma al solo pensiero tutta la muscolatura della schiena tornò a irrigidirsi.

«I Galli non riescono a rinunciare alla loro propensione al tradimento» sibilò. «Per questo dobbiamo partire. Vercingetorige sta ammassando truppe nella roccaforte degli Arverni, Gergovia, e noi dobbiamo raggiungerlo prima che riempia la valle di soldati e cavalieri.»

«E quella faccenda degli Edui?» lo incalzò Sarmete, consapevole che il suo compito fosse stimolarlo a dare voce a tutti i suoi crucci, per alleggerirlo del fardello che gli pesava nella mente e sulle spalle. «Hai detto ai loro ambasciatori che interverrai per risolvere la questione.»

Cesare si sollevò sui gomiti e fissò il liberto. «Quando faccio questi incontri sei quasi invisibile, ma vedo che ascolti con attenzione.»

Sarmete si strinse nelle spalle e lo spinse giù, affondando di nuovo le dita nei muscoli contratti. «Se non mi vuoi durante i tuoi consigli di guerra non hai che da dirmelo» gli fece notare.

Cesare sbuffò, ma non ribatté: sapeva che Sarmete aveva ragione. Lui lo voleva sempre attento e presente, perché era scaltro e più intelligente di quanto volesse fare intendere, e il suo parere gli era utile.

«Hai sentito qual è il problema, no? Secondo te come dovrei affrontarlo?» chiese.

«Non sono io lo stratega, il condottiero che ha conquistato la Gallia e la Britannia» rispose Sarmete senza sarcasmo o ironia ma forse con una leggera nota di accusa nella voce. «Come pretendi che possa stabilire cos'è meglio fare? La contesa fra gli Edui è seria, e anche se ogni giorno di ritardo nell'affrontare Vercingetorige potrebbe essere deleterio per i risultati della guerra, non credo che lasciare nell'instabilità gli Edui sia una buona mossa.»

Cesare concordò. «Dovrò andare da loro» disse, rendendosi conto che in realtà aveva già preso quella decisione.

«Ma perché non sono venuti qui i loro capi?» chiese Sarmete.

«I magistrati supremi degli Edui non possono lasciare i confini del regno» gli spiegò Cesare. «Neppure per dirimere una contesa.»

«Altra cosa che non ho capito: il loro capo è uno solo, viene eletto dal popolo e dal loro Senato, o qualcosa di analogo. Dunque perché adesso ce ne sono due?»

«È questo che dovrei scoprire» rispose Cesare, mentre il nervosismo tornava a crescere dentro di lui. Doveva perdere tempo con quella contesa, e per qualche motivo aveva l'impressione che fosse solo un trucco messo in atto dagli Edui per tenerlo lontano da Vercingetorige, mentre quel bastardo ampliava il suo esercito.

«Dunque andrai a Decezia?» gli chiese Sarmete, prendendo un panno pulito per pulirgli il corpo dall'olio in eccesso.

«I due magistrati che si contendono il comando, Coto e Convittolitavio, mi aspettano laggiù» rispose, rimuginando sulla possibilità di una trappola di qualche tipo. «Sono stati eletti entrambi, eppure ognuno sostiene che l'altro abbia operato illegalmente. Il popolo si sta già dividendo in fazioni, e conoscendo quella gente potrebbe scoppiare una guerra civile, se non si risolve la questione.»

«Credi ci sia lo zampino di Vercingetorige?» gli domandò Sarmete.

Cesare finalmente sorrise. «Devi essere un druido sotto mentite spoglie» lo accusò.

«Perché mai?» si finse sorpreso il liberto.

«Perché mi leggi nella mente, proprio come uno di quegli stregoni!»

Risero insieme, poi Cesare si alzò dal giaciglio e stirò le membra, che adesso sentiva meno rigide. Se avesse avuto la possibilità di immergersi in una vasca di acqua calda alle terme, magari con la compagnia di qualcuno che potesse occuparsi di soddisfare le sue voglie represse, sarebbe stato l'ideale. Ma Sarmete gli aveva posto una domanda fondamentale, e non poteva ignorarla.

«Non lo so se c'è di mezzo Vercingetorige» rispose. «Se però così fosse, significa che gli Edui sono pronti a tradirci non appena ne avranno l'occasione.»

Sarmete restò in silenzio, e tutta la gravità della situazione tornò a pesare sulle spalle di Cesare come un macigno.

38

Fiume Elavere
Territorio degli Arverni
52 a.C., aprile

«Com'è possibile che le acque siano così tumultuose?» chiese Antistio scrutando il fiume Elavere, che scorreva impetuoso come una barriera naturale scavata nel terreno fra il loro esercito, che procedeva sulla sponda nord, e quello di Vercingetorige, che li seguiva a poche miglia di distanza sul versante sud. Gergovia, la roccaforte degli Arverni, non era troppo lontana, ma i Galli avevano tagliato tutti i ponti sul fiume, e guadarlo sembrava impossibile.

«Resterà così fino all'autunno» rispose Considio, che aveva mandato i suoi esploratori a cercare un possibile guado e a interrogare chiunque abitasse nelle vicinanze del fiume. «Il disgelo alimenterà l'Elavere per tutta l'estate.»

Cesare si guardò attorno, sfruttando il rilievo su cui era riuscito ad arrampicarsi insieme ad alcuni ufficiali e a Lavieno. Vercingetorige si manteneva con il suo esercito, o parte di esso, a una certa distanza, sufficiente a fare intendere che non li perdeva di vista e, nel contempo, celando il numero esatto delle forze di cui poteva disporre.

Ormai da due giorni procedevano lungo il fiume, avvicinandosi comunque a Gergovia ma senza che ci fosse la possibilità di allarmarla davvero, visto il gioco tra gatto e topo che Vercingetorige aveva messo in campo. Una strategia che lo rendeva molto temuto dai legionari, i quali cominciavano a mormorare e a chiedersi se non fosse uno spirito maligno, o forse uno di quei potenti druidi capaci di magie terrificanti.

Cesare sapeva di non poter arrestare quelle dicerie semplicemente ordinando agli uomini di smetterla di fare i codardi;

avrebbe dovuto dimostrare loro non solo che Vercingetorige non era un guerriero più forte e sagace del loro comandante, ma nemmeno il mago dei cui poteri soprannaturali cominciavano ad avere paura.

Si soffermò a studiare il troncone di ponte rimasto in piedi a meno di mezzo miglio più a sud, tagliato in modo che, se avessero voluto, i Galli sarebbero riusciti a ripristinarlo in brevissimo tempo, mentre per loro restava del tutto inutilizzabile.

Una tattica intelligente, ma che forse si sarebbe ritorta contro lo stesso Vercingetorige, pensò Cesare trattenendo un sogghigno.

Verificò gli altri rilievi che scorrevano per miglia tutt'intorno, e comprese che le prime ricognizioni fatte dagli esploratori erano conformi alle sue aspettative. Quello era il luogo che stava cercando, e in cui avrebbe potuto mettere in atto la strategia a cui aveva pensato fin da quando aveva visto il primo di quei ponti tagliati a metà.

«Vedete quel bosco?» disse ai suoi ufficiali interrompendo le loro inutili discussioni su come attraversare il fiume. «Occupa quella piccola valle fra due colline, poi digrada a nord per diverse miglia.»

Gli occhi erano tutti puntati nella direzione da lui indicata, ma nessuno sembrava pronto a intuire cosa Cesare avesse in mente. Neppure Irzio, oppure il taciturno Labieno, che da quando lo aveva raggiunto con le sue legioni era sempre rimasto sulle sue, come se non gradisse l'idea di tornare sotto il suo diretto comando, dopo aver gestito in piena autonomia i quartieri invernali nel Nord della Gallia.

«Allestiamo il campo in parte all'esterno e in parte dentro il bosco» si decise a spiegare. «Poi questa notte manderemo due legioni dietro il versante di una delle colline, e le lasceremo nascoste lì insieme a tutte le attrezzature da costruzione. Non dovranno accendere fuochi, né rivelare in qualsiasi modo la loro presenza. Poi domani all'alba leveremo il campo e torneremo ad avanzare con le altre quattro legioni. Spiegate ai tribuni e ai centurioni che devono sgranare le coorti in modo da dare l'impressione che il nostro esercito sia intatto, esattamente come l'hanno visto finora.»

«Chi guiderà le due legioni che resteranno indietro?» chiese Labieno.

«Io» rispose Cesare. «Mentre voi distrarrete il nemico, portandolo a diverse miglia da qui, noi ci daremo da fare per ricostruire il ponte.» Indicò a braccio teso il moncone spruzzato dalle acque tumultuose del fiume. «Ho già consultato i carpentieri, e loro sostengono di poterlo ripristinare in mezza giornata.»

«Ma se Vercingetorige dovesse accorgersi del trucco?» intervenne Furio Lavieno, accigliato. «A quel punto dovremo difenderci con solo due legioni.» Ovviamente dava per scontata la propria presenza al fianco di Cesare.

«Questo non succederà» s'intromise Labieno. «Quando saremo a qualche miglio da qui fingeremo di provare a costruire un terrapieno con dei massi raccolti per strada, come se volessimo innalzare un nuovo ponte. Il nemico accorrerà in massa, pronto ad affrontarci per impedirci di guadare.»

«Molto bene» concordò Cesare, che avrebbe dato lui stesso quegli ordini, se Labieno non lo avesse preceduto. «A quel punto, quando avremo ricostruito il ponte e portato le due legioni dall'altra parte del fiume, per sicurezza ci attesteremo in formazione difensiva e manderemo un esploratore a segnalarvi di tornare indietro. Se Vercingetorige vorrà attaccare, capiremo se affrontarlo o ritirarci sull'altra sponda per unirci a voi.»

«Non attaccherà» sostenne Irzio. «Non ha mai avuto intenzione di sfidarci in campo aperto, altrimenti lo avrebbe già fatto.»

«Allora cosa vuole?» chiese Antistio, scuro in volto.

«Quando capirà che il fiume non può fermarci, porterà l'esercito a Gergovia e ci aspetterà lì» rispose Cesare. «E noi non perderemo l'occasione per annientarlo.»

Era andato tutto secondo i piani, e Cesare si era complimentato con i legionari che avevano affrontato le acque tumultuose dell'Elavere per ripristinare il ponte.

Dopo avere attraversato il fiume con le due legioni, gli uomini avevano allestito un campo fortificato in cui la porta posteriore, che guardava a est, era l'imbocco del ponte sul fiume, per potersi ritirare con rapidità qualora Vercingetorige li avesse attaccati.

Ma questo non solo non era accaduto, anzi quando Labieno aveva riportato indietro le altre quattro legioni i Galli li avevano seguiti per qualche miglio, poi erano scomparsi verso sud, in direzione di Gergovia, proprio come Cesare aveva immaginato.

«Ormai conosci bene il tuo nemico» si era complimentato con lui Irzio.

«Avrei preferito che ci avesse affrontato» aveva risposto Cesare, rendendosi conto che Vercingetorige era fin troppo assennato, per i suoi gusti. Gli mancava il difetto tipico dei Galli, ovvero l'istintiva propensione alla battaglia a tutti i costi, che era stato uno dei fattori principali su cui aveva basato le sue vittorie passate. Adesso, con quel nuovo comandante capace di evitare gli errori della sua gente, la situazione si complicava, e lui avrebbe dovuto mettere in campo strategie nuove.

Nella marcia di avvicinamento a Gergovia non aveva risparmiato la fatica ai suoi uomini, perché non voleva lasciare il tempo al nemico di prepararsi allo scontro, e quando i ricognitori avevano segnalato l'approssimarsi della città e le prime avanguardie della cavalleria di Vercingetorige, aveva mandato avanti Bruto con diverse ali ausiliarie e tutti i cavalieri germani a saggiare la propensione del nemico a ingaggiare battaglia.

Ma come sempre Vercingetorige aveva ceduto solo a una debole scaramuccia, per poi far ritirare i suoi uomini verso gli accampamenti fortificati predisposti tutt'intorno alla città.

«Quei cani hanno anche imparato a scavare fossati ed erigere palizzate» commentò Fabato con aria disgustata. «Voglio proprio vedere quanto resisteranno ai nostri assalti.»

«Non li sottovalutiamo» lo azzittì Cesare con un senso di fastidio. Fece ruotare un braccio per indicare l'orizzonte, al cui centro svettava la roccaforte di Gergovia. «Se guardate bene, vedrete che Vercingetorige ha schierato le truppe su tutti i rilievi disponibili, dalla montagna che circonda Gergovia fino alle colline che si estendono in ogni direzione. In caso di attacco, saremmo costretti a passare a valle, esponendoci ai loro tiri dall'alto.»

«Solo una collina mi è sembrata espugnabile» intervenne Considio. «La vedi laggiù, Cesare? Quella centrale, stretta e lunga, che in parte ostruisce la visuale di Gergovia e scivola a ovest fino alla montagna, costeggiata a est dal torrente che porta l'acqua in città. Per qualche motivo è presidiata da un contingente piuttosto modesto.»

«Se riuscissimo a impadronircene potremmo bloccare l'accesso alla città per gli approvvigionamenti e per l'acqua» constatò Labieno. «A quel punto Vercingetorige sarebbe costretto a scendere dai rilievi per attaccare.»

Cesare restò per un attimo a contemplare la collina indicata da Considio, che sembrava più bassa rispetto alle altre ma era in una posizione strategica, e prese una decisione.

«L'attaccheremo questa notte» ordinò. «Se riusciremo a conquistarla vi costruiremo un campo fortificato e lo sfrutteremo come caposaldo per il trasferimento delle truppe.»

«Ma come faremo a muoverci da un accampamento all'altro?» chiese Irzio. «Saremmo preda degli attacchi del nemico.»

Cesare rifletté per qualche istante sulla situazione, poi indicò il tratto che separava la collina su cui si trovavano in quel momento da quella che avevano intenzione di conquistare.

«La distanza non è troppo grande per costruire due fossati di protezione» spiegò. «Fateli abbastanza larghi perché i Galli non riescano a scavalcarli con i cavalli, e profondi da coprire gli uomini da ogni attacco con frecce o proiettili di altro tipo. Così potremo muoverci da un campo all'altro senza subire perdite.»

«Prima però dovremo conquistare quella collina» gli fece notare Labieno. «Forse dovremmo studiare una manovra diversiva, per darci la possibilità di attaccare senza essere visti e coglierli di sorpresa.»

«Occupatene tu» concluse Cesare facendo dietro front per recarsi alla tenda di comando. Lo aspettavano gli ambasciatori degli Edui, per riferire sulla contesa fra i loro capi che lui aveva creduto di avere risolto, ma che a quanto pareva creava ancora grossi problemi.

«Mi sembrava di essere stato chiaro» disse rivolto ai due galli che stavano in piedi di fronte a lui, accigliati e con le mani che sfioravano nervosamente l'elsa delle spade. Lavieno avrebbe voluto disarmarli, ma gli edui gli avevano spiegato che per loro sarebbe stato un disonore troppo grande, così Cesare si era assunto il rischio di trovarsi davanti quei due armati, anche se Lavieno e i suoi uomini erano disposti tutt'intorno. Avrebbe dovuto fidarsi di quel popolo che da tempo ormai dimostrava la sua fedeltà a Roma, ma dopo tanti anni trascorsi in Gallia sapeva che nessuno era degno di fiducia assoluta. «Coto è stato eletto a fronte di uno scambio di favori e di denaro, non con elezioni regolari» riprese, «dunque la massima magistratura spetta a Convittolitavio. Credevo aveste già agito in questo senso.»

«È stato un errore» rispose uno dei due in un pessimo latino. «Coto ti sarebbe stato fedele, invece Convittolitavio...»

«È un traditore e un uomo avido, e l'ha dimostrato subito» aggiunse l'altro, mentre la rabbia gli illividiva i lineamenti.

«Spiegatevi» intervenne Irzio, che annotava quanto riferivano i due. «Cos'è successo?»

I galli lo fissarono, poi a rispondere fu il primo, rivolto direttamente a Cesare. «Sappiamo che sta trattando con Litavicco, l'arverno, e con altre potenti famiglie fedeli a Vercingetorige.»

«L'hanno ricoperto d'oro» aggiunse il secondo. «E gli hanno detto che, senza l'appoggio degli Edui, per voi Romani sarebbe finita, perché non potreste più approvvigionarvi con regolarità, mentre combattete contro il re dei ribelli.»

Cesare restò a fissarli per un po', indeciso, poi chiese loro: «Quali sono i vostri nomi?».

Un po' sorpresi, i galli si scambiarono una veloce occhiata, poi il primo rispose: «Io sono Eporedorige, e in un primo momento ero dalla parte di Convittolitavio. Ma quando ho saputo del suo tradimento sono fuggito».

«Io sono Viridomaro» spiegò l'altro. «Parteggiavo per Coto, e quando ho capito quello che stava succedendo mi sono unito a Eporedorige per correre qui a riferire del tradimento.»

Ricordando di avere già sentito parlare di quei due, Cesare annuì. Capaci, come tutti i Galli, di abbandonare i loro capi al primo refolo di vento avverso. Non si sarebbe mai fidato di loro, ma in quel momento aveva bisogno che lavorassero per lui, per impedire che anche gli Edui seguissero l'esempio dei ribelli che si erano uniti a Vercingetorige.

«Litavicco ha distorto il significato della nostra fuga e ha fatto credere che siamo stati uccisi in una vostra imboscata» continuò Eporedorige, scrutandolo con occhi carichi di sospetto. «Adesso gli Edui sono pronti a seguirlo con un'armata, dietro ordine di Convittolitavio.»

«Litavicco li ha preceduti con diecimila fanti e ottocento cavalieri» aggiunse Viridomaro. «Credo si stia dirigendo da Vercingetorige.»

Cesare si sentì inondare dalla rabbia. Dunque quei cani traditori avevano già fatto la loro scelta, precipitandosi ad appoggiare il suo nemico. Fissò per un attimo Eporedorige e Viridomaro, poi realizzò che avrebbe dovuto agire in fretta, cercando di sfruttare quei due per risolvere la situazione. Quindi si rivolse a Irzio: «Convoca gli ufficiali. Voglio che Fabio resti qui con due legioni a completare le fortificazioni. Gli altri verranno con me. Dobbiamo intercettare l'esercito eduo prima che si unisca ai ribelli». Detto ciò si voltò verso i due galli. «Voi verrete con noi. Quando la vostra gente vedrà che siete vivi crederà alle vostre parole, e voi li indurrete a fermarsi e a tornare alle loro case.»

Non era ancora l'alba quando Labieno venne a riferire sull'attacco che era stato portato alla collina prospiciente.

«Il diversivo ha funzionato» disse versandosi del vino. Dalla terra che aveva sulle gambe e dal sangue che gli sporcava la lorica, era chiaro che non si era sottratto ai combattimenti. «Abbiamo attaccato su tre fronti diversi, prendendo alla sprovvista la loro cavalleria e uccidendone molti. Nel frattempo Gaio Fabio ha portato due manipoli sulla collina lasciata quasi incustodita dai Galli, ed è riuscito a conquistarla rapidamente.»

«Quanti dei nostri sono caduti?» gli chiese Cesare.

«Non più di una ventina» rispose Labieno dopo aver gustato un sorso di vino. «Quasi tutti fra le nuove reclute, nessun veterano.»

«Hai consolidato il presidio?»

«Una legione si sta occupando di scavare i fossati, mentre altre due hanno preso possesso della collina e stanno costruendo le fortificazioni.»

«Molto bene» annuì Cesare, soddisfatto per come stavano andando le cose. Se non fosse stato per quei maledetti Edui... Non poteva più rimandare la soluzione di quel problema, e adesso che il presidio era stato conquistato sarebbe partito con una certa tranquillità, consapevole che Fabio avrebbe continuato i lavori di fortificazione dei due accampamenti per metterli in sicurezza prima del suo ritorno.

«Fai preparare tutto» ordinò a Labieno nel congedarlo. «Partiremo all'alba.»

Avevano dovuto marciare per più di venticinque miglia a ritmo serrato, prima di riuscire a intercettare l'esercito degli Edui. Nel frattempo i cavalieri che aveva inviato a catturare Litavicco e gli altri ribelli avevano inseguito l'arverno decimandone la cavalleria, fino a quando era stato chiaro che non sarebbero riusciti a prenderlo; a quel punto erano tornati indietro per ricongiungersi a loro.

«Si è rifugiato a Gergovia» aveva rivelato Bruto, al comando della cavalleria. «Con lui c'erano poche centinaia di cavalieri, non di più.»

Cesare aveva annuito: almeno erano riusciti a evitare che Litavicco portasse altre migliaia di soldati a Vercingetorige.

Quando Eporedorige e Viridomaro si erano presentati ai comandanti degli Edui già schierati e pronti a combattere, era stato facile per loro spiegare in quale inganno fossero caduti, e Cesare aveva potuto risparmiare ai suoi una battaglia che avrebbe potuto costare troppe perdite, in vista dello scontro con Vercingetorige.

Dopo avere garantito che non avrebbe effettuato ritorsioni contro il popolo degli Edui, era stato costretto ad affidarli al comando di Eporedorige e Viridomaro per fare velocemente ritorno al campo di Gergovia, dove temeva che Vercingetorige avesse potuto approfittare della sua assenza per attaccare il presidio comandato da Gaio Fabio.

«Denunciate ai vostri il comportamento di Convittolitavio» si era raccomandato con i due galli. «È un traditore, e se gli Edui vogliono continuare a restare amici di Roma devono prendere provvedimenti contro di lui.»

«Potremmo restare qui a combattere con te» si era fatto avanti Eporedorige, e anche se gli era sembrato sincero, Cesare aveva capito che non poteva fidarsi. Aveva deciso così di prendere il massimo possibile da quella situazione, senza rischiare di compromettere la guerra.

«Lasciatemi diecimila dei vostri uomini, come rincalzo per le mie legioni» aveva proposto, e i due si erano subito occupati di scegliere i comandanti che avrebbero messo insieme quella piccola armata da affiancare al loro esercito.

Per quanto riguardava Convittolitavio, sapeva che le sue esortazioni sarebbero servite a ben poco, perché quell'uomo era stato eletto dal suo popolo e lui stesso aveva contribuito a certificare la legittimità della sua magistratura, ma non poteva risolvere personalmente la questione e doveva affidarsi a Eporedorige e Viridomaro, nella speranza che gli Edui non decidessero di lasciarsi convincere ancora una volta dalle lusinghe di Vercingetorige e dei suoi alleati.

Dopo avere aggregato i diecimila Edui, a tappe forzate avevano fatto ritorno verso Gergovia. Si trovavano solo a metà strada dagli accampamenti quando alcuni messaggeri inviati da Gaio Fabio li raggiunsero per ragguagliarli sulla situazione. Come aveva temuto, Vercingetorige si era accorto dell'allontanamento delle sue legioni e ne aveva subito approfittato per attaccare le fortificazioni romane.

«Abbiamo subito gravi perdite, Cesare!» disse il più anziano degli esploratori con aria preoccupata. «Quando siamo partiti Gaio Fabio incitava i nostri a resistere contro le ondate di attacchi!»

«I Galli si alternavano di continuo» aggiunse l'altro, più giovane e con una zazzera sporca di terra e polvere. «Avevano sempre forze fresche da opporre alle nostre, che da due giorni combattono ininterrottamente sugli spalti.»

«Dobbiamo raggiungerli al più presto» intervenne Irzio. «Se l'accampamento cade, Vercingetorige lo farà sapere a tutta la Gallia e non riusciremo più a fermare l'espandersi della rivolta.»

«Lo so bene» ringhiò Cesare, maledicendo gli Edui che lo avevano costretto a lasciare Fabio e due legioni in balia del nemico. «Fate preparare gli uomini! Marceremo anche di notte, ma domani prima dell'alba dobbiamo arrivare dai nostri!»

39

Gergovia
Territorio degli Arverni
52 a.C., aprile

La città li scrutava sorniona, arroccata sulla parte più impervia della collina che si ergeva come una piccola montagna, impossibile da aggirare o da scalare. Poteva solo essere presa d'assalto dall'unica direzione già individuata, presidiata da fortificazioni che assomigliavano fin troppo a quelle degli accampamenti romani.

«Siete stati bravi a resistere a quei cani» disse Fabato dando una sonora pacca sulle spalle di Gaio Fabio. «Peccato solo che si siano ritirati nelle loro tane, quando ci hanno visto arrivare.»

«Io non mi fido degli Edui» affermò Labieno guardando dalla parte opposta a quella in cui sorgeva Gergovia, come se si aspettasse di essere aggredito da tergo. «Più restiamo inchiodati qui, più i Galli avranno la possibilità di rafforzarsi e convincere gli Edui, e forse anche i Remi, che devono essere tutti coalizzati contro di noi.»

«I Remi non ci tradiranno» lo contraddisse Irzio, forse dando voce più a una speranza che a vera convinzione. «Ma riguardo agli Edui la penso come te.»

Si voltarono tutti verso Cesare, e lui dovette distogliere lo sguardo da una delle colline a est del torrente che costeggiava la montagna su cui sorgeva Gergovia.

«Ne sono consapevole» disse concordando con le loro preoccupazioni. «Ma non possiamo abbandonare la posizione adesso. Vercingetorige se ne farebbe vanto, diffondendo la voce che ci siamo spaventati.»

«Sono solo chiacchiere» sbuffò Fabato. «Possiamo sconfiggere chiunque cerchi di affrontarci.»

«Cominciamo a battere Vercingetorige» ribatté Irzio. «Sarebbe il modo migliore per mettere fine a tutto.»

Cesare si riempì i polmoni con l'aria fresca del mattino e riportò lo sguardo sulla collina che stava esaminando poco prima. Aveva l'impressione che gli stendardi dei Galli fossero diminuiti, e che non ci fosse più il movimento di truppe che aveva visto fino alla sera precedente. Era quasi come se il presidio su quella vetta fosse stato abbandonato, o comunque ridimensionato. Non poteva verificare se stesse accadendo lo stesso anche sugli altri rilievi controllati dai Galli, perché la sua vista non era più quella di un tempo, però all'improvviso si sentì prudere la nuca, ed ebbe la netta sensazione che un'opportunità si stesse presentando proprio quando ne aveva più bisogno.

«Considio» chiamò, facendo accorrere il comandante degli esploratori. «Vedi quella collina? A me sembra più sguarnita del solito. Non capisco perché, o se mi sto sbagliando.»

«Mando alcuni dei miei a controllare» lo rassicurò Considio.

Cesare si guardò attorno, avvertendo la pressione del presentimento che gli era nato nella mente.

«Non solo laggiù, mandali ovunque» ordinò al comandante degli esploratori. «Voglio sapere se i Galli si stanno muovendo o se stanno preparando qualcosa.»

«Arrivano ogni giorno disertori da Gergovia» gli ricordò Labieno. «Possiamo interrogarli per capire se sanno qualcosa. Uno dei miei centurioni saprebbe far parlare un uomo senza lingua.»

Cesare gli fece cenno di occuparsene, poi tornò a guardare la fortezza, che risaltava oscura e imponente sul fianco della montagna. «Nel frattempo dite agli uomini di tenersi pronti a qualsiasi evenienza» concluse rivolto ai suoi ufficiali.

«I disertori e i prigionieri sembrano confermare quello che hanno riferito i ricognitori» spiegò Labieno durante il consiglio di guerra indetto all'alba. «Stanno costruendo altre fortificazioni sul fianco est della montagna, là dove uno stretto declivio verso valle, con poca pendenza ma coperto dalla boscaglia, potrebbe darci l'opportunità di attaccare il fianco della città.»

Cesare lo fissò sorpreso. «Perché non ci eravamo accorti di quel passaggio?» chiese.

«Abbiamo subito delle perdite da quella parte» rispose Considio. «I miei ricognitori non sono riusciti a compiere tutti i rilievi necessari.»

«Però a quanto pare i Galli credono che ne siamo a conoscenza» continuò Labieno, «perché hanno portato laggiù molti uomini per fortificare la valle.»

«Oppure, semplicemente, temono che se chiudessimo anche quella via non avrebbero più la possibilità di garantire rifornimenti alla città» aggiunse Considio.

«E quindi avevo ragione? Hanno ridotto gli uomini sugli altri rilievi per concentrarli laggiù?»

«Non dappertutto» rispose Considio. «Hanno richiamato truppe solo da un paio di colline. Una è quella che avevi individuato tu, Cesare.»

Lui si morse un labbro. Forse la dea Fortuna si era ricordata di loro e gli stava dando un'opportunità.

«Attacchiamo quel presidio» decise. «Dobbiamo impossessarcene. A quel punto avremmo la possibilità di spianarci la strada per Gergovia, senza il problema di doverci coprire i fianchi.»

«Non sarà facile» obiettò Labieno. «Anche se sono rimasti in pochi, da lassù possono fare strage dei nostri.»

«Li coglieremo di sorpresa» ribatté Cesare. «Prepariamoci ad attaccare questa notte. Ho in mente alcuni diversivi che potrebbero aiutarci.»

«Chi sono quegli idioti?» gridò infuriato, brandendo la spada come per fare a pezzi un avversario. E di sicuro avrebbe ucciso con le sue mani quei legionari che si stavano arrampicando sulle mura della città, ignorando il suono delle tube e dei corni che imponevano la ritirata.

Solo la Decima legione si era arrestata al suo comando, ligia come sempre ai suoi ordini, mentre le altre, dopo essere riuscite a conquistare non uno solo, bensì tre accampamenti dei Galli sulle creste che fiancheggiavano la valle e conducevano a Gergovia, anziché obbedirgli avevano proseguito con impeto fino alle mura della città, e adesso la stavano prendendo d'assalto.

«Quello è Lucio Fabio, centurione dell'Ottava» gli rivelò Furio Lavieno. «E laggiù, a capo del manipolo che sta cercando di varcare quella porta, c'è Marco Petronio, uno dei nostri centurioni più esperti.»

Cesare osservò sgomento il disastro che si stava preannunciando. Eppure il suo piano era stato organizzato con cura, e tutto era sembrato andare proprio come aveva previsto.

Quella notte aveva fatto aggirare diverse ali di cavalleria in direzione della valle in cui i Galli stavano costruendo fortificazioni, chiedendo ai suoi di essere più rumorosi del solito, per dare l'impressione di grosse manovre in previsione di un attacco. Questo aveva costretto i Galli a spostare altri uomini da quella parte, lasciando sguarniti altri due colli vicini a quello che Cesare aveva già individuato come scarsamente difeso. La prospettiva che si era aperta era interessante: conquistare tutta la fila di colline che digradava fino al rilievo su cui era arroccata Gergovia, e poter così controllare tutto quel lato della valle in preparazione di un attacco che avrebbe potuto essere anticipato dal lancio di proiettili con le catapulte, con effetto devastante.

Quando era spuntata l'alba, Cesare aveva fatto muovere in

silenzio la legione che nottetempo si era trasferita al campo più piccolo, scivolando nei fossati protettivi che avevano scavato, e mentre altri ausiliari, mulattieri e addetti ai servizi, fra i quali anche qualche vero cavaliere, agghindati come reparti di cavalleria si aggiravano lungo le creste e le valli a ovest della città, dove Vercingetorige stava facendo costruire le sue fortificazioni, lui aveva dato l'ordine di attaccare.

Anche se i colli erano molto più sguarniti rispetto ai giorni precedenti, l'impresa non sarebbe stata facile, perché partivano da una posizione svantaggiata e dovevano inerpicarsi su pendii abbastanza ripidi, ma a garanzia della vittoria Cesare aveva inviato i diecimila edui che si erano aggregati al loro esercito sull'altro versante delle colline, dopo averli fatti nascondere nei boschi sottostanti durante la notte.

Quando l'attacco era finalmente partito, lui si era unito alla Decima e aveva dato di persona l'ordine di uscire allo scoperto e muoversi il più velocemente possibile.

«Fate attenzione» si era raccomandato con i tribuni e i centurioni riuniti prima della battaglia, «questa operazione deve servirci per conquistare una posizione di vantaggio nei confronti del nemico. Non dobbiamo dare inizio a una vera battaglia con Vercingetorige, né cercheremo di assaltare Gergovia. La Fortuna è dalla nostra parte, ci ha dato un'opportunità insperata, e noi dobbiamo coglierla. Quando farò suonare i corni per la ritirata, dovremo attestarci sulle colline cominciando subito a fortificare le posizioni che avremo conquistato.»

Nessuno aveva obiettato, e tutti erano sembrati consapevoli della bontà del suo piano. C'erano anche quei due centurioni, Lucio Fabio e Marco Petronio, dunque perché adesso assaltavano la città? Perché disattendevano gli ordini e cercavano di mettere in atto quella follia?

Frastornato, Cesare si guardò intorno. Si trovava sulla cresta più alta di una delle colline conquistate, da una posizione di favore che avrebbero dovuto iniziare a fortificare come tante formiche operose, invece... nonostante il suono delle tube e dei corni e le grida dei tribuni, tutte le sue legioni avevano coperto di slancio il tratto di non più di mille passi che le separava da Gergovia per assaltarne le mura.

Lui stesso non aveva immaginato che sarebbe stato così facile conquistare quelle colline, superando anche una muraglia alta più di un uomo che era stata eretta a protezione dei sentieri che conducevano alla sommità dei rilievi, e che poi andava a congiungersi con le mura di protezione della città. Ricordava di avere visto i Galli sorpresi ancora nel sonno, dopo che le loro sentinelle erano state abbattute senza difficoltà, e persino alcuni dei loro comandanti darsi alla fuga ancora mezzo nudi, dopo essere scampati per miracolo alla morte nelle loro tende. Fra questi era certo di avere intravisto Teutomato, il re dei Niziobrogi, che nella concitazione dell'assalto era riuscito ad abbattere un paio di legionari e a dileguarsi insieme a un manipolo dei suoi guerrieri.

Adesso, a parte gli uomini della Decima che stavano cercando di verificare i punti migliori in cui erigere le barricate e le torri di osservazione, tutti gli altri avevano seguito come un'onda carica di eccitazione gli uomini dell'Ottava e dell'Undicesima che per primi, forse spinti dall'entusiasmo per la facile vittoria, si erano diretti verso Gergovia.

«La città è sguarnita!» aveva sentito gridare da molti.

«Approfittiamone e facciamo bottino!» avevano esclamato altri, e nonostante il latrato dei corni, nessuno aveva eseguito gli ordini dei tribuni e Cesare era stato costretto a osservare sgomento quello che non avrebbe mai voluto che accadesse.

«Cesare, cosa facciamo?» lo riscosse Furio Lavieno. «Gli spalti si stanno gremendo di nemici, e presto il grosso delle forze di Vercingetorige se ne accorgerà.»

Cesare non rispose. Ormai non c'era più nulla da fare: l'attacco a Gergovia era partito. Adesso doveva cercare di evitare la disfatta.

La battaglia sotto le mura della città infuriava senza sosta, e mentre Cesare osservava l'evolversi della situazione, tenendo gli uomini della Decima nelle retrovie per farli avanzare nel caso in cui i Galli avessero sfondato, vide che dietro la cavalleria di Vercingetorige, arrivata di corsa dal lato opposto della valle dove si era concentrata grazie alle sue manovre diversive, adesso stavano affluendo forze fresche che andavano a ingrossare le fila dei difensori formando una barriera insormontabile.

Dall'alto delle mura, arcieri e frombolieri non smettevano di bersagliare i legionari, costretti a tenere alti gli scudi per difendersi dai proiettili.

Vedendo che sul fianco destro alcuni reparti della Tredicesima stavano cedendo alla spinta del nemico, si decise a ordinare delle contromisure per limitare i danni, dato che ormai considerava impossibile la conquista della città.

«Dove sono gli Edui?» gridò a Labieno, che lo aveva raggiunto per coordinarsi con lui insieme ad altri ufficiali.

«Se quei cani non ci hanno tradito, dovrebbero arrivare da ovest» rispose il luogotenente.

«Intanto facciamo qualcosa per arginare i Galli laggiù» gridò Cesare per farsi sentire sopra il frastuono delle armi e delle urla dei soldati. «Ordina a Tito Sestio di portare le sue coorti ai piedi della collina con il nostro secondo campo. Deve arginare i Galli qualora cercassero di sfondare da quella parte, così da coprirci i fianchi.»

Labieno annuì e si voltò a dare gli ordini ai suoi sottoposti.

«Cesare, ecco gli Edui!» lo richiamò Furio Lavieno indicando con il braccio teso.

Lui si voltò a guardare, sentendosi riempire da un fiotto di speranza. Se gli Edui eseguivano i suoi ordini forse c'era ancora la possibilità di...

«Che succede?» divampò la voce di Labieno, carica di rabbia. «Che cosa stanno facendo quegli idioti?»

Cesare sbatté le palpebre un paio di volte, prima di riuscire a mettere a fuoco. Gli Edui erano arrivati in massa, ma anziché caricare di coraggio e nuove energie i legionari, il caos si propagò come scosse di terremoto nelle legioni schierate.

«Credono siano uomini di Vercingetorige!» comprese all'improvviso, vedendo interi manipoli sfaldarsi per sfuggire a quella che pensavano fosse una carica dei Galli sui fianchi.

Cesare aveva chiesto agli Edui, che avevano un abbigliamento e armi simili a quelli degli uomini di Vercingetorige, di lasciare libera la spalla destra, strappando le vesti per denudarla come segno di riconoscimento, ma a quanto pareva, nella concitazione della battaglia e nella difficoltà di tenere testa al nemico, molti legionari si erano confusi e si erano fatti cogliere dal panico, e adesso stavano abbandonando le posizioni.

«Ritiriamoci!» gridò Cesare quando ebbe la netta percezione del disastro che si stava per compiere. «Decima, con me!» chiamò poi, correndo in avanti per disporre i suoi veterani a difesa dell'assalto che i Galli avrebbero portato per inseguire i legionari in fuga e abbatterne il più possibile. Dovevano fermarli prima che tracimassero e, sullo slancio, arrivassero a mettere a ferro e fuoco i loro accampamenti. Se questo fosse accaduto, la disfatta sarebbe stata completa, e l'ignominia sarebbe caduta su di lui e su Roma.

«Serrate le file, tenete le posizioni!» urlò brandendo la spada, deciso a combattere e morire sul campo, piuttosto che accettare la vergogna della sconfitta. Furio Lavieno lo circondò con gli uomini della scorta, e mentre i legionari in fuga passavano tra le linee mobili della Decima schierata in assetto difensivo, lui pensò con rabbia al ghigno soddisfatto che Vercingetorige di sicuro stava sfoderando mentre li osservava dagli spalti di Gergovia.

L'impatto con i Galli lanciati all'inseguimento fu devastante, soprattutto per il nemico, che non si era aspettato di trovarsi di fronte quel muro compatto di legionari protetti dagli scudi ben piantati a terra e con le lance protese in avanti. Molti restarono impalati sulle picche prima ancora di rendersene conto, e quando ci fu il contatto con la prima linea della Decima, Cesare osservò con un misto di paura e di esaltazione le manovre dei suoi uomini, che in assoluto silenzio contrastavano l'aggressività dei Galli posizionandosi a due a due, il primo con lo scudo proteso per bloccare i nemici, il secondo che da dietro affondava la spada per farne strage.

La prima carica venne arginata senza perdite da parte della Decima, ma i Galli incalzavano, e presto la pressione sarebbe diventata insostenibile.

«Retrocediamo!» gridò Cesare, e i manipoli si predisposero a ruotare su se stessi dopo aver fatto un paio di passi all'indietro, per arretrare opponendo sempre forze fresche agli assalti del nemico.

All'improvviso sul fianco destro del loro schieramento esplosero delle grida, e Cesare vide accorrere le insegne delle coorti della Tredicesima agli ordini di Tito Sestio, che lui aveva fatto disporre a protezione del loro secondo accampamento, quello più piccolo.

«Serriamo e avanziamo!» ordinò subito ai tribuni, vedendo che l'intervento di Sestio aveva sorpreso i Galli, allentando la loro pressione.

La Decima si ricompattò e con grande rapidità riassunse le posizioni di difesa, tornando a incalzare i Galli che adesso sembravano confusi e meno propensi a continuare l'assalto.

«Cesare, siamo qui!» gli arrivò una voce alle spalle, e voltandosi si rese conto che i fuggitivi si erano ricompattati e, agli ordini di Labieno, si stavano schierando di nuovo intorno alle insegne dei reparti.

Finalmente una buona notizia!, pensò mentre si accorgeva che anche gli Edui, dopo un momento di sbandamento dovuto al fatto che si erano trovati di fronte dei romani pronti ad attaccarli, si erano disposti sul fianco sinistro dello schieramento.

«Retrocedere!» ordinò ai tribuni della Decima, e passo dopo passo anche i suoi veterani si integrarono con il resto delle legioni schierate in assetto difensivo. Furio gli fece segno che adesso potevano lasciare il comando ai tribuni e ai centurioni e lo costrinse a raggiungere le retrovie, dove Labieno, Fabato, Gaio Fabio e gli altri legati urlavano ordini per ristabilire la disposizione naturale delle coorti.

Mentre raggiungeva gli altri ufficiali, Cesare annuì soddisfatto: adesso lo schieramento pronto a ricevere i Galli era di nuovo quello che tutto il mondo temeva, e nonostante la posizione leggermente infossata nella valle, si sentiva di nuovo sicuro di poter vincere la battaglia, se Vercingetorige avesse provato ad attaccarlo.

«Si stanno ritirando!» sentì risuonare una voce sulla destra, da uno dei rilievi del campo secondario.

Senza esitare corse in quella direzione e salì fino a quando non riuscì ad avere una visuale completa del fronte di battaglia: ancora una volta Vercingetorige non sembrava disposto a giocarsi il tutto per tutto, neppure approfittando della posizione di vantaggio. I Galli retrocedevano senza dare le spalle, portando prima la cavalleria all'interno della roccaforte e poi tutti gli altri, con un ripiegamento ordinato che aveva ben poco da spartire con il disordine che di solito regnava tra le file di quei barbari.

Li sta addestrando bene, si ritrovò a pensare Cesare, consapevole che ormai la battaglia stava per concludersi. Restare lì non sarebbe servito a nulla, perché la roccaforte era difficilmente espugnabile, e dopo che si fosse sparsa la voce di come Vercingetorige aveva respinto le sue legioni, non dubitava che altre sollevazioni sarebbero divampate in tutta la Gallia, e lui non poteva rischiare di trovarsi accerchiato in quella valle, o che gli altri acquartieramenti lasciati quasi sguarniti diventassero preda di attacchi rovinosi.

Doveva tornare indietro e riportare l'ordine, cercando di capire dove raggiungere Vercingetorige per lo scontro finale.

«Torniamo nelle nostre fortificazioni!» ordinò a Labieno. «Presidiamo l'accampamento principale e facciamo il conto delle perdite. Domani all'alba voglio parlare con tutti gli ufficiali, i tribuni e i centurioni riuniti!»

Non appena si presentò all'adunata prevista per quella mattina, si accorse che era accaduto qualcosa di grave. I tribuni erano sulla sinistra, e il loro numero era più o meno lo stesso di sempre, circa una novantina; i centurioni, invece, schierati proprio di fronte a lui, avevano numerosi buchi nelle loro file. Mentre marciava avanti e indietro, scrutandoli come se volesse incenerirli con la sola forza dello sguardo, Cesare trattenne a stento un'imprecazione.

«Quanti uomini abbiamo perso?» chiese a Labieno, che come suo secondo in comando aveva già consultato tutti gli ufficiali, i centurioni e i decurioni per fare la stima delle perdite.

«Poco più di seicento» rispose Labieno, scuro in volto. «Ma abbiamo un centinaio di feriti gravi, non so quanti riusciranno a farcela.»

«Quanti centurioni?» volle capire Cesare, scrutando i buchi tra le file dei sottufficiali.

Labieno esitò un istante prima di rispondere. «Quarantasei.»

Cesare si fermò e lo fissò sbalordito. Sapeva che il numero doveva essere alto, ma non avrebbe mai creduto fino a quel punto.

«Quarantasei...» mormorò, facendo spaziare lo sguardo sugli uomini davanti a lui. «Quasi cinquanta fra i più valorosi, tenaci ed esperti del nostro esercito sono morti per... *per che cosa?*» Le ultime parole le aveva quasi urlate, mentre una rabbia feroce saliva a infuocargli gli occhi. «Avete disobbedito agli ordini! Avete creduto di poter condurre la battaglia da soli, anziché seguire il vostro comandante, e questo è il risultato!» Si trattenne dallo sputare a terra disgustato, poi passò davanti al primipilo Bibaculo e lo affrontò mostrando i denti. «La responsabilità per le nostre perdite è tutta vostra!» ringhiò, mentre l'altro abbassava lo sguardo pieno di vergogna. «Avete creduto di essere invincibili, ma le guerre non si vincono con la spavalderia e con l'irruenza! Lasciate queste cose alle reclute! Voi siete veterani, mi avete seguito in imprese che tutta Roma esalta! Come avete osato disobbedire ai miei ordini? Come avete osato gettarvi allo sbaraglio contro il solo nemico che ha capito come contrastarci e sconfiggerci?»

Si fermò per riprendere fiato. Avrebbe dovuto calmarsi, altrimenti gli sarebbe venuta un'altra crisi epilettica o, peggio, avrebbe mandato a morte tutti quegli stolti che non osavano reggere il suo sguardo.

«Siete stati avventati e avidi» riprese dopo un po', stringendo i pugni per trattenere la furia che lo faceva tremare. «Non capite che è grazie alla coesione del nostro esercito, al fatto che le legioni si muovono come se fossero un corpo solo, che siamo riusciti a sconfiggere popoli ritenuti da tutti imbattibili? Grazie a voi abbiamo ridotto al silenzio i Galli, i Germani e i Britanni. Noi siamo diversi, lo capite?» Fece passare lo sguardo su tutti loro, partendo dai legati per scivolare sui tribuni e poi sui centurioni. «Siamo un unico, possente guerriero che combatte con mille braccia, ma che non può avere più di una sola testa, un solo cervello capace di coordinare il tumulto di queste membra!»

Un brusio si diffuse fra i presenti, e Cesare capì di avere fatto presa.

«Io ho bisogno di voi» continuò con voce più calda, paterna. «E se voi darete fiducia al vostro comandante, mettendo il vostro valore al servizio del nostro esercito, io vi garantisco che nessun nemico riuscirà a sconfiggerci.» Si levò qualche esclamazione di entusiasmo, ma lui le fermò alzando le mani. «Se ascolterete me, vostro proconsole e comandante supremo, non solo la Gallia cadrà ai nostri piedi, ma tutto il mondo conosciuto dovrà sottostare al nostro dominio!» Li fissò digrignando i denti. «Allora, siete con me? Mi seguirete senza più fare di testa vostra o volete morire come fanno quegli stupidi Galli?»

I primi a levare in alto le braccia e a inneggiare al suo nome furono i centurioni, subito seguiti dai tribuni militari e da tutti i legati al comando delle singole legioni.

Quando Cesare si voltò verso Labieno, vide che era immobile e lo scrutava in silenzio. Ma prima che potesse sferzarlo con l'ordine di unirsi a tutti gli altri oppure di andarsene, questi si batté con forza un braccio sul petto e si unì ai cori, levando alto un grido che, ne era sicuro, sarebbe arrivato fino a Vercingetorige.

Una volta rimasto solo con i suoi ufficiali di più alto grado, Cesare fece servire il vino da Sarmete e dai servi e andò a sedersi su uno sgabello nella tenda pretoria.

«Credo abbiano compreso la lezione» mormorò Irzio prendendo posto accanto a lui.

«Può darsi» ribatté Cesare bevendo un sorso di vino.

«Adesso cosa intendi fare?» gli chiese Fabato.

«Resteremo qui ancora un po'» rispose lui. Si voltò verso Tito Labieno. «Voglio che impegniate il nemico con la cavalleria due o tre volte al giorno, istigandolo a inseguirvi fino al nostro accampamento, dove devono esserci almeno due legioni schierate in assetto da battaglia giorno e notte.»

«Vuoi far capire a Vercingetorige che abbiamo assorbito bene il colpo» comprese Irzio.

«Devono pensare che siamo solidi e compatti come non mai, pronti ad affrontarli in ogni momento» confermò Cesare. «Ma non resteremo qui a lungo.»

«Che cosa temi?» gli chiese Marco Antonio.

Prima di rispondere, Cesare bevve un altro sorso di vino. Poi si rivolse a tutti: «Non sono sicuro che gli Edui siano stati domati. Se conosco Vercingetorige, avrà già sguinzagliato i suoi messaggeri per portare ovunque la notizia che il nostro attacco a Gergovia è fallito e che abbiamo lasciato sul campo un gran numero di cadaveri. Vorrà far credere che siamo bloccati qui, impossibilitati ad attaccare ma rosi dalla rabbia per essere stati ricacciati indietro. E li chiamerà non solo alle armi, ma li inciterà a raggiungerlo per coglierci alle spalle e stringerci in una morsa da cui difficilmente potremmo uscire».

«Ma dove andremo?» chiese Fabato.

«Dobbiamo integrare le nostre perdite, soprattutto fra i centurioni» rispose Cesare. «Questo inverno ho chiesto a mio cugino Lucio di arruolare uomini in Gallia Cisalpina e nelle Province sotto il mio proconsolato. Ormai dovrebbero avere terminato gli addestramenti ed essere pronti. Partiremo per i territori dei Sequani, e lì capiremo come muoverci, mentre gli esploratori ci riferiranno quello che accade in tutta la Gallia e mio cugino ci farà avere i rincalzi.»

«E Vercingetorige?» chiese Labieno.

«Per un po' resterà qui, poi, se lo conosco bene, ci verrà dietro per tenerci d'occhio da una certa distanza e approfittare di ogni momento per provocarci danni.»

«Intendi ignorarlo?» insistette Labieno.

Cesare lo scrutò, ma non riuscì a capire che cosa gli passasse per la mente: il suo volto era una maschera priva di emozioni, come sempre.

«Credi che accetterebbe uno scontro in campo aperto?» gli chiese di rimando.

Labieno restò a fissarlo per un po', poi scostò lo sguardo e bevve un sorso di vino senza rispondere.

Quello fu il segnale che il consiglio di guerra era terminato.

40

Fiume Elavere
Territorio degli Edui
52 a.C., giugno

Ci erano voluti solo due giorni per ripristinare quattro ponti sul fiume, e questo aveva consentito all'esercito e alle salmerie di ricompattarsi dall'altra parte in brevissimo tempo, senza che ci fosse il rischio di essere attaccati da nord o da sud, nel caso in cui Vercingetorige avesse deciso di mettersi al loro inseguimento.

In realtà non ci furono avvistamenti di nessun tipo, e Cesare ordinò ai suoi di allestire tre campi fortificati, ciascuno presidiato da due legioni, mentre ai cavalieri edui era stato concesso di accamparsi nei boschi che ammantavano di verde i rilievi delle colline ai piedi delle quali scorreva l'Elavere.

Dopo aver lasciato riposare uomini e animali per un'intera

giornata, Cesare stava dando gli ordini per smantellare le fortificazioni e ricoprire i fossati quando giunse la notizia che alcuni cavalieri galli erano in avvicinamento.

«Da dove arrivano?» chiese al messaggero che era arrivato a informarlo, uscendo dalla sua tenda con indosso solo la tunica e la spada in mano, ancora nel fodero.

«Da ovest» rispose il ricognitore. «Portano le insegne degli Edui.»

Cesare si tranquillizzò e ordinò che venisse allestito un telo all'aperto, sotto la cui ombra poter ricevere gli edui in arrivo. Da qualche giorno il caldo era aumentato a dismisura, e lui cominciava a rimpiangere le gelide terre del Nord della Gallia.

Sono proprio cambiato, si disse, trattenendo un sorriso al pensiero di come in passato avesse sempre avuto bisogno del calore delle terme per alleviare i dolori alle ossa e ai muscoli. Dolori che la vita militare aveva scacciato a forza, ritemprandolo nel corpo e nello spirito.

Quando gli edui furono al campo, Furio Lavieno li accolse con i suoi uomini, e dopo essersi fatto consegnare le armi li condusse al suo cospetto. Cesare li riconobbe subito: erano i due giovani nobili con cui aveva già avuto modo di trattare, Eporedorige e Viridomaro.

«Come mai siete qui?» chiese loro mentre Sarmete e i servi portavano dell'acqua fresca di fiume e del vino.

«Arriviamo adesso da Novioduno, dove sono di stanza alcune tue coorti» rispose Eporedorige rifiutando sia l'acqua sia il vino. Sembrava molto scosso, e smanioso di rivelargli la gravità di ciò che era accaduto.

«Sì, ricordo quella roccaforte» annuì Cesare, facendosi versare una coppa di vino. «È laggiù che abbiamo trasferito tutti gli ostaggi dell'ultimo anno, se non sbaglio.»

«Non solo gli ostaggi» s'intromise Irzio, arrivato proprio in quel momento. «Novioduno custodisce anche gran parte dei tributi riscossi, le granaglie di riserva e quasi tutti gli effetti personali dell'esercito.» Lo guardò con una smorfia. «Anche i nostri.»

Cesare riportò l'attenzione su Eporedorige. Adesso ricordava a cosa aveva destinato quella città degli Edui, considerandola sicura e collocata in posizione favorevole. Gran parte dei cavalli che lui stesso aveva fatto acquistare in Italia e Spagna sarebbe dovuta convenire laggiù, in attesa di essere assegnata ai nuovi cavalieri in arrivo con i rinforzi procurati da suo cugino Lucio.

«Qual è il problema?» chiese, avvertendo crescere un senso di allarme.

«Litavicco» sputò fuori Viridomaro con rabbia, come se avesse avuto un bolo di sabbia a ostruirgli la gola. «Quel cane non ha smesso di incitare alla guerra chiunque incontrasse, anche sul territorio degli Edui. Alla fine si è insediato a Bibratte, una delle nostre roccaforti più sicure, e là sta radunando un esercito.»

«Anche Convittolitavo si è fatto convincere a raggiungerlo, così come tutti i nostri magistrati anziani» aggiunse Eporedorige. «Prima però hanno attaccato Novioduno, ucciso chiunque abbia cercato di opporsi, e si sono impossessati del vostro denaro, dei cavalli e di ogni vostro bene.»

«Hanno portato tutto a Bibratte, quel covo di serpi!» concluse Viridomaro indignato.

Cesare scambiò un'occhiata con Irzio, poi si alzò in piedi.

«Se intendi raggiungere Bibratte» lo anticipò Eporedorige prima che potesse dire qualcosa, «sappi che Litavicco ha fatto predisporre guarnigioni lungo tutta la Loira, il fiume che dovrete attraversare perché non c'è modo di aggirarlo.»

«Voi l'avete visto?» chiese Cesare. «Come sono le acque in questo periodo?»

«Litavicco conta anche su questo» spiegò Eporedorige. «La Loira è in piena, a causa dello scioglimento delle nevi. Non sarà facile attraversarla.»

Cesare annuì. «Va bene» disse, «voi non vi preoccupate di questo, non sarà certo un fiume a fermarci. Tornate dal vostro popolo e riferite che io non ho nessuna intenzione di combattere gli Edui. Siete sempre stati fedeli a Roma, e se c'è qualche traditore sarà contro di lui che si rivolgerà la nostra furia. Ma chiunque vorrà tornare a combattere insieme a noi potrà farlo.»

Eporedorige si leccò le labbra screpolate e sembrò esitare, poi disse: «Ti chiedo di assegnarci i cavalieri che hai ricevuto in appoggio. Solo così potremo cercare di convincere il nostro popolo che non siamo vostri prigionieri, come invece sostengono Litavicco e Convittolitavo».

«Questo non è possibile!» sbottò Irzio facendosi avanti, ma Cesare lo fermò con un braccio.

«D'accordo» disse ai due, «potete riprenderli.»
«Ma Cesare...» provò a protestare Irzio.
Lui non lo ascoltò. «Sfruttate la loro presenza per fare capire al vostro popolo che solo schierandosi con Roma continuerà a godere della nostra protezione e di tutti i benefici ottenuti da quando vi abbiamo liberato dal giogo dei vostri avversari» disse.
Eporedorige e Viridomaro annuirono con vigore, e Cesare li congedò dopo avergli stretto l'avambraccio con forza, in segno di amicizia e rispetto. Continuava a non fidarsi di quei due, ma la posta in gioco era alta e lui doveva accollarsi qualche rischio, per evitare che anche gli Edui si sollevassero in massa.
Quando furono lontani, fece convocare i suoi ufficiali e riferì quanto aveva saputo.
«Dobbiamo affrettarci a raggiungere la Loira e attraversarla, costruendo ponti e trovando il modo per guadare al più presto senza essere bersaglio degli uomini di Litavicco» spiegò. «Nel frattempo manderò messaggeri da mio cugino Lucio, al quale avevo chiesto di reclutare nuove legioni. Saranno utili in parte per aggregarle al nostro esercito, ma anche per presidiare i confini degli Allobrogi, dove i ribelli potrebbero cercare di penetrare per coglierli alla sprovvista.»
«Credi che farebbero una cosa del genere?» gli chiese Irzio, sorpreso.
«Credo che Vercingetorige sarebbe pronto a tutto, pur di dividere le nostre forze e costringerci a impegnarci su più fronti» rispose. «Chi credi abbia ordinato l'attacco a Novioduno? Non certo Litavicco. Lo stratega è Vercingetorige.»
«Dovremmo provare a raggiungere Agedinco» disse Labieno. «Laggiù abbiamo uomini, cibo, cavalli e la possibilità di radunare in sicurezza le legioni inviate dall'Italia.»
Cesare si rese conto che aveva ragione. «Te ne occuperai tu stesso» gli disse. «Attraverseremo insieme la Loira, poi capiremo se attaccare Bibratte e intanto consentirti di raggiungere Agedinco, oppure se bloccare qualsiasi iniziativa Vercingetorige deciderà di mettere in campo.»
«Ma se restasse a Gergovia?» chiese Irzio. «Là è al sicuro, perché muoversi?»
«Perché sa che solo pressandoci da tutte le direzioni potrà ot-

tenere qualche risultato» rispose Cesare. «E noi dobbiamo tenerlo sempre presente.»

«Allora forse sarebbe meglio dividerci subito, una volta attraversato il fiume» propose Labieno. «I ricognitori hanno riferito di sommovimenti anche fra i Parisi. Una delle loro roccaforti sulla Senna, Lutecia, si è schierata con Vercingetorige.»

Cesare si adombrò. Non gli era stato riferito nulla in proposito, ma finse di esserne al corrente e annuì rivolto a Labieno.

«D'accordo» stabilì. «Allora tu proseguirai per Agedinco, attenderai i rinforzi e poi, se avrai la certezza del tradimento di Lutecia, andrai a risolvere il problema.» Si voltò a guardare gli altri suoi ufficiali. «Noi ci attesteremo nel territorio degli Edui per fare rifornimenti, riposare un po' e attendere di capire come organizzarci. In questo modo Vercingetorige dovrà dividere a sua volta l'esercito, se vorrà stare dietro a tutti noi.»

«Ma poi attaccheremo Bibratte?» chiese Irzio.

«No» rispose deciso Cesare. «Appena possibile cercheremo anche noi di raggiungere Agedinco e ricongiungerci con Labieno.»

41

Territorio dei Senoni
52 a.C., luglio

Quando Labieno lo raggiunse di nuovo con le sue truppe, il campo fatto erigere da Cesare in una piccola valle protetta da rilievi aspri e fitti di boscaglie si trovava a soli tre giorni di cammino da Agedinco. Il luogotenente aveva mandato messaggeri ad annunciare il suo arrivo con vettovaglie e cavalli, spiegando che gli acquartieramenti nel territorio dei Parisi erano stati messi in sicurezza e che Lutecia era caduta. I Parisi avevano giurato fedeltà a Roma e avevano consegnato ostaggi, che Labieno aveva portato con sé.

Quando lo vide arrivare circondato dagli uomini della sua scorta personale, Cesare notò che aveva un paio di nuove cicatrici sul viso, che rendevano ancora più aspro lo sguardo duro e privo di emozioni che lo caratterizzava.

Lo accolse nella sua tenda di comando, fece portare il vino

e alcuni vassoi di cibo, poi cercò di capire che cosa sapesse di più rispetto a quanto gli avevano già riferito i suoi messaggeri.

«I Galli si sono riuniti in assemblea a Bibratte, con la presenza di tutti i capitribù e dello stesso Vercingetorige» rivelò Labieno, sedendo su uno sgabello e accettando la coppa di vino che gli veniva servita.

Cesare annuì. «Ho ricevuto anch'io queste informazioni» disse. «Per questo mi sono fermato qui. La situazione mi è poco chiara, e prima di capire come procedere dobbiamo verificare che cosa sta succedendo.»

«Solo i Remi, i Lingoni e i Treviri hanno disertato l'assemblea» aggiunse Labieno.

«I Remi e i Lingoni ci sono ancora fedeli» confermò Cesare. «I Treviri invece non si sono mai schierati, né con noi né contro di noi.»

«Sentono la pressione dei Germani oltre il Reno» affermò Labieno.

«A proposito di Germani» ne approfittò Cesare, avendo l'impressione che Labieno fosse restio a dirgli tutto quello che sapeva, «hai mandato i nostri ambasciatori a chiedere rinforzi?»

Labieno bevve un sorso di vino poi si strinse nelle spalle, un gesto inconsueto per lui.

«Se sei convinto di poterti fidare di quei barbari...» disse.

«Gli Ubi sono con noi» garantì Cesare, che cominciava a irritarsi per l'atteggiamento del suo luogotenente. Era lì per riferire e obbedire, non per ordire chissà quale proposito di rivalsa nei suoi confronti. Perché era chiaro a cosa ambiva quell'uomo: sostituirlo al comando delle legioni, forse pensando di essere migliore di lui come stratega e combattente.

Cesare ne apprezzava le doti militari, e non aveva mai avuto dubbi sul fatto che gran parte dei successi che avevano ottenuto erano anche merito suo, ma nessuno poteva competere con lui quando si trattava di organizzare la guerra.

Semmai, quando fosse tornato a Roma per reclamare gli onori e il potere che gli spettavano, una volta domati i Galli e messo in catene Vercingetorige, avrebbe potuto concedere a Labieno di restare in Gallia come comandante supremo delle sue legioni, ma sempre pronto a obbedire a ogni suo ordine. Altrimenti...

«Ho chiesto cavalieri e quei fanti capaci di combattere fra i cavalli, come hai ordinato» lo riscosse Labieno. «Dovrebbero arrivare nel territorio dei Sequani per agosto.»

Cesare si costrinse a rilassarsi bevendo un lungo sorso di vino. Quando si trovava con Labieno si irrigidiva e la sua mente lo portava a immaginare complotti e tradimenti di ogni tipo, anche se il suo luogotenente in realtà non aveva mai fatto nulla per farglielo pensare. Ma il suo atteggiamento, il tono della voce, riuscivano in qualche modo a irritarlo, e se non fosse stato per il prestigio di cui godeva fra gli uomini, forse lo avrebbe già sostituito da tempo come suo secondo in comando.

Ora però il vero problema era Vercingetorige: la questione andava chiusa entro l'arrivo dell'autunno, e l'aiuto di Labieno gli era ancora indispensabile.

«Muoveremo anche noi verso i Sequani» disse, prendendo in quel preciso istante la decisione. «Non solo per ricongiungerci con i Germani.»

«Cos'è successo?» gli chiese Labieno, fissandolo con attenzione.

Cesare considerò per un istante la possibilità di non rivelargli tutto ciò che sapeva, poi decise che sarebbe stata una sciocchezza. Ogni suo ordine doveva passare da Labieno, prima di essere diramato alle legioni, e dunque il suo secondo doveva essere messo al corrente di tutto.

«Ho ricevuto messaggeri da mio cugino Lucio» rivelò, esternando la questione che più lo aveva tenuto in allarme in quei giorni. «I Galli hanno prima cercato di portare dalla loro parte gli Allobrogi, offrendo cavalli, denaro e terre sottratte agli Elvi, che hanno sconfitto in battaglia, poi hanno inviato la cavalleria ad affrontarli lungo i presidi di confine. Sono in gran numero, da quello che mi è stato riferito, e hanno bloccato tutte le strade verso gli altri territori della Gallia.»

«Quindi non possiamo ricevere ulteriori rincalzi dalla Provincia» comprese Labieno. Adesso sembrava partecipe anche lui del problema che si era creato: se Vercingetorige fosse riuscito a fare terra bruciata intorno a loro, ben presto avrebbero patito non solo la mancanza di uomini, visto lo stillicidio che giorno dopo giorno gli attacchi improvvisi dei Galli facevano dei legionari inviati a raccogliere grano e altro cibo, ma anche la fame.

«Dobbiamo rompere quel blocco e consentire a mio cugino

di inviarci truppe fresche» concluse Cesare dopo aver svuotato la coppa di vino. «E sperare che gli Ubi tengano fede alle loro promesse e ci portino la cavalleria di cui abbiamo bisogno.»

«Quando intendi partire?» gli chiese Labieno alzandosi, già pronto a entrare in azione.

«Lasciamo il tempo ai tuoi uomini di riposare» rispose Cesare, alzandosi a sua volta. «Partiremo alle idi.»

Da qualche giorno, mentre le legioni procedevano guardinghe lungo il territorio dei Lingoni, i ricognitori segnalavano la presenza a poche miglia di distanza di consistenti forze nemiche, che non si avvicinavano mai abbastanza da poter essere ingaggiate, ma il cui numero si ingrossava giorno dopo giorno.

«Abbiamo fatto prigionieri» gli comunicò Considio una mattina, durante l'ennesimo consiglio di guerra. «Li abbiamo interrogati e abbiamo saputo che Vercingetorige in persona guida il grosso delle loro forze.»

«Dove sono?» ruggì Fabato, già pronto a tuffarsi in battaglia.

«Hanno posto gli accampamenti a circa dieci miglia da noi» rispose Considio. «Ne sono stati individuati tre, al momento, ma potrebbero essercene altri.»

«Di quanti uomini dispongono?» volle sapere Cesare.

«Ho aspettato a confrontare tutti i rapporti dei miei ricognitori, prima di fare una stima» rispose Considio con aria accigliata.

«E...?» l'incitò Cesare.

«Dovrebbero avere quindicimila cavalieri, e non meno di ottantamila tra fanti, arcieri e frombolieri.»

La tenda si riempì di esclamazioni di sorpresa e di imprecazioni, ma Cesare non vi prestò attenzione.

«Non possiamo trascinarceli dietro fino al territorio dei Sequani» disse riportando il silenzio. «Se si uniscono agli Arverni che premono ai confini con gli Allobrogi, saranno una massa troppo imponente da affrontare.»

«Dobbiamo attaccare Vercingetorige qui» intervenne Labieno. «Anche se abbiamo meno della metà dei loro uomini, sappiamo che uno dei nostri vale tre dei loro.»

Furono in molti a levare grida di apprezzamento, e Cesare trattenne un moto di stizza: ci era già arrivato da solo a quella conclusione, ma era stato Labieno a parlare per primo, dunque la decisione sarebbe parsa sua, se avesse acconsentito a darle seguito. D'altra parte, procedere ancora sarebbe stato pericoloso, perché rischiavano di farsi accerchiare dai Galli prima di raggiungere gli Allobrogi e le coorti al servizio di Lucio.

«Non possiamo semplicemente schierarci e istigarli alla battaglia» disse, capendo che cosa avrebbero dovuto fare. «Vercingetorige non è uno sciocco, continuerà a restare a distanza fino a quando non avrà la certezza di poterci cogliere in difficoltà.»

«Allora fermiamoci e fortifichiamo» propose Fabato. «Troviamo un posto sicuro e...»

«No» lo interruppe Cesare. «Lo attireremo in trappola, costringendolo ad attaccarci.»

«Come?» si limitò a chiedere Labieno.

«Prima di spiegarvelo dobbiamo fare un'altra cosa» rispose Cesare, voltandosi poi verso Considio. «Mi servono due dei tuoi uomini migliori, i più abili a passare inosservati e i più veloci.»

«Certo, Cesare, possono essere pronti a partire in qualsiasi momento» garantì il capo degli esploratori.

«Devono raggiungere i cavalieri germani che Labieno ha richiesto. Li voglio qui il prima possibile.» Si voltò a guardare gli altri ufficiali. «Nel frattempo prenderemo tempo, rallentando la marcia e lasciando intendere che abbiamo bisogno di fare rifornimento di grano. Non presteremo il fianco agli attacchi improvvisi del nemico e resteremo compatti il più possibile. Quando poi i Germani saranno in arrivo, faremo scattare la nostra trappola.»

«Sempre ammesso che gli Ubi arrivino davvero» grugnì Fabato, suscitando un mormorio preoccupato da parte degli altri ufficiali.

Cesare lo ignorò e spiegò a tutti quale sarebbe stata la trappola che avrebbero messo in campo per ingannare Vercingetorige e spingerlo ad attaccare.

Quando si erano rimessi in marcia, dagli accampamenti dei Galli erano usciti tre contingenti, disposti due sui fianchi della colonna ordinata delle legioni, uno a nord e uno a sud, e il terzo, formato soprattutto da cavalieri, spostato all'avanguardia, ad anticipare di poco meno di un miglio gli esploratori di Considio.

Cesare non se n'era preoccupato e aveva fatto procedere l'esercito molto più lentamente del solito, lasciando intendere ai Galli che ci fossero problemi con i carri delle salmerie. Ogni tanto ne faceva fermare uno, ordinava che venisse scaricato tutto quello che trasportava, poi lasciava che i carpentieri fingessero di doverlo sistemare. Quando finalmente ripartivano lo facevano con difficoltà, costringendo molti legionari ad abbandonare le loro formazioni per aiutare a spingere gli enormi carri coperti.

«Penseranno che sono così pesanti perché sono carichi d'oro» aveva sghignazzato Irzio quando Cesare aveva spiegato quello che intendeva fare.

«Bene» era stato il commento di Labieno. «Vista la loro avidità, sarà più facile attirarli in trappola.»

In realtà Cesare non credeva che i Galli si sarebbero fatti abbagliare dall'idea di fare bottino: Vercingetorige era interessato ad altro, perché sapeva che la più grande ricchezza su cui avrebbe potuto mettere le mani era una vittoria schiacciante contro Roma. E lui era pronto a impedirglielo.

Quando, diversi giorni dopo, giunsero in una stretta valle orlata da basse colline spoglie di vegetazione, Cesare comprese che quel luogo, che gli era stato precedentemente segnalato dai ricognitori, era perfetto per quello che aveva in mente. Un piccolo torrente lo attraversava in diagonale, diretto probabilmente verso il fiume Arari, che si trovava diverse miglia più a est, e le caratteristiche di quel corso d'acqua erano favorevoli al piano che lui aveva escogitato insieme ai suoi ufficiali.

«Non è difficile guadarlo» aveva spiegato Considio dopo essersi consultato a lungo con i suoi esploratori, «ma in alcuni punti la riva è sabbiosa e difficile da attraversare con i carri. Le ruote rischierebbero di restare impantanate e rallentare la marcia delle salmerie.»

«Perfetto» aveva approvato Cesare, che cercava proprio un luogo come quello per inscenare la sua trappola. Ma non si sarebbe mosso se non avesse ricevuto, il giorno prima, la notizia che i cavalieri germani richiesti da Labieno erano ormai in prossimità di quella valle, guidati dagli esploratori che Considio era riuscito a mandare loro incontro, sfuggiti all'accerchiamento dei Galli.

«Arriveranno in tempo per quello che abbiamo escogitato»

l'aveva rassicurato Publio Considio, e Cesare aveva deciso di fidarsi. Il momento della verità con Vercingetorige aveva già aspettato fin troppo a lungo.

Quando finalmente raggiunsero il torrente, Cesare ordinò alla cavalleria di disporsi su tre file, separate ciascuna da almeno cinquecento passi, pronte ad arginare l'attacco dei Galli quando fosse avvenuto. Dovevano solo dare loro una ghiotta occasione per farsi avanti.

I carri delle salmerie vennero portati in un punto in cui avrebbero potuto guadare agevolmente il fiume, tranne cinque che, alleggeriti nottetempo del carico, venivano spinti dai cavalli e dagli addetti dei servizi come se fossero pesantissimi, proprio nel punto in cui la sabbia faceva affondare le ruote e ne impediva i movimenti. I carri erano coperti, così che i Galli non potessero accorgersi che erano vuoti: quando l'attacco di Vercingetorige fosse partito, pensando di coglierli di sorpresa in un momento di difficoltà, quei carri si sarebbero messi in movimento a gran velocità, sfuggendo alla sabbia molle grazie al peso leggero, per ricongiungersi con il resto delle salmerie sistemate in un cerchio protettivo sull'altra sponda del torrente.

«I Galli saliranno sulle colline» aveva spiegato Cesare ai suoi ufficiali, «ma per una volta questo non sarà un vantaggio, per loro. Dovranno concentrarsi su di noi, sulla nostra cavalleria che li intercetterà prima che riescano a prendere slancio, e non potranno accorgersi dei Germani che gli arriveranno alle spalle.»

«Crederanno di fare bottino facile e di disorientarci impossessandosi delle nostre salmerie» aveva concordato Irzio.

«In realtà si troveranno circondati da ogni lato: dalla nostra cavalleria, dalle legioni schierate su tre fronti e dai Germani che conquisteranno i rilievi» aveva concluso soddisfatto Cesare.

«Non potremo impedirgli di fuggire, però» aveva ribattuto Labieno. «Conoscendo Vercingetorige, quando capirà di essere caduto in trappola non cercherà di combattere ma porterà quanti più uomini possibile in salvo.»

«E dove potrebbe rifugiarsi?» aveva chiesto Fabato.

«A Bibratte» aveva immaginato Irzio.

«O forse ad Alesia, la roccaforte dei Mandubi» era stato il suggerimento di Considio. «Mai nessuno è riuscito a conquistarla, e i Galli hanno accumulato truppe e viveri laggiù già dall'inverno.»

«Di questo ci preoccuperemo dopo» aveva liquidato la faccenda Cesare. «Prima cerchiamo di intrappolare Vercingetorige e facciamola finita!»

Lo scontro fra le cavallerie dei Galli e quelle degli ausiliari romani avvenne su tre fronti, proprio come Cesare aveva previsto. E come aveva immaginato, quando i Galli avevano visto i carri in difficoltà, apparentemente impantanati nella sabbia, si erano lanciati alla carica. A quel punto lui aveva dato il segnale, e tutto si era svolto secondo i piani.

«Dove sono i Germani?» ringhiò Cesare mentre le legioni si disponevano su tre file, l'ultima delle quali in cerchio attorno ai carri delle salmerie. In prima linea aveva voluto tutti veterani, perché se i Galli fossero scesi dalle alture in massa, al seguito della cavalleria, avrebbero dovuto reggere a uno scontro apparentemente impari: ottantamila contro meno di trentacinquemila, se le stime di Considio erano corrette.

«Non si vedono!» rispose Labieno, più nervoso del solito.

«Fate convergere le ali!» ordinò Cesare ai suonatori di tuba, quando vide che il grosso della cavalleria nemica puntava verso il centro del loro schieramento, nel punto in cui la sabbia del fiume era più cedevole.

Il comandante dei Galli sembrava essere caduto nel tranello, e quando i centurioni della Decima diedero l'ordine di convergere sui lati per stringere i cavalieri nemici in una morsa, era troppo tardi perché cercasse di fermare i suoi. Lo scontro fu terribile, e Cesare vide molti dei suoi cadere sotto la spinta dei cavalli, ma quando gli zoccoli affondarono nella sabbia, rallentandone i movimenti, e i veterani della Decima li aggredirono sui fianchi, il risultato della battaglia cambiò all'istante: i legionari abbatterono un numero enorme di cavalli nemici, e misero fuori gioco i cavalieri senza nemmeno dare loro l'opportunità di rialzarsi.

«Si stanno muovendo!» giunse il richiamo delle vedette, e Cesare portò l'attenzione sui rilievi, dai quali i Galli scendevano di corsa per dare manforte alla cavalleria in difficoltà.

Erano tanti, forse troppi per le sue legioni, e con un ringhio

Cesare si preparò a maledire gli Ubi, che non rispettavano i patti e non si facevano vedere sulle creste delle colline come concordato.

«Torniamo in formazione!» gridò a Labieno e ai tribuni che aveva a portata di voce, mentre gli sbandieratori facevano correre gli ordini. «Prepariamoci ad affrontarli!»

La Decima abbandonò l'accerchiamento della cavalleria dei Galli, lasciando incolumi fin troppi nemici, e le tre file collaudate di difesa vennero ricostituite velocemente.

Proprio in quel momento, mentre Cesare cercava di capire dove fosse Vercingetorige, per provare una sortita lui stesso e tentare di abbatterlo prima della disfatta che si preannunciava, la cima di due colline si annerì di cavalieri, e con grida feroci i Germani si precipitarono contro le retrovie dei Galli, seminando il panico.

«Avanziamo!» ordinò Cesare all'istante, comprendendo che era il momento per infliggere quante più perdite possibile al nemico.

Le legioni si mossero come un solo uomo, allargandosi sui lati per effettuare una manovra di accerchiamento della fanteria nemica che adesso, anziché attaccarli, sembrava più preoccupata di fuggire da quei diavoli urlanti che avevano alle spalle.

«Laggiù!» gridò Labieno indicando un'ansa del torrente presidiata da una sola coorte: un gruppo numeroso di Galli si era ricompattato e aveva puntato deciso in quella direzione. Cesare vide gli stendardi: era la cavalleria di Vercingetorige, che cercava di sottrarsi alla sconfitta insieme a non più di diecimila fanti.

«All'inseguimento!» gridò a Bruto. «Non fateli passare!»

Ma nel momento stesso in cui lo diceva si rese conto che ancora una volta Vercingetorige gli stava sfuggendo di mano. La coorte venne travolta e i legionari costretti a disperdersi per non essere trucidati. I Galli guadarono il fiume e si dileguarono in una vasta foresta che si apriva a nord, scomparendo dietro alcuni rilievi.

«Maledizione!» imprecò Cesare, disinteressandosi al resto della battaglia. Avrebbe voluto saltare lui stesso in groppa a un cavallo e lanciarsi all'inseguimento di Vercingetorige, ma non era uno sciocco e sapeva che difficilmente sarebbe riuscito a raggiungerlo. Di sicuro era diretto ad Alesia, la fortezza di cui gli aveva parlato Considio, e levando la spada verso il punto in cui i fuggitivi erano scomparsi gridò: «Ti troverò! Ovunque ti nasconderai io ti troverò, e allora non avrai scampo!».

Allora si voltò e con rabbia si lanciò nella mischia, desideroso di versare sangue.

Il giorno seguente, dopo avere allestito un campo per i feriti e aver lasciato due legioni a difesa delle salmerie, partì lui stesso alla testa degli uomini e si mise all'inseguimento dei Galli. Riuscirono a raggiungerne un gran numero e ne fecero strage, con l'unico obiettivo di impedire a Vercingetorige di portare rinforzi ad Alesia.

Vennero catturati diversi nobili edui, fra cui Coto, che era stato nominato comandante della loro cavalleria, e Cavarillo, che aveva esercitato la massima magistratura fra gli Edui, oltre ad altri, che per fedeltà al loro popolo si erano uniti all'impresa di Vercingetorige, con la volubilità e la propensione al tradimento che appartenevano alla loro stirpe.

Cesare non si fermò a parlare con quegli uomini; spinse i suoi in una rincorsa folle dei nemici in fuga, e spesso riuscirono a coglierli di sorpresa, anche nel profondo della foresta, perché nessuno poteva credere che si sarebbero accaniti in quel modo.

Alla fine, quando comprese che non aveva più senso continuare, si fece riferire il conteggio dei morti provocati da quella loro sortita, e i tribuni gli diedero numeri abbastanza simili, che confermavano come avessero trucidato più di tremila fuggitivi.

Una volta tornato al campo sul fiume, diede disposizioni perché si cercasse di recuperare tutti gli uomini con ferite lievi e fece caricare sui carri quelli più gravi da portare nei villaggi vicini perché potessero essere curati e rifocillati, dopodiché mandò i ricognitori di Considio a verificare dove fosse diretto Vercingetorige.

Quando arrivò la conferma che si era asserragliato ad Alesia con tutto l'esercito e le salmerie, ordinò di smantellare il campo e partire alla volta della roccaforte dei Mandubi.

«Dobbiamo arrivare il prima possibile» disse ai suoi ufficiali. «I Galli saranno ancora scossi da quanto accaduto e metteranno in discussione il comando di Vercingetorige. Raggiungiamoli e poniamo la città sotto assedio.»

«Non sarà facile» disse il comandante degli esploratori, cupo in volto. «Ho visto quella roccaforte. Ti assicuro, Cesare, che è davvero impressionante. Qualcosa che non abbiamo mai affrontato prima.»

42

Alesia
Territorio dei Mandubi
52 a.C., agosto

Quella città era davvero magnifica. Una piccola roccaforte adagiata sulla sommità di una collina rocciosa che si ergeva per due stadi su una valle larga circa tre miglia. Questa era il solo accesso possibile per un esercito, visto che altri importanti rilievi circondavano Alesia in ogni direzione e due fiumi lambivano le pendici dell'aspra collina su sui era stata edificata, uno a oriente e uno a occidente.

«Aveva ragione Considio» disse Labieno. «Difficile conquistare questa fortezza se non con un lungo assedio.»

Cesare non commentò le parole del suo luogotenente: era chiaro che quel pensiero era condiviso da tutti gli ufficiali e lui non poteva che trovarsi d'accordo.

Scrutò la disposizione delle legioni, che avevano presidiato la valle ai piedi della montagna e stavano cercando di chiudere Alesia in una fortificazione d'assedio imponente, che una volta completata si sarebbe estesa per una decina di miglia tutto intorno alla roccaforte, con una ventina di fortini eretti nei punti strategici per impedire sortite del nemico. Sapeva che si trattava di un'impresa difficile, perché a nord e là dove i fiumi si aprivano il passaggio fra le colline disposte intorno ad Alesia, tutte più o meno della stessa altezza, le loro palizzate non sarebbero riuscite a chiudere tutti i varchi, e soprattutto di notte i presidi delle truppe di guardia avrebbero dovuto essere rafforzati, costringendo gli uomini a turni supplementari che a lungo andare li avrebbero sfiancati.

«State provvedendo agli approvvigionamenti?» chiese ad Antistio, legato della Tredicesima legione.

«Sì, Cesare» rispose subito questi facendosi avanti. «I miei uomini stanno raccogliendo il grano e requisendo animali in tutti i villaggi fino a venti miglia da qui.»

Accanto a Cesare c'era Labieno, come comandante in seconda dell'esercito, ma alle sue spalle attendevano in silenzio gli altri suoi legati, che aveva voluto su quel rilievo per osservare insieme il luogo della battaglia. Se avessero sconfitto Vercingetorige, annientando il suo esercito e depredando la loro roccaforte più inaccessibile, nessuno avrebbe più avuto il coraggio di opporsi a Roma.

«Molto bene» disse, ben sapendo che per garantire un lungo assedio anche il suo esercito avrebbe avuto bisogno del necessario per sopravvivere mesi, soprattutto in ragione delle notizie inquietanti che riceveva di continuo dai suoi esploratori, i quali rivelavano come i Galli stessero allestendo un altro imponente esercito per attaccarli alle spalle, mentre loro assediavano Alesia.

«Non sono sicuro che queste voci siano vere» gli aveva detto Irzio qualche giorno prima, dopo avere ricevuto gli ultimi dispacci dai ricognitori. «Credi davvero che Commio possa essere così sciocco? Guidare un esercito contro di noi? Non immagina che potremmo rivalerci sui suoi figli e sugli altri ostaggi che appartengono alla sua famiglia?»

«Commio è come tutti i Galli» aveva ribattuto Cesare senza scomporsi. «Un traditore di cui non ci si può fidare.»

«Ma conosce le nostre tattiche di guerra, ha comandato la nostra cavalleria. Potrebbe essere un serio pericolo.»

Cesare si era stretto nelle spalle. «Se Vercingetorige riuscirà a convincere tutti i capitribù a coalizzarsi contro di noi, poco importa chi li guiderà. Ormai tutti hanno combattuto con noi o contro di noi, sanno chi siamo. E sanno che non riusciranno mai a eguagliare l'addestramento delle nostre legioni.»

Adesso, mentre osservava dall'alto le imponenti opere di costruzione dei fossati e del vallo di protezione dotato di spalti di ronda, si disse che mai nessun barbaro avrebbe potuto realizzare qualcosa del genere. Volse l'attenzione verso oriente e strinse gli occhi per scrutare meglio il campo degli uomini di Vercingetorige che era stato allestito all'esterno della città fortificata, lungo tutto il fianco della collina. A protezione, i Galli avevano eretto una palizzata difensiva, che però non era altro che un muricciolo di sassi alto cinque o sei piedi, davanti al quale era stato scavato un fossato. Niente di paragonabile a quello che i suoi legionari stavano realizzando.

Nonostante questo, lui non aveva nessuna intenzione di mandare allo sbaraglio i suoi uomini, per attaccare dal basso verso l'alto un esercito asserragliato in una fortezza.

No, li avrebbe stanati grazie all'arma più potente di cui poteva disporre chiunque organizzasse un assedio: la fame. E le malattie, naturalmente, che si sarebbero diffuse non appena i più deboli avessero cominciato a morire per gli stenti.

Si voltò e cercò Fabato. Quando lo vide, gli fece segno di avvicinarsi.

«Avete interrogato i prigionieri?» gli chiese.

«Sì, Cesare. Ne abbiamo messi a confronto una ventina, l'uno all'insaputa degli altri, e adesso credo di avere delle cifre abbastanza plausibili.»

«E dunque?» lo sollecitò lui.

«Nella loro fuga non hanno avuto tempo per fermarsi a raccogliere grano o foraggiamento per i cavalli» rispose Fabato. «Secondo i prigionieri le salmerie sono riuscite a raggiungere Alesia, ma erano già in difficoltà a Gergovia e non potranno sostentare a lungo quasi centomila persone, fra guerrieri e abitanti della città.»

«Ad Alesia avranno accumulato scorte» intervenne Labieno.

«Naturalmente» concordò Cesare, «ma in previsione di quanti uomini da sfamare? E per quanto tempo?»

Nessuno rispose, e lui tornò a guardare i lavori che fervevano ovunque.

«Dobbiamo pensare che abbiano il doppio di quanto ci dicono i prigionieri» decise poi. «E dunque dobbiamo prepararci per questo.»

«Accumuleremo abbastanza scorte da...» provò a rassicurarlo Fabato, ma lui lo interruppe sollevando una mano.

«Se Commio, o chiunque altro, arrivasse guidando un esercito, saremmo intrappolati e non potremmo più procurarci cibo e foraggio» provò a spiegare ai suoi ufficiali. «Quindi abbiamo due sole possibilità.» Fece una breve pausa, per essere sicuro di avere la loro completa attenzione, poi contò sulle dita.

«Uno. Possiamo attaccare Alesia e cercare di conquistarla prima che i Galli riescano a mettere insieme un esercito e ci raggiungano per colpirci alle spalle.» Altra breve pausa. «Due. Possiamo accumulare quante più scorte possibili e poi costruire una seconda cinta fortificata, per impedire al nemico di aggredirci alla sprovvista.»

«Ma in questo modo non potremo spostare le legioni in campo aperto» commentò Labieno.

Cesare ne sostenne lo sguardo per qualche istante. «Credi che saremmo in grado di conquistare Alesia prima che arrivino i loro rinforzi?»

«Non è detto che le tribù riescano a coalizzarsi» ribatté Labieno. «Abbiamo solo rapporti vaghi, in questo senso, e Vercingetorige non può partecipare alle loro assemblee per convincerli con la sua oratoria.»

«Ma potrebbe mandare i suoi emissari» si intromise Irzio. «Impossibile evitare che qualcuno sfugga all'accerchiamento.»

Cesare restò un attimo a riflettere, poi prese la sua decisione.

«Acceleriamo i lavori» ordinò, facendo intendere di non essere disposto ad ascoltare altri pareri. «Dobbiamo terminare il prima possibile l'accerchiamento, per impedire agli uomini di Vercingetorige di sfuggire al nostro controllo. Poi cominciamo i lavori della seconda linea difensiva, rivolta verso l'esterno. Sarà ancora più difficile da realizzare, su un'estensione molto più ampia, e dovrà essere robusta a sufficienza da reggere all'assalto di un esercito imponente, se mai arriverà.» Si rivolse espressamente a Fabato. «Occorre procurarsi quanta più legna possibile. Dobbiamo avere scorte di tronchi per rimpiazzare i tratti di palizzata che i Galli dovessero abbattere, senza costringerci a fare sortite verso le foreste.»

«Se teniamo uno spazio di poco più di uno stadio fra una palizzata e l'altra, dovremmo riuscire a inglobare alcuni boschi che ho visto, con legname perfetto per le fortificazioni» rispose Fabato. «Potremo ottenerne pali robusti provvisti di ramaglie da intrecciare fra di loro, così da rendere difficile abbatterli.»

«Molto bene» approvò Cesare. «Ma soprattutto voglio provviste per almeno un mese per uomini e cavalli, senza doverli costringere a razionarle. Non credo che Vercingetorige e i suoi potranno resistere più a lungo.»

«Dobbiamo bloccare i fiumi?» chiese Irzio. «Se ne deviamo il corso forse...»

«No» lo interruppe deciso Fabato. «Ho già fatto controllare e non servirebbe a nulla. I prigionieri sostengono che la città sia provvista di pozzi che raggiungono sorgenti sotterranee, indipendenti dai fiumi. Non riusciremo a togliergli l'acqua.»

Cesare fece per dire la sua, ma in quel momento si levarono i suoni di alcuni corni e arrivò fino a loro il frastuono di un gran numero di cavalli lanciati al galoppo.

«Che succede?» chiese Labieno a Marco Sempronio Rutilo, il suo attendente di collegamento, e questi corse a vedere. Gli ci volle poco per tornare a riferire.

«I Galli stanno compiendo una sortita con la cavalleria!» rivelò, puntando il braccio verso un punto da cui si sollevava una gran nube di polvere.

Cesare osservò con apprensione quello che stava succedendo: non avrebbe fatto in tempo a scendere da quel rilievo per andare a occuparsi di persona dello scontro.

«Fai schierare le legioni!» ordinò rivolto a Labieno, che subito passò il comando agli sbandieratori. «Devono abbandonare i lavori e prepararsi all'assalto.» Cercò di capire quale fosse la disposizione della cavalleria in arrivo, ma da quella distanza e con tutta quella polvere non era facile. «Dove sono i Germani?» chiese quando si rese conto che gli scontri infuriavano in diversi punti nella stretta valle che dava accesso al colle di Alesia. Vercingetorige aveva fatto caricare dai suoi le sezioni più sguarnite del vallo in costruzione, e la battaglia sembrava aspra e difficile da contenere, perché i suoi uomini erano stati colti di sorpresa mentre erano intenti ai lavori.

Anziché rispondere, Labieno disse qualcosa allo sbandieratore più vicino, poi attese la risposta dalla valle.

«Stanno arrivando» gli rivelò. «Erano al fiume ad abbeverare i cavalli.»

Cesare trattenne un'imprecazione. I Galli avevano scelto il momento migliore per la loro sortita. Ma non avevano ancora capito una cosa: per quanto fossero occupati nei lavori per le fortificazioni, i suoi legionari erano sempre pronti a impugnare le armi, tenute a disposizione dai serventi delle salmerie, dai servi e dagli schiavi, ed erano in grado di schierare le legioni in formazione così rapidamente che nessuno avrebbe potuto coglierli di sorpresa.

Ma quei maledetti Germani... si tenevano sempre a distanza, quasi provassero fastidio nel condividere la vita dell'accampamento con i legionari, e questo rendeva difficile per Cesare poterne disporre come avrebbe voluto.

Con gli occhi stretti in due fessure, vide i suoi uomini correre sotto gli ordini dei centurioni e dei tribuni, e mentre la cavalleria cercava di opporre resistenza ai Galli scatenati su più fronti, ben presto le legioni furono schierate, pronte a ricacciare indietro gli assalitori.

«Cesare, laggiù!» gridò Fabato indicando verso ovest.

Con orrore lui si rese conto che un centinaio di cavalieri galli erano riusciti ad aprirsi un varco in un punto in cui il vallo non era stato ancora eretto, e ora si stavano dirigendo verso il fianco di una delle legioni, dove avrebbero potuto colpire con forza devastante.

«Schierate la riserva!» ringhiò rivolgendosi direttamente allo sbandieratore, il solo che potesse portare con rapidità i suoi ordini a valle. Ma sarebbe stato comunque troppo tardi, perché...

Proprio in quel momento si levarono fino a loro le grida di battaglia dei cavalieri germani, che comparvero all'improvviso da dietro una collina e si avventarono con furia devastante contro i Galli. Ne fecero strage in pochi istanti, e come belve assetate di sangue si ricompattarono e si lanciarono contro i reparti di cavalleria nemica che incalzavano le legioni nella spianata antistante i fossati in costruzione.

«Andiamo!» ordinò Cesare correndo al suo cavallo e balzando in groppa. Voleva essere con i suoi uomini nel momento in cui, sullo slancio della carneficina provocata dai Germani, le legioni avrebbero cominciato ad avanzare, per incunearsi negli spazi lasciati liberi dai nemici in fuga.

Forse, dopotutto, non sarebbe stato necessario alcun assedio...

Ancora una volta Vercingetorige dimostrò di non essere uno sciocco.

Dopo aver tentato quella sortita improvvisa, incalzato dalla furia dei Germani e dalla pressione delle legioni in movimento, che Cesare aveva ordinato di far avanzare fino al vallo costruito dai Galli sul pendio della collina di Alesia, anziché provare a fronteggiarli approfittando del vantaggio assicurato dalla posizione sopraelevata, aveva ordinato di chiudere le porte e aveva fatto rientrare la cavalleria in città, predisponendosi a ricevere le legioni schierando sugli spalti arcieri, frombolieri e lanciatori di giavellotti. A quel punto Cesare aveva dato l'ordine di ripiegare: non voleva che i Galli decimassero i suoi uomini in un assurdo tentativo di assalto che si sarebbe infranto contro le fortificazioni nemiche.

«Manterremo l'assedio» aveva comunicato ai suoi ufficiali, e dopo aver predisposto alcune coorti in assetto di battaglia lungo tutto il perimetro della valle aveva fatto riprendere i lavori da dove erano stati interrotti.

Adesso, mentre i fuochi erano accesi per dare l'opportunità ai legionari di continuare a scavare e intagliare i pali per il vallo protettivo anche di notte, con turni di lavoro che prevedevano l'alternarsi degli uomini a ogni cambio della guardia, Cesare decise che la sua presenza era importante per dimostrare loro la sua vicinanza, in quel momento di tensione. I Galli avrebbero potuto tentare altre sortite, e lui sapeva perché: mentre loro erano impegnati in battaglia, non aveva dubbi che Vercingetorige fosse riuscito a inviare suoi emissari nelle più remote regioni della Gallia per spingere alla ribellione le tribù ancora indecise.

Quando Commio e gli altri comandanti galli avrebbero ricevuto sue notizie, si sarebbero coalizzati abbandonando la loro proverbiale indecisione e avrebbero messo insieme un esercito imponente, capace di raggiungerli ben prima che le scorte di viveri ad Alesia costringessero Vercingetorige ad arrendersi.

Doveva mettere al sicuro i suoi uomini, e l'unico modo per farlo, se non voleva abbandonare l'assedio e garantire a Vercingetorige una eclatante vittoria, era costruire quella doppia cintura protettiva entro cui le legioni avrebbero potuto muoversi con una certa sicurezza per garantire rinforzi ovunque ce ne fosse stato bisogno.

Affiancato da Fabato, Labieno e Irzio, oltre all'immancabile Furio Lavieno, percorse a piedi un lungo tratto che fiancheggiava i lavori per lo scavo di un grande fossato di contenimento. Con la terra estratta sarebbe stato innalzato il terrapieno su cui i carpentieri avrebbero eretto il vallo, una palizzata costituita da robusti tronchi d'albero piantati nel terreno uno accanto all'altro e le cui ramaglie venivano intrecciate fra di loro per creare una inestricabile barriera.

«Stanno seguendo i tuoi suggerimenti, Cesare» gli disse Fabato indicando alcuni uomini al lavoro nel fossato. «Le pareti sono verticali, come vedi, con una profondità di venti piedi. La misura alla base è la stessa della sommità, al contrario di quanto facciamo di solito.»

«Non era meglio una fossa fastigata?» chiese Labieno. «O una punica?»

Cesare lo guardò in tralice, senza rispondere. Si era consultato con i centurioni più esperti, che avevano già realizzato imprese ritenute impossibili anche per i costruttori più arditi, e adesso non aveva certo voglia di dare spiegazioni al suo luogotenente.

«Avete fatto arretrare ovunque i terrapieni e le torri?» chiese a Fabato.

«Sì, di almeno quattrocento piedi. Dovrebbe essere sufficiente.»

Labieno scrutò a sua volta una piccola torre di avvistamento, ma anziché ribattere o chiedere spiegazioni disse: «Non vuoi rischiare che altri attacchi dei Galli mettano in pericolo chi è al lavoro, giusto?». Indicò lo spazio che si era creato tra la fortificazione e il cantiere. «Così potremo continuare a lavorare anche se saremo impegnati con il nemico.»

«Se sarà il caso, gli uomini si alterneranno» confermò Cesare. «E volendo potremo mettere al lavoro schiavi e serventi, per terminare le fortificazioni entro qualche giorno.»

«Non è finita qui» intervenne Fabato, mostrando una tavoletta su cui aveva fatto degli schizzi. «Faremo scavare altri due fossati larghi quindici piedi e profondi altrettanto. Quello più interno lo riempiremo con l'acqua del fiume, così che non sia possibile attraversarlo nell'impeto della corsa.»

«Davvero efficace» fu costretto ad ammettere Labieno. «E per quanto riguarda il terrapieno oltre i fossati? Qualche altra novità?»

«No» rispose Cesare. «Ma sulla palizzata voglio che sia allestito un parapetto di difesa per gli uomini. E ho chiesto di appuntire le ramaglie che sporgeranno all'esterno per rendere complicato scalare il vallo, lungo tutto il perimetro.»

Labieno tacque, limitandosi ad annuire.

«Le torri le abbiamo predisposte a una distanza di ottanta piedi l'una dall'altra» continuò Fabato, armato della sua tavoletta. «Però...»

«Però cosa?» volle sapere Cesare.

«Se vogliamo approvvigionarci quanto è necessario, dovrò distrarre molti uomini dal lavoro nelle fortificazioni» rispose il prefetto monetario. «E non possiamo sfruttare più di tanto gli addetti alle salmerie o la servitù, perché non sono addestrati.»

Cesare aveva già discusso di quel problema con Irzio, così gli fece un cenno e questi affiancò Fabato, mostrandogli un'altra tavoletta con alcuni disegni che lui stesso aveva realizzato, aiutato dai centurioni più esperti.

«Dovremo cercare di tenere il più possibile al sicuro gli uomini al lavoro» spiegò Irzio al prefetto monetario, «ma senza impiegare altre risorse. Così abbiamo pensato di rendere ancora più efficienti le fortificazioni, perché sia possibile difenderle con un minor numero di soldati.»

«Sì, sapevo dei fortini da distribuire lungo tutto il perimetro della valle» annuì Fabato. «A quanti avete pensato? E gli accampamenti? Qui vedo che sono posizionati in più punti.»

«Esatto» confermò Cesare. «Costruiremo otto fortini principali, provvisti di torri di avvistamento su tutti i lati, e ventitré secondari, intervallati in modo da essere visibili l'un l'altro in ogni condizione di tempo.»

«Gli accampamenti, invece» proseguì Irzio mostrando ancora la tavoletta, «saranno otto, quattro occupati dalla fanteria e gli altri dalla cavalleria. I Germani avranno la possibilità di acquartierarsi qui, a nordovest, alle pendici di questo colle, in uno dei punti più vulnerabili di tutto l'accerchiamento.»

«Molto astuto» sorrise Fabato. Poi notò qualcos'altro sulla tavoletta di Irzio. «Questi cosa sono?» chiese, puntando il dito.

«Fossati di contenimento per la cavalleria nemica» spiegò Cesare, che ne aveva discusso con i suoi costruttori più esperti. «Sono profondi cinque piedi e scavati in successione, così da non permettere ai cavalli di scavalcarli con un balzo.»

«Sul fondo pianteremo pali acuminati legati fra loro perché

non possano essere divelti» aggiunse Irzio. «La ramaglia sarà lasciata sulla parte alta dei pali, così da dare l'impressione che ci siano dei cespugli. Se qualcuno li calpesterà...»

«Ci cadrà dentro» approvò Fabato. «E gli altri immagino servano a impedire che qualcuno cerchi di scavalcare il primo fossato.»

«Esatto» confermò Cesare. «All'interno saranno predisposte le *colonnine*, cinque file di pali dalla punta acuminata intrecciati fra di loro. Anche in questo caso terremo i rami sulla sommità dei bastoni, per nascondere le trappole a un primo sguardo.»

«Infine queste buche, vedi?» aggiunse Irzio. «Saranno profonde tre piedi e un po' più strette alla base. Le faremo scavare lungo linee trasversali, un po' come se dovessero formare il numero cinque sulla faccia di un dado da gioco. Anche là dentro collocheremo bastoni appuntiti, induriti con il fuoco e affondati nel terreno per un piede, perché siano stabili. Poi occulteremo il tutto con trame di rami e foglie.»

«Conosco queste trappole» mormorò Fabato. «Ho sentito qualcuno chiamarle *gigli*, perché se disposte in file distanziate da due o tre piedi ciascuna danno l'impressione di vedere quei fiori.»

«Non le avevamo ancora usate» disse Cesare, «ma credo sia arrivato il momento di mettere in campo tutto ciò che conosciamo.»

«Allora propongo di aggiungere un'ulteriore fila di difesa davanti a tutto questo» disse Fabato con gli occhi che brillavano nel lucore delle torce. «I *pungoli*.»

«E che cosa sarebbero?» chiese Irzio.

Cesare ne aveva sentito parlare, ma non li aveva mai visti, così ascoltò attento.

«Davanti a tutto, per tutta la lunghezza del perimetro, conficchiamo nel terreno dei pioli appuntiti provvisti in cima di uncini di ferro. Se li collochiamo nel modo giusto, impediranno a chiunque di prendere slancio per cercare di saltare i fossati o aggirarli.»

«Molto bene, occupatene tu stesso» gli disse Cesare dandogli una pacca sulla spalla.

Dopo che Fabato si fu allontanato, continuò a camminare lungo i fossati in costruzione ancora per un po', accompagnato da Irzio e Furio Lavieno, finché alcuni esploratori a cavallo non lo raggiunsero alla base di uno dei fortini principali, la cui palizzata già si stagliava verso il cielo punteggiato di stelle.

«Cesare, abbiamo notizie per te!» esclamò uno dei cavalieri balzando dal dorso del suo animale.

«Cos'è successo?» gli chiese Cesare.

«Abbiamo catturato alcuni galli che cercavano di dileguarsi nella notte» rispose il giovane, che aveva la tunica degli esploratori sporca di sangue. «Crediamo siano pochi rispetto a quelli che sono riusciti a fuggire.»

«Li avete uccisi?» volle sapere Cesare indicando il sangue sulla tunica.

«Alcuni sì, siamo stati costretti a farlo» ammise il giovane. «Ma altri sono vivi, e li abbiamo interrogati.»

«Erano messaggeri di Vercingetorige?» lo anticipò lui.

«Sì, Cesare. E da quello che abbiamo capito deve averne mandati a centinaia a chiedere rinforzi.»

«A quali tribù erano diretti?» intervenne Irzio.

I due messaggeri si scambiarono un rapido sguardo, poi il secondo, che era sceso da cavallo a sua volta e aveva affiancato il compagno, rispose: «A tutte. Nessuna esclusa».

Cesare strinse i denti fino a sentirli scricchiolare. Sapeva che sarebbe successo, ma non credeva così presto; sperava di riuscire a stringere l'accerchiamento per impedire ai messaggeri nemici di fuggire, ma adesso...

«Possiamo inseguirli!» lo riscosse Irzio. «Mandiamo i nostri cavalieri migliori. Li raggiungeranno e li elimineranno a uno a uno!»

«No, sarebbe impossibile. I Galli conoscono troppo bene questi territori. Dobbiamo agire in un altro modo.»

«E come?» chiese Irzio allargando le braccia.

Cesare restò a pensarci un istante, poi si rivolse ai due messaggeri: «Trovate dei ricognitori galli che reputate fedeli, dategli abiti e armi del nemico e mandateli in ogni direzione. Che raggiungano tutte le tribù che conosciamo, e si infiltrino tra le file nemiche. Quando il loro esercito si metterà in marcia, fuggiranno e verranno a rivelarci quanti sono e chi li comanda».

I due messaggeri si batterono il petto con l'avambraccio e corsero via.

«Non so quanto ci metteranno a organizzarsi» disse Cesare rivolto a Irzio, «ma se arriveranno prima che Vercingetorige ceda alla fame e alle malattie, dovremo prepararci a combattere su due fronti. Le fortificazioni, per allora, dovranno essere completate, e tutte le scorte di viveri messe al sicuro.»

«Sarà fatto» garantì Irzio.

«Un'altra cosa» lo fermò Cesare. «Cerchiamo di infiltrare spie ad Alesia.»

«E come possiamo fare?»

«Fai indossare ad alcuni dei nostri ausiliari i vestiti dei prigionieri, e poi liberali sui monti. Torneranno indietro dichiarando di essere riusciti a fuggire, e se anche solo uno di loro sopravvivrà, avremo la spia che ci serve.»

43

Alesia
Territorio dei Mandubi
52 a.C., settembre

Ogni giorno i Galli sferravano qualche attacco in una direzione a sorpresa, impossibile da prevedere. Erano sortite velleitarie, inoffensive, questo Cesare lo sapeva bene, però sembravano avere uno scopo: saggiare le difese della grande cinta fortificata che i suoi uomini erano riusciti a erigere tutt'intorno alla collina di Alesia.

Eppure non ci sono punti deboli, si ripeté per l'ennesima volta, mentre aspettava che tutti gli ufficiali che aveva convocato nella grande tenda pretoria prendessero posto sugli sgabelli. *Almeno per quanto riguarda la cerchia interna.*

Quello era il suo vero cruccio: se dall'interno sarebbe stato impossibile per i Galli sfondare, all'esterno le cose potevano essere molto diverse: la conformazione del terreno, quei due maledetti fiumi e soprattutto i colli aspri e ravvicinati che si ergevano come tozzi funghi tutt'intorno al monte su cui si stagliava Alesia, non consentivano di costruire difese uniformi e capaci di resistere all'assalto di un esercito. Le fortificazioni che impedivano l'ingresso nella valle erano abbastanza sicure e avrebbero retto a un'aggressione, ma c'erano delle zone, a nord e nei punti di intersezione con i due fiumi e con i declivi più aspri delle colline, in cui non erano riusciti a erigere barriere efficaci, e lì era stato costretto a destinare guarnigioni più numerose, distraendo fin troppi uomini da quel vastissimo perimetro da tenere costantemente sotto controllo.

«Dovremmo esserci tutti, Cesare» disse Irzio riscuotendolo dai suoi foschi pensieri.

«Grazie di essere qui» esordì lui alzandosi e facendo scorrere uno sguardo circolare sui suoi ufficiali. Aveva voluto che fossero presenti anche i questori e i tribuni militari, ma aveva chiesto ai centurioni di continuare a occuparsi dei lavori di assestamento delle fortificazioni, soprattutto nei punti più deboli.

Mentre veniva servito il vino, cercò di capire su quali fra quegli uomini avrebbe potuto fare affidamento, quando la battaglia finale avesse finalmente avuto inizio.

Sentiva di potersi fidare di alcuni di loro, come Irzio o Marco Antonio, oppure Fabato e Rebilo, ma per tutti gli altri... Fra di loro non c'era solo una sana competizione fra pari, c'erano correnti politiche sotterranee che agitavano gli umori, desideri di rivalsa, gelosie, contatti ancora frequenti con i poteri forti di Roma che cercavano di arrestare la sua avanzata inesorabile, e che in qualche modo avrebbero gradito una sua sconfitta, pur di vederlo fuori dai giochi che inasprivano le sedute del Senato di cui i suoi alleati gli riferivano periodicamente.

Labieno, per esempio. Adesso sedeva un poco appartato, con la sua coppa di vino in mano che non sembrava avere intenzione di toccare, come se potesse contenere una bevanda avvelenata; il suo luogotenente lo scrutava con quel cipiglio per certi versi inespressivo in maniera irritante, ma per altri... accusatorio, forse? Irzio gli aveva mostrato alcuni dispacci intercettati dalle staffette, diretti a Labieno da parte di uomini vicini a Pompeo, che pur nell'innocenza di parole di saluto sembravano celare una sorta di codice segreto.

Lui stesso usava un codice quando inviava messaggi a Roma, dunque non avrebbe dovuto stupirsi se anche altri lo facevano, ma l'idea che Labieno ricevesse quei dispacci non lo faceva stare tranquillo.

«Perché siamo qui, Cesare?» lo interpellò Crasso, che aveva assunto il ruolo di questore e che anche più di lui sembrava diffidare di Labieno e di coloro che in qualche modo potevano risultare schierati con Pompeo.

Cesare si voltò a fissarlo e decise che non poteva più indugiare. Era tempo di dimenticare i giochi di potere di Roma e pensare a una sola cosa: vincere la guerra.

«Sono tornati gli uomini che abbiamo infiltrato fra i Galli» rivelò, ottenendo subito l'attenzione di tutti. «E due spie da Alesia.» Indicò il tavolo su cui erano accatastate pergamene e tavolette da scrittura. «Ho qui i loro rapporti.» Fece un cenno a Sarmete, che gli portò uno dei rotoli su cui erano stati annotati.

«Dunque sono in marcia?» chiese Labieno. «Hai avuto conferma di quanti siano? E quanto ci metteranno ad arrivare?»

Cesare trattenne la smorfia che stava per tirargli le labbra. Labieno cercava sempre di anticiparlo, di fare sfoggio della sua intelligenza, del suo acume; o quanto meno cercava di rubargli le uscite a effetto che avrebbero dovuto impressionare i suoi ufficiali, nel tentativo di ridurre tutto a semplici comunicazioni di servizio.

Cesare tornò a sedersi sul suo sgabello, passò la coppa con il vino a Sarmete e srotolò la pergamena.

«Da quello che mi è stato riferito, i Galli non hanno chiamato a raccolta tutti gli uomini a loro disposizione» rivelò, suscitando emozioni contrastanti fra i presenti. Ci fu chi sobbalzò per la sorpresa, chi sospirò di sollievo, chi non riuscì a trattenere una risatina nervosa. Solo Labieno restò impassibile, in attesa che lui si spiegasse meglio. Così Cesare continuò: «Hanno imposto a ogni tribù di fornire un certo numero di guerrieri, hanno formato i contingenti e vi hanno assegnato i comandanti».

«Di quanti uomini parliamo?» chiese Marco Antonio.

«Duecentocinquantamila fanti» rispose Cesare, facendo ammutolire tutti. «E circa ottomila cavalieri.» Si guardò attorno, scrutando i volti cerei che lo fissavano, poi lesse dalla pergamena: «Hanno aderito tutte le tribù conosciute, a parte i Bellovaci, che hanno dichiarato di volersi opporre a Roma solo quando invaderemo il loro territorio. Si sono limitati a fornire duemila uomini all'esercito riunito».

«Duecentocinquantamila...» mormorò Fabato. «Sono più di quanti avrei immaginato.»

«Chi li comanda?» volle sapere Rebilo.

Cesare tornò a scrutare la pergamena. «Ci sono nostre vecchie conoscenze» disse con una mezza smorfia. «A quanto pare, i sussulti della guerra e il desiderio di rivalsa sono più forti di qualsiasi promessa o sentimento di amicizia.»

«Sapevamo già di quel traditore di Commio» intervenne Gaio Fabio. «Chi altri?»

«L'atrebate ha ricevuto il comando supremo» rivelò Cesare. «E questo lo rende pericoloso, perché conosce la nostra cavalleria e sa come ci muoviamo in combattimento.»

«Gli manderemo contro i Germani!» inveì Decimo Bruto. «Quelli non l'hanno mai digerito.»

Ci fu qualche amara risata, ma presto tutti tacquero di nuovo per ascoltare le parole di Cesare.

«Al fianco di Commio ci saranno Vercassivellauno, l'arverno cugino di Vercingetorige, e gli edui che abbiamo avuto come alleati fino a ieri, Viridomaro ed Eporedorige.»

Divamparono subito commenti rabbiosi e ingiurie rivolte verso quei traditori, ma Cesare consegnò la pergamena a Sarmete e sollevò le mani per azzittirli.

«È una chiara strategia voluta da Vercingetorige» provò a spiegare. «Ha affidato il comando a chi ci conosce meglio, per poter prevenire le nostre mosse e metterci in difficoltà.»

Un cupo silenzio scese nella tenda.

«Credi che ad Alesia abbiano già ricevuto queste informazioni?» chiese a un certo punto Labieno.

Cesare cercò con lo sguardo Considio, poi gli fece cenno di rispondere.

«Ne dubito» disse il capo degli esploratori, seppure con espressione incerta. «Ho fatto perlustrare giorno e notte ogni palmo intorno alle fortificazioni.»

«Allora presumiamo che sia così» fece Cesare anticipando Labieno, che sembrava sul punto di commentare le parole di Considio. «Le nostre scorte sono ancora buone, e ci vorrà qualche giorno prima che i Galli arrivino da nord e da occidente. Al contrario, il cibo ad Alesia ormai si è esaurito da diverso tempo.» Fece un altro cenno a Sarmete, e questi gli porse una tavoletta. Cesare la prese e la mostrò a tutti. «Le nostre spie ci dicono che si sono ridotti a mangiare cani, gatti e persino i topi. Stanno difendendo i cavalli con le armi, ma non credo potranno resistere a lungo. Le malattie cominciano a circolare e i più deboli stanno morendo come mosche. A breve Vercingetorige sarà costretto a compiere una sortita disperata, impossibilitato ad attendere ancora l'arrivo dei soccorsi.»

«Quanto sono attendibili quelle spie?» chiese Irzio. «Voglio dire: siamo sicuri che non siano state istruite appositamente da Vercingetorige? Sai di che cosa è capace, quel cane.»

Cesare lo fissò stringendo gli occhi. «Hanno riferito di un concilio che si è svolto ad Alesia a cui hanno partecipato tutti i nobili e i comandanti. Uno di costoro, Critognato, un arverno noto per la sua ferocia, ha fatto una proposta terribile: ha suggerito di seguire l'esempio dei loro antenati durante le guerre con i Cimbri e i Teutoni, che erano arrivati a sfamarsi dei corpi dei più deboli e di tutti coloro che non potevano combattere.»

Si levò un brusio disgustato nella tenda illuminata da pochi bracieri, mentre al di fuori calavano le ombre della sera. Cesare scrutò direttamente Labieno.

«Vercingetorige si è opposto» continuò. «Ma ha comunque proposto di fare uscire dalla città tutti coloro che non possono contribuire alla guerra, così da non sprecare risorse. Parliamo di invalidi, feriti, donne, vecchi e bambini. Lasceranno che muoiano di fame fuori dalle mura, o che noi li si accolga nei nostri accampamenti.»

«Non possiamo farlo!» scattò Antistio. «Potrebbe essere una trappola, un espediente per infiltrare spie.»

Mentre tra i suoi ufficiali si accendeva una furiosa discussione, Cesare prese un lungo respiro. Poi fece tacere tutti parlando a voce alta: «Vedremo se questo accadrà davvero. Significherebbe che sono ridotti allo stremo e che presto potremo averne ragione».

«Non se resisteranno fino all'arrivo dei rinforzi» ribatté Labieno, portandosi per la prima volta alla bocca la coppa con il vino. Bevve un piccolo sorso e riprese: «Ancora una volta Vercingetorige si dimostra astuto. Si libera dei pesi morti senza dare seguito alle proposte folli di Critognato, e magari infiltra fra quei poveracci qualcuno dei suoi nel caso noi decidessimo di accoglierli nei nostri accampamenti. In ogni caso, così guadagnerà tempo».

Le discussioni ripresero vigore, ma Cesare decise che non vi avrebbe più contribuito. Concordava con quanto espresso da Labieno, ma non aveva intenzione di rivelarlo.

Restò seduto a bere, cercando di capire quale fosse il modo migliore per rispondere a quella mossa inaspettata da parte del nemico.

Il giorno dopo, all'alba, Cesare venne svegliato dal suono dei corni e si precipitò fuori.

«Che succede?» chiese a Furio Lavieno, corso ad affiancarlo insieme ad altri due legionari.

«Hanno fatto quello che ci avevi annunciato» rispose il comandante delle guardie accompagnandolo sugli spalti che guardavano verso Alesia.

Mentre terminava di sistemarsi la lorica e si allacciava il cinturone con la spada al fianco, Cesare scrutò nella luce ancora incerta verso il declivio che scendeva dalle porte della città, oltre il muro difensivo eretto dai Galli, e vide una fiumana di persone allargarsi nel territorio neutro che separava il vallo eretto dai legionari dall'accampamento di Vercingetorige.

«Quelli sono i Mandubi, gli abitanti della città» disse Irzio raggiungendoli insieme ad altri ufficiali. «Bel riconoscimento per averli accolti nella loro fortezza.»

«È di sicuro un trucco» affermò Marco Antonio, che indossava solo la tunica e teneva in mano il fodero con la spada. «E comunque potrebbero essere malati e diffondere un contagio, se li facessimo entrare.»

Cesare restò a guardare quella processione di vecchi, donne, bambini e uomini claudicanti, sospinti fuori dalla barriera difensiva. Gridavano, imploravano pietà, piangevano. Le donne stringevano al seno i bambini più piccoli, e coloro che erano impossibilitati a camminare si trascinavano con le braccia, rotolando nei tratti più ripidi del declivio. Non avevano niente con sé, a parte gli abiti che indossavano.

«Moriranno di sete, prima che di fame» commentò Gaio Fabio. «Cosa devo ordinare ai presidi lungo i fiumi?»

Cesare restò per un attimo in silenzio, mentre migliaia di Mandubi, dopo aver ricevuto bastonate e pedate dai Galli in risposta alle loro suppliche, cominciavano a trascinarsi lentamente verso le loro palizzate, forse ignari dei fossati, dei *pungoli* e delle trappole allestite per fermare gli assalti nemici.

Difficilmente quei poveracci avrebbero rappresentato un pericolo per loro, se ne rendeva conto, ma come poteva accoglierli? Il cibo a disposizione era appena sufficiente per sfamare le legioni, e non poteva sapere per quanto tempo sarebbe durata quella guerra. E se i Galli fossero arrivati in massa e li avessero circondati? Sfamare i Mandubi avrebbe significato una sola cosa: indebolire i suoi uomini, privandoli del sostentamento necessario per resistere nel corso della lunga battaglia che si prospettava. Né poteva consentire loro di intasare i passaggi presidiati ai due fiumi, che aveva fatto isolare dalla cerchia interna delle fortificazioni per non dare la possibilità ai Galli di rifornirsi d'acqua. Se i Mandubi si fossero accalcati nei punti in cui era possibile accedere ai due torrenti, le sue guarnigioni sarebbero state in difficoltà e i Galli avrebbero potuto approfittarne.

«Teneteli lontano dalle porte di accesso» rispose alla fine a Gaio Fabio. «Lanciate loro qualche otre d'acqua, ma niente cibo, non possiamo permetterci di sprecare risorse.»

«Così allevierai solo la loro sofferenza» commentò Irzio. «Moriranno comunque.»

«Lo so» confermò Cesare stringendo un pugno. Sentiva i pianti dei bambini, le suppliche delle donne, le grida disperate di quella gente rinnegata da tutti, e ne aveva pietà; ma il soldato dentro di lui sapeva che la clemenza nei loro confronti avrebbe indebolito le sue legioni, e non poteva permetterlo.

«Se si avvicinano troppo ai fossati, uccideteli» ordinò. «Non possiamo rischiare che li riempiano con i loro corpi.»

Nessuno osò ribattere e lui, dopo aver lanciato un ultimo sguardo alla folla macilenta che si avvicinava, si voltò di scatto e si diresse verso la sua tenda. Maledisse i Galli per la loro ferocia e la loro astuzia. Sapeva che quella strategia avrebbe danneggiato il morale dei suoi uomini. Probabilmente qualcuno si sarebbe fatto impietosire e avrebbe lanciato del cibo a quei poveracci, e nel cuore di molti legionari sarebbe cresciuto il malumore.

Avrebbe dovuto ordinare di uccidere i Mandubi non appena fossero stati a tiro, per mettere fine il prima possibile al loro supplizio, ma una contrazione allo stomaco gli fece capire che non ne sarebbe stato capace.

«Che gli dèi siano con voi» mormorò mentre entrava nella tenda e faceva segno a Sarmete, che lo fissava allarmato, di versargli del vino.

44

Alesia
Territorio dei Mandubi
52 a.C., 23 settembre

I Mandubi non ci avevano messo molto a morire. Erano già sfibrati dalla fame, macilenti e divorati dalle malattie, ed erano caduti a uno a uno prima ancora di trovare la forza per raggiungere i due fiumi o per cercare di ammassarsi davanti alle porte sbarrate ricavate a intervalli regolari nel vallo di fortificazione.

Pochi erano inciampati nei *pungoli* senza nemmeno accorgersi della trappola, ed erano finiti trafitti dai rostri acuminati.

Cesare non si era più recato sugli spalti per osservare quello che accadeva, si limitava a ricevere i rapporti dei tribuni dopo ogni turno di guardia e a dirsi che aveva fatto bene a non accogliere nel loro accampamento quella gente. Appartenevano alla stessa genia dei loro nemici, non avevano alcuna utilità pratica per la guerra, avrebbero consumato risorse preziose e avrebbero potuto diffondere malattie; nonostante ciò, i crampi allo stomaco che lo avevano colpito fin da quando aveva sentito le loro grida disperate non se ne erano mai andati, e cercava di scacciarli bevendo lunghi sorsi di vino.

I Mandubi erano ormai morti quasi tutti, e gli ultimi rantolavano a terra senza più la forza di muoversi, quando i ricognitori giunsero a segnalare l'arrivo dell'esercito dei Galli.

«Hanno fatto prima del previsto» commentò Labieno accanto a lui, sulla torre di avvistamento più alta. Da lassù era possibile dominare gran parte delle colline che circondavano la valle che conduceva ad Alesia, e si intravedevano anche ampi tratti del corso dei fiumi. Solo le fortificazioni a nord erano nascoste dalla massiccia collina su cui sorgeva la roccaforte nemica. «Se avessero tardato ancora qualche giorno, forse Vercingetorige e i suoi si sarebbero arresi o sarebbero morti per fame, proprio come quei poveracci che hanno cacciato dalla città.»

Cesare restò a scrutare l'orizzonte senza fare commenti. Labieno aveva ragione, ma serviva a poco recriminare. Adesso dovevano pensare a come affrontare l'esercito che stava annerendo di uomini, cavalli e stendardi tutte le colline intorno, una moltitudine che sembrava infinita.

«Sono davvero tanti» commentò cupo Irzio.

«Non hanno molta cavalleria» replicò Labieno. «E questo va a nostro vantaggio.»

Cesare aveva già fatto le sue considerazioni su quell'aspetto, e se concordava con Labieno, si rendeva anche conto che per assaltare una fortificazione imponente come quella che loro avevano eretto la cavalleria sarebbe valsa a ben poco. Era con la fanteria e con le macchine da guerra che si stringevano d'assedio mura e palizzate, di questo avrebbero dovuto preoccuparsi.

«Fate predisporre gli scorpioni e rifornite gli spalti di arcieri a intervalli regolari» ordinò al suo luogotenente. «Voglio almeno un fromboliere ogni cento passi, dotato di biglie di piombo, e tutte le pietre da scagliare pronte in cumuli nei tratti più facili da scalare.»

«Provvederò io stesso» garantì Labieno allontanandosi.

Rimasto solo con Irzio, Cesare osservò le centinaia di stendardi nemici che garrivano nel vento. Stavano erigendo un accampamento su un colle a meno di un miglio dal punto in cui si trovavano lui e Irzio, che avrebbe garantito ai loro comandanti una visuale perfetta di tutta la doppia linea fortificata che cingeva Alesia, se non altro da quella parte della valle.

«Come intendi procedere?» gli chiese Irzio.

«Aspetteremo che siano loro a muoversi. Più tempo guadagniamo, più metteremo in difficoltà Vercingetorige e i suoi, stremati dalla fame.»

«Non credo che aspetteranno molto» grugnì Irzio. «Immagineranno in quali condizioni si trovano gli assediati ad Alesia.»

«Bene, allora noi saremo pronti a riceverli.»

Dopo un attimo di pausa, Cesare indicò con il braccio teso. «Riesci a distinguere gli stendardi?» chiese al suo legato.

Irzio si sporse leggermente all'infuori. «Ci sono davvero tutte le tribù» rispose. «Non le avevo mai viste tutte insieme, prima.»

«Fammi i nomi» lo sollecitò Cesare. «Voglio ricordarli, quando verrà il momento.»

La valle si estendeva per circa tre miglia e la cavalleria nemica, che era stata schierata all'alba ai piedi delle colline che facevano da corollario all'orizzonte occidentale, sembrava ricoprirne buona parte.

Cesare, che non era riuscito a dormire e che si era recato sulla torre di avvistamento già diverse ore prima, aveva dato incessantemente disposizioni ai suoi uomini, e non appena aveva visto uscire le prime ombre dall'accampamento nemico aveva fatto anticipare il cambio della guardia e aveva rimpiazzato gli uomini sugli spalti con forze fresche, che avrebbero potuto affrontare meglio l'assalto.

Ma anziché vedere l'orda di Galli precipitarsi contro tutto il perimetro delle fortificazioni, aveva osservato sorpreso le manovre della cavalleria, che si disponeva su un fronte ampio almeno due miglia. Ogni quattro o cinque cavalieri si scorgevano degli uomini appiedati, e solo quando il sole fu abbastanza alto da illuminare tutta la piana Cesare comprese che si trattava di arcieri, frombolieri e fanti provvisti di lunghe picche.

«Che cosa stanno facendo?» chiese Irzio accanto a lui. Cesare aveva dato ordine ai suoi legati di raggiungere le proprie legioni e tenersi pronti, e a Tito Labieno di controllare il vallo che dava verso Alesia.

«Non lo so» rispose inquieto. Non aveva mai visto prima quel genere di schieramento, e questo lo innervosiva. Strinse gli occhi per guardare meglio, e comprese che tutta la fanteria nemica era stata allineata sulla cima dei rilievi, a tratti parzialmente nascosta dagli alberi che li ricoprivano.

«Vedo gli stendardi» confermò Irzio puntando un braccio, come se gli avesse letto nel pensiero. «Tengono la fanteria di riserva. Ma perché?»

«Non lo so» ripeté ancora Cesare. Ma non poteva correre rischi, per cui si girò verso lo sbandieratore che era con loro sulla torre e diede gli ordini: «Segnala alle legioni di schierarsi su due file, pronte a uscire dai varchi al mio comando. Anche le riserve devono essere pronte».

In silenzio, lo sbandieratore gesticolò verso gli ufficiali che attendevano i suoi segnali a distanza, e in breve tutto l'accampamento si animò degli ordini latrati dai tribuni e dai centurioni, e manipolo dopo manipolo le centurie si costituirono e si predisposero lungo tutto il perimetro difensivo, come si erano addestrate a fare nei giorni precedenti.

«Cosa dice Labieno?» domandò Cesare allo sbandieratore. Questi indirizzò segnali verso un'altra torre sul vallo interno, attese la risposta e si affrettò a riferire.

«Ci sono movimenti in città. Vercingetorige deve aver visto la cavalleria dei Galli schierata e si sta preparando ad attaccare.»

Cesare annuì. Il momento della verità sembrava finalmente giunto.

«Fai schierare la cavalleria» ordinò allo sbandieratore, che si affrettò a riferire agli ufficiali. «Gli altri restino in attesa, pronti a intervenire se i Galli decidessero di assaltare le fortificazioni.»

«Ancora non capisco perché mandare avanti solo la cavalleria» grugnì Irzio accanto a lui, sempre più nervoso. «Perché non ci attaccano con tutti gli uomini a disposizione?»

Cesare questa volta non rispose. Restò a meditare mentre la cavalleria si predisponeva lungo tutto il perimetro, pronta a uscire al suo comando dalle porte, che sarebbero state richiuse subito dopo il loro passaggio.

Gli venne in mente un'idea. «Dov'è Considio?»

Irzio si sporse dal parapetto e lo indicò con un braccio. Poi disse allo sbandieratore di far venire sulla torre il capo degli esploratori. Mentre aspettavano, Cesare chiese a Irzio di sforzare la vista per cercare di capire cosa stessero facendo i Galli sulla sommità delle colline.

«Se ne stanno fermi, in attesa» rispose corrucciato Irzio. «E questo non mi piace.»

Cesare concordava con lui, ma non potevano aspettare che fossero i Galli a muoversi per primi. Avevano schierato la cavalleria, e lui sapeva che anche se si trattava di una mossa studiata, che mirava a coprire qualcos'altro, doveva comunque approfittarne.

«Li attaccheremo» rivelò a Irzio nel momento in cui Considio fu accanto a loro. «Siamo più forti, e abbiamo l'occasione di annientare la loro cavalleria.»

«I Germani scalpitano per farne strage» confermò il capo degli esploratori. «Sono già pronti da ore, fatichiamo a contenerli.»

«Ordina loro di aspettare il mio segnale» gli disse Cesare. «Devono coglierli di sorpresa sul fianco nord, dove possono sfruttare il pendio per caricare con più forza.»

«Sì, Cesare» garantì Considio. «Cos'altro?»

«Mischia alcuni dei tuoi con la cavalleria ausiliaria» ordinò. «Non devono combattere, devono approfittare della confusione per aggirare quelle colline e scoprire che cosa stanno facendo i Galli là sopra, dove hanno schierato la fanteria.»

Considio scrutò per un istante nella direzione indicata da Cesare, incerto su cosa rispondere, poi intercettò il suo sguardo e si batté il braccio sul petto, precipitandosi a dare gli ordini.

«Non so cosa stiano combinando» riprese Cesare a bassa voce, parlando più a se stesso che a Irzio, «ma credo di averne un'idea.»

«Che cosa pensi?» volle sapere Irzio.

Lui prese un lungo respiro. «Credo siano arrivati qui di fretta, senza avere un'idea precisa di cosa si sarebbero trovati di fronte. Adesso che hanno visto le nostre fortificazioni dovranno costruire tutto il necessario per prenderci d'assalto.»

«Intendi scale, graticci per i fossati e macchine da guerra?»

Cesare allargò un mezzo sorriso. «Macchine da guerra non credo proprio. Avranno anche imparato molto da noi, ma restano dei barbari senza alcuna capacità nella costruzione di torri semoventi o catapulte. Però immagino abbiano bisogno di passatoie per attraversare i fossati, scavalcare le nostre trappole e cercare di assaltare le palizzate.»

«Allora perché non aspettano qualche giorno?» insistette Irzio. «Che senso ha mandare avanti la cavalleria?»

Cesare lo guardò. «Saggiano le nostre forze, e danno ai cavalieri delle loro tribù la possibilità di dimostrare il loro valore, proprio come hanno sempre fatto in tutti questi anni. Ti sei forse scordato come combattono?»

Irzio annuì lentamente, cupo in volto.

«Questo però ci torna utile» continuò Cesare. «Se riusciamo ad annientare la loro cavalleria, potremo disporre di un elemento in più a nostro vantaggio, da trasferire velocemente ovunque sia necessario per arginare i loro attacchi più violenti.»

«Ma se non dovessimo riuscire a sconfiggerli?»

Cesare restò per un istante a fissare il legato, poi si rivolse allo sbandieratore e diede il segnale.

«Ognuno dei nostri veterani vale dieci dei loro» gli ricordò. «E adesso ne avrai la dimostrazione.»

I Galli combattevano bene, più di quanto Cesare avesse immaginato, ma dopo un primo momento in cui le sorti dello scontro erano sembrate alquanto incerte, soprattutto grazie a quella tattica innovativa dei Galli per cui i soldati appiedati sembravano in grado di intervenire efficacemente per soccorrere i cavalieri in difficoltà, ben presto si era capito che le ali della cavalleria romana erano meglio organizzate e capaci di unirsi e sfaldarsi a seconda delle necessità, per incunearsi tra le file del nemico seminando il panico.

Mentre osservava in silenzio lo svolgersi dell'aspra battaglia, in un feroce tributo di sangue che arrossava il terreno, Cesare aveva l'impressione di trovarsi in una situazione surreale, quasi stesse sognando.

Era come se anziché nel territorio dei Mandubi si trovasse ancora a Roma, e quello fosse il Circo Massimo o un anfiteatro ancora più grande, in cui era stata portata in scena la rappresentazione di un'epica battaglia. Quei combattenti erano gladiatori, o figuranti di uno spettacolo tanto realistico quanto improbabile, e gli spettatori gridavano e li incitavano e lanciavano maledizioni dalle tribune, che in quel caso erano rappresentate dai camminamenti sulle palizzate del vallo romano e dalle schiere di fanti galli che dall'alto delle colline gridavano all'indirizzo dei loro compagni. Erano tutti spettatori di quello scontro che lasciava sul campo decine di morti e feriti, e Cesare non poteva fare molto altro se non assistere a sua volta, stringendo con le mani il parapetto della torre su cui si trovava.

«Basta così» disse a un certo punto, rendendosi conto che ormai il sole stava tramontando e ancora le sorti dello scontro non erano state decise. In alcuni punti a sud e più a nord, i Galli sembravano in grado di stringere la cavalleria romana in una morsa, ma al centro erano gli ausiliari al servizio di Roma, appoggiati dai cavalieri della Decima legione che lui aveva voluto nella mischia, che avanzavano sempre più verso gli accampamenti dei Galli, rischiando di spezzare in due gli schieramenti della cavalleria avversaria. Se avessero continuato ancora a lungo, con l'arrivo delle tenebre sarebbe stato impossibile provare a mettere in campo una strategia definitiva, e lui aveva atteso fin troppo a dare briglia sciolta ai Germani, che da ore attendevano grugnendo e ringhiando infuriati, desiderosi di assaggiare il sangue del nemico.

«Quali ordini, Cesare?» gli chiese lo sbandieratore, accorso appena lui aveva aperto bocca.

«Fate uscire i Germani» rispose lui. «Devono passare da nord, salire più in alto che possono e calare sul nemico come una valanga!»

Lo sbandieratore corse a trasmettere gli ordini, e presto si sentirono le grida di guerra dei Germani mischiarsi agli incitamenti dei legionari sugli spalti.

«Speriamo facciano in tempo» mormorò Irzio scrutando verso nord.

Cesare lo affiancò e guardò a sua volta: i Galli avevano circondato uno sparuto manipolo di cavalieri romani, alcuni appiedati e con le carcasse dei loro cavalli a ostacolarli nei movimenti. Dall'alto delle colline il frastuono delle picche pestate a terra e delle spade battute contro gli scudi sembrava incitare quei demoni, che combattevano come mai li aveva visti fare.

Lentamente la cavalleria romana cominciò a ritirarsi, con ordine e intelligenza, coprendo i fianchi e rintuzzando di tanto in tanto i Galli per spezzare l'accerchiamento che stavano cercando di mettere in atto.

Quando sembrava che tutto fosse perduto, e i Romani costretti a ritirarsi oltre il vallo fortificato, un tuono esplose nel cielo e la terra tremò. Cesare poté avvertirlo anche lì sulla torre, e con un senso di trionfo si rese conto che erano i cavalieri germani che si scagliavano come un'orda di creature infernali contro i fianchi della cavalleria nemica.

L'impatto fu devastante: i Germani, assetati di sangue come non mai, fecero strage in breve tempo dei Galli, colti alla sprovvista. Qualche ala nemica cercò di riorganizzarsi, di opporre resistenza, ma i giganteschi uomini del Nord le falciarono impietosi e poi, una volta aperto un varco, si misero a inseguire arcieri, frombolieri e fanti, che vistisi a malpartito provarono a risalire il colle per raggiungere i loro compagni. Ben pochi riuscirono a farcela, e a un certo punto Cesare ordinò di segnalare ai Germani con i corni di fermarsi, di non tentare di attaccare da soli gli accampamenti nemici, perché i Galli erano troppi e li avrebbero soverchiati.

Ci volle un po', ma poi, grazie anche all'intervento dei comandanti della cavalleria, i Germani arretrarono e si compattarono con il resto dei Romani, quindi, dopo avere messo in fuga gli ultimi nemici, rientrarono dalle porte spalancate per loro.

Le grida di giubilo dei legionari sui camminamenti si levavano come sulle tribune di quell'enorme anfiteatro in cui Cesare aveva avuto l'impressione di trovarsi, quando tutto era cominciato.

«Abbiamo combattuto bene!» esclamò Irzio, eccitato.

Cesare annuì, poi si portò verso la parte della torretta che guardava su Alesia e cercò di capire che cosa stesse succedendo nel vallo più interno, dove gli uomini di Labieno avrebbero dovuto tenere a bada l'attacco da parte di Vercingetorige.

«Quali notizie ci sono?» chiese allo sbandieratore, che subito agitò le sue bandierine e dialogò con i suoi corrispettivi a centinaia di passi di distanza.

«Labieno riferisce che i nemici hanno attaccato con graticci e scale» disse dopo che ebbe ricevuto risposta, «ma sono stati fermati abbastanza agevolmente. Si stanno ritirando nella loro fortezza lasciando sul campo centinaia di morti e feriti.»

Cesare finalmente tornò a respirare. La tensione lo aveva fatto irrigidire più del previsto, ma ormai la battaglia – anzi, *le battaglie* – era conclusa, e i Galli avevano avuto sentore di che cosa significava affrontare Roma. Anche se molto superiori di numero, adesso che la loro cavalleria era decimata non sarebbero più stati pericolosi come prima, perché avrebbero faticato a spostarsi velocemente da un capo all'altro dell'immensa fortificazione per portare rinforzi e cercare di sfondare eventuali punti deboli. Adesso erano i suoi uomini in vantaggio, visto che potevano difendersi dall'alto e, di sicuro, i Galli non sarebbero stati in grado di costruire macchine da guerra abbastanza efficaci da metterli in difficoltà.

«Ora cosa credi che faranno?» gli chiese Irzio.

«Se fossi in loro mi leccherei le ferite e cercherei di pianificare meglio le prossime mosse. Il che ci darà il tempo di curare i feriti e far riposare i cavalli. Avremo ancora bisogno della nostra cavalleria.»

«Nel frattempo manteniamo i doppi turni di guardia sugli spalti?»

Cesare scosse la testa. «Non credo che questa notte attaccheranno di nuovo. Teniamo gli occhi aperti ma facciamo riposare tutti. Domani capiremo le loro intenzioni.»

«Cesare, Considio ha confermato che quattro dei nostri sono riusciti a infiltrarsi fra i Galli» gli rivelò un legionario arrivando trafelato.

«Molto bene» si congratulò con il giovane. Poi guardò Irzio: «Ora si tratterà di capire quanti di loro sopravvivranno abbastanza da riferirci quello che avranno visto».

45

Alesia
Territorio dei Mandubi
52 a.C., 25 settembre

Per tutta la giornata, proprio come aveva previsto, i Galli restarono nelle loro posizioni, limitandosi a inviare qualche gruppo di arcieri per far piovere dardi sugli spalti, oltre ai sassi scagliati dai frombolieri, e con qualche carica di cavalleria per incitare i romani a ingaggiare battaglia, uscendo allo scoperto. Ma gli ordini che aveva fatto girare tra gli ufficiali erano chiari: non si doveva dare seguito alle provocazioni, né farsi ingannare dal miraggio di una facile vittoria. I Galli erano subdoli e prediligevano l'inganno, così ogni uomo avrebbe dovuto mantenere la sua posizione, ripararsi sotto le tettoie predisposte allo scopo se la pioggia di frecce e sassi fosse stata più intensa, e risparmiare i dardi e i proiettili per il momento in cui ci fosse stato un vero assalto.

«Avete distribuito le biglie di piombo come vi ho suggerito?» chiese a Sestio e a Basilo, che fungevano da ufficiali di collegamento fra le due linee fortificate.

«Sì, Cesare» rispose Sestio, allungando verso di lui il palmo aperto. «Se ne sono occupati i centurioni Cadulo e Balvenzio, che già avevano avuto modo di produrre questi proiettili.»

Cesare osservò la pesante biglia di piombo che Sestio reggeva in mano, la prese e la soppesò.

«Notevole» disse. «Se i frombolieri sono davvero in grado di scagliarle con precisione, possono provocare seri danni.»

«Si sono allenati per settimane» garantì Basilo. «Abbiamo una cinquantina di uomini distribuiti su tutto il perimetro che non vedono l'ora di mettersi all'opera.»

Cesare annuì soddisfatto, poi indicò una piattaforma allestita su una torre a un centinaio di passi di distanza, dove alcuni legionari stavano armeggiando attorno a una macchina da guerra in costruzione. «Quanti scorpioni riusciremo a rendere operativi entro questa notte?» chiese ai suoi legati.

«Credi attaccheranno con il favore del buio?» s'incupì Sestio.

«Al loro posto lo farei. Due delle nostre spie infiltrate fra i Galli sono rientrate e ci hanno confermato che quei cani hanno trascorso quasi tutta la giornata a preparare scale, graticci e passatoie per scavalcare i fossati, oltre a macchine da guerra simili ai nostri scorpioni, anche se con una potenza inferiore. Dubito che attenderanno oltre, e il buio sarà loro d'aiuto per avvicinarsi alle nostre fortificazioni.»

«Ma sarà anche nostro alleato per farli cadere nelle trappole che abbiamo predisposto» ghignò Basilo. «Non credo abbiano idea di quello che li aspetta.»

«Me lo auguro» commentò Cesare. Poi tornò a indicare la torre su cui si stava allestendo lo scorpione. «Quanti ne abbiamo, di quelli?»

«Ventiquattro» rispose Sestio senza esitare. «Ma i carpentieri stanno lavorando per realizzarne altri.»

«Voglio che siano distribuiti intorno alle porte e sulle torri più esterne, per sorvegliare i punti più deboli del vallo» spiegò per l'ennesima volta ai due legati. «Dovranno compensare la mancanza di uomini.»

«È già tutto stabilito» lo rassicurò Sestio. «Labieno ha predisposto gli scorpioni in modo che possano essere rimossi e portati nei punti critici in breve tempo, se ce ne sarà bisogno.»

Cesare dilatò le narici e si riempì i polmoni con quell'aria frizzante che indicava l'approssimarsi dell'autunno. Sapeva che anche i Galli avvertivano l'urgenza di fare presto, e dunque si rinsaldò in lui la certezza che avrebbero attaccato quella notte, senza dispiegare la cavalleria ma mandando all'assalto il grosso delle loro forze.

«Che tutti gli uomini siano pronti a raggiungere i loro posti» concluse rivolto a entrambi i suoi legati. «Quando i Galli attaccheranno, i nostri dovranno essere riposati, ben rifocillati e preparati a resistere a un lungo assedio.»

In realtà tutto si era svolto nell'arco di poche ore, dalla mezzanotte fino allo spuntare dei primi bagliori del sole dietro le colline a oriente. Era stata una battaglia dura, più difficile di quanto Cesare si fosse aspettato, ma le fortificazioni avevano resistito e il morale degli uomini era sempre rimasto saldo, il che aveva contribuito ad arginare l'assalto in forze dei Galli, i quali si erano riversati dalla sommità dei rilievi come una marea umana che faceva scintillare le armi nel lucore della luna e delle stelle.

Un grido possente aveva annunciato il loro arrivo, ed era stato subito chiaro perché i comandanti nemici avessero deciso di rinunciare al fattore sorpresa per rivelare le loro intenzioni con quell'unico, feroce grido di battaglia lasciato esplodere da decine di migliaia di voci: il segnale doveva arrivare ad Alesia, per indurre le truppe di Vercingetorige a rompere ogni indugio e attaccare in contemporanea il fronte interno delle fortificazioni.

Cesare aveva già immaginato un'eventualità del genere, e le legioni erano pronte ad affrontare entrambi gli schieramenti nemici, anche se nessuno si sarebbe aspettato tanta aggressività da parte dei Galli, soprattutto all'esterno del perimetro difensivo.

Quando la marea urlante era calata dalle cime dei rilievi, si era ammassata nella spianata davanti alle fortificazioni principali, e fin quando il nemico era rimasto a distanza era sembrato che tutto procedesse per il peggio. Migliaia di proiettili come frecce, dardi, sassi, giavellotti ed enormi lance scagliate dalle macchine da guerra dei Galli avevano bersagliato incessantemente gli spalti, mietendo vittime nonostante le protezioni dietro a cui i legionari si ammassavano. Ma per rispondere al tiro dovevano esporsi, e quella tempesta inaspettata di proiettili di ogni tipo non aveva mai dato tregua, falciando i difensori sulle palizzate con violenza inaudita.

Cesare aveva gridato ordini per tutta la notte, cercando di rispondere ai lanci del nemico con tutto quello che avevano a disposizione, ma i Galli si muovevano in ordine sparso nella vallata, sfruttando il favore delle tenebre per avvicinarsi, colpire e poi ritrarsi.

Dopo qualche ora di quel martellamento incessante, finalmente i colpi avevano cominciato a diradarsi, soprattutto per quanto riguardava le lance scagliate dagli arpioni nemici, ma altre grida di guerra si erano levate, quando i Galli avevano deciso di assaltare le palizzate.

«Hanno finito i proiettili!» aveva urlato Cesare ai suoi ufficiali, perché facessero circolare le sue parole su tutto il perimetro difensivo. «Sono costretti ad avvicinarsi per attaccare! State pronti! Adesso saremo noi in posizione di forza!»

Ben presto era diventato chiaro quanto fossero corrette le sue parole: i Galli si erano lanciati in avanti gridando e sorreggendo le scale e gli arieti, e dopo che le prime file erano state decimate dai *pungoli* o erano cadute nelle fosse per farsi infilzare dai pali appuntiti, la carica aveva rallentato e in più punti lungo tutta la valle i nemici si erano ammassati, sorpresi da quella linea di difesa celata da trappole che nel buio risultava difficile superare.

«Adesso!» aveva gridato Cesare con tutto il fiato di cui disponeva, mentre gli sbandieratori agitavano le bandierine per trasmettere l'ordine e le tube facevano riecheggiare il loro lugubre suono nella notte.

A quel punto i legionari avevano potuto scagliare dall'alto tutto ciò che avevano a disposizione, colpendo con molta più precisione di prima i loro bersagli, e i corpi dei Galli che avanzavano si erano accumulati gli uni sopra gli altri, a migliaia.

Cesare aveva chiesto di essere informato costantemente anche di ciò che succedeva oltre la cerchia difensiva interna, e le staffette di Labieno gli avevano comunicato che con gli uomini di Vercingetorige stava accadendo più o meno la stessa cosa, con una sola differenza: forse presi alla sprovvista dall'attacco dei loro compagni nella valle, non erano riusciti ad allestire macchine da guerra in numero tale da impensierire i legionari sugli spalti, e si offrivano come bersagli facili per gli arcieri, i frombolieri, i lanciatori di giavellotto e gli scorpioni.

«Laggiù!» aveva ordinato a un certo punto Cesare quando aveva visto che in uno dei settori più a nord, dove c'erano due porte presidiate dagli uomini di Marco Antonio, i suoi erano in difficoltà. «Mandate due coorti della riserva!»

Le truppe si erano mosse all'istante agli ordini scanditi dai centurioni, e presto la situazione era tornata sotto il controllo dei legionari, che si scambiavano continuamente posto sugli spalti con turnazioni frequenti con la riserva.

Solo una decina di scale era riuscita ad appoggiarsi alle palizzate, ma nessuno fra i Galli, nonostante il coraggio dimostrato, aveva raggiunto gli spalti.

La svolta era arrivata quando Cesare, dal suo punto di osservazione privilegiato, aveva visto i Galli tentare una sortita in massa verso una porta più a sud, che non poteva contare su una guarnigione numerosa. Sarebbe stata un facile bersaglio per il nemico, e avrebbe potuto cedere fin troppo facilmente alla pressione, se non si fosse trovata per un atto della dea Fortuna proprio a metà fra due delle torri di avvistamento meglio protette, su cui Cesare aveva subito ordinato di portare gli scorpioni.

Una volta installate, quelle micidiali macchine da guerra avevano falciato i Galli ammassati per abbattere con gli arieti la porta, e i frombolieri provvisti di biglie di piombo si erano assicurati che quasi tutti coloro che cercavano di fuggire venissero eliminati, sfruttando anche le prime luci dell'alba per colpire con precisione.

Quando tutto era finito, con i Galli in rotta che si ritiravano sulle alture e la segnalazione da parte di Labieno che anche Vercingetorige e i suoi avevano abbandonato l'assalto, Cesare aveva chiamato gli ufficiali e tenuto con loro un consiglio di guerra, soprattutto per avere notizie delle perdite subite.

«Sono stati messi fuori uso tre scorpioni» aveva riferito Rufo. «Ma i carpentieri sono già al lavoro per ripararli.»

«Sto facendo ancora contare i caduti, ma non dovrebbero essere più di tremila, tra morti e feriti gravi» aveva aggiunto Fabato. «I feriti lievi sono già stati radunati per le cure necessarie, e presto potranno rientrare fra i ranghi.»

«Dei miei ne sono caduti meno di cinquecento» era intervenuto Labieno. «Però un tratto della palizzata dev'essere rinforzato, perché ha rischiato di essere abbattuto.»

«Quanti Galli abbiamo ucciso?» aveva chiesto Cesare ai prefetti incaricati delle stime.

«Più di diecimila» era stata la risposta confortante di Rutilo. «Ma stiamo ancora facendo i conteggi, e penso che potrebbero essere molti di più.»

«E la cavalleria del primo scontro?» si era inserito Irzio. «Noi abbiamo perso mille cavalli, ma i Galli almeno tre volte tanto, credo.»

«Li abbiamo quasi annientati» confermò Rutilo. «Sul campo c'erano più di cinquemila cavalli, e forse un numero ancora maggiore di cavalieri.»

Cesare si era complimentato con tutti per quelle prime due vittorie, che avevano compromesso non poco le forze e soprattutto il morale dei Galli, ma sapeva che la guerra non era ancora finita.

«Mandiamo tutte le riserve sugli spalti a presidiare i punti più vulnerabili» aveva ordinato. «Facciamo riposare gli altri uomini. Che mangino e recuperino le forze, ma senza mai abbandonare le armi, pronti a tornare al loro posto al primo segno di attacco.»

«I miei ricognitori hanno visto staffette nemiche aggirarsi sui rilievi a nord» era intervenuto Considio.

«Da che parte?» aveva chiesto Cesare, che non si aspettava dei movimenti così presto. Quei cani avrebbero dovuto starsene rintanati a leccarsi le ferite, invece si aggiravano come scorpioni intorno alla loro linea difensiva, in cerca di punti deboli da colpire.

Il capo dei ricognitori aveva fatto una smorfia eloquente. «Credo abbiano individuato la porta a nord, sul fianco della collina che scende al fiume. Lì la palizzata non è completa, e per quanto ci siano guarnigioni di veterani provviste di scorpioni, se dovessero attaccare da quella parte non sarà facile difenderla.»

Cesare lo sapeva, era stato il suo cruccio fin da quando aveva visto completarsi i lavori delle fortificazioni, ma non era detto che i Galli avrebbero attaccato in forze da quella parte.

«Regino, Rebilo» aveva ordinato indicando i due ufficiali, «prendete le vostre legioni e presidiate quel settore. Se ci sarà un attacco avvisateci, così provvederemo a inviare rinforzi.»

«Ma in questo modo non riusciremo a garantire il presidio di tutto il perimetro» gli aveva fatto notare Irzio.

Cesare si era limitato a fissarlo senza rispondere, poi aveva congedato i due ufficiali.

Adesso, rimasto solo nella tenda con la compagnia di Sarmete che gli riempiva la coppa di vino, si rese conto che gli restava ben poco da fare, se non attendere di capire quali sarebbero state le prossime mosse dei loro avversari.

46

Alesia
Territorio dei Mandubi
52 a.C., 26 settembre

«Stanno arrivando!»

Il grido delle vedette esplose simultaneo da più parti, e Cesare si riscosse, balzando giù dal giaciglio su cui si era assopito senza nemmeno rendersene conto.

Così presto?, pensò, sicuro di avere chiuso gli occhi solo per poco, nonostante la stanchezza che lo prostrava.

Uscì all'esterno della tenda rendendosi conto di indossare ancora la lorica e di avere la spada al fianco, come se si fosse addormentato consapevole che al risveglio avrebbe dovuto combattere.

Ovunque rimbombavano i suoni laceranti dei corni da guerra dei Galli, e in risposta quelli striduli e pieni di urgenza delle tube romane, che chiamavano a raccolta tutti gli uomini in grado di combattere.

«Cesare!» lo chiamò Sarmete, affiancandolo. Reggeva il suo elmo, che gli porse mentre si scrutava attorno con apprensione.

«Torna dentro» gli disse lui. «E prepara il necessario per guarire i feriti. Voglio che ne accogli nella nostra tenda quanti più possibile.»

Sarmete annuì nervoso, poi corse via dopo avergli lanciato un'ultima occhiata preoccupata.

Abbandonando ogni indugio Cesare si recò il più velocemente possibile verso la torre che aveva eletto come suo punto privilegiato di osservazione, perché da lì riusciva a scorgere quasi tutto il perimetro difensivo verso sud e buona parte di quelli a nordovest e sudest.

Gli sbandieratori erano già in posizione, e Irzio era pronto a riceverlo: aveva preso le sue veci al comando, durante la sua assenza, perché anche Labieno era stato autorizzato a riposare un po', prima di un nuovo attacco.

«Hanno schierato la cavalleria» lo accolse Irzio portandolo al parapetto per osservare la valle che si stendeva davanti a loro. «Il resto dell'esercito si sta predisponendo sulle colline.»

Cesare osservò accigliato la disposizione del nemico. Il sole era alto, a indicare che si era quasi alla metà del giorno, dunque erano passate abbastanza ore perché i Galli potessero riorganizzarsi e tentare un nuovo attacco. Ma c'era qualcosa che non quadrava...

«Sono troppo pochi» disse esaminando i cavalieri nemici. Disseminati per tutta la valle sembravano più di quanti fossero in realtà, intervallati come sempre da arcieri e frombolieri. E poi la fanteria... perché se ne stava ferma sui rilievi? Che cosa aspettavano?

«Non possono credere che usciremo per ingaggiare battaglia» mormorò Irzio, cupo.

Cesare guardò verso nord, là dove la cerchia difensiva interna si ergeva contro gli attacchi provenienti dalla roccaforte di Alesia.

«Vercingetorige?» chiese.

«Sono usciti anche loro» lo informò Irzio. «Si sono predisposti fuori dalle mura reggendo scale, passatoie, graticci e quant'altro possa servire per l'assalto. Sembrano in attesa di un segnale.»

Cesare si soffermò a pensare mordendosi un labbro. Quella tattica non aveva molto senso. Perché schierare la cavalleria? Cosa volevano fare? E perché anche gli uomini di Vercingetorige erano in attesa? Di che cosa?

«Devono esserci dei traditori fra i nostri ausiliari» concluse stringendo i pugni con rabbia. «Hanno passato informazioni a Vercingetorige, che sta aspettando il momento buono per farsi avanti.»

«Quale momento?» gli chiese Irzio, confuso.

«Non lo so» grugnì Cesare. «Ma credo che lo scopriremo presto.»

L'attacco avvenne contemporaneamente su più fronti, all'interno e all'esterno del doppio perimetro difensivo, scatenato dal lugubre lamento dei corni da guerra dei Galli e dalle grida degli assaltatori.

La fanteria nemica si precipitò dai rilievi mischiandosi alla cavalleria, si divise in una decina di gruppi compatti e colpì nello stesso momento diversi punti del vallo, sfruttando i varchi che l'assalto precedente aveva creato nelle trappole difensive, oppure cercando di approfittare dei punti rivelatisi più deboli, sia per la resistenza della palizzata sia per la capacità dei Romani di colpire dall'alto.

«Hanno studiato le nostre difese e stanno cercando di passare!» gridò Irzio mentre la tattica dei Galli diventava palese. La cavalleria restava alla retroguardia, correndo da una parte all'altra come se fosse pronta a penetrare nel primo varco che fosse stato aperto.

Cesare si rese conto che il nemico evitava i punti sorvegliati dagli scorpioni e si concentrava là dove le palizzate non consentivano di reggere troppi soldati sugli spalti, esili e costruiti di fretta. Però qualcosa ancora non lo convinceva.

«Sono stati completati i conteggi dei morti?» gridò a Irzio, cercando di sovrastare il rumore provocato dalle grida di guerra, dal frastuono sollevato dagli zoccoli dei cavalli, dal lamento dei corni e delle tube. «Quanti galli abbiamo ucciso nel precedente attacco?»

«Circa dodicimila» rispose il legato. «Perché? A cosa stai pensando?»

Cesare abbracciò con un solo sguardo il vasto campo di battaglia, poi ebbe conferma dei suoi foschi presentimenti.

«Guardali» disse. «Sono troppo pochi! Dove sono finiti tutti gli altri?»

Irzio scrutò a sua volta la spianata battuta dai cavalli che sollevavano nubi di polvere, e all'improvviso parve illuminarsi.

«Stanno cercando di nascondere il numero reale dei fanti in azione!» ringhiò, pieno di rabbia.

«Esatto» confermò Cesare. «Per questo corrono avanti e indietro: si tengono fuori portata dai nostri lanci e sollevano abbastanza polvere da rendere difficile capire quanti sono.»

«Ma perché?» volle sapere Irzio.

Cesare restò un attimo in silenzio cercando di riflettere in fretta, poi rivolse l'attenzione verso nord.

«Vogliono coglierci di sorpresa nel punto più debole di tutta la fortificazione!» comprese. «Laggiù, dove ho mandato Regino e Rebilo! Se attaccano con cinquantamila uomini non riusciremo a fermarli!»

Senza attendere risposta da parte di Irzio, Cesare si calcò in testa l'elmo e si precipitò sul camminamento che dalla torre conduceva verso uno dei fortini più a nord.

«Cesare, aspetta!» sentì gridare alle sue spalle, e si accorse che Furio Lavieno lo stava inseguendo insieme ad alcuni legionari.

«Resta qui!» gli ordinò. «Servono tutti gli uomini utili sugli spalti!»

Furio fece per protestare, ma lui non gliene diede il tempo: si voltò e riprese a correre, cercando di evitare di non scivolare sul sangue che rendeva viscido il camminamento. Se fosse caduto di sotto e si fosse rotto l'osso del collo, gli dèi si sarebbero presi gioco di lui nei Campi Elisi per l'eternità. Doveva cercare di raggiungere il fortino, da cui avrebbe potuto comunicare agevolmente con Labieno e radunare i reparti di cavalleria che restavano al coperto nelle scuderie, per evitare la pioggia di dardi dal cielo.

All'improvviso una freccia lo colpì su uno spallaccio della lorica, facendolo barcollare. Un'altra passò a meno di una spanna dalla sua testa, e un pietra andò a schiantarsi contro la cima di uno dei pali del vallo su cui stava correndo.

Cercando di tenersi basso raggiunse finalmente il fortino, ordinò a uno sbandieratore di seguirlo e chiese di comunicare con i presidi a nord, per capire cosa stesse succedendo.

Il giovane agitò le bandiere, restò un attimo in attesa, poi si rivolse a lui con aria sbalordita.

«Stanno attaccando in forze!» gracchiò. «Rebilo comunica che almeno sessantamila nemici si stanno precipitando dalle colline intorno al fiume, e presto raggiungeranno le fortificazioni.»

Cesare strinse i pugni. Il fatto che si stesse compiendo quello che aveva immaginato non serviva certo a tranquillizzarlo.

«Comunica con Labieno» ordinò al soldato. «Digli di prendere con sé sei coorti e recarsi a dare manforte a Rebilo e Regino. Devono resistere più che possono! Io li raggiungerò con la riserva!» Esitò un attimo, poi aggiunse: «Fagli capire che devono ritirarsi solo se tutto fosse perduto. A quel punto dovranno compattarsi, aprirsi un varco fra i nemici e trovare un punto di difesa interno più favorevole».

Mentre lo sbandieratore si affrettava a trasmettere gli ordini, Cesare tornò a scrutare la valle e tutto il perimetro difensivo messo sotto attacco. I Galli stavano facendo progressi, e i legionari faticavano a contenerli. Sarebbe stato impossibile distrarre altre forze da quegli spalti, e quindi avrebbe dovuto arrangiarsi con quanto aveva a disposizione con la riserva e con la cavalleria, anche se non avrebbe potuto sottrarre troppi cavalieri alle difese, nel caso in cui i Galli fossero riusciti a sfondare: vista la vastità del perimetro, solo la cavalleria sarebbe potuta accorrere abbastanza velocemente da evitare un disastro.

«Non lasciateli passare!» gridò rivolto ai tribuni, ai centurioni e ai legionari ammassati sugli stretti camminamenti, intenti a lanciare contro il nemico sassi, pietre, giavellotti e biglie di piombo. «Non fate caso a quanto accade da altre parti, fate qui il vostro dovere!»

Cominciò a percorrere il camminamento tenendo alta la testa, esponendosi al lancio dei proiettili nemici ma consapevole che lui per primo doveva dimostrare sicurezza e un'assoluta mancanza di paura, se non voleva che quegli uomini si arrendessero alla pressione e consentissero ai Galli di abbattere le difese. Sapeva che le sorti della battaglia si stavano decidendo a nord, dove avrebbe dovuto accorrere al più presto con i rinforzi, ma non poteva permettere che girassero voci incontrollate, che la paura serpeggiasse fra gli uomini e le difese cedessero su più fronti.

«Li stiamo tenendo a bada, lo vedete?» continuò a incitare i suoi procedendo sui camminamenti, incurante delle frecce e delle pietre che cercavano di raggiungerlo. Sapeva che la sua lorica color rosso sangue risaltava come un facile bersaglio sugli spalti, ma non si sarebbe fermato nemmeno se un dardo gli si fosse conficcato nel petto.

«Cesare!» gridò un soldato da qualche parte, e ben presto un coro di voci si alzò per seguirlo, scandendo il suo nome. «Cesare! Cesare! Cesare!»

Lui continuò a camminare fra i suoi uomini, scavalcando i corpi dei morti e dei feriti, cercando di non scivolare sul sangue e pregando perché un dardo non lo colpisse proprio adesso che la sua azione stava infondendo nuove energie e nuova rabbia vitale fra le sue truppe; poi, quando raggiunse una torretta di avvistamento, ne approfittò per scendere di sotto e correre verso i quartieri della riserva.

«Bruto!» gridò quando vide il giovane farglisi incontro insieme a Fabio.

«Labieno sta procedendo verso nord» gli disse quest'ultimo, il viso sotto l'elmo ricoperto da una maschera di sangue. «Cosa sta succedendo?»

«Prendete tre coorti ciascuno dalla riserva e andate a nord, dove si sta recando Labieno» ordinò a entrambi. «Dovete resistere il più possibile. Se i Galli sfondano da quella parte, non riusciremo più a contenerli.»

«Quanti sono?» chiese Bruto.

«Sessantamila» rispose Cesare, e questo bastò a convincere i due a correre via per eseguire gli ordini.

«Cesare, sono con te!» gridò Furio Lavieno arrivando insieme a una ventina di soldati. Lui avrebbe voluto rimandarli indietro, per aiutare a presidiare gli spalti, ma ormai non c'era più tempo. Dovevano agire in fretta, perché le coorti che aveva mandato in soccorso a Rebilo e Regino non sarebbero bastare ad arginare l'assalto di sessantamila Galli.

«Raduna due ali di cavalleria e fai venire il comandante dei Germani» disse a Lavieno. «Poi manda qualcuno dei tuoi a verificare quante coorti della riserva restano a disposizione. Ne voglio almeno quattro, pronte a seguirmi verso il vallo a nord.»

Lavieno si batté il braccio sul petto e corse via, dopo avere incaricato alcuni suoi uomini di eseguire gli ordini.

Mentre i corni suonavano, le grida di battaglia echeggiavano da ogni direzione, e frecce, sassi e dardi di ogni tipo volavano tutt'intorno a lui e si conficcavano nel terreno o nelle strutture di legno erette a distanze regolari nello spiazzo fra la doppia fila di fortificazioni, Cesare comprese che il momento della resa dei conti era arrivato.

Chi avrebbe perso quello scontro non avrebbe più avuto modo di risollevarsi.

Mentre aspettava notizie da Furio Lavieno, corse verso una delle torrette di osservazione del perimetro difensivo più interno, quello che guardava verso Alesia. L'attività sugli spalti era frenetica, ma da quella direzione non vedeva volare proiettili nemici in gran quantità. Gli uomini lasciati da Labieno a presidiare gli spalti si erano riuniti in diversi punti, forse le zone più deboli del vallo, dove i guerrieri di Vercingetorige avevano concentrato i loro assalti.

Salì in cima alla torre e vide uno degli attendenti di Labieno, Rutilo, impegnato a gridare ordini agli sbandieratori e a tenere sotto controllo la situazione, al sicuro dietro un parapetto e sotto una tettoia spiovente capace di ripararlo dai proiettili in caduta dall'alto.

«Rutilo!» lo chiamò affiancandolo. «Qual è la situazione?»

Quello sembrò sorpreso di vederlo, ma anziché fare domande indicò verso la spianata che conduceva alle fortificazioni dei Galli.

«Stanno attaccando in massa, ma... guarda anche tu.»

Avvertendo il peso dell'elmo sulla testa, Cesare scrutò quello che stava succedendo. I Galli si muovevano piano, senza la consueta aggressività, e i loro attacchi alle fortificazioni erano blandi, privi di efficacia. Diventavano bersagli facili per i loro arcieri e frombolieri, e quando si riunivano in gruppi più numerosi gli scorpioni li falciavano come grano maturo. C'erano poche scale, e nessun gallo sembrava essere riuscito ad arrivare in cima alle palizzate: venivano sistematicamente abbattuti dai massi scagliati dall'alto dai legionari, oppure le loro teste esplodevano all'impatto delle biglie di piombo.

«Sono lenti e sfiduciati» disse Rutilo. «È come se... non avessero le forze sufficienti per assaltarci. Eppure non desistono, sono disposti a farsi massacrare piuttosto che restare inermi.»

«Sono ridotti allo stremo dalla fame e dalle malattie» spiegò Cesare, osservando con un misto di ammirazione e compatimento quegli uomini che avanzavano senza avere neppure la forza per gridare i loro canti di guerra, e che morivano ammassandosi ai piedi della palizzata e nei fossati di contenimento. Si tolse l'elmo e si passò una mano sulla testa sudata.

«Se non ci saranno sorprese, li stermineremo tutti prima di sera» affermò Rutilo con un ghigno sul volto.

Cesare restò ancora un istante a valutare la situazione, spingendo lo sguardo lungo il perimetro difensivo fin dove poteva arrivare, poi comprese che il suo ufficiale aveva ragione. Difficile che fosse un trucco di qualche tipo, anche se non poteva fidarsi del tutto: sottovalutare Vercingetorige sarebbe stata la mossa peggiore. Ma in quel momento aveva altre priorità, e contrariamente a quanto faceva di solito decise di ignorare l'inquietudine che sentiva dentro e si rivolse a Rutilo.

«Mi servono tutti gli uomini che puoi darmi» gli disse. «Tieni solo quelli indispensabili.»

Rutilo lo guardò per un istante, forse desideroso di chiedere spiegazioni, poi si batté l'avambraccio sul petto e fece trasmettere gli ordini allo sbandieratore.

Cesare scese dalla torre e vide arrivare Furio Lavieno insieme ad alcuni tribuni e al comandante della cavalleria germanica.

«Quante coorti abbiamo?» gli chiese.

«Altre quattro» rispose questi. «E trecento cavalieri.»

Cesare si rivolse a Sedrico, il possente germano a capo della cavalleria ausiliaria, che già si era dimostrata una formidabile risorsa per il loro esercito.

«Porta i tuoi a nordest, attraversa il fiume e risali le colline alle spalle dei Galli che ci stanno attaccando. Se incontrate resistenza fatene strage, non permettete a nessuno di fuggire per rivelare che state arrivando.»

Un ghigno soddisfatto si aprì nel volto scavato nella pietra di Sedrico. «Sarà fatto» garantì con voce cavernosa.

Cesare lo congedò, poi fece segno a Furio di condurlo dalle coorti che aveva radunato.

«Raggiungiamo i nostri in difficoltà!» ringhiò tornando a calcarsi l'elmo sul capo e sfoderando la spada. Avrebbe guidato lui stesso i rinforzi sul campo di battaglia.

I Galli erano riusciti a sfondare il perimetro in diversi punti. Dovevano aver riempito i fossati con zolle di terra, oppure averli ricoperti con passatoie, e scalato le tozze palizzate che erano state erette sul declivio grazie a scale e a terrapieni costruiti con perizia, alla stregua di quanto sapevano fare i legionari romani.

Frecce e sassi lanciati dalle fionde volavano ovunque, come enormi calabroni assassini, e Cesare dovette ripararsi più volte dietro il muro di scudi sollevato da Lavieno e dai suoi uomini.

«Manda la cavalleria da Gaio Fabio!» gridò quando si accorse che a sudovest della fortificazione i Galli erano in superiorità numerica rispetto alle coorti del suo legato.

Lavieno corse a portare gli ordini e lui, circondato dagli uomini della sua scorta, si diresse verso un altro punto in cui i legionari sembravano in difficoltà. Vide che al comando c'era il giovane Bruto, che gridava gli ordini senza curarsi di restare al coperto, con una freccia conficcata tra due sezioni degli spallacci della lorica.

Quando arrivarono di corsa, urlando per farsi sentire dai Galli e soprattutto dagli uomini di Bruto, furono in tanti a levare esclamazioni sorprese, quando individuarono la sua lorica color rosso sangue e compresero che il loro comandante era venuto di persona a portare aiuto.

Cesare ordinò alle sue coorti di respingere gli assalitori, poi andò ad affiancare Bruto.

«Cesare, grazie agli dèi sei qui!» lo salutò il giovane.

«Dov'è Labieno?» gli chiese lui, schivando all'ultimo istante una pietra che gli fischiò accanto all'orecchio.

«È andato a radunare altre coorti» gli rivelò Bruto. «Sta cercando di tenere a freno i Galli più a nord, dove hanno sfondato.»

«Manda uno dei tuoi a riferirgli che deve resistere a ogni costo. I Germani stanno aggirando le colline, fra poco dovrebbero arrivare alle spalle del nemico.»

Gli occhi di Bruto brillarono, poi il giovane corse dai suoi attendenti e gridò gli ordini che aveva ricevuto.

Cesare si voltò verso il fulcro della battaglia, e proprio in quel momento un sasso lo colpì sull'elmo, facendolo barcollare all'indietro.

Gli uomini della scorta gli si strinsero addosso, consentendogli di restare in piedi, ma lui li allontanò con rabbia.

«Andiamo a combattere!» urlò, sentendosi invadere dal desiderio feroce di versare sangue.

Si fece largo nel cerchio protettivo e stringendo la spada corse verso un punto in cui lo scontro fra legionari e Galli sembrava in stallo. Avrebbero sfondato da quella parte, poi pian piano avrebbero ricacciato quei cani dietro il vallo, in attesa che l'arrivo dei Germani ne facesse scempio.

Non si rese esattamente conto di cosa stesse accadendo, perché all'improvviso ci furono solo le grida di guerra dei Galli, quelle rabbiose dei centurioni che spronavano i legionari a mantenere le formazioni, il clangore del metallo, gli schizzi di sangue che dipingevano la sua lorica di un rosso ancora più scuro, le urla dei feriti che si trascinavano a terra e il peso dell'elmo e della spada, sempre più difficili da sostenere.

Cesare aveva cercato di combattere come gli era stato insegnato fin da bambino, quando aveva trascorso anni ad allenarsi con i suoi tutori militari, ma, pur nella confusione degli scontri corpo a corpo, si era reso conto che gli uomini della scorta non lo lasciavano mai e intervenivano appena potevano, non solo per proteggerlo dagli assalti ai quali non avrebbe potuto opporre una valida resistenza, ma anche per creare un corridoio di sicurezza tutto intorno a lui.

Con rabbia aveva cercato di distanziarsi da loro, di affiancare i semplici legionari che combattevano e perdevano la vita in nome di Roma e del loro comandante, ma quei veterani scelti con cura da Furio Lavieno erano come ombre che non lo lasciavano mai, e gli consentivano di affrontare i nemici solo quando ritenevano che non fossero in grado di nuocergli.

Seppure punto nell'orgoglio, Cesare aveva presto capito che la sua presenza fra i legionari aveva dato una vera e propria scossa ai manipoli governati dai centurioni, che si erano ricompattati ed erano tornati a muoversi con la consueta disciplina, opponendo la loro capacità di manovrare a stretto contatto e di sganciarsi per aggirare le cariche caotiche del nemico, ottenendo risultati impensabili fino a qualche ora prima, quando tutto sembrava perduto.

Alla fine si ritrovò a mulinare colpi con la spada nel vuoto, con le braccia dure come pietra e la testa che gli doleva per il peso dell'elmo e per un paio di colpi che aveva ricevuto prima di riuscire a pararli o a schivarli.

Sapeva bene che se non fosse stato per la scorta sarebbe morto, perché i Galli, quando si erano accorti di lui, avevano cercato in tutti i modi di raggiungerlo, per tagliare la testa all'aquila di Roma e privarla del loro comandante.

Ma i manipoli si erano schierati intorno a lui, e i centurioni li avevano manovrati con abilità per sfondare la massa dei nemici urlanti e farli retrocedere, fino a quando il frastuono di zoccoli che frantumavano il terreno non si era levato alto insieme alle grida di guerra dei cavalieri germani, e tutto il fronte d'attacco dei Galli si era sfaldato come neve al sole.

Adesso, dopo essersi tolto l'elmo con un gemito di dolore, Cesare restava piegato in avanti, le mani sulle ginocchia e il fiato corto. La nausea gli stringeva lo stomaco, ma piuttosto che vomitare davanti ai suoi uomini si sarebbe tagliato la gola.

«Abbiamo vinto!» eruppe una voce accanto a lui. Era Bruto, che lo guardava trionfante con la freccia ancora conficcata nella spalla.

«I Galli sono in rotta e i Germani li stanno inseguendo. Ne faranno strage!» aggiunse Gaio Fabio arrivando zoppicando. Aveva ferite sulla gola, alle gambe e alle braccia, ma non sembrava preoccuparsene, adesso che la luce della vittoria gli balenava dagli occhi.

«Cesare, abbiamo catturato il loro comandante, Vercassivellauno» gli riferì Labieno comparendo dalla foschia che lui aveva ancora davanti agli occhi, forse dovuta alla nausea, alla stanchezza, o forse al sangue che saturava l'aria. «Sedullo, il principe dei Lemovici, è stato ucciso.»

Cesare si rialzò, trattenendo il sapore acido che sentiva in gola, e sorrise ai suoi ufficiali e ai tanti legionari che vedeva assiepati tutt'intorno, gli sguardi puntati su di lui.

«Per Roma!» gridò, sforzandosi per sollevare la spada e puntarla verso il cielo.

«Per Cesare!» risposero centinaia di voci in coro. «Per Cesare!»

Epilogo

47

Alesia
Territorio dei Mandubi
52 a.C., ottobre

Seduto sulla sella curule destinata per tradizione ai condottieri vittoriosi, che aveva fatto predisporre in uno spiazzo davanti alle fortificazioni, Cesare attendeva l'arrivo dei condottieri galli, che avrebbero dovuto gettare le armi ai suoi piedi in segno di resa.

Era curioso soprattutto di capire quale fine avessero deciso di concedere al loro comandante supremo, quel Vercingetorige che fra tutti lo aveva impegnato di più ed era anche riuscito a ottenere una parziale vittoria, durante l'assedio di Gergovia. Un uomo che ragionava in modo diverso dai suoi simili, capace di escogitare tattiche di guerra che avevano messo in difficoltà le sue legioni.

Non sapeva se ciò che provava fosse ammirazione per quel condottiero, che gli era stato descritto come giovane ma estremamente astuto, ma certo fra le due possibilità che gli erano state prospettate dai Galli, cioè ricevere il suo corpo esanime o vederselo trascinare davanti vivo, avrebbe preferito la seconda, se non altro per guardarlo negli occhi mentre deponeva le armi e siglava la resa del suo popolo.

Il giorno prima era uscita da Alesia una delegazione di nobili e generali, che si erano rivolti a lui con parole di supplica: tutti i quarantacinquemila guerrieri che erano rimasti asserragliati nella roccaforte si sarebbero arresi, se lui avesse risparmiato loro la vita. E una volta tornati nelle loro città e fra le loro tribù, avrebbero convinto tutti che il tributo a Roma fosse dovuto e che nessuno avrebbe più dovuto impugnare le armi contro di loro.

Cesare ovviamente non aveva creduto a quelle affermazioni: conosceva troppo bene i Galli, e sapeva che il loro desiderio di rivalsa e di indipendenza non sarebbe mai stato domato, non fino a quando fossero rimasti in vita.

Ma per il momento poteva accontentarsi della loro resa, di fare bottino ad Alesia, distribuire quei quarantacinquemila prigionieri ai suoi legionari perché ne facessero degli schiavi o li usassero per riscuotere riscatti, e una volta imposta la pace ottenere tributi da tutta la Gallia, per accrescere le sue ricchezze quanto bastava da rinfoltire i ranghi delle legioni e preparare il terreno per le sue prossime mosse, che prevedevano il ritorno a Roma in trionfo... e il confronto risolutivo con Pompeo.

Aveva già fatto i piani per quell'inverno: avrebbe svernato a Bibratte con la Decima legione e un'altra di rincalzo. Labieno lo avrebbe destinato fra i Sequani con due legioni, coadiuvato dal suo attendente Rutilo, mentre Gaio Fabio e Basilo avrebbero portato altre due legioni fra i Remi, soprattutto per proteggerli dai Bellovaci, che non erano ancora stati sottomessi. Regino aveva già avuto l'incarico di recarsi con la sua legione fra gli Ambivareti, mentre Sestio si sarebbe dovuto occupare di tenere d'occhio i Biturigi e Rebilo i Ruteni. Infine, si sarebbe assicurato che anche gli Edui avessero delle legioni pronte a intervenire nei loro territori, e per questa missione aveva affidato l'incarico a Quinto Cicerone e a Sulpicio Galba, che si sarebbero acquartierati il primo a Cavillone e il secondo a Matiscone. Vista la vicinanza di quelle città al fiume Arari, Quinto e Galba avrebbero provveduto agli approvvigionamenti per tutto l'esercito di stanza in Gallia.

Ma quando i nobili di Alesia e i comandanti di Vercingetorige si erano rivolti a lui per chiedere salva la vita in cambio della resa, Cesare aveva chiesto che cosa ne sarebbe stato del loro comandante supremo, e perché non fosse presente in quella delegazione.

«Vercingetorige ha lasciato a noi la decisione sul suo destino» aveva risposto uno dei generali, un uomo tozzo e con le spalle enormi di nome Catorige, gli occhi come biglie di piombo incastonate nel cranio.

«Si è rivolto alla nostra assemblea e ci ha spiegato di non aver mai deciso di condurre questa guerra per suoi interessi personali, ma solo per garantire la libertà al nostro popolo» aveva aggiunto un altro, di cui Cesare non conosceva il nome. «Ha rimesso a noi il suo destino. E ci auguriamo che tu possa decidere per il meglio. Non solo per il suo, anche per il nostro.»

Cesare era rimasto a osservarli per un po', poi aveva fatto un cenno a uno dei suoi attendenti e diversi legionari avevano portato fino a loro, gettandoli a terra, un gran numero di vessilli delle tribù galliche.

«Questi sono vostri» aveva detto ai membri della delegazione. «Li abbiamo presi durante l'ultima battaglia, quando abbiamo catturato l'altro vostro comandante, Vercassivellauno. Sono ottantaquattro. Non avevo idea che foste riusciti a mettere insieme una simile coalizione.»

I Galli avevano scrutato con apprensione i vessilli gettati a terra, ma nessuno aveva avuto il coraggio di parlare.

«Decidete pure voi cosa farne, di Vercingetorige» aveva sentenziato Cesare alla fine, stanco di quella inutile discussione. «Per quanto riguarda voi, se deporrete le armi vi lascerò vivere.» Aveva visto il sollievo serpeggiare fra quei volti duri. «Ma non vi lascerò liberi» aveva deciso di puntualizzare, facendoli irrigidire di nuovo. «Sarete concessi ai miei legati e ai miei ufficiali, e saranno loro a stabilire cosa fare del vostro destino.»

Detto questo li aveva fatti allontanare, e adesso aspettava che tornassero per capire che cosa avessero deciso riguardo a Vercingetorige.

Quando le porte della città si spalancarono e i Galli uscirono incolonnati, con in testa i generali e i nobili, fra cui anche coloro che aveva incontrato il giorno prima, Cesare aveva fatto predisporre le legioni perché creassero un corridoio di sicurezza che avrebbe impedito a chiunque di azzardare la fuga o di provare un disperato tentativo di ucciderlo. La cavalleria germanica era schierata in bella vista, con i cavalli che scalciavano nervosamente il terreno, e Cesare sapeva che sarebbe stata un ottimo deterrente, visto che avrebbero fatto scempio di chiunque avesse provato ad attaccarli. C'erano poi gli arcieri, disposti sui camminamenti del vallo, e cento frombolieri con le fionde armate con biglie di piombo, la cui efficacia era già stata messa alla prova.

Seduto sulla sella curule, restò a contemplare quell'armata macilenta che avanzava a fatica. Solo in quel momento si rese conto di quanto anche i condottieri e i nobili che erano venuti da lui fossero smagriti, pallidi in volto e con il passo incerto, e ricordò che dovevano essere allo stremo delle forze. Non avrebbero tentato nessuna sortita, nemmeno per cercare di morire in combattimento con un ultimo sussulto di spirito guerriero. Da come gli si erano presentati il giorno prima, era chiaro che volevano vivere, anche alle condizioni che lui aveva dettato.

Mentre si avvicinavano, cercò di capire dove fosse Vercingetorige. Se lo avevano ucciso, il suo corpo avrebbe dovuto essere portato su una barella, o in spalla dai soldati; se invece era ancora vivo... dove si trovava?

Per lui era importante poterne disporre, vivo o morto, per dimostrare ai Galli dal Reno all'Oceano che i loro comandanti supremi erano morti o nelle sue mani, a partire da Vercingetorige e Vercassivellauno, che aveva fatto portare là fuori insieme ad altri prigionieri, tutti ammassati in un angolo con mani e piedi legati. Restavano quei cani traditori di Commio, Viridomaro ed Eporedorige, che erano riusciti a fuggire, ma di loro si sarebbe occupato in un secondo momento. Da soli avrebbero potuto fare ben poco, ora che l'esercito ribelle era stato annientato e le loro fortezze conquistate.

Quando finalmente i Galli furono a una ventina di passi da lui, a portata di voce ma abbastanza lontani da non fargli correre alcun pericolo, Furio Lavieno e i suoi uomini formarono una barriera di sicurezza e lasciarono passare solo alcuni dei comandanti, fra cui i due con cui Cesare aveva parlato il giorno prima: Catorige e l'altro di cui non conosceva il nome.

Cesare restò a osservarli in silenzio mentre avanzavano fino a fermarsi a pochi passi da lui, poi con gesti solenni i Galli sfilarono le armi dai cinturoni e le gettarono a terra. Non si inginocchiarono al suo cospetto, ma restarono a guardarlo come se si aspettassero altre rassicurazioni da parte sua.

Cesare fissò il nobile di cui senza nome. «Tu chi sei?» gli chiese.

Quello sembrò sorpreso per la domanda, ma si riprese in fretta e accennò un breve inchino mentre rispondeva: «Il mio nome è Critognato, della stipe degli Arverni».

Cesare annuì piano, ricordando chi fosse.

«Tu sei quello che avrebbe voluto nutrirsi degli inermi della città, pur di resistere a oltranza» lo accusò, vedendolo sbiancare in volto. Prima che Critognato potesse rispondere, alzò una mano e Furio Lavieno intervenne con due uomini: afferrarono l'arverno e lo trascinarono via, mentre Critognato gridava e lo accusava di essere un cane menzognero.

Cesare lo ignorò e si rivolse agli altri, capeggiati dal tozzo Catorige: «Lo terremo in catene» gli disse, «e se vorrà mangiare... dovrà fare a meno di qualche parte del suo corpo».

Nessuno fra i Galli reagì, e Cesare tornò a rilassarsi sulla sella curule.

«Non avete altro per me?» chiese loro.

I Galli esitarono solo un istante, poi tornarono indietro, fecero avanzare diversi soldati attraverso la barriera dei legionari, che si aprirono a un cenno di assenso di Cesare, infine tornarono da lui.

«Abbiamo deciso questo» disse Catorige facendosi di lato, subito imitato dagli altri galli. Si aprì un corridoio fra di loro, in fondo al quale un uomo avanzò a passo sicuro, abbigliato con luccicanti abiti da guerra e la spada al fianco.

Vercingetorige, pensò Cesare. Dunque l'avevano lasciato in vita, proprio come lui si era augurato.

Quando riuscì a vederlo bene, si sorprese di quanto fosse giovane. Se fosse stato un cittadino romano, non avrebbe nemmeno avuto l'età per cominciare il suo *cursus honorum,* invece... era stato nominato comandante supremo di tutti i Galli. E aveva dimostrato un'intelligenza e una sagacia che nessun condottiero di quel popolo aveva mai messo in campo.

Mentre procedeva verso di lui, vide che era smunto e pallido come tutti gli altri, e non ebbe alcun dubbio che si fosse privato lui stesso di parte del cibo pur di sfamare i suoi uomini. La dignità che gli leggeva sul volto stanco e tirato ma dai tratti forti, con le mascelle squadrate e gli occhi verdi come acqua di mare, gli teneva la schiena dritta, e quando si fermò a due passi da lui, Cesare pensò che sarebbe stato un trofeo straordinario da esibire a Roma. Ben più di quanto avesse sperato.

Senza pronunciare una sola parola, Vercingetorige sfilò la spada dal fodero, gliela mostrò e la lasciò cadere a terra. Era stata pulita e lucidata con cura, e rappresentava la sconfitta totale non solo da parte di quel giovane, ma di tutto il popolo riunito sotto le sue insegne.

Cesare restò a fissare il condottiero senza mostrare alcuna emozione, poi si alzò e fece un cenno a Furio Lavieno, mentre si girava e si allontanava circondato da una doppia ala di guardie.

Il destino di Vercingetorige, se gli fosse stato consegnato vivo, era già stato deciso da tempo: lo avrebbero nutrito e tenuto in vita nelle migliori condizioni possibili fino a quando non fosse arrivato il momento di fare ritorno a Roma.

A quel punto, tutta l'Urbe l'avrebbe ammirato mentre lui lo trascinava in catene per celebrare il proprio trionfo.

Il più grande trionfo che Roma avesse mai tributato a memoria d'uomo.

Nota dell'autore

In questo romanzo ho voluto seguire le straordinarie avventure di Cesare e delle sue legioni nelle guerre di conquista della Gallia come lui stesso le ha riportate nei suoi commentari, universalmente conosciuti come *De bello gallico*.

Non ho voluto condire il racconto con quanto riportato da altre fonti antiche, tutte posteriori a Cesare, anche perché il mio scopo era rendere credibile, vivibile in prima persona, il racconto fatto dal principale protagonista delle guerre per la conquista della Gallia.

Un esempio è la resa di Vercingetorige, che l'iconografia ci ha rappresentato a cavallo, il quale dopo aver girato intorno a Cesare abbandona le armi ai suoi piedi e va a sedersi accanto a lui senza dire una parola, come racconta Plutarco nel suo *Vita Caesaris*, 27, 8-10. Oppure addirittura, secondo Dione Cassio (XL, 41), come, dopo essere comparso a cavallo, sia smontato e si sia prostrato ai piedi di Cesare, supplicandolo e suscitando pietà in tutti. Tutti tranne che in Cesare, che dopo avere rimproverato Vercingetorige perché si era aspettato da lui indulgenza a causa della loro vecchia amicizia lo fa mettere in catene.

Esistono poi altri resoconti, tutti molto posteriori ai fatti raccontati nel *De bello gallico*, che attribuiscono a Vercingetorige alcune parole rivolte a Cesare: «Hai vinto un uomo forte, tu, uomo fortissimo»; ma non sono riportate da Cesare, e dunque rappresentano, per quanto mi riguarda, il tentativo a posteriori di dare maggior risalto alla figura del condottiero gallico.

Come detto, ho preferito non indulgere in considerazioni che esulano dai commentari, dunque anche in questo caso trovate la resa di Vercingetorige come lo stesso Cesare la riporta nel *De bello gallico*, forse solo condita da quel corollario di emozioni e particolari in più di cui necessita un romanzo rispetto alla scarna descrizione che può farne un resoconto di guerra.

E questo è accaduto per qualsiasi altra situazione descritta nel libro che avete tra le mani.

Come forse avrete visto, mi sono fermato ai resoconti riportati alla fine del settimo libro del *De bello gallico*, l'ultimo scritto da Cesare, ma ne esiste un ottavo, che si ritiene sia stato vergato da Aulo Irzio, visto che lui stesso ne scrive parlandone con l'amico Balbo. Non è chiaro se questo capitolo aggiuntivo dei *Commentarii* di Cesare sia stato commissionato a Irzio da Cesare stesso o se si sia trattato di un'iniziativa personale; fatto sta che si tratta di un'aggiunta fatta da un altro, dunque non ho creduto giusto continuare questo romanzo basandomi sui fatti narrati da Irzio.

Se qualcuno avrà il desiderio di conoscere ciò che è accaduto in seguito a quanto raccontato in questo libro, non dovrà fare altro che recuperare l'ottavo capitolo del *De bello gallico* e leggerlo in una buona traduzione dal latino. Vi renderete conto che il livello stilistico non è all'altezza di quello diretto e senza fronzoli eppure efficacissimo di Giulio Cesare, ma sarà senz'altro interessante per conoscere altri fatti accaduti dopo la sconfitta di Vercingetorige e la pacificazione della Gallia, almeno per quanto sia stato possibile farlo con quelle popolazioni mai dome.

Da parte mia voglio solo lasciare qualche indicazione, per chi fosse interessato, sul destino di alcuni dei personaggi che hanno affiancato Cesare nella sua impresa.

– *Tito Labieno*: dopo la conquista della Gallia e l'inizio della guerra civile fra Cesare e Pompeo, Labieno si schiererà con quest'ultimo prima del passaggio del Rubicone da parte di Cesare, perdendo la vita durante la battaglia di Munda nel 45 a.C., sconfitto dallo stesso Cesare.

– *Marco Antonio*: al fianco di Cesare durante la conquista della Gallia, resterà con lui anche dopo il passaggio del Rubicone, e combatterà in suo nome nelle guerre civili. Diventerà console con Cesare nel 44 a.C. Dopo la congiura delle Idi di marzo in cui Cesare verrà ucciso, nel 43 a.C. Marco Antonio darà vita al secondo triumvirato di Roma, insieme a Ottaviano e a Marco Emilio Lepido. Sposerà Cleopatra e, dopo essere stato dichiarato nemico pubblico di Roma da Ottaviano, morirà suicida nel 30 a.C. durante l'assedio di Alessandria d'Egitto, messo in atto dal futuro imperatore Ottaviano Augusto.

– *Decimo Giunio Bruto*: dopo la conquista della Gallia combatterà nella guerra civile al fianco di Cesare. In seguito sarà uno dei congiurati delle Idi di marzo. In fuga dopo la repressione dei cesaricidi, verrà ucciso in Gallia da alleati di Marco Antonio nel 43 a.C.

– *Gneo Pompeo Magno*: combatterà la guerra civile contro Cesare, dopo il passaggio del Rubicone di quest'ultimo. Sconfitto nella battaglia di Farsalo il 9 agosto del 48 a.C., fuggirà ad Alessandria d'Egitto, dove verrà ucciso a tradimento dal re Tolomeo, che porterà in dono a Cesare la sua testa.

– *Lucio Roscio Fabato*: pretore nel 49 a.C., promulgherà una legge che concederà la cittadinanza romana ai popoli della Gallia Cisalpina. Allo scoppio della guerra civile resterà con Cesare, ma in seguito si schiererà contro Marco Antonio che andrà a caccia dei cesaricidi. Morirà il 21 aprile del 43 a.C. durante la battaglia di Modena, che vedrà contrapporsi le legioni di Ottaviano e quelle di Marco Antonio.

– *Aulo Irzio*: divenuto console dopo l'assassinio di Cesare, appoggerà Marco Antonio nella lotta ai cesaricidi. Morirà il 21 aprile del 43 a.C. durante la battaglia di Modena.

– *Quinto Tullio Cicerone*: congedato da Cesare alla fine del 52 a.C., diventerà legato del fratello Marco Tullio Cicerone in Cilicia. Allo scoppio della guerra civile fra Cesare e Pompeo, si schiererà con quest'ultimo, anche se in seguito verrà perdonato da Cesare. Dopo le Idi di marzo del 44 verrà perseguito da Marco Antonio per avere appoggiato la congiura contro Cesare e morirà nel 43 a.C.

– *Vercingetorige*: dopo la sconfitta di Alesia resterà prigioniero di Cesare nel carcere di Tullianum fino al 26 settembre del 46 a.C., quando verrà tradotto in catene a Roma per celebrare il trionfo di Cesare, dopodiché verrà giustiziato.

– *Commio*: dopo la disfatta di Alesia si rifugerà tra i Bellovaci, a capeggiare un'altra ribellione contro Cesare. Nel 51 a.C., dopo l'ennesima sconfitta, fuggirà oltre il Reno, fra i Germani. Inseguito da Marco Antonio, raggiungerà la Britannia, dove nel 30 a.C. verrà nominato re degli Atrebati di Britannia.

Testi e siti consultati

Gaio Giulio Cesare, *Commentarii de bello gallico.*
Cicerone, *Ad Familiares* (*Lettere ai familiari*).
Svetonio, *Vita dei Cesari*, libro I.
Plutarco, *Vite parallele*, libro VII.
Tacito, *Annales.*
Santo Mazzarino, *L'impero romano.*
Paul Veyne, *L'impero greco-romano.*
Howard H. Scullard, *Storia del mondo romano.*
Edward Gibbon, *Storia della decadenza e caduta dell'impero romano.*
Mary Beard, *SPQR. Storia dell'antica Roma.*
Antonio Spinosa, *Cesare. Il grande giocatore.*
Edward N. Luttwak, *La grande strategia dell'impero romano.*
Andrea Frediani, *Le grandi battaglie di Giulio Cesare.*
Ugo Enrico Paoli, *Vita romana.*
Karl-Wilhelm Weeber, *Vita quotidiana nell'antica Roma.*
Mauro Poma, *Il cibo dell'impero.*
Scripta Manent, canale YouTube di Roberto Trizio.
Romano Impero, www.romanoimpero.com.

Indice

7 *Avvertenza*
9 *L'esercito di Gaio Giulio Cesare*
11 *I capi dei Galli e dei Germani*

13 Proemio
21 Parte prima
81 Parte seconda
129 Parte terza
160 Parte quarta
184 Parte quinta
219 Parte sesta
245 Parte settima
266 Parte ottava
294 Parte nona
395 Epilogo

401 *Nota dell'autore*
405 *Testi e siti consultati*

Certificato PEFC
Questo prodotto è realizzato con materia prima da foreste gestite in maniera sostenibile e da fonti controllate
PEFC
PEFC/18-32-03
www.pefc.it

Mondadori Libri S.p.A.

Questo volume è stato stampato
su carta HOLMEN
con fibra vergine proveniente da foreste sostenibili holmen.com/paper
presso ELCOGRAF S.p.A.
Stabilimento - Cles (TN)

Stampato in Italia - Printed in Italy

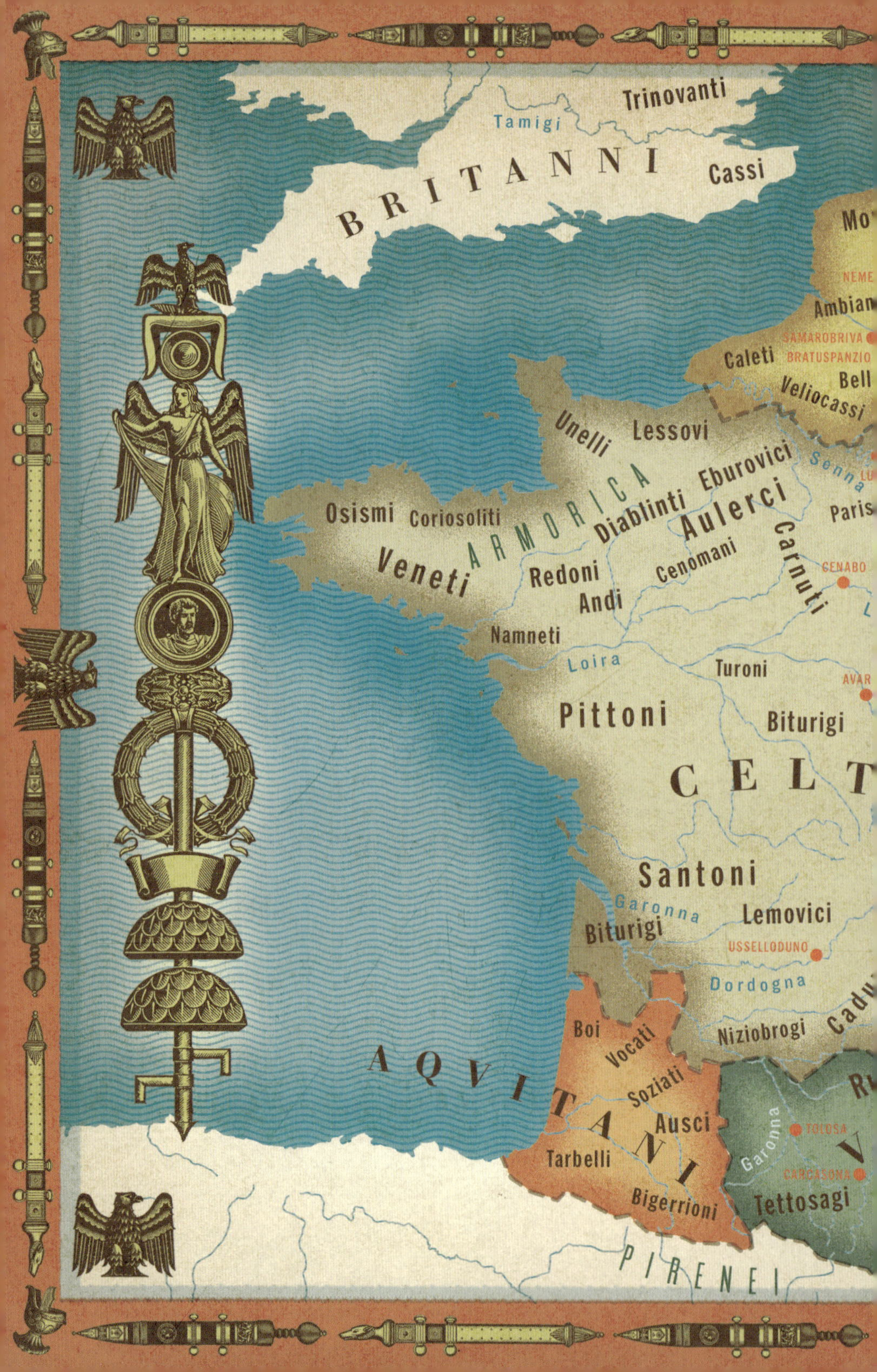

Trinovanti
Tamigi
BRITANNI
Cassi
Caleti
SAMAROBRIVA
BRATUSPANZIO
Veliocassi
Unelli
Lessovi
Senna
ARMORICA
Eburovici
Osismi
Coriosoliti
Diablinti
Aulerci
Veneti
Redoni
Cenomani
Carnuti
CENABO
Andi
Namneti
Loira
Turoni
Pittoni
Biturigi
Santoni
Garonna
Lemovici
Biturigi
USSELLODUNO
Dordogna
Boi
Vocati
Niziobrogi
AQVITANI
Soziati
Ausci
Garonna
TOLOSA
Tarbelli
CARCASONA
Bigerrioni
Tettosagi
PIRENEI